东软 TOPCARES—CDIO 系列教材·信息管理类

人力资源管理理论与实务

主　编　孙　楠
副主编　于　丹　孙晓梅

U0897569

东软电子出版社
·大连·

人力资源管理理论与实务

主　　编：孙　楠　　　**副主编**：于　丹　孙晓梅
责任编辑：李淑梅　　　**装帧设计**：王　岩

书　　号：ISBN 978-7-900491-33-6
出 版 者：东软电子出版社
发 行 者：东软电子出版社
地　　址：大连市软件园路 8 号
邮　　编：116023
电　　话：0411-84835082
传　　真：0411-84835089
电子邮箱：nep@neusoft. edu. cn
网　　址：http：//press. neusoft. edu. cn
出版时间：2011 年 3 月
印制时间：2011 年 3 月第 1 次印制
字　　数：522 千字

印 制 者：大连华录影音实业有限公司
大连金华光彩色印刷有限公司

编 委 会

主　编：孙　楠

副主编：于　丹　孙晓梅

参　编：秦　燕　郭红秋

大连东软信息学院 TOPCARES—CDIO 系列教材简介

大连东软信息学院以培养学生八大能力为切入点，构建了符合本校特色的 TOPCARES—CDIO 能力指标体系。基于该能力指标体系，学院以学生专业能力和综合素质的提高为目的，以专业为基本教育单位，深入开展了面向应用的一体化人才培养，全面开展 TOPCARES—CDIO 人才培养模式的探索与实践和教育教学改革。为了把改革的理念落实到每一门课的教学过程当中，学院组织了 TOPCARES—CDIO 系列教材的建设。

本系列教材是 TOPCARES—CDIO 教育教学改革在教学实施过程的集中体现，它不仅承载着课程和项目的教学内容，而且贯穿和体现着 TOPCARES—CDIO 改革的教育教学思想、策略与方法，是在系统化理论的指导下，将知识、能力、素质培养进行一体化设计，有机融合在教材体系中。教材的编写采取了全新的 TOPCARES—CDIO 教育教学理念、模式、方法与规范，主要有以下特点。

课程知识与能力培养的一体化融合。本系列教材以能力培养为主线，通过知识指导与能力培养的一体化设计，将"学中做"与"做中学"的思想贯穿于教材的全过程，在教材内容中，既有知识要点的讲解，也有知识应用案例，还有专门为强化能力培养而设计的实训项目，包括基于 1 门课程的某 1 个单元（模块）内为增强能力培养而设计的单元项目，基于 1 门课程的 2 个以上单元（模块）能力要求、为强化课程能力目标而设计的单元组项目以及单门课程内为增强该门课程能力目标的实现而设计的课程项目。通过教材中的案例引导、项目驱动、目标检验，将知识讲解、技能训练、素质培养有机地结合在教材体系中，使实践环节与课程知识的讲授相结合，有效地促进知识与技能的掌握及应用。

教学内容与组织形式的一体化设计。TOPCARES—CDIO 系列教材增设了"教材设计与教学建议"相关内容，主要包括"教学目标简介""教材逻辑体系框架""教学的知识要点及掌握程度""教学的能力要点及掌握程度""教学设计与实施方法"以及"考核方式"等要素，将教学内容、教学方法、教学组织形式、考核方式等进行一体化设计，指导教师用项目设计、案例分析、任务导向、问题引出等具体的教学实施方法组织和开展教学活动，通过教学内容与组织形式的一体化设计，实施 TOPCARES—CDIO 教育教学改革。

教学方法与学习方法的一体化展示。教材是课程教学内容的载体，也是教师教学和学生学习参考的基础和载体。TOPCARES—CDIO 系列教材在编写结构上，充分体现以"学生为中心"的思想，不仅对教师"如何教"给出了参考性"教学方法"，更对学生"如何学"提出了详细"学习方法"指导。通过教材中每单元（章节）设计的"单元概述""知识要点及掌握程度""能力要点及掌握程度""教学重点与难点""教学设计与实施方法""实践环节设计""目标达成度检验（教学效果测评）"等要素向教师和学生展示了每一知识单元（章节）的教学方法与相应的学习方法，使教师看到教材知道教什么、如何教、教到什么程度，学生看到教材知道学什么、如何学、学到什么程度，体现了教与学的一体化设计与实施，并指导教师不仅教会学生知识与技能，而且教会学生如何学习与提高，在教学过程中培养学生的自主学习能力及创新思维能力。

编排结构与教学文档的一体化延伸。在TOPCARES－CDIO教育教学改革的实施过程中，学院深入开展了面向应用的一体化专业人才培养方案、课程教学大纲、项目教学大纲及课程教案的设计、制定、论证和实施工作。而TOPCARES－CDIO系列教材则是基于一体化专业人才培养方案、课程教学大纲、项目教学大纲在教育教学实施过程中的具体延伸，是与课程教学大纲、项目教学大纲、课程教案等相关教学文档进行一体化设计的具体体现，其内容、思想、方法和策略的一致性，有效地保证了TOPCARES－CDIO教育教学改革在教学实施环节的有效实施。

大连东软信息学院TOPCARES－CDIO系列教材的建设才刚刚起步，需要通过改革的实践不断加以深化和持续改进。希望通过我们的不懈努力，逐步形成TOPCARES－CDIO培养模式下，具有大连东软信息学院特色的，符合学院人才培养目标的TOPCARES－CDIO系列教材，为应用型大学的人才培养做出积极的贡献。

前 言

任何一个参与高校专业建设的人恐怕都应该思考这样一个问题：一个专业所培养的合格毕业生应该达到什么样的标准？在当今这个成功的标准日趋多样化的时代里，仍有一点是可以明确的，那就是对于以培养应用型人才为目标的大学而言，它所培养出的合格毕业生不仅需要精通专业知识，而且需要具备职业技能与职业素养，并且能够在团队中有效工作。鉴于此，每一门课程所担负的使命便是根据专业培养目标与本门课程的映射关系，践行课程设计、教材编写与其他教研活动，从而推动专业培养目标的实现。人力资源管理专业与课程建设也不例外。

《人力资源管理》作为人力资源管理专业的主干课程，具有引导专业方向、构建知识体系、激发学习兴趣的重要作用。对于其他工商管理类专业而言，《人力资源管理》课程也具有举足轻重的地位。

我曾供职于世界领先的人力资源管理咨询公司，并有多年的大型外资企业与中资金融机构的管理经验，曾主导和参与过数十家大型内外资企业的人力资源管理咨询项目，专注于从战略的高度审视与企业经营目标紧密联系的人力资源战略和发展规划，设计与之相匹配的组织架构、职位体系、绩效管理体系、薪酬体系以及基于能力的员工选聘与培训发展体系等，此外，我在人才测评、工作量分析、核决权限设定等领域也具有较为丰富的实践经验。

自担任大学专职人力资源管理教师以来，我在教材的选择与使用过程中发现：目前，市场上介绍人力资源管理理论与方法的教材数量众多，其中不乏知识体系完整、理论介绍精准、逻辑结构严密的精品。但是，教材中对于相关理论在实践中的应用情境、应用方法介绍甚少，对学生实践能力的培养方式、评估方式更是较少涉及，这使得教材内容或多或少地游离于普遍实践之外，无法满足应用型人才的培养需要。

《人力资源管理理论与实务》是大连东软信息学院 TOPCARES－CDIO 系列教材之一，它的编写是以 CDIO（Conceive－构思，Design－设计，Implement－实施，Operate－运行）的先进教育理念为指导，以学生目标就业职位的胜任力要求为基准，在专业目标的基础上分解和细化课程目标，并引导学生以主动的、实践的、课程之间具有有机联系的方式学习和获取相关知识、技能与能力。

具体而言，本书具有以下特点：

1. 以一体化的设计思路为指引

《人力资源管理理论与实务》教材将作为人力资源管理专业的导论性课程及其他专业的必修或选修课程教材，不仅要呈现出完整的知识架构及其内部逻辑关系，而且要为未来的专业课学习预留接口；不仅要让读者掌握理论知识要点，而且要阐明其应用情境；不仅要授之以鱼，还要授之以渔，强调学习与应用方法的迁移；不仅要注重知识的传授，而且要凸显能力的培养。这些目标都将通过一体化的设计思路在书中得到综合体现。

2. 以职能划分与工作流程为线索

鉴于人力资源管理专业的流程化及模块化特点，本书以通用的人力资源管理范式为框架，以人力资源管理工作流程为线索，以常见的职能模块划分方式为依据，进行本书内容的设计，以确保读者在阅读并学习本书后，能够理解人力资源管理各模块的实际工作需求及一般工作方法与流程，从而为将来更加专业化、系统化地学习各相应模块的专门知识奠定基础，并初步建立起理论与实践的对应关系与联结纽带。

3. 以工作情境与任务为驱动

为巩固学习效果，突破学习高原现象，本书在每个章节中均安排了模拟工作任务环节，具体给出某一特定工作任务的背景与要求，以便于读者有机会深入体会组织的实际业务需求，并运用自己所学的知识与技能尝试解决实际的人力资源管理问题，进而锻炼其发现问题、分析问题、解决问题的职业能力。

4. 以创新的结构设计为特色

本书在每个章节中，均以知识图谱为开篇，系统介绍本章节的知识要点及其逻辑关联；以开篇案例为引导，激发读者的兴趣，引发读者的思考；以高度结构化的内容为核心，理论结合实际地阐述相关知识；以实践任务为拓展，为读者创造学以致用的锻炼机会；以管理工具包为补充，为读者提供实用便捷的实践工具；以本章小结与思考练习为终结，帮助读者回顾本章节要点，梳理本章节脉络。

本书由孙楠担任主编，负责全书的构思、统筹、策划及第一章、第三章、第五章、第六章的撰写；于丹负责第二章及第八章的撰写；孙晓梅负责第七章的撰写；郭红秋负责第四章的撰写。此外，秦燕教授在本书的编写过程中不啬指教，贡献了许多有价值的观点与方法，并参与了第一章的编写；我的学生王毓在本书的文字校对与图表编辑等方面付出了很大的努力，在此一并表示诚挚的谢意。

由于时间仓促，编撰资源有限，加之编撰者对人力资源管理问题理解的局限性，本书难免存在偏颇或不当之处，欢迎读者指正。

孙　楠

2010 年 12 月于大连

教材整体设计与教学建议

一、教学目标简介

1. 适用对象

本书适合高等院校工商企业管理、公共管理，特别是人力资源管理类专业本、专科学生学习人力资源管理课程使用；也适合作为各类组织中入门级人力资源管理从业人员的理论与实践指导书；对人力资源管理感兴趣的读者自学时也可参考使用。

2. 知识和能力基础

学习与使用本教材，需具备一定的管理学知识基础，掌握组织行为学或管理心理学相关知识更佳。

读者还需掌握一定的书面与口头表达技能，具备一定的理解能力、分析能力与记忆能力，并善于归纳总结、融会贯通。

3. 教学总体目标

通过本教材及相应课程的学习，将使学生掌握人力资源管理的知识体系与框架，明晰学习的目标、方法与流程，熟悉各主要模块的基本原理与知识结构，并理解各模块间的相互关系与逻辑顺序，为人力资源管理或其他工商企业管理类等专业课程的学习奠定基础。

本教材及相应课程将培养学生达到以下具体的知识、技能与能力目标。

目标内容	具体目标
理论知识	了解人力资源管理的相关概念及其发展趋势
	理解组织战略与人力资源管理的关联
	掌握人力资源管理的主要内容及其相互关系
	了解组织架构、人力资源规划的基本知识
	掌握岗位、薪酬、绩效、招聘、培训、员工关系等模块的主要原理
专业技能	运用最基本的人力资本诊断方法，识别组织中最典型的人力资源管理问题
	运用系统的分析与研究方法，分析常见人力资源管理问题的原因及其机理
	运用人力资源管理原理与方法，解决基本的人力资源管理问题
	解释人力资源管理主要职能模块的运作流程与基本方法
职业道德	爱岗敬业、恪尽职守、诚实守信
	实现自我价值的愿望与责任
	遵守社会规范与职业规范
	个人与团队共同成长

二、教材逻辑体系

1. 教材的基本结构

本书共分八章。第一章重点介绍了人力资源管理的知识体系框架及其发展趋势；第二章着重说明了人力资源管理战略是如何承接组织战略并指引人力资源管理规划及具体职能的；第三章至第九章分别阐述了人力资源管理的六大职能（组织与职位管理、招聘管理、薪酬与福利管理、绩效管理、培训与开发、员工关系管理）的基本内容。

2. 教材的内容组织

本书的内容及结构安排详见下图。

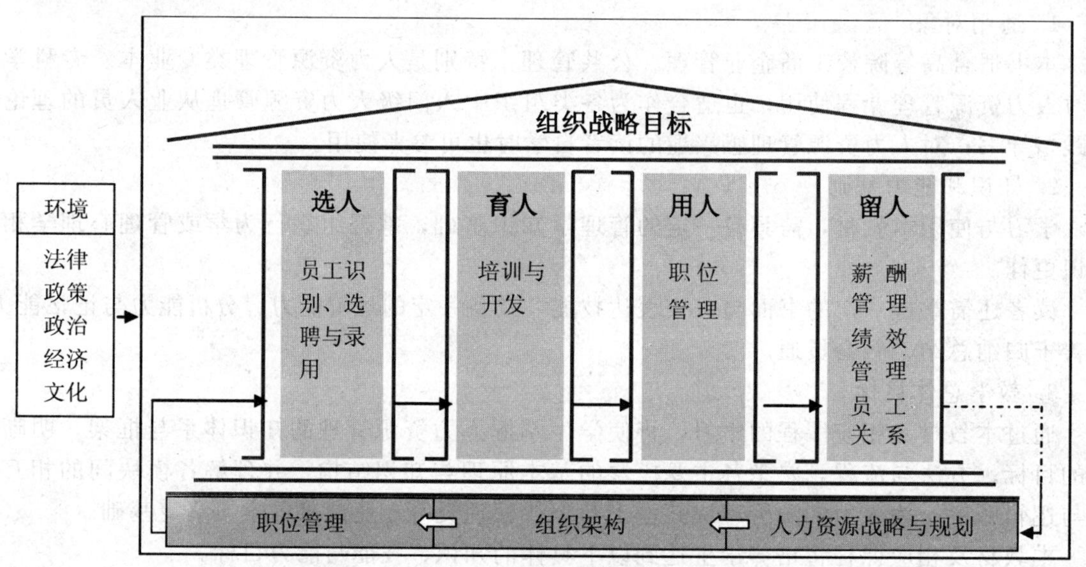

图　本书的思维导图

三、教学的知识要点及掌握程度

根据布鲁姆的教学目标分类法，知识的掌握程度可分为记忆、理解、运用、分析、评价及创造六个层次。

据此，运用本教材实施教学应使学习者在下列程度上掌握相关的知识与技能：

1. 记忆人力资源管理的相关概念以及信息化人力资源管理的基本内容。

2. 理解组织战略与人力资源管理各职能模块之间的关联。

3. 运用人力资源规划、组织架构与管控、职位管理、薪酬管理、绩效管理、招聘与选拔、培训与开发及员工关系管理等模块的原理、方法与流程。

4. 分析并评价真实组织中的组织架构与管控、职位管理、薪酬管理、绩效管理、招聘与选拔、培训与开发及员工关系等职能领域的现状，特别是所存在的问题。

5. 根据组织的特定环境与管理目标，设计（创造）相应的人力资源管理体系。

四、教学的能力要点及掌握程度

通过本教材及相应课程的学习，学生不仅可以掌握上述知识，还可以不同程度（参照布鲁姆的教学目标分类法）地具备以下主要能力：

1. 开放式思维与创新能力：即能够识别、定义并全方位地理解人力资源管理体系的内容结构及其内部逻辑关联。

2. 个人职业能力：即具备推理和解决问题的能力、时间和资源管理以及终身学习能力。

3. 团队合作能力：即有效地组织团队并确保团队工作得以有效运行。

4. 态度与习惯：即积极主动的自主学习态度，系统、结构化的学习习惯。

5. 价值观：即了解并认同所在行业及所从事职业的一般规范。

6. CDIO（构思－设计－实施－运行）：即根据企业的人力资源管理问题，确定解决问题的策略、设计解决思路与方法、流程，制定项目的工作计划及个人工作日程，协调并组织各类资源，落实工作方案，有效地进行时间管理，灵活处理并解决方案执行中遇到的问题。

五、教学设计与实施方法

1. 学时设计

单元标题		各教学环节时间分配						
		理论教学			实践教学		课内小计	课外小计
		讲课	习题	课外	随堂	课外		
1	人力资源管理概述	4			6	4	10	4
2	人力资源规划	2		1	2		4	1
3	组织结构与职位管理	4			6	8	6	4
4	招聘管理	4			4	4	8	4
5	绩效管理	4			4	4	8	4
6	薪酬与福利管理	4			4	3	8	3
7	培训与开发	4			4	2	6	2
8	员工关系管理	2			2	2	4	2
复习			4					

2. 实践环节设计

项目名称	项目类型	学时	项目内容	项目成果	实施方法
组建虚拟公司	课程综合项目	2	每10人组成一个虚拟公司，设定公司所在行业及运行背景，并进行角色分工	演示文稿	角色扮演教学法TM（2，3）、合作学习教学法TM（5，3）、问题教学法TM（5，8）
组织架构设计	单元项目	2	各虚拟公司参照一家同类公司的范例进行本公司的组织架构设计	演示文稿	合作学习教学法TM（5，3）、案例教学法TM（5，2）、探究教学法TM（5，1）、角色扮演教学法TM（2，3）
职位体系设计	单元项目	4	各虚拟公司对所选定部门进行职位设计，并对选定职位进行职位描述	演示文稿	合作学习教学法TM（5，3）、案例教学法TM（5，2）、探究教学法TM（5，1）
模拟招聘	单元项目	4	各虚拟公司举行联合招聘会，完成招聘广告发布、简历筛选、面试等模拟任务	演示文稿/现场演示	合作学习教学法TM（5，3）、自主学习法TM（5，6）、问题教学法TM（5，8）、角色扮演教学法TM（2，3）
绩效计划	单元项目	4	各虚拟公司分别制定一套本专业SOVO公司的绩效计划	演示文稿	合作学习教学法TM（5，3）、自主学习法TM（5，6）、问题教学法TM（5，8）
薪酬与福利设计	单元项目	4	各虚拟公司分别制定一套针对本专业SOVO公司员工的薪酬福利方案	演示文稿	合作学习教学法TM（5，3）、探究教学法TM（5，1）、角色扮演教学法TM（2，3）

项目名称	项目类型	学时	项目内容	项目成果	实施方法
员工培训	单元项目	4	各虚拟公司根据所选定的主题对其他“员工”实施一次有效的培训	演示文稿/现场模拟	合作学习教学法 TM（5，3）、探究教学法 TM（5，1）、角色扮演教学法 TM（2，3）
职业生涯规划	单元项目	2	每个学生分别制定一份自己的职业生涯规划	演示文稿	问题教学法 TM（5，8）、探究教学法 TM（5，1）
员工关系管理	单元项目	2	每个学生根据专题演讲者的介绍总结出一份员工关系管理内容概览	演示文稿	问题教学法 TM（5，8）、探究教学法 TM（5，1）
人力资源外包	课程综合项目	2	每个学生撰写一份人力资源外包调研报告	演示文稿	问题教学法 TM（5，8）、探究教学法 TM（5，1）
虚拟公司人力资源管理体系设计	课程综合项目	2	审核并修订前述各子项目的主要内容，并将其汇集成作品集	演示文稿	问题教学法 TM（5，8）、探究教学法 TM（5，1）

3. 教学实施方法与组织方式

（1）基于 CDIO 的思想，以“项目为导向”、以任务为驱动，运用一体化的教育理念组织教学活动。

（2）教学过程中，以学生为主体，以教师为引领，运用启发引导、任务驱动、问题导向、分组讨论、协同合作等多种互动式教学方法与手段，鼓励学生在团队合作的氛围中进行自主学习和探究式学习，从而使学生在掌握知识的同时，提高综合技能与能力。

（3）课程自始至终以虚拟公司为载体，由学生扮演不同的角色，在仿真的情境中，通过学习、模仿、创造这一循序渐进的过程，应用所学的理论知识，提高实战技能。

（4）教学实施过程中，提供丰富的教育资源（如课件、录像、网络资源等），以创设最有利于学生学习的教学环境。

六、考核方式

运用本教材进行《人力资源管理》课程教学，在考核环节，应结合课程实施过程，从知识、技能、能力水平及态度表现等方面，通过平日的自评、互评与教师点评附加期末闭卷考试时的综合测验，对学生进行全方位的课程考核。

考核内容及分数构成如下：

类别	考核项目	考核主要内容	考核及评价方式	考核时间安排	所占权重
形成性考核	平时成绩	出勤	E1	日常考核	10%
		课堂表现	E1	日常考核	10%
	实践项目	团队项目	ODT/MT	日常考核	30%
		个人项目	ST/MT	日常考核	10%
终结性考核	期末考试	全部课程及项目知识和能力	CI	考试周	40%

目　录

第一章 人力资源管理概述

●单元概述

人力资源是组织管理的核心，是创造财富和推动社会进步的基本要素。自18世纪末工业革命以来，人们就孜孜不倦地探索着这一集科学与艺术于一身的管理领域，并取得了丰硕的成果。本章是全书的导引，它提纲挈领地解答了人力资源管理是什么、做什么、怎么做以及谁来做等基础性问题，并在回顾人力资源管理发展历史的基础上，阐述现代人力资源管理的主要职能、体系架构，澄清人力资源管理者的角色与定位，预测人力资源管理的发展趋势。

●知识要点及掌握程度

1.1 人力资源管理的相关概念 ［记忆］
1.2 人力资源管理的职能与体系架构 ［运用］
1.3 人力资源管理职能的履行 ［理解］
1.4 人力资源管理的发展趋势 ［理解］

●能力要点及掌握程度

根据大连东软信息学院 TOPCARES－CDIO 的能力指标体系，裁剪出本章所要培养的能力要点及其掌握程度。

人力资源管理的基本理论与架构 ［重要］
人力资源管理战略规划知识 ［中等］

全方位思维 [重要]

分析问题 [中等]

学习态度与习惯 [重要]

●教学重点与难点

1. 教学重点

(1) 人力资源管理的相关概念

(2) 人力资源管理的职能与体系架构

(3) 人力资源管理的发展趋势

2. 教学难点

(1) 人力资源管理的职能与体系架构

(2) 人力资源管理职能的履行

●教学设计与实施方法

1. 教学设计

(1) 激趣：通过管理案例启动本章的学习，激发学生的学习兴趣。

(2) 引思：结合管理案例，引发学生思考人力资源管理的意义及内容。

(3) 精讲：系统介绍人力资源管理的相关概念、职能、体系与发展趋势。

(4) 实践：要求学生完成实践环节项目，并在“做中学”中巩固和运用所学知识。

(5) 总结：归纳总结知识点及学生在实践中存在的问题。

2. 实施方法

本章建议采用如下教学方法：讲授教学法、讨论教学法与任务教学法。

●实践环节设计

1. 单元项目一：人力资源管理部门的职位设计

请各个小组搜集不同行业、不同类型的人力资源部门的职责与职位设计（1－2 个），并于课上进行讲解与比较分析。

2. 单元项目二：人力资源管理者的胜任力要求

请各个小组搜集某一个特定人力资源管理职位的胜任力要求，具体内容包括：

(1) 该职位所在的组织概述（简要描述你所选择的组织规模、所在行业）。

(2) 该职位所在的人力资源部门概述（人力资源部门的职能定位、职位设置）。

(3) 本小组所选定的具体职位信息（职位名称、主要职责）。

(4) 该职位的胜任力要求（知识、技能、能力及个性特征等方面的要求）。

(5) 该职位的从业人员未来将面临哪些挑战？

●目标达成度检验（教学效果评估）

1. 知识要点测评

要求学生完成课后思考题，并组织各小组互评。

2. 能力要点测评

要求学生利用课余时间完成实践环节单元项目一与单元项目二，并于下次课进行当堂展示，教师给出专业意见与评分。然后，每个小组根据本组得分以及各位组员在完成本次团队项目时的表现确定组内各成员本次实践项目的得分。

●教材具体内容

【引子——管理案例】

比肖夫的工作经历

1951 年，具有心理学学士学位和人际关系学硕士学位的查尔期·比肖夫四处寻找工作。不久，他找到了一家叫包兰亭·索恩斯的酿造公司做面试工作。后来，又到一家糖加工公司和美国美孚有限公司干了一段时间。1963 年来到从事纤维、塑料生产及能源开发的联合公司。如今，他是这家公司的人事经理。

当有人问他这些年当人事经理都干了些什么时，他微笑着并用带嘲弄的口吻回答："保证每人在生日时得到一张生日卡，在感恩节得到一只火鸡。"他还说，"人事部对那些不能忍受这种工作方式的人来说，简直就是一个堆破烂的地方。"

确实，退回到许多年前看，人事工作除了雇佣工人就再没有别的内容，这大概还是从过去的工头那里传下来的吧。以前的工头总是习惯于走出工厂，从长长的求职队伍中去挑选工人。他们根本不用什么简历表，而是用他们的手随便点到："你，你，还有你。"后来，这些工头也实在腾不出时间来干这类事情了，于是也就有人专门从事起人事工作来。

除了干些招收新工人和发薪水之类的工作，人事部经理负责诸多这样的事情：如教人鞠躬时如何抬臂啦，教人如何打扫公司的停车场啦等。这确实产生了如 25 年前著名管理学家彼得·德鲁克所指出的情形，"所有做人事工作的人无不忧虑何以证明他们也在为企业做出贡献。"

不过如今，比肖夫再也不谈什么生日卡、火鸡之类的事儿了。"电话随时都在嘟嘟响"，比肖夫在办公桌旁挥一下手说道："嘿，那准是董事会主席又叫我去他办公室了。"

是的，人事经理一蹶不振的时代已经成为过去，那种由人事部门负责人给公司各部门分西瓜的日子不过是令人一笑的回顾罢了，而事实上，"人事管理"这一称呼在公司的惯用语中已经销声匿迹了，取而代之的是另一种很有影响力的称呼——人力资源管理经理。

资料来源：郑晓明．现代企业人力资源管理导论．北京：机械工业出版社，2002：15

请思考：

1. 人事管理的销声匿迹意味着什么？

2. 在现代组织中，人力资源管理者应担当何种角色？

3. 在现代组织中，人力资源部门应履行哪些职能？

如今，相信大多数企业的管理者均已认同：人力资源是第一资源，做好人力资源管理是完成各项工作的前提和保障，建设高素质的人才队伍是实现组织可持续发展的基础。随着人们在实践中的感悟与总结，人力资源管理的重要性日益突出，人力资源管理在角色定位、职能领域、工作方式等方面均已发生了深刻的变化。

第一节 人力资源管理的相关概念

对“人力资源”与“人力资源管理”相关概念的澄清将有利于我们更好地理解人力资源管理领域的其他知识。

一、人力资源的涵义

1919年，约翰·R·康芒斯在《产业信誉》中首次使用了“人力资源”一词，但其涵义与我们今天的普遍理解相去甚远。

(一) 人力资源的定义

1954年，管理学大师彼得·德鲁克在《管理实践》一书中指出：与其他资源相比，人力资源是一种特殊的资源，它必须通过有效的激励机制才能被开发利用，并为企业带来可观的经济效益。这一阐述为人力资源赋予了新的含义。

迄今，学术界对于人力资源的概念莫衷一是。但根据研究的角度不同，可以大致分为两类：第一类观点是从人的角度来解释人力资源的概念，例如：余凯成教授认为，“人力资源管理是能够推动国民经济和社会发展的、具有智能力劳动和体力劳动能力的人产的总和。”第二类则是从能力的角度来解释人力资源的概念，例如：李宝元教授认为，“人力资源是指企业员工拥有的体力、知识和技能及价值观等精神存量”。

鉴于资源是指财富形成的来源，而人对财富形成起作用的是人所具有的知识、技能、经验、体能等能力，在这个意义上，人力资源的本质就是能力，人只不过是一个载体而已（葛玉辉）。因此，本书认为：人力资源是指人所具有的能够创造价值并被组织所利用的劳动能力的总和。

(二) 人力资源的特征

1. 人力资源具有生物性和社会性双重属性。一方面，人力资源存在于人体之中，是一种“活”的资源，与人的自然生理特征相联系，这即其生物性，也是人力资源的最基本特点。另一方面，人力资源还具有社会性。从一般意义上说，人力资源是处于一定社会范围的，它的形成要依赖社会，它的分配（或配制）要通过社会，它的使用要处于社会经济的分工体系之中。从本质上讲，人力资源是一社会资源。

2. 人力资源具有智力性。即它包含着智力的内容，一般的动物只能靠自身的肢体运动作功，取得其生存资料。人类则把物质资料作为自己的手段。人类创造了工具，通过自身的智力，使器官得到延长、放大，从而使得自身的能力无限扩大，推动数量巨大的物质资料，获得丰富的生活资料。人类的智力具有继承性，这是指人力资源所具有的劳动能力随着时间的推移的不断积累，延续和增强。

3. 人力资源具有能动性。即能有目的地进行改造外部世界的活动。人具有意识，这种意识不是低水平的动物意识，而是对自身和外部世界具有清晰看法的，对自身行动作出抉择的，调节自身与外部关系的社会意识。这种意识使人在社会生产中居于主体地位，使人力资源具有了能动作用，能够让社会经济活动按照人类自己的意愿发展。

4. 人力资源具有再生性。人力资源是一种可再生资源，其再生性即人口的再生产和劳动力的再生产，通过人口总体内各个体的不断替换更新和劳动力再生产的过程得以实现。人力资源的再生性不同于一般生物资源的再生性，除了遵守一般的生物学规律之外，它还受着人类意识的支配和人类活动的影响。

5. 人力资源具有时效性。即它的形成、开发、使用都具有实践方面的限制。从个体的角度看，作为生物有机体的人，有其生命的周期；而作为人力资源的人，能从事劳动的自然时间又被限定在生命周期的中间一段；能够从事劳动的不同时期（青年、壮年、老年）其劳动能力也有所不同。

6. 人力资源是经济资源中的核心资源。人力资源是一切资源中最为宝贵的资源。这是因为，一切生产活动都是由人的活动引起和控制的过程。在生产中，作为劳动者的人，居于主体地位，与物的要素相比，人的要素起着决定性的作用。由于有了人类的劳动，各种自然资源才成为经济资源，才进入生产过程而成为生产要素。也正是由于有了高智能的人类，各种经济资源才能得到深层次的开发和利用，从而发挥出更大的效益。

7. 人力资源主体一劳动者是生产者与消费者的统一体。在社会生产过程中，人是作为劳动或生产者存在的。劳动者运用自己的体力和智能，对各种以物的形式存在的经济资源进行开发利用，生产出各种产品和提供服务，以满足人类的社会需求。在对各种经济资源开发利用的过程中，劳动者通过学习和总结经验，不断提高自身的素质。素质高的劳动者，又在新一轮社会生产过程中，把对经济资源的开发利用提高到一个新水平，提供更符合社会需要的产品和服务，如此循环往复，螺旋上升。

劳动者在进行生产的同时，还要不断地进行生活消费，不仅本人要消费，而且要为失去劳动能力的老人和尚未具备劳动能力的孩子提供必需的生活消费。因此，劳动者不仅是生产者，而且是消费者。

（三）相关概念

在理论与实践中，我们经常看到一些与人力资源相近似的概念，在此特作以说明，以利澄清。

人口资源：是一个国家或地区所拥有的人口总量，主要表现为人口的数量，一个最基本的底数。

劳动力资源：是一个国家或地区的人口资源中拥有劳动能力的那部分人，通常是16～60岁的人口群体。它偏重数量的概念。

人才资源：是一个国家或地区在价值创造过程中起关键作用的优秀人力资源。它偏重质量的概念。

人口资源、劳动力资源、人力资源与人才资源存在着递进的包含关系（详见图1-1），它们各自关注的重点有所不同。应当说这四个概念的本质是有所不同的，人口资源、劳动力资源和人才资源的本质都是人，而人力资源的本质则是人所具有的能力。从本质上来讲，它们之间并没有什么可比性。就人口资源和人才资源来说，它们关注的重点不同，人口资源更强调一种数量概念，而人才资源更强调一种质量概念。在数量上，人口资源是最多的，它是人力资源形成的数量基础，人口资源中具备一定脑力和体力的那部分才是人力资源；而人才资源又是人力资源的一部分，是人力资源中质量较高的那部分也是数量最少的。在比例上，人才资源是最小的，它是从人力资源中产生的，而人力资源又是从人口资源中产生的。

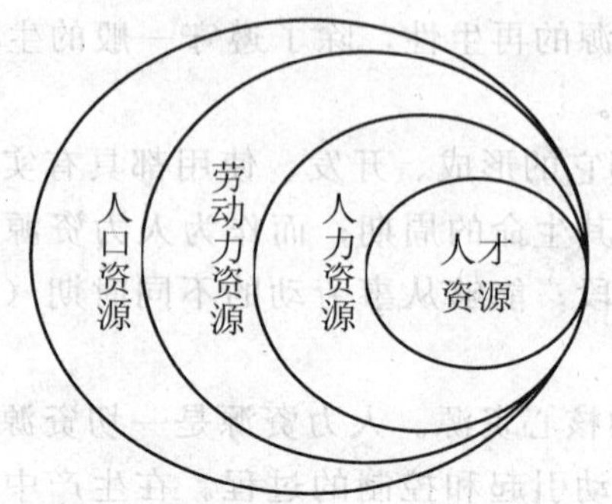

图 1-1 人口资源、劳动力资源、人力资源与人才资源关系图

20 世纪 50－60 年代，以舒尔茨为代表的学者比较完善地提出了人力资本理论。舒尔茨认为：人力资本是体现在人身上的技能和生产知识的存量。它通过教育培训、迁移、医疗保健等形式的投资才能形成。

人力资源和人力资本都是以人为基础而产生的概念，研究的对象都是人所具有的脑力和体力，从这一点看两者是一致的。而且，现代人力资源管理理论大多都是以人力资本理论为根据的；人力资本理论是人力资源管理理论的重点内容和基础部分；人力资源经济活动及其收益的核算是基于人力资本理论进行的；两者都是在研究人力作为生产要素在经济增长和经济发展中的重要作用时产生的。

人力资源与人力资本的区别是：

首先，在与社会财富和社会价值的关系上，两者是不同的。人力资本是由投资而形成的，强调以某种代价获得的能力或技能的价值，投资的代价可在提高生产力过程中以更大的收益收回。因此劳动者将自己拥有的脑力和体力投入到生产过程中参与价值创造，就要据此来获取相应的劳动报酬和经济利益，它与社会价值的关系应当说是一种由因索果的关系。

而人力资源则不同，作为一种资源，劳动者拥有的脑力和体力对价值的创造起了重要贡献作用，人力资源强调人力作为生产要素在生产过程中的生产、创造能力，它在生产过程中可以创造产品、创造财富，促进经济发展。它与社会价值的关系应当说是一种由果溯因的。

其次，两者研究问题的角度和关注的重点也不同。人力资本是通过投资形成的存在于人体中的资本形式，是形成人的脑力和体力的物质资本在人身上的价值凝结，是从成本收益的角度来研究人在经济增长中的作用，它强调投资付出的代价及其收回，考虑投资成本带来多少价值，研究的是价值增值的速度和幅度，关注的重点是收益问题，即投资能否带来收益以及带来多少收益的问题。人力资源则不同，它将人作为财富的来源来看待，是从投入产出的角度来研究人对经济发展的作用，关注的重点是产出问题，即人力资源对经济发展的贡献有多大，对经济发展的推动力有多强。

最后，人力资源和人力资本的计量形式不同。众所周知，资源是存量的概念，而资本则兼有存量和流量的概念，人力资源和人力资本也同样如此。人力资源是指一定时间、一定空间内人所具有的对价值创造起贡献作用并且能够被组织所利用的体力和脑力的总和。而人力资本，如果从生产很多的角度看，往往是与流量核算相联系的，表现为经验的不断积累、技能的不断增进、产出量的不断变化和体能的不断损耗；如果从投资活动的角度看，又与存量核算相联系，表现为投入到教育培训、迁移和健康等方面的资本在人身上的凝结。

二、人力资源管理的涵义

（一）人力资源管理的定义

美国人力资源管理协会（The Society for Human Resource Management，SHRM）言简意赅地指出：人力资源管理（HRM）即那些用来提供和协调组织中的人力资源的活动。从完整定义的角度来讲，人力资源管理是指组织为了实现既定的目标，运用现代管理方法与手段，对人力资源的获取、使用、开发与保留进行管理的一系列活动的总称。它表明：

（1）任何形式的人力资源管理都是为了实现一定的目标。

（2）人力资源管理必须充分有效地运用计划、组织、领导、控制、协调等现代管理方法与手段。

（3）人力资源管理是由一系列活动所组成的，其核心是识人、选人、用人、育人与留人。

（二）人力资源管理的发展阶段

在国际范围内，到目前为止，人力资源管理理论与实践大致经历了五个主要的发展阶段。

表 1-1　　人力资源管理的演变过程

阶段	时间	特点
劳工管理	18 世纪末～19 世纪初	以生产或工作为中心，人是机器；忽视人性，强权管理
科学管理	19 世纪末～20 世纪 20 年代初	假定存在最合理的工作方式；以时间动作分析为基础的工资制度和用人制度；企业是个技术经济系统
人际关系	20 世纪 20 年代～二战	人际关系重要；影响生产效率的是员工的心理状态；企业是个社会系统
行为科学	二战～20 世纪 70 年代	目的：人与人之间、人与事之间的协调 监督制度—人性激发 消极惩罚—积极激励 独裁领导—民主管理 索取性使用—培训与开发和使用结合 劳动对立—劳资调和
人力资本管理	20 世纪 70 年代以后	以物为中心—以人为中心 人本管理—人心管理 人力资本理论全面介入企业人力资源管理

近年来，我国部分学者在借鉴国际性的人力资源管理阶段理论的基础上，对我国的人力资源管理发展历程进行了归纳与总结。

赵日磊（2008）曾撰文指出：我国的人力资源管理经历了一个从人事管理到战略管理的转变的过程，人力资源经理也在这个过程中完成了从高级办事员到企业战略合作伙伴的角色转换。这其中包含了我国人力资源管理从空白到丰富，从从属到主动，从事务性到战略性的历程。其中大概包括以下五个阶段：

1. 人事档案管理阶段

人事档案管理与我国的长期的计划经济体制密切相连。在计划经济体制下，人才的流动受到了严格的政策限制，人力资源的优势完全被忽略了，企业用人年功制，竞争选拔凭资历，工资分配搞平均。员工的积极性、主动性完全没有发挥出来。

作为人力资源管理的人事部的工作也大多为一些流程性极强的事务性工作，如员工人事档案管理，招工录用，劳动纪律，考勤，职称评定，离职退休，计发工资等。

这个时候的人事部基本上是一个象征，是企业的总后勤，完全服务于国家的政策，配合有关国家政策完成工作。本上属于听命型，企业内部听总经理的，企业外部听政策部门的，除此之外，就是重复业已熟练的流程，工作的技术含量极低。作为人事部是一个不折不扣的事务性部门，作为人事经理则是这个部门的高级办事员，人事经理充其量是一个高级办事员的论断由此得来。

所以至今还有很多人认为人力资源是一个没有专业的工作，只有那些专业不好，技术能力不强的人才会去做人力资源管理，人力资源管理什么人都能做。可见，人事经理的高级办事员的形象在人们中的影响是多么的深刻。

办事员的形象定位限制了人事经理的主观能动性，一味地被动应付，大量的时间花在了附加值极低的事务性工作，机械地重复着流程性工作，其价值也就大打折扣了。

人事部的官僚作风也在这种工作环境日渐增长，长时间的机械性事务工作使得人事经理变得懒散，变得不求上进、不思进取。

所以，这个阶段的人力资源管理基本上处于员工的人事档案管理阶段。

2. 人力资源管理意识唤起阶段

随着市场市场经济的迅速发展，人才的流动的限制被打破，人才的市场化趋势日趋明显，求才择业开始双向选择，人才作为一种资源开始受到越来越多的关注，越来越得到国家政策的支持和企业管理者的认同。

同时，人才政策的开放带动了企业间人才流动速度的加快，企业的管理遇到了挑战，开始注意人才的动向，如何留住企业的人才成为企业关注的一个焦点。

企业的管理层特别是高级管理层纷纷研究对策，督促人事管理部门研究解决留人这个难题。在这个阶段中，高层管理者起到了决定性的作用，主导着企业人力资源管理的发展方向，而人事部门则处于被动听从的地位，主要目标是完成企业管理层的用人留人决策。

这个阶段是我国的人力资源管理意识唤起的阶段，在这个阶段，许多的企业开始改头换面，将人事部的门牌换成了人力资源管理。企业的人事管理开始向人力资源管理转型。

3. 人力资源管理形成阶段

随着从人事经理到人力资源经理的角色转换，人力资源经理开始注重人力资源管理理论的学习研究，开始研究有关企业人力资源管理的理论书籍，参加有关人力资源管理的研讨会，培训班，咨询公司也顺势得到了快速的发展。

通过系统的学习和研究，人力资源经理初步形成了相对完整的理论体系，对人力资源的观念也有了深刻的认识，并在企业中初步建立了以招聘管理、培训管理、绩效管理、薪酬体系管理等为框架的人力资源构架。

但由于人力资源的技能水平、企业管理者的素质等条件所限，人力资源管理的技术含量仍然较低，基本上是处于一个初步形成和摸索的过程，所做大部分工作的绩效水平都相对较低。

尽管如此，人力资源经理的工作已经迈出了一大步，从被动接受到主动出击，在观念和意识上都前进了许多，这个阶段是未来人力资源管理的重要形成阶段，意义重大。

4. 人力资源管理的发展阶段

在形成阶段的基础上，随着人力资源经理对人力资源管理研究的深入，企业的人力资源管理开始逐步成熟，从追求数量转到追求质量。人力资源经理的工作逐渐将工作重心转移到员工的绩效管理，建立现代化的薪酬体系。开始考虑整合企业人力资源，通过岗位分析和人才盘点，更加合理配置企业人力资源，通过加大培训力度，提高员工的工作技能和绩效能力，通过改革薪酬管理体系，优化薪酬的分配作用，使之更加具有激励性。

通过这样一系列的手段，人力资源经理不但强化了人力资源管理的理念，提高了管理技能，更在企业里培养了重视人才，开发人才，激励人才的企业用人观，带动了企业管理层和员工的人才观念，使得企业人力资源管理更趋成熟和发展。

同时人力资源经理也在朝人力资源专家的方向迈进。

人力资源经理的地位因自己的努力而不断改变，从企业的后台走向前台，从从属性的事务工作者走到主动性的战略工作，人力资源经理的转型基本完成。

5. 人力资源的战略管理阶段

随着企业竞争的加剧，未来的不可预知性加强，企业间对人才的争夺战也越演越烈，人才竞争成为企业竞争的核心。谁掌握了人才，谁掌握了人力资源的核心竞争力，谁就是掌握了竞争制胜的法宝。

这就给我们的人力资源经理提出了更大的挑战，如何战略地看待人力资源，如何战略地管理，如何使人力资源战略与企业战略更好地配合企业整体战略，使人力资源更好地服从服务于企业的战略，人力资源是人力资源经理必须考虑的问题。

于是，人力资源经理终于名正言顺地站到了企业的战略管理层，成为企业管理层中至关重要的一员，作为企业管理层的战略合作伙伴参与决策。至此，人力资源经理就完成了从高级办事员到战略合作伙伴的角色转换。

第二节 人力资源管理的职能与体系

传统的人事管理将人看作是一种成本，是被管理、被控制的对象，人事部门则是一个不能创造收益的辅助部门，重复着事务性工作；与传统的人事管理相比较，现代人力资源管理则将人看作企业中最宝贵、最有创造力的资源，既需要管理，更需要开发，人力资源部的职能也被提升到企业发展战略的高度，其工作的效率直接关系到企业的成败。

因此，现代人力资源管理在选人时强调的是有计划地为企业招到合适的人，在用人、留人方面处处体现以人为本的管理思想，以人的能力、特长、兴趣、心理状况等综合情况来科学地安排最合适的工作，并且在工作中充分地考虑到员工的成长和价值，使用科学的管理方法，通过全面的人力资源开发计划和企业文化建设，在工作中充分调动和发挥人的积极性、主动性和创造性，从而提高工作效率、增加工作业绩，为达成企业发展目标做出最大的贡献。

本节将重点介绍组织人力资源管理的主要职能及各职能模块之间的逻辑关联、关系。

一、人力资源管理的职能

（一）人力资源管理目标

人力资源管理目标是指企业人力资源管理需要完成的职责和需要达到的绩效。人力资源管理既要考虑组织目标的实现，又要考虑员工个人的发展，强调在实现组织目标的同时实现个人的全面发展。

人力资源管理目标包括着全体管理人员在人力资源管理方面的目标任务与专门的人力资源部门的目标与任务。显然两者有所不同，属于专业的人力资源部门的目标任务不一定是全体管理人员的人力资源管理目标与任务，而属于全体管理人员承担的人力资源管理目标任务，一般都是专业的人力资源部门应该完成的目标任务。

人力资源专家钟克峰先生认为：无论是专门的人力资源管理部门还是其他非人力资源管理部门，进行人力资源管理的目标与任务主要包括以下三个方面：

1. 保证组织对人力资源的需求得到最大限度的满足；

2. 最大限度地开发与管理组织内外的人力资源，促进组织的持续发展；

3. 维护与激励组织内部人力资源，使其潜能得到最大限度的发挥，使其人力资本得到应有的提升与扩充。

美国人力资源管理协会对人力资源管理的目标进行了如下阐述：

■改进工作质量

■提高工作效率

■改善员工满意度

■促进员工发展

■为组织变革做准备

（二）人力资源管理职能

以上目标的实现，必须依赖于人力资源管理职能的履行，而所谓的人力资源管理职能是指在各类组织中人力资源管理的任务和责任。

结合目前中国的人力资源管理实践，笔者以基于工作流程的思路，总结了以下主要的人力资源管理职能：

1. 制定人力资源管理战略与规划

（1）根据组织的整体战略目标、内外部环境及人力资源基础，制定人力资源职能的战略目标及战略举措。

（2）分析与预测人力资源的数量、质量与结构需求，制定相应的人力资源规划。

2. 组织架构设计与调整

（1）为适应组织的战略目标，设计并适时调整组织的管控模式，并以此作为组织架构的设计与调整基础。

（2）明确组织中的部门设置、部门职责及层级汇报关系，形成组织架构图。

3. 职位管理

（1）根据部门宗旨与职责，进行职位分析、设计与优化，并确定部门内部各职位的层级与汇报关系。

（2）明确各职位的职责，形成职位说明书。

（3）根据职位说明书的有关内容，进行职位价值评估。

4. 员工招聘管理

（1）从组织内外招募和甄选与组织目标相适应、与职位要求相匹配的人力资源。

（2）为入职与调职员工办理各类劳动手续。

5. 薪酬与福利管理

（1）制定合理的薪酬策略

（2）对所有员工的薪酬福利现状进行分析研究。

（3）设计并实施各层次员工的薪酬福利方案。

（4）与员工进行薪酬福利政策沟通。

6. 绩效管理

（1）制定并分解各层次的绩效计划。

（2）组织、督导绩效计划的实施与辅导。

（3）组织实施绩效评估与反馈。

（4）合理应用绩效评价的结果。

7. 人力资源培训与开发

（1）为提高员工的胜任力与工作绩效，设计并组织实施员工培训。

（2）为实现组织与员工的共同成长，组织实施员工职业生涯管理。

（3）针对组织及所在行业的需求，组织实施员工技能认定或资质评定。

8. 员工关系管理

（1）在相关法律框架内，妥善实施员工合同管理，并解决劳动争议与纠纷。

（2）设计并实施员工健康与安全管理项目。

（3）改善员工关系，解决影响员工绩效的人事事务，设计员工守则。

二、人力资源管理体系的构成

尽管学术界及工商界站在不同的角度，对人力资源管理的职能做出了不同的总结，但其内容本质是基本相近的。需要特别指出的是：人力资源管理的各个职能间并非相互独立的，而是因果递进、紧密相关的。

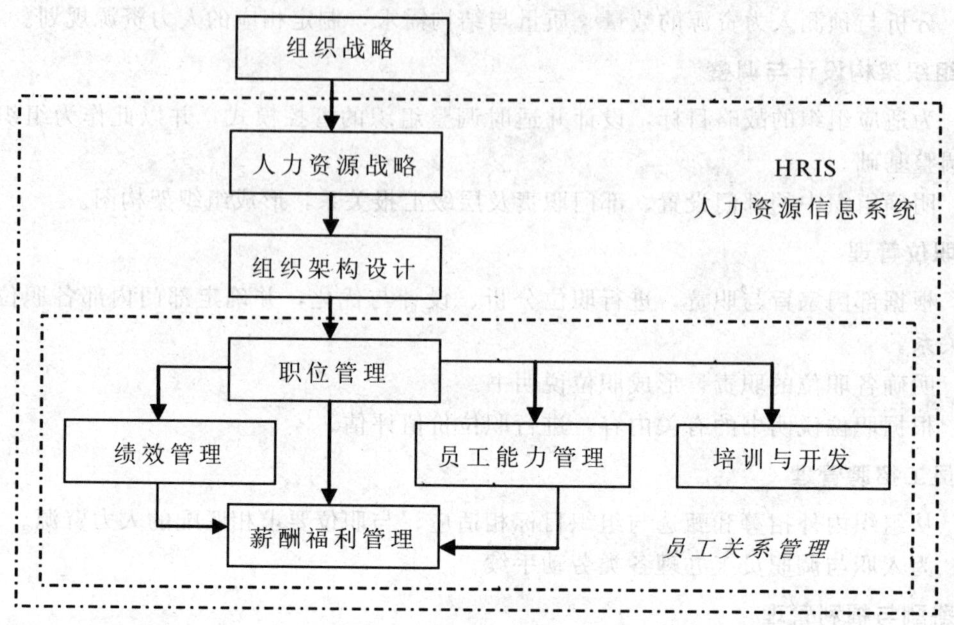

图 1-2 人力资源管理体系示意图

上图系统地阐释了人力资源管理这一学科中各个主要功能模块之间的关联性及其逻辑关系。它给我们带来的启示是：

（1）各项具体人力资源管理职能的履行均应以人力资源管理战略为指导并服务于组织人力资源管理战略的实现，而人力资源管理战略是基于组织的整体战略而产生的。

（2）组织架构及部门职责的设计是职位管理与人力资源规划的基础，它描绘了整个组织的部门设置及其相互关系。

（3）人力资源规划的设计与实施应以人力资源管理战略、组织架构、职位体系以及员工的能力现状为基础。

（4）职位管理体系是人力资源管理的基础职能之一，它是组织实施绩效管理、薪酬管理、员工能力管理乃至人力资源开发的重要基础与参照。

（5）员工关系管理贯穿于人力资源管理各项具体职能的履行过程中，员工关系管理中的问题通常是与其他人力资源管理职能相伴共生的。

HRIS（人力资源信息系统）为人力资源管理职能的履行提供了一个平台，它可以将人力资源管理的策略、方法、流程与信息在系统中固化下来，从而提高管理效率与管理精度。

第三节 人力资源管理职能的履行

人力资源管理工作的重要性毋庸置疑，那么，在一个组织中，应该由谁来履行这一重要的职能呢？它仅是人力资源管理部门的责任吗？如果还有其他相关者的话，那他们应该承担何种责任？相关责任者应该怎样履行相应的职能呢？

一、人力资源管理职能的履行者

一个组织的人力资源管理部门责无旁贷地应承担起人力资源管理的主要职能，并具有至关重要且不可替代的作用。与此同时，越来越多的组织已经意识到：几乎所有的管理者都在直接或间接地履行着人力资源管理职能。例如：一个运营经理可能会参与员工的招聘与培训；一个研发经理要对本部门的员工进行绩效管理，并为员工的职业发展进行规划与辅导；更高层次的管理者可能会更深地介入到人力资源管理的战略澄清、政策制定与人力资源决策中，GE 的前 CEO 杰克·韦尔奇曾经说过，他有 1/3 的工作时间是在处理与人有关的事情。

由此可见，人力资源管理已开始被确认为各级管理人员的共同职责。组织中人力资源管理职能的履行不能仅仅依靠人力资源部门的一己之力，而必须依靠各层次人力资源管理活动的参与者各司其职、协同努力，才可能实现人力资源管理的目标乃至组织的管理目标。

组织中人力资源管理职能的履行者包括决策层、人力资源管理部门、非人力资源管理部门的管理者以及每一个员工，只是他们各自的分工不同而已。

• 组织中的决策层是人力资源战略、政策与重大人力资源管理事务的决策者。

• 人力资源管理部门是人力资源管理职能的设计者、组织者与推动者。

• 非人力资源管理部门的管理者是人力资源管理政策与制度的执行者与内部人力资源环境的营造者。

• 员工是人力资源管理职能的体验者。

二、人力资源管理部门的角色与定位是什么？

美国学者戴维·乌尔里克提出了人力资源管理所必须扮演的四种主要角色：

①行政事务管理专家。

• 发现并改进管理流程。

• 重新思考组织的工作方式。

②员工代言人。

• 确保员工对公司的积极投入。

• 提供个人与职业发展机会。

• 指导和培训直线经理来保持员工士气。

• 代表员工利益，并作为他们的坚强后盾。

③变革推动者。

• 帮助组织形成应对变革和利用变革的能力。

• 确保将公司愿景转化为具体行动。

• 塑造新的公司文化。

④战略伙伴。

• 制定企业的组织架构。

• 承担组织架构评审。

• 提供组织变革的方法。

• 为各项战略性工作排序。

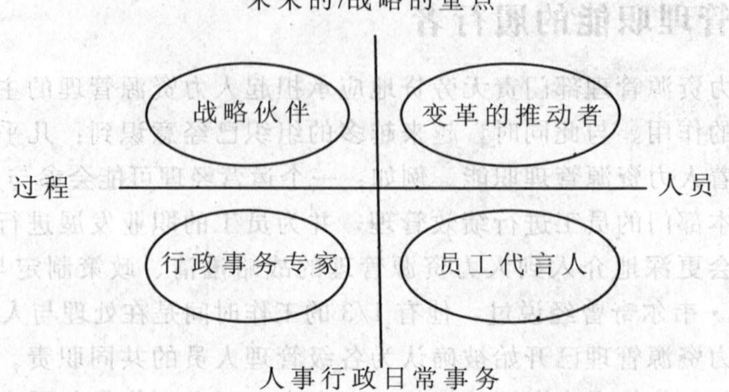

图 1-3 人力资源管理部门的角色定位

由图 1-3 可见，行政事务专家与员工代言人的角色定位均侧重于日常的、运营类事务，而战略伙伴、变革的推动者的角色定位则侧重于未来的、战略性的任务；从另一个角度来看，变革的推动者和员工的代言人的角色定位更侧重于对人员的关注，而战略伙伴及行政事务专家更侧重于对过程的关注。对任何企业而言，以上四种角色定位并非是排他性存在的，即并不是选择了一种角色定位就不能允许其他角色的存在，而是不同发展阶段的企业可以在同一时期选择一种角色定位作为主导，而以其他角色作为辅助。

三、怎样履行人力资源管理职能？

尽管人力资源部门的职位设置可能因组织类型、组织规模、行业特点及文化差异等而有所不同，但在规模较大、人力资源管理功能较为齐全且规范的工商企业中，人力资源管理部门的职能分布及常见职位设置通常如下：

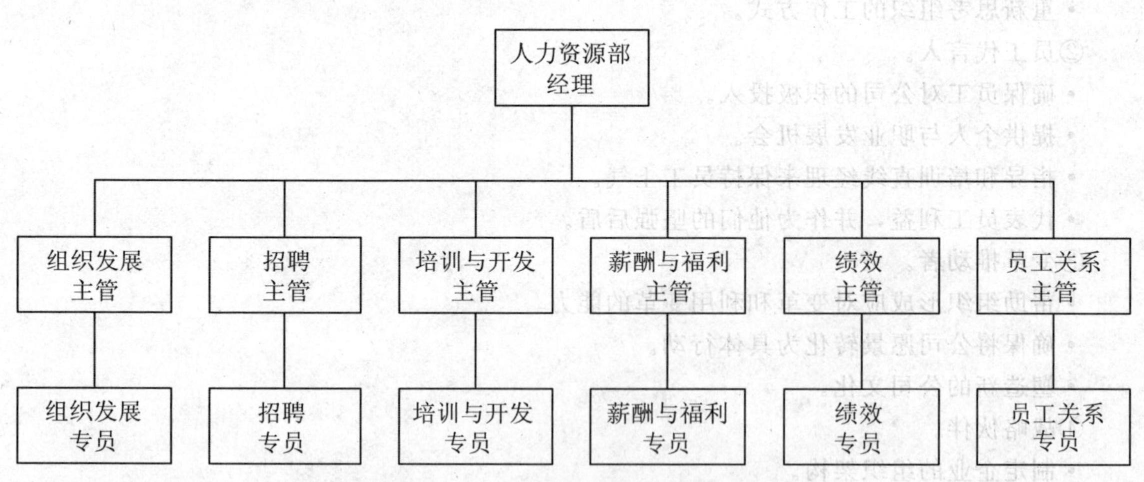

图 1-4 人力资源管理部门的典型职位设置

通常而言，规模越大、职能越健全的组织，其人力资源部门的管理层次越多，职位分工也越细化；规模越小的组织，其人力资源管理层次越少，分工越粗放，甚至有一些规模较小且人力资源管理职能不健全的组织，会将人事与行政职能合并设置。

据 Mercer 一项针对千余家中等以上规模（员工人数 1000 人以上）且人力资源管理职能较为健全的企业所进行的调查显示：专职人力资源管理从业人员占员工总数的平均比例为 1.1%左右。但在规模较大的企业，这一比例会相对降低；在规模较小的企业，这一比例会有所提高。

第四节 中国人力资源管理的发展趋势

林新奇曾于《光明日报》撰文指出：追寻改革开放以来我国的人力资源管理，我们可以清楚地看到三个不同阶段的不同发展特点。始于 1978 年的改革开放，使我国的企业管理特别是对人的管理开始步入一个市场化的充满希望的进程；1998 年开始的企业人力资源重组，引发了企业人力资源管理的大变革、大发展、大提升；2008 年开始的又一个 10 年，我国企业人力资源管理将全面实现向市场化、规范化、国际化的大发展。

未来，中国人力资源管理的发展趋势可能在以下几个方面得以体现：

一、人力资源管理职能的角色与定位

（一）人力资源管理的地位不断提高

随着人才制胜时代的到来，人力资源管理与企业发展战略的双向互动与相互依存的关系推动了人力资源管理部门地位的极大提高，主要体现为：人力资源管理技能成为高级管理人员必备的主要技能；人力资源经理职位成为通向高级管理职位的重要途径。据美国哥伦比亚大学对 1500 名高层经营管理人员进行的一项调查研究显示，企业界高层人士认为，CEO 应具备的知识和技能中，人力资源管理的重要性仅次于制定战略排在第二位，而市场营销、财务和会计则排在人力资源管理的后面。这表明，人力资源管理活动的重要性已得到显著提高。

（二）人力资源管理的定位逐步由事务性向战略性转变

在传统的人力资源管理部门中，员工考勤、发放工资、缴纳保险、办理各种调转关系等人事行政事务是其主要工作，因此，人力资源管理部门在组织的定位至多是一个行政事务专家，没有太多的技术含量，亦无需专业人才。后来，随着组织对人力资源管理重视程度的提高，人力资源部门的工作更多地涉及到方案的设计、政策的制定、资源的整合与战略的执行和协调等领域。在这种情形下，直线经理的人力资源管理责任不断增加，员工自主管理的责任也有所增加，而人力资源管理部门的定位则由行政事务专家转变为人力资源管理咨询与服务的提供者。目前，亦有部分组织的人力资源管理部门已越来越多地参与到组织战略的制定与推动实施方面，从而成为组织的战略伙伴。

（三）人力资源管理部门的组织架构将发生变化

当前，大多数组织是根据职能来设计人力资源管理部门内部的职位与职责分工的，这种分工方式对于人力资源管理政策的制定者而言无疑是经济的、有效的，且有利于提高专业化管理水平。例如：招聘专员专职于招聘政策的制定与方案的设计，员工关系专员专职于员工关系管理，这样专业化的分工既有利于人员的甄选，也有利于专业领域向精深发展。

但是，当我们站在员工的角度来思考问题的时候，我们会发现：若一个组织的规模很庞大，当一个非人力资源部门的员工遇到人力资源管理方面的问题时，他们更希望能有一个明确被指定的人力资源管理人员可以随时解决他（她）所遇到的任何人力资源管理问题，而不是遇到问题时，先要依靠专业的判断去区分这个问题到底该去找招聘专员还是员工关系专员，以及招聘专员与员工关系专员分别是谁。由此可见，对于规模较大的组织而言，完全专业化的分工可能是有利于该职能的内部管理与发展，但对其所服务的对象而言，这种分工模式并不理想。

为了解决这一问题，一些大组织的人力资源管理部门在探讨纵横交错、分层次的人力资源管理模式。即将整个人力资源管体系分为三个层次：总部、前台和后台。

总部

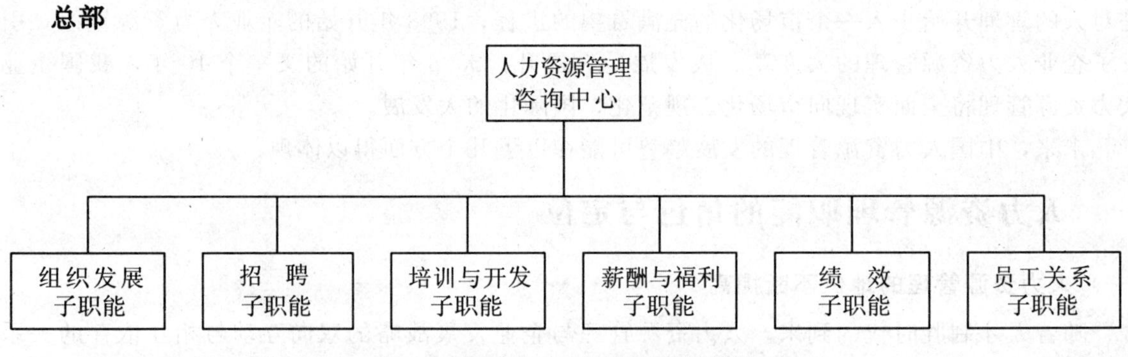

图 1-5 新型人力资源管理职能总部

总部的人力资源管理职能是组织中整个人力资源管理体系的“大脑”，担当着人力资源管理内部咨询顾问的角色，它的主要职责是：制定人力资源管理战略、设计并推动实施人力资源管理方案与政策、进行下属人力资源管理职能的合规性检查以及面向人力资源事务代表提供内部咨询服务。它的服务对象是组织中的其他人力资源管理人员，除培训外，他们并不（或很少）直接接触组织中的非人力资源管理专业人员。

前台

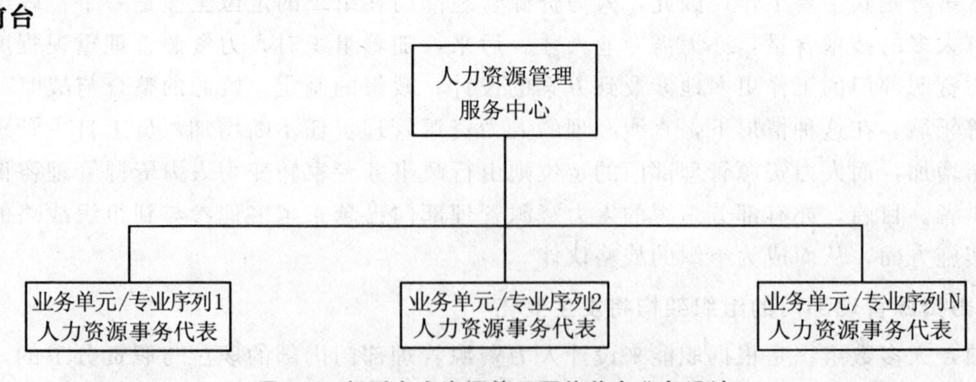

图 1-6 新型人力资源管理职能前台业务设计

所谓的前台，亦称为人力资源管理服务中心，它是组织中整个人力资源管理体系的“手脚”，是人力资源部门与员工沟通的桥梁与纽带。各业务单元或专业序列的人力资源事务代表是与各层次员工接触最频繁的人力资源管理人员，他们主要负责贯彻落实具体的人力资源管理政策，组织协调相关事务，解决员工所提出的具体问题。组织通常不对人力资源事务代表的人力资源管理体系设计能力与专业技能有过高的要求，而更强调他们的沟通能力、组织协调能力与执行力，因为，他们所服务的对象是非专业人员，通常情况下，他们可以通过内部协调独立解决一般性的人力资源管理问题，在遇到专业性较强的问题时，他们可以向内部咨询顾问寻求技术支持。

后台

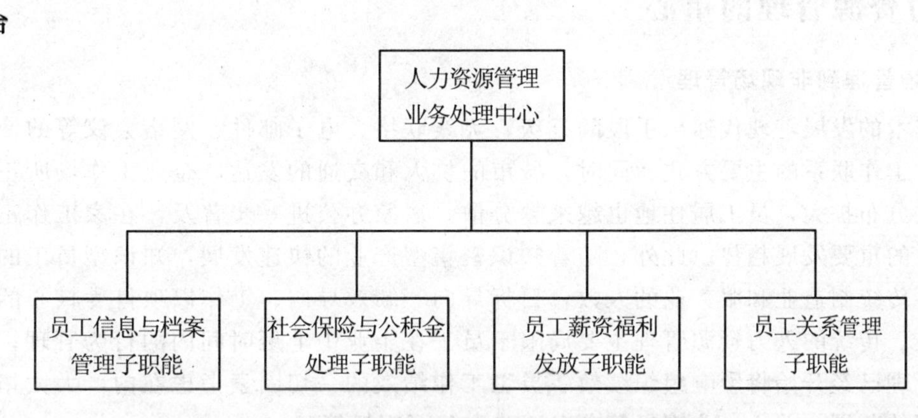

图 1-7 新型人力资源管理职能后台业务设计

所谓的后台，亦称人力资源管理业务处理中心，它是组织人力资源管理体系中的“血液”，主要负责相关人事行政事务与人力资源业务流程的处理，如员工信息与档案管理、社会保险与公积金的缴纳、薪酬福利发放、员工关系调转等。相关工作人员既不负责政策的制定，也不直接面向员工解决具体的人力资源管理问题，而只是按照既定的流程或法律法规办理相关手续、处理相关单据、办理相关业务。目前，也有部分组织以节约人工成本、提高工作效率，将此类业务外包给第三方处理。

二、对人力资源管理者的胜任力要求

（一）理论与实践相结合的需求迫切

人力资源管理是一门最具实践性的学科，理论与实践相结合的必要性非常显著且空间巨大。但在我国，现实却在走极端：“搞管理的很多不懂理论，懂理论的基本不搞管理实践”。这与中国人力资源管理发展历史短暂、现有的从业人员大多非科班出身且对人力资源管理的专业性认识不足有关。随着我国人力资源管理的不断发展，人力资源专业教育的日益成熟，未来的优秀人力资源管理从业人员，必将是具备扎实的理论基础与丰富的实践经验的专业人才。

（二）对从业人员的胜任力要求日益提高

未来，组织对人力资源管理者的能力素质要求将更加严谨，而且，单纯就人力资源管理谈人力资源管理已不足以应对日益复杂的组织内外部环境，从业人员还需具有社会及行为科学的基础，并具备敏锐的洞察力与策略圆通的处事技巧。

有关研究表明，优秀的人力资源管理者应具备以下能力素质且担任好以下几种角色：一是人力资源管理专家，要求熟悉组织的人力资源管理流程，了解政府有关政策法规；二是业务伙伴角色，要求熟悉组织业务，参与制定业务计划，处理问题，保证业务计划得到有效执行；三是领导者角色，要求发挥影响力，协调与平衡组织、部门要求与员工需求之间的关系；四是变革推动者角色，要求协助组织及其管理者，在人力资源管理理念及执行层面为组织变革提供有力的支持。

三、人力资源管理的重心

（一）从现场管理到非现场管理

网络技术的发展，现代通讯手段的升级，无线联络、电子邮件、网络会议等的使用正成为人们日常工作联系的主要方式。同时，城市的扩大和交通的发达，企业工作场所正由统一集中向点式分布扩大，员工居住地也越来越分散，居家办公进一步普及，在家工作正成为现代劳动就业的重要发展趋势。此外，随着知识密集型产业的快速发展，知识型员工的人数逐渐超过从事传统制造业和服务业的人数，目标导向、绩效导向、工作以项目为核心的发展趋势日益明显。传统的人力资源管理主要局限于员工在企业中上班时间内的行为管理；而现代人力资源管理已经开始将影响组织绩效、员工工作绩效的一切因素考虑在内，大大拓展了人力资源管理的范围。总之，非现场管理已逐步取代了现场管理。

（二）从一致性到异质性管理

传统的人力资源管理对内部一致性的要求相当高。以薪酬为例，只要员工的行政级别相同或职称相同，即需享受同样的待遇，而不论员工所从事的工作对组织的贡献、对知识技能的要求及影响范围有多大的差异。近年来，随着知识经济的蓬勃发展，管理者对人力资源的异质性的认识不断深入，进而提出了异质性人力资源管理的理念，也就是说，针对组织中不同类型的员工，应视其职位的性质、员工群体的特点及需求采取差异化的管理方式，其目的是为员工创造更加有利于发挥其自身优势的工作环境，以充分调动其主观能动性，这也是人本主义思想在人力资源管理中的高级表现形式。

（三）从强调“管”到开发与管理并重

在传统的人力资源管理模式中，组织的人力资源管理部门更多地扮演着监督者的角色，他们更关注员工是否执行了相关的规章制度以及如何才能让员工更守纪律、让员工已有的知识技能为组织所用等问题，这无不透视着组织的人力资源管理是从“管”的角度出发，以组织的短期利益为重点。但事实上，管理不仅有“管”的一面，还需要有“理”的一面。“管”所强调的是以组织为主体、以员工为对象的单向行为模式，而“理”却将员工视为主体，以组织为引领者、咨询师、协助者。因此，从现在到未来，一个新的发展趋势必将伴随着人力资源管理观念的更新而有所转变，那就是：组织若想获得长期的竞争优势，不仅要将员工已有的知识、技能与能力充分释放出来，更需要通过培训与开发帮助员工成长，推动员工进步，只有这样，组织才能与员工实现共赢。此外，在一味强调“管”的时代，强权、专制等刚性管理模式必然盛行，而在开发与管理并重的时代，以营造组织氛围、关注员工心理感受、加强员工行为疏导等为代表的柔性管理模式必将相伴而生。

（四）从无章可循或有章可循

长期以来，人力资源管理一直被视为一个进入门槛较低、缺少成熟的理论与方法体系的纯“文”学科，甚至有人认为人力资源管理无章可循，管理好坏全凭管理者的个人智慧与人格魅力。事实上，这是对现代人力资源管理及其未来发展趋势的极大误解。诚然，人力资源管理既包含着管理科学又承载着管理艺术，但是，就像作曲是艺术但同样需要有全球通用的乐理准则一样，人力资源管理也应有其基本原理作为实践的指导。近年来，人力资源管理的理论与方法体系日臻完善，数理统计等方法在员工意见调查、薪酬与福利及绩效管理等方面的应用也越来越普遍、尤其是一些世界知名的咨询公司在人力资源管理领域总结出了一系列系统高效的工具与方法论，这些都将对人力资源管理的进一步专业化起到良好的推动作用。但遗憾的是：由于知识产权保护等原因，这些工具与方法论还无法迅速得到普及与推广。但应用专业的工具与方法来解决人力资源管理领域的问题已经在业界达成共识。

【本章小结】

人力资源是指人所具有的能够创造价值并被组织所利用的劳动能力的总和。人口资源、劳动力资源、人力资源与人才资源是层层包含的关系。

人力资源管理是指组织为了实现既定的目标，运用现代管理方法与手段，对人力资源的获取、使用、开发与保留进行管理的一系列活动的总称。到目前为止，人力资源管理理论与实践大致经历了劳工管理、科学管理、人际管理、行为管理与人力资本管理五个主要的发展阶段。

人力资源管理的职能包括：制定人力资源管理战略与规划、组织与职位管理、薪酬与福利管理、绩效管理、员工招募与雇佣、人力资源开发、员工关系管理等，这些职能之间相互关联，并构成了一个完整的人力资源管理体系。

组织中人力资源管理职能的履行者既包括专业的人力资源管理部门，又包括决策者、其他管理者及员工，只是他们各自所承担的职责不同而已。人力资源管理部门的角色与定位及其履行职能的方式可能会因组织所处的环境、组织对人力资源管理部门的预期及人力资管理源部门自身的地位与能力有关。

未来的人力资源管理将在角色与定位、从业者的胜任力要求及工作重心等方面产生新的发展趋势。

【管理工具包】

人力资源部门职责样例

序号	职责领域	职责描述
1	计划总结	为确保人力资源部工作有序开展，根据公司的战略规划与整体工作计划，拟定人力资源部门的工作计划，将其分解落实至各相关岗位，并定期对计划执行情况进行分析总结
2	制度建设	为使人力资源工作有章可循，根据公司的整体规划，研究、制定本部门的规章、制度、流程、规范
3	招聘管理	为了满足公司业务发展需要，根据招聘制度，分析汇总用人需求，制定人员招聘计划和招聘流程，并负责实施招聘
4	薪酬福利管理	为更好地吸引、保留与激励员工，根据公司的薪酬策略和付薪理念，设计薪酬福利方案，编制薪酬福利预算，组织薪酬福利的调整、发放工作
5	绩效管理	为确保公司战略目标的实现，激励并引导员工的行为，建立并完善公司的绩效管理体系，推动组织绩效计划、辅导、评估等环节的实施，协调和处理绩效管理过程中出的问题，并有效利用绩效管理的结果
6	企业文化建设	为确保公司战略目标的实现，激励并引导员工的行为，根据公司的愿景和企业实际，组织提炼企业文化的特点，编辑公司报纸，制定员工行为规范，组织 VI 系统设计，并负责该文化在企业内外部的宣传和引导
7	培训管理	为了切实提高员工的能力与素质，改善员工绩效，根据公司业务发展需要，进行员工的培训需求分析，制定培训计划，组织培训活动的实施，评估培训效果，并建立培训档案
8	组织与岗位体系管理	为了完善公司的组织机构和工作程序，根据公司总体战略和人力资源管理政策，对组织结构、岗位体系设计与人员编制提出建议，并组织实施部门职责、岗位职责的分析与澄清，编制职位说明书，参与评估各岗位的职位价值
9	人员调配	为实现人员任免的合理有序，根据公司管理层的决策，起草与传达人员任免、晋升、降职文件，办理任免手续并监督实施
10	员工行为管理	为了保障公司正常的工作秩序，根据公司的企业文化，制定相应员工行为标准并监督实施

【思考题】

1. 什么是人力资源？人力资源有何特点？
2. 什么是人力资源管理？
3. 人力资源管理的职能通常包括哪些？各项职能之间的关系是什么？
4. 人力资源管理职能的履行者有哪些？它们各自的职责是什么？
5. 常见的人力资源管理部门的角色与定位有哪几种？
6. 人力资源管理的未来发展趋势是什么？它给人力资源管理者带来哪些挑战？

第二章 人力资源战略规划

●单元概述

人力资源规划是指组织根据自身的发展战略、组织目标及组织内外环境的变化，预测未来的组织任务和环境对组织的要求，以及为完成这些任务和满足这些要求而提供人力资源的过程。之所以需要规划，是为了更好的保证未来组织任务和环境对组织的要求。本章从人力资源规划的相关概念出发，系统地介绍了人力资源规划的基本流程及各主要环节的实施工具、方法与技巧，以及人力资源规划执行的相关知识。

●知识要点及掌握程度

2.1 人力资源规划概述 [记忆]

2.2 人力资源规划的流程与方法 [运用]

2.3 人力资源规划的执行 [分析]

●能力要点及掌握程度

根据大连东软信息学院 TOPCARES－CDIO 的能力指标体系，裁剪出本章所要培养的能力要点及其掌握程度。

人力资源规划的管理与实施知识 [重要]

分析问题 [重要]

解决方法和建议 [重要]

讨论任务安排的主次 ［中等］
团队工作运行 ［中等］
设计过程 ［中等］
设计实施过程 ［中等］

●教学重点与难点

1. 教学重点
（1）人力资源规划的目标和意义
（2）常见的人力资源规划方法
（3）人力资源规划的基本流程
（4）人力资源规划的执行
2. 教学难点
（1）人力资源规划
（2）规划的方法

●教学设计与实施方法

1. 教学设计
（1）激趣：通过管理寓言启动本章的学习，激发学生的学习兴趣。
（2）引思：结合管理寓言，引发学生思考人力资源规划管理的概念及有效实施的方法。
（3）精讲：系统介绍绩效人力资源规划的相关概念、流程、工具与方法。
（4）实践：要求学生完成实践环节项目，并在“做中学”中巩固和运用所学知识。
（5）总结：归纳总结知识点及学生在实践中存在的问题。
2. 实施方法
本章建议采用如下教学方法：讲授教学法、讨论教学法、探究教学法和问题教学法。

●实践环节设计

单元项目：制定资源计划

请各虚拟公司根据贵公司的愿景、使命与目标，共同讨论确定贵公司未来发展人力资源规划。

要求：
（1）选用一种恰当人力资源规划方法。
（2）说明你的编制思路。
（3）绘制出公司层次的战略计划。

●目标达成度检验（教学效果评估）

1. 知识要点测评
要求学生完成课后习题，并参考标准答案进行自评。
2. 能力要点测评

要求学生利用课余时间完成实践环节单元项目，并于下次课进行当堂展示，再由各小组进行交叉互评，教师给出专业意见与评分。每个小组再根据本组得分，根据各位组员在完成本次团队项目时的表现确定组内各成员本次实践项目的得分。

●教材具体内容

【引子——管理寓言】

羊族开了一家通讯设备生产厂。在一次例行的周末经理会议上，销售经理说："我有一个好消息，我和狼族签订了一个大订单，但是我们必须在一年内完成，而不是两年完成。我告诉他们我能们能够做到。"

此时，人事经理提出一个现实的问题："据我所知，我们现有人员根本无法在狼族要求的期限内生产出符合他们要求的产品。我们需要逐步地对我们现有工人进行培训，同时还需要到社会上招聘一些具有这种产品生产经验的工人。我认为我们应该对这一项目再进行一些详细的分析。如果我们必须在一年内而不是两年完成这一项目，我们的人力资源成本将大幅度增加，项目的成本也将增加。"

从上述的案例中，我们可以得到什么样的启示？

1. 企业为什么要招募一些新的员工呢？为什么要对现有工人进行培训呢？

2. 通过上面的案例分析你认为人力资源规划在一个企业经营目标实现的过程中是否扮演着重要的角色？

3. 通过你对上述案例的分析你认为什么是人力资源战略规划呢？即人力资源战略规划具体是指什么呢？

第一节　人力资源规划概述

孔子曰："凡事预则立，不预则废"。我们的先人很早就已经意识到"预"（规划）的重要性了。规划是为了通过预见未来，提前为未来的变化做好准备。人力资源规划也是一个清楚认识自身人力资源管理现状的过程，找出内部人力资源的优势和劣势，外部环境的机会和威胁，不断化劣势为优势，持续提升企业的竞争力。

一、人力资源规划的定义

人力资源战略规划的定义有广义与狭义之分。广义的人力资源战略规划是指根据组织的发展战略、目标及内外环境的变化，预测未来的组织任务与环境对组织的要求，以及为完成这些任务，满足这些要求而提供人力资源的过程。换言之，广义的人力资源战略规划强调人力资源对组织战略目标的支撑作用，从战略层面考虑人力资源规划的内容和作用。因此它既包括人力资源数量、质量与结构的系统规划与安排，也包括实现人力资源战略目标的策略与相应职能的系统安排。其作用可以等同于人力资源管理战略，是企业竞争战略的有机组成部分。而狭义的人力资源战略规划是指对可能的人员要求、供给情况做出预测，并据此储备或减少相应的人力资源。可见，狭义的人力资源战略规划以追求人力资源的平衡为目的，它主要关注的是人力资源供求之间的数量、质量与结构的匹配。

依据人力资源战略规划的着眼点不同，可以分为仅考虑组织利益的人力资源战略规划和兼顾组织与个人利益的人力资源战略规划。前一种观点认为人力资源战略规划就是将必要质量和数量的人力资源安排到通常为金字塔结构的各级工作岗位上。从组织的目标、发展和利益要求出发，在适当的时间，向特定的各个工作岗位提供合乎岗位要求的劳动力，以满足特定生产资料对人力资源的数量、质量和结构的要求。显然，这是古典管理思想影响下的结果。后一种观点认为人力资源战略规划是在有效设定组织目标和满足个人目标之间保持平衡的条件下使组织拥有与工作任务要求相适应的必要数量和质量的人力资源。这种观点认为人力资源战略规划所要实现的组织目标是包括实现个人利益在内的。人力资源规划的过程就是力求使组织发展与个人成长发展协调一致的过程，其最终目的是实现组织与个人的同步成长。显然，行为科学对此观点的形成有深刻的影响。

无论何种人力资源战略规划定义，都大致包括如下四种含义。

(1) 组织外部的政治环境、经济环境、技术、文化等处于不断的变中，使得组织的战略目标也处于不断的调整之中，从而组织内部和外部的人力资源供给与需求也处于不断变动之中，寻求人力资源供给与需求的动态平衡是人力资源规划的基点，也是人力资源战略规划存在的必要条件。

(2) 人力资源战略规划是以组织战略目标为基础的，当组织战略目标与经营方式发生变化时，人力资源战略规划也随之发生变化。因此人力规划的过程是一个不断调整的动态过程。

(3) 人力资源战略规划是一个依据人力资源战略对组织所需人力资源进行调整、配置、补充的过程，而不单单是预测人力资源供给与需求的变化。在此过程中，必须有人力资源管理其他系统的支持和配合，才能保证适时、适人、适岗。

(4) 人力资源战略规划是要保障组织和个体都得到长期的利益。但更多的是保障组织的利益得到实现，保障个体利益主要是由其他人力资源管理系统实现的，而不单单是一个规划系统就能解决问题的。

因此，人力资源战略规划是一种战略规划，着眼于为企业未来的生产经营活动预先准备人力资源，它所考虑的不是某个具体的人员，而是一类人员，个人的发展规划寓于某一类人的发展规划之中。因此，人力资源战略规划的实质是一种人力资源的策略，它的制定为企业的人力资源管理活动提供了指导。

二、企业战略与人力资源规划

人力资源规划的制定首先必须基于一定的假设系统，否则人力资源战略规划的整个过程与结果缺乏理论指引与现实根基。人力资源战略规划的假设系统是指在设计人力资源战略规划的技术体现与流程之前，技术的构建者和使用者对于人力资源战略规划内在各要素之间以及与其外部环境要素之间的相互关系的抽象理解。人力资源战略规划是企业经营战略的承接，要正确认识和理解人力资源战略规划的假设系统，需要从其源头——企业经营战略出发（参见图 2-1）。

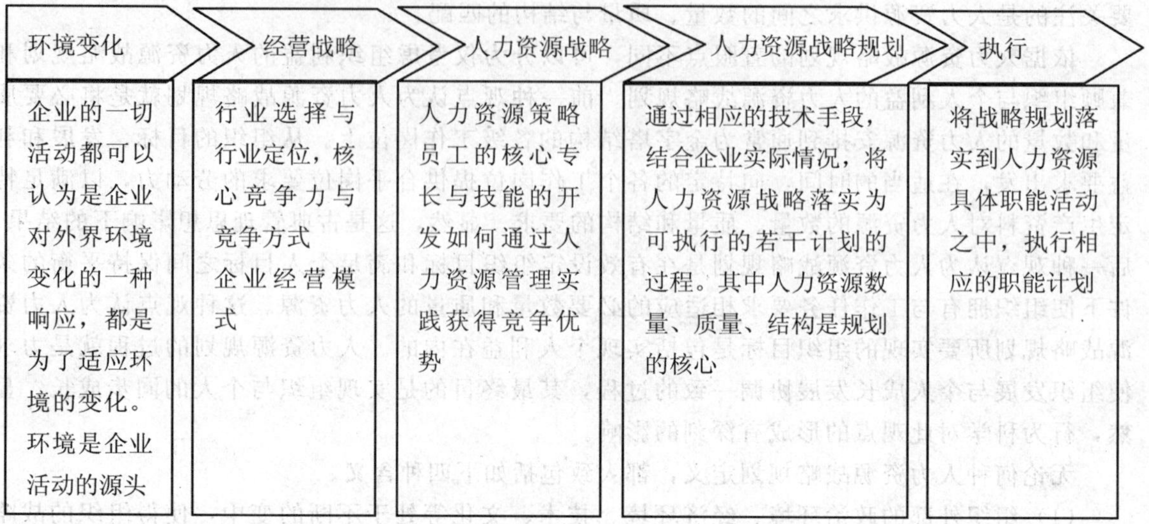

环境变化	经营战略	人力资源战略	人力资源战略规划	执行
企业的一切活动都可以认为是企业对外界环境变化的一种响应，都是为了适应环境的变化。环境是企业活动的源头	行业选择与行业定位，核心竞争力与竞争方式企业经营模式	人力资源策略员工的核心专长与技能的开发如何通过人力资源管理实践获得竞争优势	通过相应的技术手段，结合企业实际情况，将人力资源战略落实为可执行的若干计划的过程。其中人力资源数量、质量、结构是规划的核心	将战略规划落实到人力资源具体职能活动之中，执行相应的职能计划

图 2-1 企业经营战略与人力资源战略规划

从图 2-1 可以看出，制定人力资源战略规划的前提是，企业要有明确而清晰的经营战略规划和价值核心业务规划，要有人力资源内外环境分析、要有较为完备的管理信息系统和较为完整的历史数据等。

企业经营战略可以从两个角度思考：外部战略观和内部战略观。

（1）外部战略观及竞争战略观，指基于企业市场竞争的环境与态势确定企业的战略及目标。通过研究行业最主要的经济特征、发展规律以及前景、竞争对手的优势，确定本企业适合的经营方式与运作模式，即企业战略。

基于外部竞争观的人力资源战略规划首先要分析市场竞争态势，例如运用波特战略思想理论中的市场五要素分析法，选择低成本、差异化、专一化战略等确定企业的研发导向、生产导向、资本运作导向。据此，确定人力资源战略规划的重点，设计出一系列的人力资源管理政策、制度、流程和工具，帮助员工获得核心专长技能，形成恰当的理念与行为方式，确保企业实现战略计划，获取竞争优势，见表 2-1。

表 2-1 企业战略与人力资源战略规划

企业战略	一般组织特征	人力资源战略规划重点
低成本战略	持续的资本投资 严密监督员工 经常、详细的成本控制 低成本的配置系统 结构化的组织和责任 方便制造的产品设计	**招聘录用：** • 因岗定编 • 外部招聘多为基层职位 • 以岗位为核心 • 明确的工作说明书 • 详尽的工作规则 • 强调具有技术上的资格证明和技能 **薪酬：** • 强调以工作为基础的薪资 • 低工资成本 **绩效评估：** • 用绩效评估作为控制机制 • 鼓励节约与降低成本 **培训：** • 强调与工作有关的培训 • 培训种类单一
差异化战略	营销能力强 重视产品的开发与设计 基本研究能力强 公司以品质或科技的领导著称 公司的环境可吸引高科技的员工、科学家或具有创造力的人	**招聘录用：** • 外部招聘为主 • 松散的工作规划 • 工作范围广 • 工作边界模糊 **薪酬：** • 强调以个人为基础的薪资 **绩效评估：** • 用绩效评估作为员工发展的工具 • 鼓励创新和弹性 **培训：** • 团队为基础的训练 • 培训种类多样化
专一化战略	结合了成本领先战略和差异化战略、具有特定的战略目标	结合了上述两种人力资源战略规划的重点

可见，行业的发展、劳动力的供求以及企业的竞争战略是人力资源战略规划思考的起点，人力资源规划必须支持这些要素，才能体现其当前以及长远的价值。

（2）内部竞争战略观的实质是基于企业资源战略观，即企业的竞争优势是源于其所控制的战略性资源，因而战略制定应以企业内部资源利用效果最大化为目标。企业经营战略的出发点是企业内部已有的资产、品牌、信息、知识、人才等资源。“资源观”的意义在于从企业的内部的资源，而非从企业的外部环境来寻找企业在市场上获得竞争优势的根源。它的应用价值在于使管理者把目光集中在企业自身的力量上，帮助管理者识别能够产生持续竞争优势的资源，并从提高资源使用效率的角度制定企业的战略和决策。

基于内部竞争战略观的人力资源战略规划的要点在于企业人力资源管理系统效率的提高与整合，围绕人与组织之间的互动作用过程，通过完善人力资源与开发的各个环节，提高现有人力资源的投入产出比，使人力资本增值，为企业战略目标的实现提供人力支持。

总之，人力资源战略规划是企业经营战略规划的一部分，是为企业经营战略服务的，是企业为达成经营战略而确定的人力资源配置目标、计划与方式，是企业人力资源开发与管理工作的“龙头”。

人力资源的战略规划必须与企业的经营战略保持一致，为企业的整体战略服务，同时还要与企业各个层次的经营计划相协调、保持平衡，如图 2-2 所示。

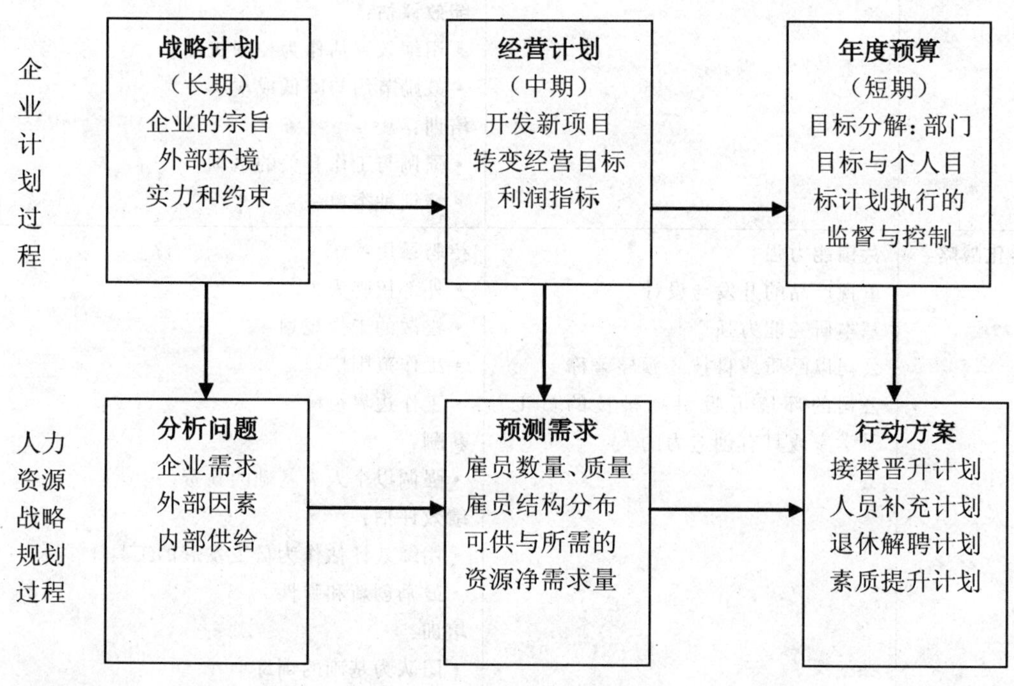

图 2-2 企业计划过程与人力资源战略规划过程

三、人力资源规划的内容

人力资源战略规划是运作人力资源管理系统的前提，是人力资源管理各子系统重大关系决策的依据，它主要包括三方面的内容：人力资源数量规划、人力资源素质规划、人力资源结构规划，这三方面的内容为企业人力资源管理提供了指导方针和政策（见图 2-3）。

图 2-3 说明的是企业战略目标和组织行为方式确定以后，人力资源规划才能进行：战略目标、业务模式决定资源的数量与结构；业务行为规范决定人力资源的素质要求。

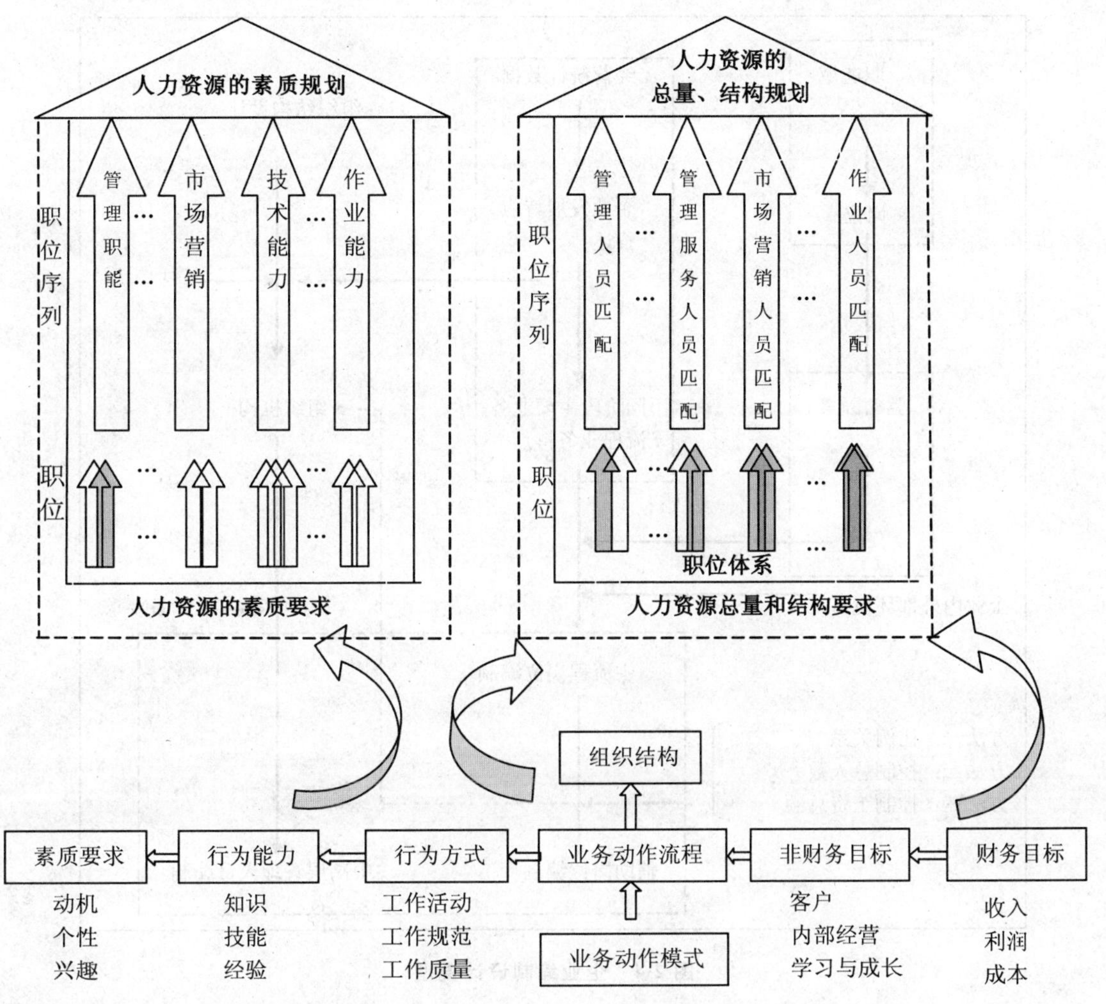

图 2-3　人力资源素质、总量、结构规划

1. 人力资源数量规划

未来企业业务模式、业务流程和组织结构等因素，确定未来企业各级组织人力资源编制及各职类职种人员配比关系或比例，并在此基础上制定企业未来人力资源需求计划和供给计划。人力资源需求计划和供给计划需要细化到企业各职类职种人员的需求与供给上。

人力资源数量规划的实质是确定企业目前有多少人，以及企业未来需要多少人。换言之，人力资源数量规划最终要落实到企业编制上。如何进行编制设计是人力资源规划的难点，其基本设计思想见图 2-4 所示。

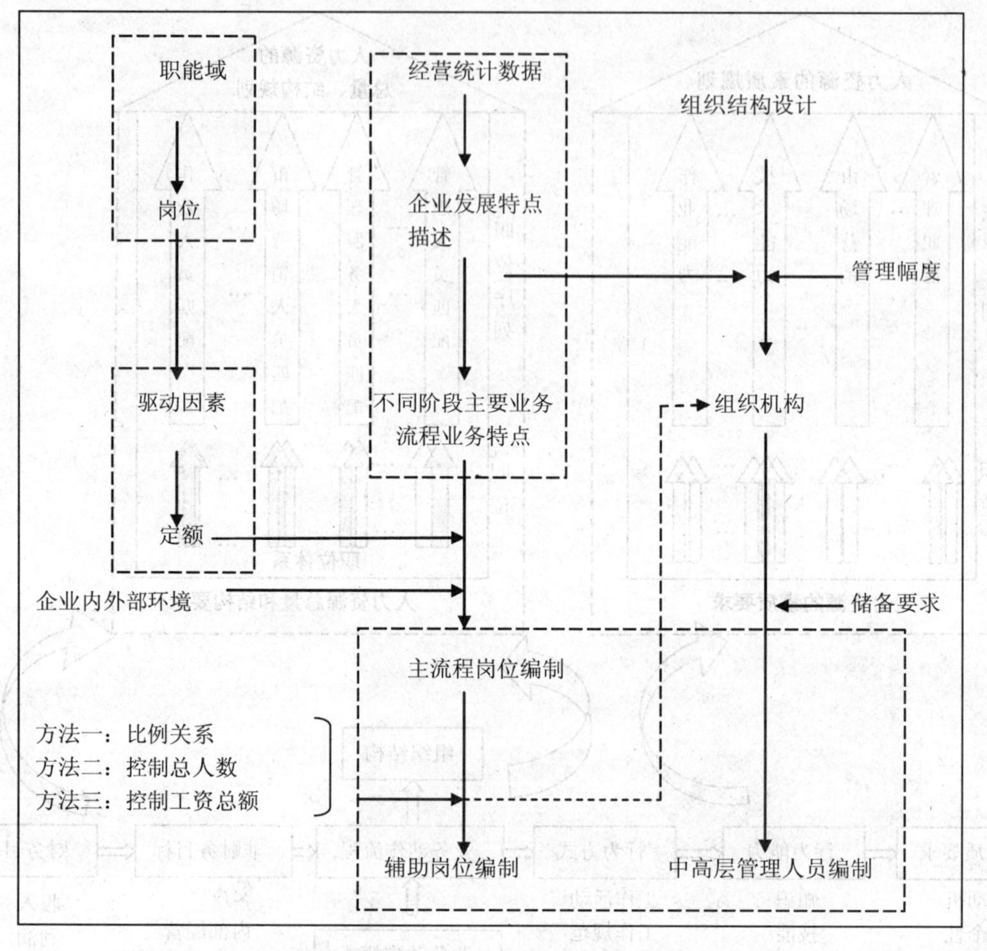

图 2-4 企业编制设计模型

在企业战略、组织结构都已经明晰的前提下，进行企业编制设计的主要步骤是：

(1) 结合近十年企业经营统计数据分析企业发展的行业特点，判断企业处于不同阶段的主业务流程及业务特点，并确定组织中哪些职位是关键职位和重点职位。

(2) 依据组织的职能域，梳理组织设计中的关键职位和重点职位，明确引起这些职位变动的驱动因素（即预测因子）和劳动定额。那么，当驱动因素变化时，根据劳动定额就可以确定职位的编制。

(3) 在假设技术条件不变的前提下，确保主流程关键职位和重点职位的编制不变，而对辅助岗位的编制则采取弹性设置。主要方法有：

• 确定各职类职种的比例；

• 控制总人数；

• 控制工资总额。

一般而言，对于辅助岗位应采取不断提高从业者工作技能的政策，从而达到减少辅助人员数量的目标。

(4) 企业编制的动态调整。辅助人员的变化，可能引起组织结构相应的调整，即从业者素质越高，所需相关岗位从业者编制就越少，依据组织设计的管理幅度要求，这时组织结构就可以简化。

同时，企业要依据组织分布的地域状况，考虑干部的储备要求，适当放宽中高层管理人员的编制设置。

人力资源数量规划主要解决企业人力资源配置标准的问题，它为企业未来的人力资源配置乃至整个人力资源的发展提供了依据、指明了方向。但是，在具体操作时，企业人力资源现状与人力资源数量规划所提供的标准会有一定的差距，因为理论和现实总是有差距的，而如何缩小这一差距正是企业人力资源部门下一步要解决的问题。

2. 人力资源结构规划

人力资源结构规划是依据行业特点、企业规模、未来战略重点发展的业务模式，对企业人力资源进行分层分类，同时设计和定义企业的职类职种职层功能、职责及权限等，从而理顺各职类职种人员在企业发展中的地位、作用和相互关系。人力资源结构规划的目的是要打破组织壁垒（如部门）对人力资源管理造成的障碍，为按业务系统要求对相关人员进行人力资源开发与管理提供条件，同时，人力资源结构规划也为建立或修订企业人力资源管理系统（如任职资格体系、素质模型、薪酬体系和培训体系等）打下基础。

人力资源数量规划与人力资源结构规划以及素质规划是同时进行的，数量规划和素质规划都是依据结构规划所确定的结构进行的，因此人力资源结构规划是关键也是一个难点。笔者在咨询实践中摸索出一套独特的结构分析法，其基本思路是：

(1) 人力资源结构分析的目的。

• 确定各职种在企业价值创造中的贡献系数，作为薪酬、晋升等人力资源政策的依据。

• 按各职种贡献大小合理配置人力资源（以贡献系数为基础）。

(2) 人力资源结构规划的假设。

• 贡献系数是指某一职种与其他职种相比，其对企业收益的贡献程度。

• 以贡献系数作为每一职种员工数变化幅度的判断基准：员工数量减少时，贡献度越小，变化幅度越大；员工数量增加时，贡献度越大，变化幅度越大。

(3) 价值贡献系数的确定。对企业各职种进行价值贡献度评价的关键是要科学地确定各职种价值贡献系数。我们在咨询实践中引入层次分析法（AHP）确定各职种价值贡献度。

层次分析法（Analytic hierarchy process，简称 AHP 法），是美国运筹学家 T. L. Saaty 教授 20 世纪 70 年代提出的一种定量与定性相结合的多目标决策分析法。这一方法的核心是将决策者的经验判断给予量化，从而为决策者提供定量形式的决策依据，在目标结构复杂且缺乏必要数据的情况下更为实用。应用 AHP 方法计算指标权重系数，实际上是在建立有序递阶的指标系统的基础上，通过指标之间的两两比较对系统中各指标予以优劣评判，并利用这种评判结果来综合计算各指标的权重系数。

利用 AHP 法计算各职种贡献系数，可按以下步骤进行（参见图 2-5）。

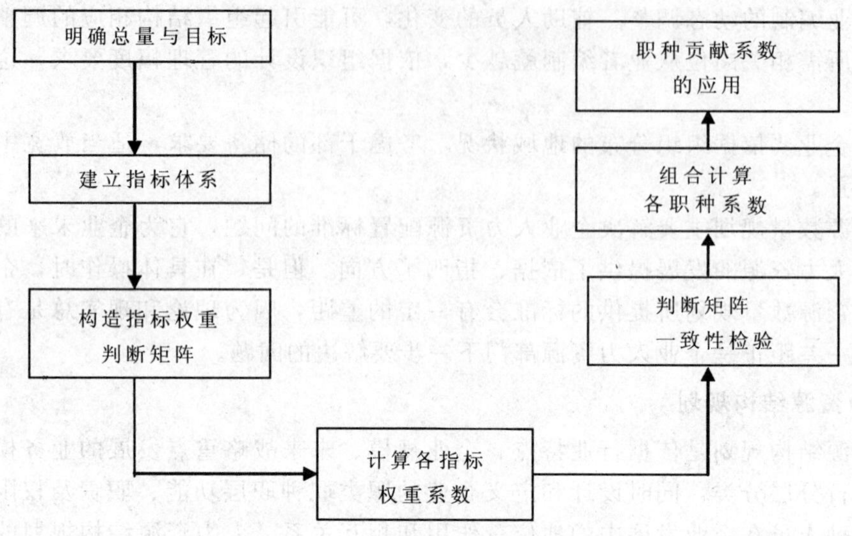

图 2-5 价值贡献系数的确定步骤

利用 AHP 法确定出各个职种的贡献系数后，就可以根据企业收益和贡献系数确定各个职种裁减人员的数量，或者是增加人员的数量。

(4) 结构配置模型。依据贡献系数确定各个职种增加或减少人数的具体推算步骤如表 2-2、图 2-6 所示。

表 2-2 价值贡献系数

职种编号	1	2	3	…	s	一般符号
职位序列人数	X1	X2	X3	…	Xs	Xi
变化量	dX1	X2	dX3		dXs	dXi
变化幅度	dX1/X1	dX2/X2	dX3/X3		dXs/Xs	dXi/Xi
贡献系数	K1	K2	K3		Ks	Ki

人员减少，贡献度越小，dX_i / X_i

假定：$K_i \dfrac{dX_i}{X_i} = C$ （C为常数）

则 $dX_i = C\dfrac{X_i}{K_i}$

又 $\sum_{i=1}^{s} dX_i = C\sum_{i=1}^{s}\dfrac{X_i}{K_i} = dH$

则 $C = \dfrac{dH}{\sum_{i=1}^{s}\dfrac{X_i}{K_i}}$

则 $dX_i = C\dfrac{X_i}{K_i} = \dfrac{\dfrac{X_i}{K_i}}{\sum_{i=1}^{s}\dfrac{X_i}{K_i}}dH$

其中，dH 为企业员工总数减少

人员增加，贡献度越大，dX_i / X_i

假定：$K_i = C\dfrac{dX_i}{X_i}$ （C为常数）

则 $dX_i = \dfrac{K_i X_i}{C}$

又 $\sum_{i=1}^{s} dX_i = \dfrac{1}{C}\sum_{i=1}^{s} K_i X_i = dH$

则 $C = \dfrac{\sum_{i=1}^{s} K_i X_i}{dH}$

则 $dX_i = \dfrac{1}{C}\dfrac{K_i}{X_i} = \dfrac{K_i X_i}{\sum_{i=1}^{s} K_i X_i}dH$

其中，dH 为企业员工总数增加

图 2-6 结构配置模型

（5）应注意的问题。各职位序列价值贡献评价的基础是达成共识，故评价指标体系是企业广泛讨论后较为一致的看法；

基于“价值创造大小决定重要性”的原则，贡献系数也可反映该职位序列重要程度；贡献系数反映职位序列（整体）价值贡献。

3. 人力资源素质规划

人力资源素质规划是依据企业战略、业务模式、业务流程和组织对员工行为要求，设计各职位序列人员的任职资格要求，包括素质模型、行为能力及行为标准等等。人力资源素质规划是企业开展选人、用人、育人和留人活动的基础与前提条件。

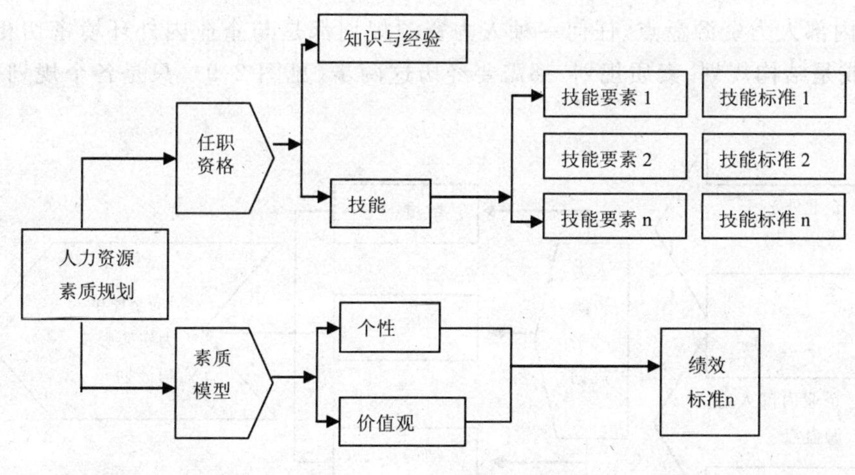

图 2-7 人力资源素质规划

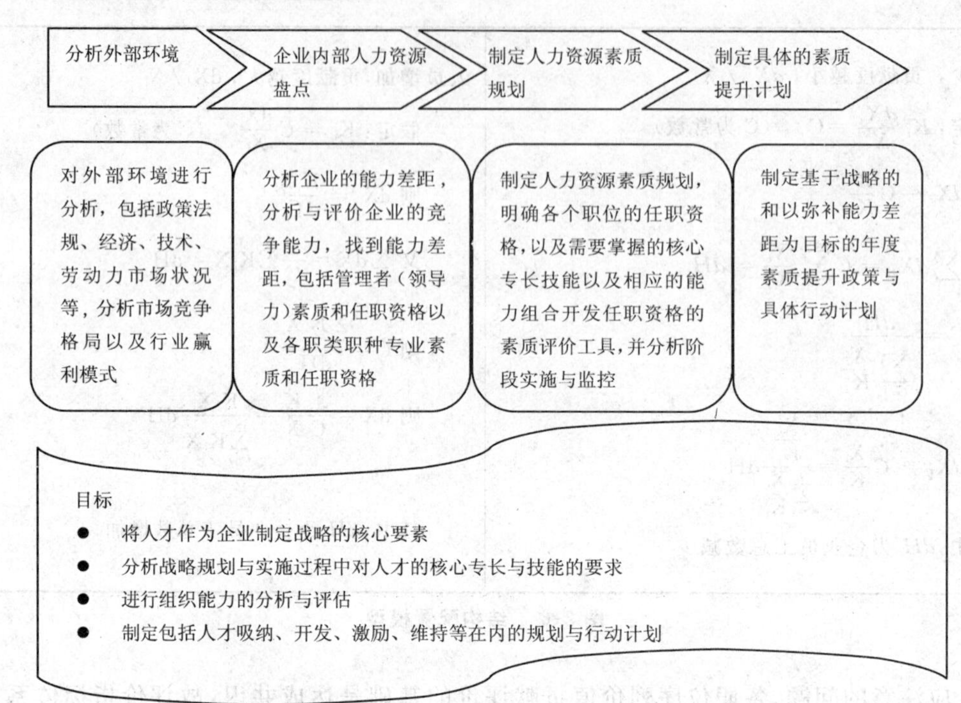

图 2-8　人力资源素质规划步骤

人力资源素质规划的内容。人力资源素质规划有两种表现形式（见图 2-7）：任职资格标准和素质模型。任职资格标准要反映企业战略及组织运行方式对各职类职位序列职层人员的任职行为能力要求；素质模型则反映各职类职位序列职层需要何种行为特征的人才能满足任职所需的行为能力要求。

人力资源素质规划的主要步骤。人力资源素质规划的主要步骤如图 2-8 所示。

① 分析外部环境。

② 企业内部人力资源盘点。任何一种人力资源规划都是与企业内外环境密切相关的，无论是数量规划或是结构规划、素质规划，都需要经历这两步（见图 2-9），只是各个规划分析的侧重点不同。

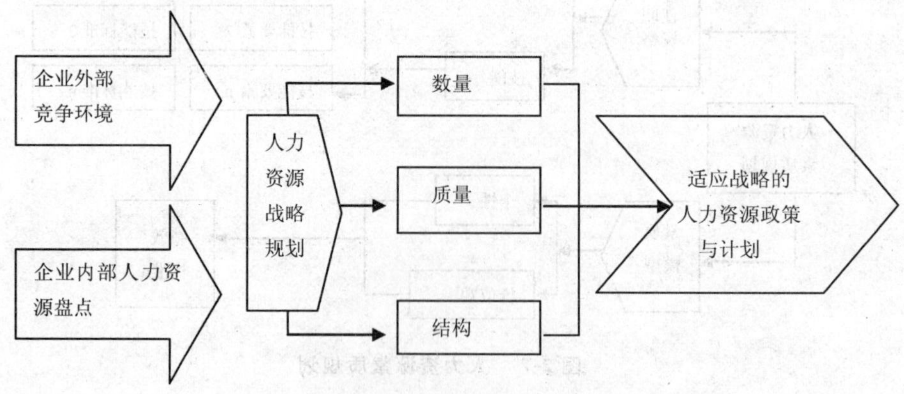

图 2-9　人力资源战略规划

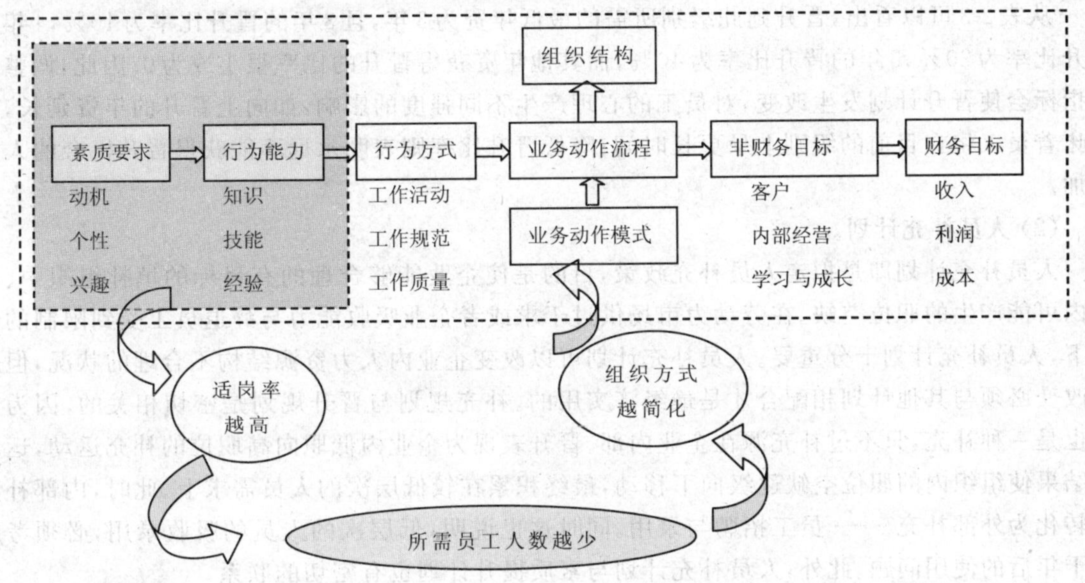

图 2-10 员工素质和任职资格的提高对人力资源配置的影响

③ 制定人力资源素质规划。

④ 制定具体的素质提升计划。

当员工整体任职能力和素质不断提高时,企业员工的适岗率也将提高,这表明企业员工的职业化程度也在提高。

当企业员工整体素质、任职能力和适岗率提高到一定程度时,在工作条件不变的情况下,企业所需员工人数可以相对减少,组织结构、业务流程也可作相应简化(参见图 2-10)。

4. 人力资源规划的具体表现

在执行人力资源战略规划时,人力资源数量规划、结构规划、素质规划将转化为具体的人力资源计划,即接替晋升计划、人员补充计划、素质提升计划、退休解聘计划等。

(1) 接替晋升计划。

晋升计划实质上是组织晋升政策的一种表达方式,根据企业的人员分布状况和层级结构,拟定人员的晋升政策。对企业来说,有计划的提升有能力的人员,以满足职务对人的要求,是组织的一种重要职能。从员工个人角度看,有计划的提升不仅意味着工资的增加,还意味着工作的挑战性、尊重的增加与自我实现的需求。晋升规划一般由晋升比率、平均年资、晋升时间等指标来表达,例如,某一级别的晋升计划可以如下表 2-3 所示。

表 2-3 接替晋升计划示例

晋升某级别的年资	1	2	3	4	5	6	7	8
累计晋升比率(%)	0	0	10	30	70	75	75	75
晋升比率(%)	0	0	10	20	40	5	0	0

从表2-3可以看出，晋升到此级别所需的最低年资为3年，且3年的晋升比率为10%，4年的晋升比率为20%，5年的晋升比率为40%，而其他年资获得晋升的比率很小或为0。因此，调整各种指标会使晋升计划发生改变，对员工的心理产生不同强度的影响，如向上晋升的年资延长，就意味着员工将在目前的级别上呆更长时间；降低晋升比率则表明永远不能获得晋升机会的人数增加。

(2) 人员补充计划。

人员补充计划即是拟定人员补充政策，目的是使企业能够合理的有目标的填补组织中、长期内可能产生的职位空缺。在劳动力市场供过于求或者企业吸收能力与辞退员工受到限制的情况下，人员补充计划十分重要。人员补充计划可以改变企业内人力资源结构不合理的状况，但这种改变必须与其他计划相配合才是最经济实用的。补充规划与晋升规划是密切相关的，因为晋升也是一种补充，只不过补充源在企业内部。晋升表现为企业内低职向高职位的补充运动，运动的结果使组织内的职位空缺逐级向下移动，最终积累在较低层次的人员需求上。此时，内部补充就转化为外部补充 —— 员工招聘与录用。同时这也说明，低层次的人员的吸收录用，必须考虑若干年后的使用问题。此外，人员补充计划与素质提升计划也有密切的联系。

(3) 素质提升计划。

素质提升计划的目的是为企业中、长期发展所需要的职位事先准备人员。例如美国 IBM 公司对逐级推荐的 5000 名有发展潜力的员工分别制定素质提升计划，根据可能产生的职位空缺和出现的时间分阶段有目的的培养他们，当职位空缺时，人员就已经培养好了。在缺乏有目的、有计划的素质提升计划的情况下，员工自己也会培养自己，但是效果未必理想，也未必符合组织发展的要求。

(4) 退休解聘计划。

退休解聘计划的实质是为企业建立淘汰退出机制。现在很多企业都已经不再有“铁饭碗”或是终身雇佣制，但依然存在大量冗余人员。很多员工只要进了企业，就不会被企业辞退，除非是主动辞职或是犯了重大错误。造成这种现象的一个重要原因就是企业只设计了向上的晋升通道，而忽略了向下的退出通道。而在人力资源战略规划中的退休解聘计划就是为了弥补这一漏洞而设计的。

素质提升计划、接替晋升计划、人员补充计划和退休解聘计划是相辅相成的，四种计划相互配合运用，其效果会非常明显。此外，根据企业的特殊情况或需求还可以制定各种其他的计划，如果工资与奖金计划、继任者计划等。

四、人力资源规划的发展趋势

西方各国搞人力资源规划已有几十年历史，人们对规划的必要性认识比较一致。例如：桑克在 1975 年对 308 家英国公司进行调查，发现88% 的公司认为人力资源规划有必要。然而真正下功夫进行人力资源规划并取得实效的企业却不多。不久前对 500 家美国大公司调查的结果表明，即使在最大的公司中，也只有 1/2 的公司有正式的人力规划程序，且只有 1/3 的公司把它看成是公司战略的组成部分。原因之一是缺乏操作性较强的规划模型及合格的计划人员。

近些年来，由于企业内外环境变化的加剧，企业的整体战略规划与策略计划发生变化，人力资源也随之变化。美国著名的人力资源学家詹姆 W. 沃克在《人力资源规划：90 年代的模式》一文中指出：人力资源规划正朝向短期、实用、灵活和更为追求效益的方面发展，具体来说，表现为以下4点变化趋势：

(1) 更适合公司的战略计划，HRP既可单独编制，也可编入企业总体规划。

(2) 更注意计划中关键环节，使之明确化，细节化，以确保HRP的实用和相关性。

(3) 更注意特殊环节的数据分析和量化评估，明确HRP的范围。

(4) 更重视将长期的HRP中的关键环节转化为一个个的行动计划。

改革开放前的中国企业，除了年度劳动工资计划及员工培训计划外，没有系统的人力资源规划。企业在高度集中的计划经济体制下，既没有必要，也没有条件搞人力资源规划。20世纪80年代以来，随着市场经济的发展、企业自主权的扩大、国外先进管理经验的引进，不少企业，尤其是管理基础较好的大企业开始制定中长期人力规划，如20世纪90年代初上海宝山钢铁总厂制定了“八五”期间人才规划。但从总体上讲，我国企业人力规划工作还相当薄弱。据调查，50%以上的企业只有年度人力规划，只有1/3的企业制定中长期计划（见表2-4）。

表2-4　　我国企业人力资源规划现状

包含内容	各类人员需求	各类人员补充	各类人员培训	干部提拔	人员轮换调整	政策及步骤
企业数(%)	74.3	60.0	51.4	37.1	17.1	11.4

由此可见，不少企业对自己的人力资源缺乏系统运筹，必然影响人力资源的开发和劳动生存率的提高。因此，各企业应当提高对人力资源规划重要性的认识，尽快改变上述落后状况。

第二节　人力资源规划流程与方法

一、人力资源规划的程序

企业要有一套科学的人力资源规划，就必须遵循编制人力资源规划的程序与方法。具体来说，人力资源规划的制定有下列7个步骤。人力资源战略规划的具体步骤分为七步进行，其流程见图2-11所示。

(1) 确认现阶段的企业经营战略，明确此战略决策对人力资源规划的要求，以及人力资源规划所能提供的支持。

(2) 现有人力资源盘点。弄清企业现有人力资源的状况，是制定人力规划的基础工作。实现企业战略，首先要立足于开发现有的人力资源，因此必须采用科学的评价分析方法。人力资源主管要对本企业各类人力数量、质量、结构、利用及潜力状况、流动比例进行统计。这一部分工作需要结合人力资源管理信息系统和职务分析的有关信息来进行。如果企业尚未建立人力资源管理信息系统，应尽量输入员工个人和工作情况的资料，以备管理分析使用。人力资源信息应包括以下几个方面：

① 个人自然情况，如姓名、性别、出生日期、身体自然状况和健康状况、婚姻、民族和所参加的党派等；

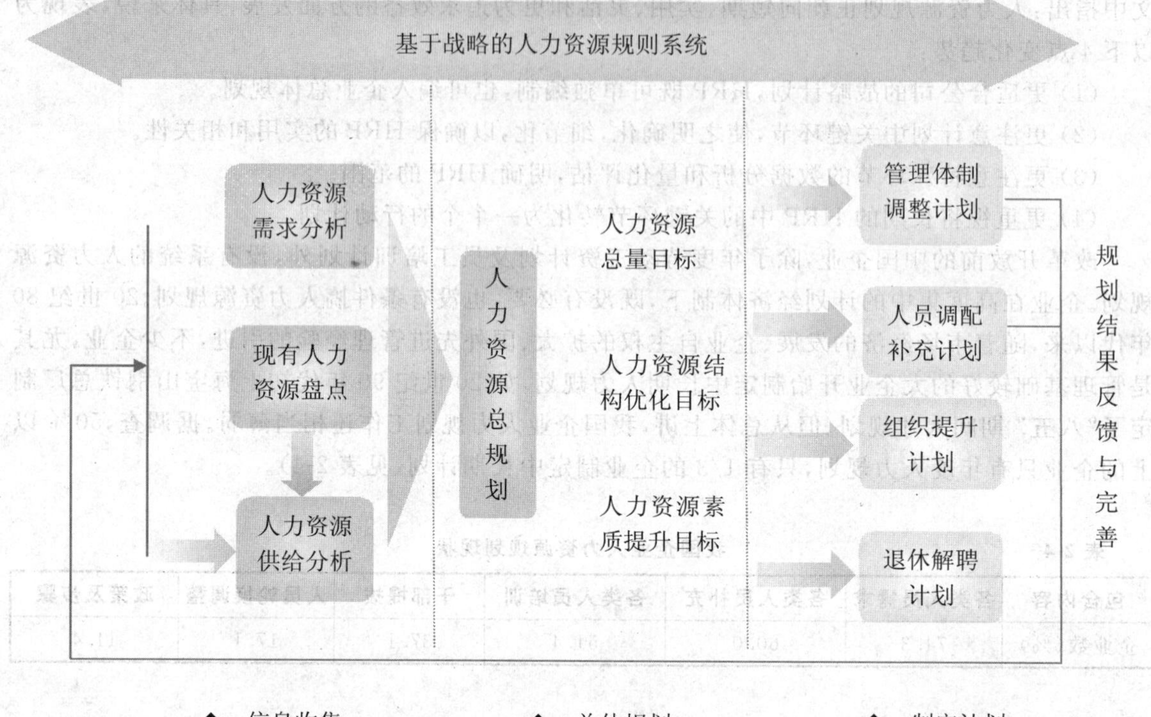

图 2-11 人力资源战略规划流程图

② 录用资料，包括合同签订时间、候选人征募来源、管理经历、外语种类和水平、特殊技能，以及对企业有潜在价值的爱好或特长；

③ 教育资料，包括受教育的程度、专业领域、各类培训证书等；

④ 工资资料，包括工资类别、等级、工资额、上次加薪日期以及对下次加薪日期和量的预测；

⑤ 工作执行评价，包括上次评价时间、评价或成绩报告、历次评价的原始资料等；

⑥ 工作经历，包括以往的工作单位和部门、学徒或特殊培训资料、升降职原因、受过处分的原因和类型、最后一次内部转换的资料等；

⑦ 服务与离职资料，包括任职时间长度、离职次数及原因；

⑧ 工作态度，包括生产效率、质量状态、缺勤和迟到早退记录、有否建议及建议数量和采纳数，有否抱怨及经常性与否和抱怨内容等；

⑨ 安全与事故资料，包括因公受伤和非因公受伤、伤害程度、事故次数、类型及原因等；

⑩ 工作或职务情况；

⑪ 工作环境情况；

⑫ 工作或职务的历史资料等。

利用计算机进行管理的企业和组织可以十分方便的存储和利用这些信息。这一阶段必须获取和参考的另一项重要的信息是职务分析的有关信息情况。职位分析明确的指出了每个职位应有的职务、责任、权力,以及履行这些职、责、权所需的资格条件,这些条件就是对员工素质上的水平要求。

(3) 人力资源需求预测。这一步工作与人力资源盘点可同时进行,人力资源需求预测主要是根据企业的发展战略规划和本企业的内外部条件选择预测技术,然后对人员需求的结构和数量、质量进行预测(参见图 2-12)。

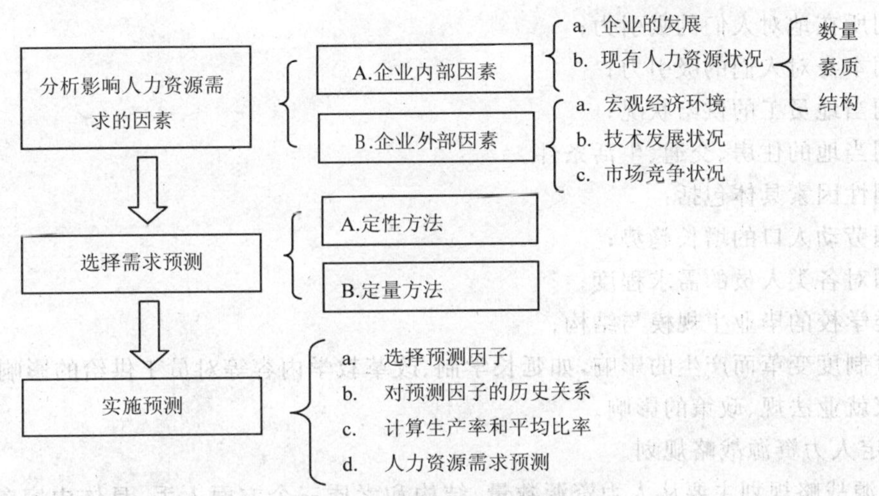

图 2-12 人力资源需求预测程序与方法

预测人员需求时,应充分考虑以下因素对人员需求的数量、质量以及结构的影响:

- 市场需求、产品或服务质量升级或决定进入新的市场;
- 产品和服务的要求;
- 人员稳定性,如计划内更替(辞职和辞退的结果)、人员流失(跳槽);
- 培训和教育(与公司变化的需求相关);
- 为提高生产效率而进行的技术和组织管理革新;
- 工作时间;
- 预测活动的变化;
- 各部门可用的财务预算。

在预测过程中,预测者及其管理判断能力与预测的准确与否关系重大。一般来说,商业因素是影响员工需要类型、数量的重要变量,预测者通过分离这些因素,并且收集历史资料去做预测的基础。从逻辑上讲,人力资源需求是产量、销量、税收等的函数,但对不同的企业或组织,每一因素的影响并不相同。

(4) 人力资源供给预测。

人力资源供给预测包括两个内容:一是内部供给预测,即是根据现有人力资源及其未来变动情况,确定未来所能提供的人员数量和质量;另一是对外部人力资源供给进行预测,确定未来可能的各类人员供给状况。

内部人力资源供给的技术和方法会在后面做详细的介绍,这里就不再赘言。外部人力资源供给主要受两个因素的影响:地区性因素和全国性因素。

① 地区性因素具体包括:

• 公司所在地和附近地区的人口密度;
• 其他公司对劳动力的需求状况;
• 公司当地的就业水平、就业观念;
• 公司当地的科技文化教育水平;
• 公司所在地对人们的吸引力;
• 公司本身对人们的吸引力;
• 公司当地员工的供给状况;
• 公司当地的住房、交通、生活条件。

② 全国性因素具体包括:

• 全国劳动人口的增长趋势;
• 全国对各类人员的需求程度;
• 各类学校的毕业生规模与结构;
• 教育制度变革而产生的影响,如延长学制、改革教学内容等对员工供给的影响;
• 国家就业法规、政策的影响。

(5) 制定人力资源战略规划。

人力资源战略规划主要从人力资源数量、结构和素质三个方面入手,具体内容参见前节人力资源规划内容。

(6) 执行人力资源战略规划和实施监控。

人力资源战略规划应包括预算、目标和标准设置,它同时也应承担执行和控制的责任,并建立一整套报告程序来保证对规划的监控。可以只报告对全公司的雇佣总数量(确认那些在岗的和正在上岗前期的)和为达到招聘目标而招聘的人员数量。同时应报告与预算相比雇佣费用情况如何,损耗量和雇用量的比率变化趋势如何。

① 执行确定的行动计划。在各分类规划的指导下,确定企业如何具体实施规划,是这一步的主要内容。一般来说,在技术上或操作上没有什么困难。

② 实施监控。实施监控的目的在于为总体规划和具体规划的修订和调整提供可靠信息,强调监控的重要性。在预测中,由于不可控因素很多,常会发生令人意想不到的变化或问题,如若不对变化进行动态的监控、调整,人力资源规划最后就可能成为一纸空文,失去了指导意义。因此,执行监控是非常重要的一个环节。此外,监控还有加强执行的作用。

(7) 评估人力资源战略规划。

虽然人力需求的结果只有过了预测期限才能得到最终检验,但为了给企业人力规划提供正确决策的可靠依据,有必要事先对预测结果进行初步评估,由专家、用户及有关部门主管人员组成评估组来完成评估工作。

评估者应考虑以下具体问题:

• 预测所依据的信息的质量、广泛性、详尽性、可靠性,以及信息的误差及原因;

• 预测所选择的主要因素的影响与人力需求的相关度,预测方法的使用时间、范围、对象的特点与数据类型适用性程度;

• 人力资源战略规划者熟悉人事问题的程度以及对它们的重视程度；

• 他们与提供数据和使用人力资源战略规划的人事、财务部门以及各业务部门经理之间的工作关系如何；

• 在有关部门之间信息交流的难易程度（如人力资源战略规划者去各部门经理处询问情况是否方便）；

• 决策者对人力资源战略规划中提出的预测结果、行动方案和建议的利用程度；

• 人力资源战略规划在决策者心目中的价值如何；

• 规划实施的可行性。评估预测结果是否符合社会、环境条件的许可，能否取得达到预测成果所必需的人、财、物、信息、时间等条件。

为了提高人力资源预测的可靠性，有必要使评估连续化，除了上述因素可以对一项人力资源战略规划评价时提供重要参考外，还要对如下几个因素进行比较：

• 实际招聘人数与预测的人员需求量比较；

• 劳动生产率的实际水平与预测水平比较；

• 实际的与预测的人员流动率的比较；

• 实际执行的行动方案与规划的行动方案比较；

• 实际行动方案后的实际结果与预测结果比较；

• 劳动力和行动方案的成本与预算额的比较；

• 行动方案的收益与成本的比较。

评估要客观、公正和准确；同时要进行成本 —— 效益分析以及审核规划的有效性；在评估时一定要征求部门经理和基层领导人的意见，因为他们是规划的直接受益者，最有发言权。

二、人力资源规划的技术方法

1. 人力资源战略规划的需求预测技术

人力资源需求预测是根据企业发展的要求，对将来某个时期内企业所需员工的数量和质量进行预测，进而确定人员补充的计划方案实施教育培训方案。

人力资源需求预测是公司编制人力资源战略规划的核心和前提条件。预测的基础是公司发展规划和公司年度预算。对人力资源需求预测要持动态的观点，考虑到预测期内劳动生产率的提高、工作方法的改进及机械化、自动化水平的提高等变化因素。人力资源需求预测主要有如下方法（见图 2-13）。

(1) 定性分析法。

① 经验预测法。

根据过去经验将未来活动水平转化为人力需求的主观预测方法，即根据每一产量增量算劳动力的相应增量。经验预测法建立在启发式决策的基础上，这种决策的基本假设是：人力资源的需求与某些因素的变化之间存在着某种关系。由于此种方法完全依靠管理者的个人经验和能力，所以预测结果的准确性不能保证，通常只有用于短期。

② 微观集成法。

微观集成法可以分为“自上而下”和“自下而上”两种方式。

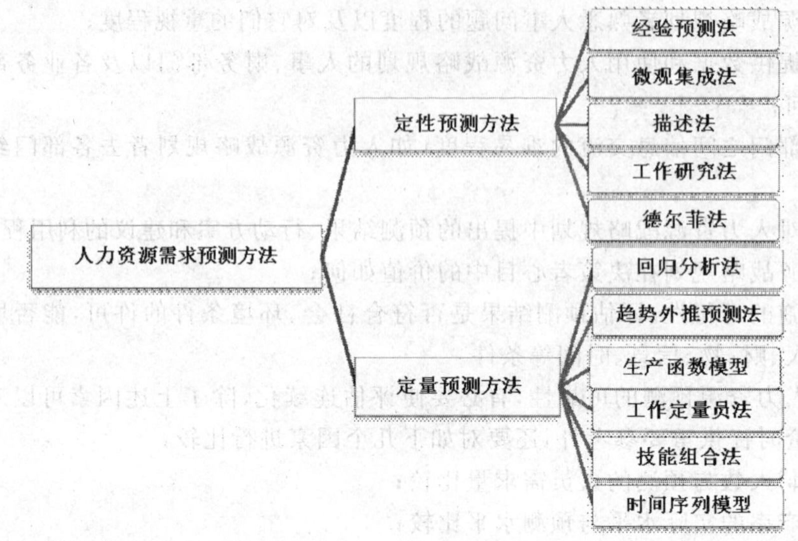

图 2-13 人力资源需求预测方法

"自上而下"是指由组织的高层管理者先拟定组织的总体用人目标和计划，然后逐级下达到各具体职能部门，开展讨论和进行修改，再将有关意见汇总后反馈回高层管理者，由高层管理者据此对总的预测和计划作出修正后，公布正式的目标和政策。

"自下而上"是由组织中的各个部门根据本部门的需要预测将来某时期内对各种人员的需求量，然后由人力资源部进行横向和纵向的汇总，最后根据企业经营战略形成总体预测方案。此法适用于短期预测和组织的生产比较稳定的情况。

③ 描述法。

人力资源部门对组织未来的目标和相关因素进行假定性描述、分析，并作出多种备选方案。描述法通常用于环境变化或企业变革时的需求分析。

④ 工作研究法(岗位分析法)。

工作分析法是根据具体岗位的工作内容和职责范围，在假设岗位工作人员完全适岗的前提下，确定其工作量，最后得出人数。工作研究法的关键是首先制定出科学的岗位用人标准，其基础是职位说明书。当企业结构简单、职责清晰地时候，此法较易实施。

⑤ 德尔菲法(专家评估法)。

听取专家对未来发展的分析意见和应采取的措施，并通过多次反复以达到在重大问题上的较为一致的看法。通常经过四轮咨询，专家们的意见可以达成一致，而且专家的人数以 10 ～ 15 人为宜。

德尔菲法分为"背对背"和"面对面"两种方式。背对背方式可以避免某一权威专家对其他专家的影响，使每位专家独立发表看法；"面对面"方式可以使专家之间相互启发(参见图 2-14)。

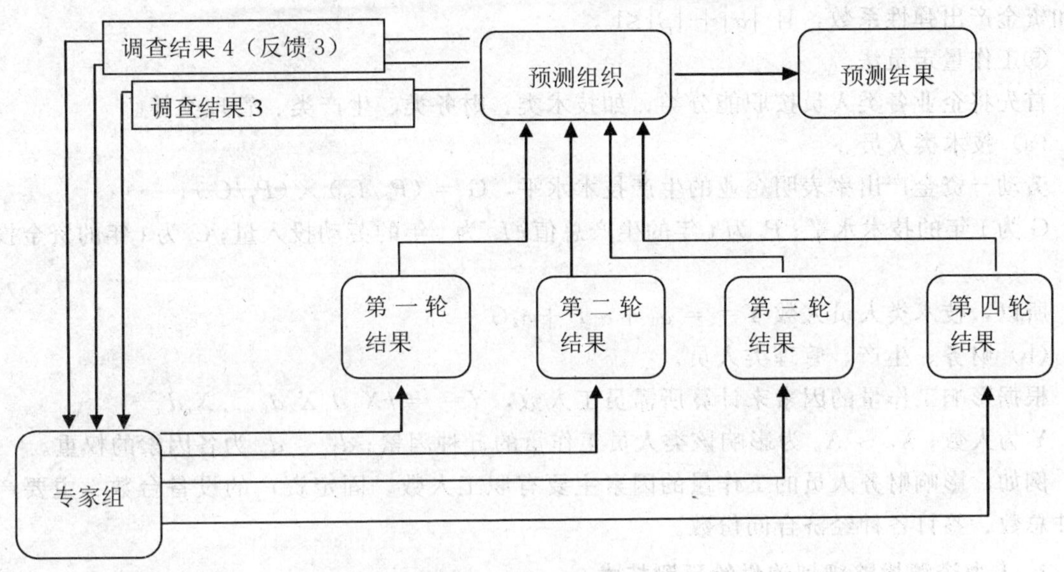

图 2-14 德尔菲法

(2) 定量分析法。

① 回归分析法。

通过建立人力资源需求量与影响因素间的函数关系，从影响因素的变化推知人力资源需求变量的一种预测技术。

$Y=\alpha_0+\alpha_1 X_1+\alpha_2 X_2+\ldots+\alpha_n X_n$

实际工作中往往是多个因素共同决定企业人力资源需求量，且这些因素与人力资源需求量呈线性关系，所以多元回归分析在预测企业人力资源需求量方面应用广泛。

② 趋势外推预测法。

根据已知的时间序列，用某种数学模型向外延伸，以得到未来发展趋势。

例如，直线延伸法（三点坐标分析法）、滑动平均法、指数平滑法。

指数平滑数学模型 $M_t=M_{t-1}+\alpha\ (D_t-M_{t-1})$

M_t 是第 t 期的预测值；

M_{t-1} 是第 t－1 期的预测值；

D_t 是第 t－1 期的实际值；

α 是平滑系数（$0\leq\alpha\leq1$）。

此法适用于市场比较稳定，价格弹性较小的商品，特别是短期预测更为适用。

③技能组合法。

假设员工目前的结构或分布为理想状态，或者以优秀企业的各类员工比例为标杆，只需将此技能组合比例直接用于人力资源需求预测即可。

④生产函数模型。

根据企业在 t 时间的产出水平和资本总额，估算 t 时刻企业人力资源需求量。

由道格拉斯生产函数 Y＝＝ $AL^{\alpha}C^{\beta}u$ 可以推出 $\lg L=(\lg Y-\beta\lg C-\lg u-\lg A)\div\alpha$

Y 是总产出水平；L 是劳动力投入量；C 是资本投入量；A 是生产率系数；α、β 分别为劳

动和资金产出弹性系数，且 $|\alpha|+|\beta|\leq 1$ 。

⑤工作量定员法。

首先将企业各类人员按职能分类，如技术类、财务类、生产类、管理类等。

(a) 技术类人员。

劳动一资金产出率表明企业的生产技术水平，$G=(P_t/L_t)\times(P_t/C_t)$

G 为 t 年的技术水平；P_t 为 t 年的生产总值；L_t 为 t 年的劳动投入量；C_t 为 t 年的资金投入量。

所以，技术类人员人数 $Y==\alpha_0+\alpha_1 P+\alpha_2 G$

(b) 财务、生产、管理类人员。

根据影响工作量的因素来计算所需员工人数，$Y==kX_1d_1X_2d_2...X_nd_n$

Y 为人数；$X_1\sim X_n$ 为影响该类人员工作量的 n 种因素；$d_1\sim d_n$ 为各因素的权重。

例如，影响财务人员的工作量的因素主要有职工人数、固定资产的设备台数、主要产品零件总数、签订各种经济合同份数。

2. 人力资源战略规划的供给预测技术

人力供给预测，也称人员拥有量预测，是人力资源预测的又一关键环节。只有进行人员拥有量预测，并把它与人员需求量相对比之后，才能制定各种具体的规划。人力资源供给预测分为内部人力资源供给预测和外部人力资源供给预测。

人力资源供给预测是为了满足企业对员工的需求，而对将来某个时期内，公司从其内部和外部所能得到的职工的数量和质量进行预测。

人力资源供给预测一般包括以下几方面的内容：

①分析公司目前的职工状况，如公司职工的部门分布、技术知识水平、工种、年龄构成等，了解公司职工的现状；

②分析目前公司职工流动的情况及原因，预测将来职工流动的态势，以便采取相应的措施避免不必要的流动，或及时给予替补；

③掌握公司职工提拔和内部调动的情况，保证工作和职务的连续性；

④分析工作条件（如作息制度、轮班制度等）的改变和出勤率的变动对职工供给的影响；

⑤掌握公司职工的供给来源和渠道。职工可以来源于公司内部（如富余职工的安排、职工潜力的发挥等），也可来自于公司外部。

对公司职工供给进行预测，还必须把握影响职工供给的主要因素，从而了解公司职工供给的基本情况。

人力资源供给预测技术主要有：

(1) 人力资源盘点法。人力资源盘点法是对现有企业内人力资源质量、数量、结构和各职位上的分布状态进行核查，以便确切掌握人力拥有量。在企业规模不大时，核查是相当容易的。若企业规模较大，组织结构复杂时，人员核查应建立人力资源的信息系统。这种方法是静态的，它不能反映人力拥有量未来的变化，因而多用于短期人力拥有量的预测。虽然在中、长期预测中使用此法也较为普遍，但终究受企业规模的限制。

(2) 替换单法。替换单法是根据职位空缺来预测人力需求的方法，而职位空缺主要是因离职、辞退、晋升或业务扩大产生的。这种方法最早用于人力供给预测，而现在可用于企业短期乃至中、长期的人力需求预测。通过替换单，我们可以得到由职位空缺表示的人员需求量，也可得到由在职者年龄和晋升可能性所导致的职位空缺，以便采取录用或提升的方式弥补空缺（参见图 2-15 和图 2-16）。

根据人员替换单可以判断出某一具体职位的继任者有哪些，如图 2-15，甲的接替者有 3 位，但只有乙具备了继任的资格和能力，丙还需要再培养，而丁连现在的职位都不能胜任。当企业出现空缺，需要提升内部员工时，由多张人员替换单就可以推出人员替换模型，如图 2-16 所示。

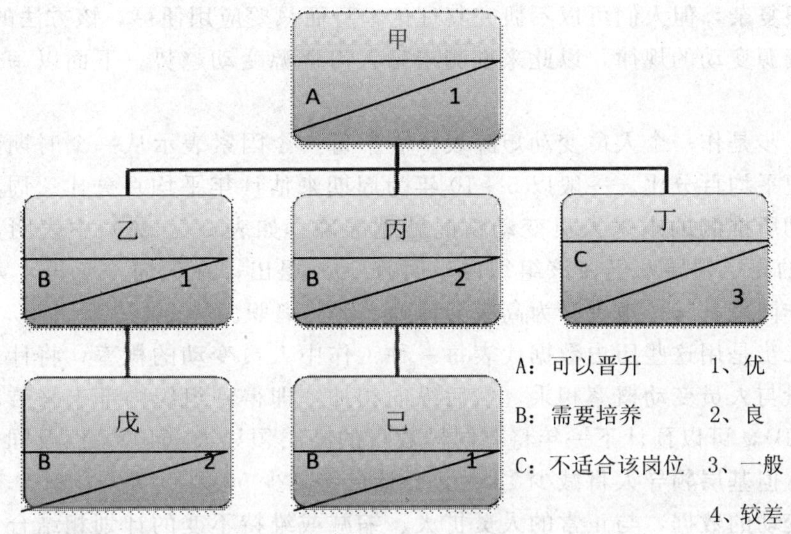

图 2-15　人员接替单

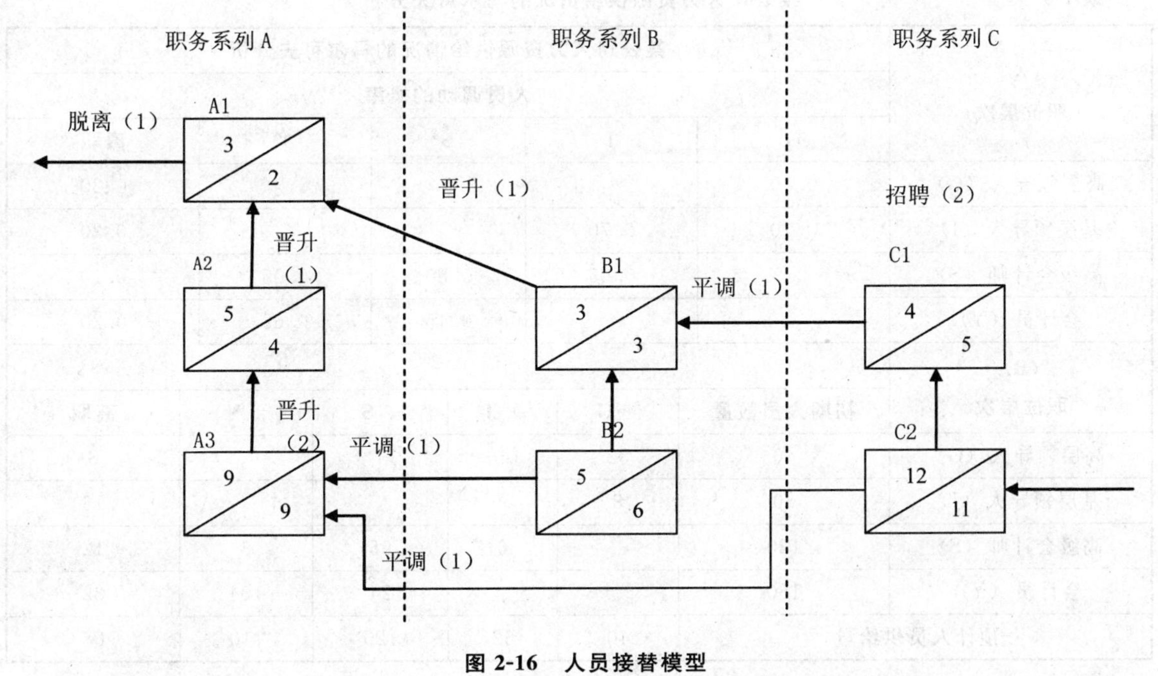

图 2-16　人员接替模型

从图 2-16 中可以看出，职位系列 A 中出现了 3 个空缺，从企业内部可以提供 2 名合格的继任者，一名是从 A2 级晋升上去的，另一名是从 B1 级跨职位系晋升上去的，同时，这两个级别的空缺再由下级晋升或平调弥补，最后将空缺转化为比较基层的职位。如 C2 级的职位，再进行外部招聘以填补职位空缺。

此法侧重内部员工的晋升，可以起到鼓舞员工士气、激励员工的目的，同时降低了招聘成本，因为基层员工比较容易招到。

(3) 马尔可夫模型。马尔可夫分析法是内部人力资源供给预测的另一个方法。尽管这种方法在理论上很复杂，但人们可以不研究其理论本身而只要应用便可。该方法的基本思路是：找出过去人力资源变动的规律，以此来推测未来人力资源变动趋势。下面以一个公司实例来加以说明。

分析的第一步是作一个人员变动矩阵表。表中每一个因素表示从一个时期到另一个时期人员变动的历史平均百分比。一般以 5～10 年为周期来估计年平均百分比。周期越长，根据过去人员的变动所推测的未来人员变动情况就越准确。如表 2-5（A）中表明，在任何一年里，平均 80％的高层领导人仍在该组织内，而有 20％退出；在任何一年里，大约 65％的会计员留在原工作岗位，15％被提升为高级会计师，20％离职。

分析的第二步是用这些历史数据代表每一种工作中人员变动的概率，将计划初期每一种工作的人员数量与人员变动概率相乘，然后纵向相加，即得到组织内部未来劳动力的净供给量。如表 2-5（B），可以预计下一年将有同样数目的高层领导人（40），以及同样数目的高级会计师（120），但基层领导人将减少 18 人，会计员将减少 50 人。

这些人员变动的数据，与正常的人员扩大、缩减或维持不变的计划相结合，就可以用来决策怎样使预计的劳动力供给与需求相匹配。

表 2-5　　某公司人力资源供给情况的马尔可夫分析

(A) 职位层次	某公司人力资源供给情况的马尔可夫分析				
	人员调动的概率				
	G	J	S	Y	离职
高层领导人（G）	0.80				0.20
基层领导人（J）	0.10	0.70			0.20
高级会计师（S）		0.05	0.80	0.05	0.10
会计员（Y）			0.15	0.65	0.20

(B) 职位层次	初期人员数量	G	J	S	Y	离职
高层领导人（G）	40	32				8
基层领导人（J）	80	8	56			16
高级会计师（S）	120		6	96	6	12
会计员（Y）	160			24	104	32
预计人员供给量		40	62	120	110	68

（4）计算机模拟。目前有许多基于计算机技术的预测模拟，以充分考虑各种变量对未来人员需求供给的影响，解决大规模或人力无法进行的预测问题。运用计算机技术，管理者可以变换人事政策以判断这种变化对未来人员供给的影响，从而获得一系列与各种不同人事政策相对应的人力供给状况。

人力资源战略规划的各种方法各有优势，需要相互配合运用。其综合比较可见表 2-6。

表 2-6　人力资源战略规划方法比较

规划方法	类型	预测精度			所需数据	预测成本
		1—5 年	5—10 年	10 年以上		
专家会议法	定性分析	良	中	中	较少	低
工作研究法	定性分析	良	良、中	差	较少	中
德尔菲法	定性分析	中	良、中	中、良	较少	中
横向比较法	定性分析	良	中	差	较少	较低
时序模型法	定量分析	良	良、中	中、良	一定数量	低
回归模型法	定量分析	良、优	良、中	中、良	较多类型	中
经济计量模型	定量分析	良、优	良、优	良	较多	较高
状态转移、方程模型	定量分析	良	中	中	一定数量	较低

三、人力资源规划的编制

人力资源规划的编制指制定人力资源开发与管理的总规划，并根据总规划制定各项具体业务计划以及相应的人事政策，各项业务计划相互关联，在规划时要全面考虑，不能分散的做个别单一的计划，它是人力资源规划中具体细致的工作。人力资源规划的成果是人力资源管理决策的依据，是诊断人力资源管理效果的核心标准，也反映了人力资源管理服务的总体性质。

编制人力资源规划的实质目的是要落实企业的战略规划，引导企业发展方向，传达和执行人力资源战略，实现在适当的时间、地点为合适的工作获得合适的人才。

人力资源规划的各项计划中应主要包括以下要素：

• 计划的时间段：即该计划从何时开始到何时结束；

• 计划目标：具体的人力资源供需平衡目标，人力资源数据化；

• 情景分析：目前状况、未来状况；

• 计划内容：该项涉及内容较多，如工作分析、员工绩效评估、员工培训、招聘等；

• 计划制定者：如董事会、总经理、人力资源经理；

• 计划制定的时间：如董事会正式通过的时间或总经理批准的时间。

（1）编写人力资源规划的步骤。

由于各企业的具体情况不同，不同的人力资源经理会有不同的做法，编写人力资源规划的步骤也不尽相同，但一般都包括制定职务编制计划、制定人员配置计划、预测人员需求、确定人员供给状况、制定培训计划、制定人力资源管理政策调整计划、编写人力资源费用预算和规避风险八个环节，企业可以根据自己的实际情况进行裁减。

第一是制定职务编制计划。企业发展过程中，不但会诞生许多新的职务，原有职务也会发生很大的变化，所以，要根据企业的发展规划充分做好职务分析，编制职务计划，详细陈述企业的组织结构、职务设置、职位描述和职务资格要求等内容。

第二是制定人员配置计划。根据企业现状确定每个职务的人员数量，人员的职务变动，职务人员空缺数量等，掌握企业的整体人员配置情况，并根据企业发展规划，制定人员配置计划，描述企业未来的人员数量和素质构成。

第三是预测人员需求。预测人员需求是整个人力资源规划中最困难和最重要的部分。在做人员需求预测时，应注意将预测中需求的职务名称、人员数量、希望到岗时间等详细列出，形成一个标明有员工数量、招聘成本、技能要求、工作类别，及为完成组织目标所需的管理人员数量和层次的分列表，依据该表有目的的实施日后的人员补充计划。

第四是确定人员供给状况。通过分析人力资源过去的人数、组织结构和构成、人员流动、年龄变化和录用的资料，预测未来某个特定时刻的供给状况，针对企业对未来人员需求的预测，便可制定出对策性计划，即人员供给计划，主要包括人员供给方式（内部提升和外部招聘），人员内外部流动政策、人员获取途径和获取实施计划等内容。

第五是制定培训计划。对员工进行必要的、有计划、系统的培训，已成为企业发展必不可少的内容。培训计划中要包括培训政策、培训需求、培训内容、培训形式、培训效果评估以及培训考核等内容，每一项都要有详细的文档，并具有时间进度和可操作性。

第六是制定人力资源管理政策调整计划。人力资源政策调整涉及企业的方方面面，包括招聘政策调整、绩效考核制度调整、薪酬和福利调整、激励制度调整、员工管理制度调整等。为了更好的实施人力资源调整，实现调整的目的，必须出台相应的人力资源管理政策调整计划，明确阐述人力资源政策调整的原因、调整步骤和调整范围等。

第七是编写人力资源费用预算。费用预算包括招聘费用，员工培训费用，工资费用，劳保福利费用等。人力资源部应编制详细的费用预算，让公司人员尤其是高层知道本部门的每一笔钱花在什么地方，这样才更容易得到决策层的支持。

第八是规避风险。在编写人力资源计划时，还要注意防止人力资源管理中可能会遇到的风险，比如优秀员工被猎头公司相中、新的人力政策导致员工情绪不满、内部提升遇到阻力、外部招聘失败等。这些潜在的风险甚至会影响到公司的正常运作，甚至造成致命的打击。规避这些风险是人力资源部的一项重要职责，在编写人力资源计划时要结合公司实际，提出可能存在的各种风险及应对办法，尽可能减少风险带来的损失。

人力资源计划编写完毕后，应积极地与各部门经理进行沟通，根据沟通的结果进行修改，最后再提交公司决策层通过。

（2）人力资源规划中常见问题。

• 身份危机：人力资源规划者工作在一个法规和公司政策不明确、管理风格多样的环境中。

• 最高管理层的支持：要使人力资源规划长期存活下去，必须要获得至少一名有影响的高级管理人员的全力支持。

• 初期活动的规模：许多人力资源规划方案的失败是由于过分复杂的初期活动。成功的人力资源规划方案要缓慢地开始，当获得成功时再逐渐扩大。

• 与其他管理及人力资源职能的协调：人力资源规划必须与其他人力资源职能协调起来，不幸的是人力资源规划者往往倾向于专注他们自己的职能而不与其他人交流。

• 与组织计划整合：人力资源规划源于组织计划，要在组织计划者及人力资源规划者之间开发良好的沟通渠道。

•定量与定性的方法：一些人把人力资源规划看作是一种用来跟踪人员进、出、上、下和跨越组织中不同单位的流动的一种数字游戏，这些人对人力资源规划采用一种严格的定量方法。另一些人则采用严格的定性方法，并把重点集中在员工所关心的个人晋升的可能性和职业发展等方面。由于这种情况经常出现，因此求得两方面平衡的方法才能产生最好的结果。

•运营经理不参与：人力资源规划不完全是人力资源部门的职能。成功的人力资源规划需要运营经理和人力资源专员的协调努力。

•技术陷阱：由于人力资源规划变得越来越流行，因此开发出了一些新的、高级的技术来协助进行人力资源规划，尽管许多技术很有用，但有时存在着这样一个趋势，即操作一种或多种方法并不是因为他们能做什么，而是由于每一个人都在使用它们。人力资源规划人员应该避免仅仅由于一种技术是“新近流行的事物”就迷恋它。

第三节 人力资源规划执行

人力资源规划可能有较短的时间就可以完成，但在执行时往往被束之高阁，所以在执行中必须坚持每一步都按计划实施，企业全体员工对此有充分的认识，不折不扣地落实下去。

人力资源战略规划的执行主要涉及三个层次：企业层次、跨部门层次及部门层次。

企业层次：在企业层次上的人力资源战略规划需要“一把手”的亲自参与，尤其是企业经营战略对人力资源战略规划的影响，人力资源战略规划对人力资源管理各个体系的影响及其指导方针、政策，必须由企业高层决策。

跨部门层次：跨部门层次上的人力资源战略规划需要企业副总裁级别的管理者执行，即对各个部门人力资源战略规划的执行情况进行协调和监督，并对人力资源战略规划的实施效果进行评估。

部门层次：部门层次上的人力资源战略规划又分为两种情况：

①人力资源部门：人力资源部门不但要完成本部门的人力资源战略规划工作，还要担任“工程师＋销售员”的角色。人力资源部门的员工既要做人力资源战略规划的专家、人力资源战略规划的制定者，又要做人力资源战略规划的“销售者”与指导者，指导其他部门的人力资源战略规划工作顺利进行。

目前有的企业将人力资源部门经理改为人力资源客户经理，要求人力资源经理持续提供面向客户的人力资源产品和服务。在进行人力资源战略规划时，人力资源客户经理就会向各个部门提供人力资源战略规划的系统解决方案，并为各类人才尤其是核心人才提供个性化的服务，如制订专门的继任者管理计划等。

②其他部门：人力资源战略规划工作应该是每个部门经理工作的组成部分。但在企业中，许多部门经理是由业务人员提拔的，对于管理和人力资源都没有经验，更不要说进行人力资源战略规划了。对于新提拔的经理，人力资源部应给予培训，并把人力资源战略规划作为经理业绩考核的重要内容之一，特别是其培养下属和评估下属业绩的能力。部门经理应该主动与人力资源部门沟通，共同实现人力资源战略规划的目标，而不仅仅在需要招人或辞退员工

时，才想到人力资源部门。

一、执行者

传统意义上的人力资源工作主要由人事部门从事，例如招聘、培训、员工发展、薪金福利设计等方面的工作，随着现代企业对人力资源部门工作要求和期待的提升，人力资源部门角色逐渐发生了转变，人力资源部门不再是单纯的行政管理的职能部门，而是逐步向企业管理的战略合作伙伴转变。同时，现代的人力资源管理工作也不仅仅是人力资源部门的责任，也是各阶层管理者的责任，人力资源战略计划也是如此。企业人力资源战略规划的基础是接替晋升计划、人员补充计划、素质提升计划、退休解聘计划等，而这些计划都是在各部门的负责人制定本部门的人员调配补充、素质提升、退休解聘等计划的基础上层层汇总到人力资源部门，再由人力资源管理者依据人力资源战略分析、制定出来的，而非人力资源管理者凭空创造出来的。

人力资源战略规划应有健全的专职部门来推动，考虑以下几种方式：

- 由人力资源部门负责办理，其他部门与其配合。
- 由某个具有部门人事职能的部门与人力资源部门协同负责。
- 由各部门选出代表组成跨职能团队负责。

在推行过程中各部门必须通力合作而不是仅靠负责规划的部人门推动，人力资源战略规划也是各级管理者的责。

企业中的人力资源可以归属到 4 个不同的层次上：决策层、力资源职能层、直线部门职能层和员工。这 4 个不同层次的人员在人力资源规划的制定执行过程中扮演着不同的角色，但他们都是人力资源规划的承担者，紧密联系，缺一不可。企业的决策层是企业经营战略的决策者；人力资源职能层是企业经营战略的倡导者，人力资源规划的制定者、设计者，规划实施的监督者；直线部门职能层是人力资源政策的实施者、人力资源规划的执行者；员工是人力资源政策的体验者、人力资源规划的对象。人力资源规划是这 4 个层次的人员通力合作的结果。

二、执行原则

执行人力资源战略规划时需要遵循以下五条原则。

①战略导向原则：依据战略目标制订人力资源战略规划以及具体的人力资源计划，避免人力资源战略规划与企业战略脱节。

②螺旋式上升原则：人力资源战略规划并非一劳永逸，企业每年都要制订新的人力资源战略规划，即各类人员计划都会随着内外环境的变化、战略的转变而改变，但同时它们又是在过去的基础上制订的，且一年比一年准确、有效。

③制度化原则：人力资源战略规划分为两个层次：一是技术层面，即前面所说的各种定性和定量的人力资源战略规划技术。二是制度层面，一方面是指将人力资源战略规划制度化，另一方面是指制订、调整有关人力资源管理的顺利进行。

④人才梯队的原则：从人力资源战略规划实施的过程中建立人才梯队，从而保障工作人员的层层供给。

⑤关键人才优先规划原则：对企业中的核心人员或骨干人员应首先进行规划，即设计此

类人员的晋升、加薪、替补等通道，以保证此类人员的充足供给。

人力资源战略规划是建立在整个人力资源管理系统的平台之上的，而人力资源管理的其他系统已经日益完善，如果人力资源战略规划系统继续滞后于其他人力资源管理体系，人力资源战略规划将成为企业管理的“短板”。因此，人力资源战略规划必须从技术层面上升到制度层面，从静态管理转到动态管理，从滞后于其他体系到前瞻于其他体系，只有这样，人力资源战略规划才能真正成为整个人力资源管理的统帅。

三、人力资源信息系统

1. 人力资源管理信息系统概述

信息技术本身只是工具，是手段，只有当信息技术与管理技术实现了完美的结合，才能发挥其巨大的威力。企业最初所采用的多为信息处理工具，如人力资源信息系统 HRIS(human resource information system)，它是从组织目标出发，对与职务和员工有关的工作信息进行收集、保存、分析和报告的整体工作过程，如记录员工代码、员工的知识与技能、工作经验、培训经历、个性特征和绩效评估结果等。但是，当各种各样的信息铺天盖地的向管理者涌来的时候，再优秀的管理者也不免手忙脚乱、一筹莫展。人力资源管理信息系统 HRMS(human resource management system)应运而生。人力资源管理信息系统 HRMS 就是将人力资源管理的新思想，如“客户导向”、“全面人力资源管理”、“战略性人力资源管理”、“利润中心”、“战略伙伴”等，溶入到信息技术之中，使信息技术真正成为管理者的助手。

人力资源管理信息系统将帮助人力资源部门实现数据的集中管理和共享，优化业务流程及人力资源作业流程，为人力资源部门进一步提高日常工作效率，提高部门整体业务水平提供强有力的支持，成为人力资源部门信息化、职业化、个性化的管理平台。同时，通过有效利用人力资源管理信息系统中提供的统计分析、决策支持等工具，将逐步对企业中长期的人力资源战略规划起到积极影响。

随着互联网和信息技术的日益成熟，人力资源管理信息系统随着信息流的延伸或改变而突破了封闭的模式延伸到企业外部建立了各种联系(最典型的莫过于网络招聘)，这就是e—HR，即人力资源管理信息化的全面解决方案，基本上是由人力资源部门的人力资源管理信息系统 HRMS 和面向企业不同角色(高层管理者、直线员工、普通员工、人力资源管理者)的网络自助服务系统(self—service)两大部分组成，是对 HRMS 在技术上(基于 internet/intranet 技术)与理念上(建立在全面人力资源管理基础上，强调全员共同参与)的延伸。

目前中国各个企业虽然已经配备了计算机，但不少企业仍然停留在手工管理档案的阶段，很多纸质的资料未能及时输入电脑，人事档案资料未能得到充分的利用，此时对于企业而言是选择 HRIS 还是 HRMS，或者选择 e—HR，要根据企业自身的需求与承受能力而定，不能盲目的认为越先进的技术越好，而不顾企业的实际情况。

2. 人力资源信息系统的基础信息

一般来说，人力资源信息系统至少包含以下具体信息：

- 自然状况：性别、年龄、民族、籍贯、体重、健康证书等。
- 知识状况：文化程度、专业、学位、所取得的各种证书、职称等。
- 能力状况：表达能力、操作能力、管理能力、人际关系协调能力及其他特长的种类与等级。

• 阅历及经验：做过何种工作、担任何种职务、任职时间、调动原因、总体评价。

• 心理状况：兴趣、偏好、积极性水平、心理承受能力。

• 工作状况：目前所属部门、岗位、职级、绩效及适应性。

• 收入状况：工资、奖金、津贴及职务外收入。

• 家庭背景及生活状况：爱好情况及偏好，家庭职业取向及个人对未来职业生涯的设计等。

• 所在部门使用意图：提、留、调、降。

根据上述信息，可以综合开发许多有用的二次信息。如人力分布、结构、积极性及冗员等，据国外有关经验，259人以下的组织，公认的档案管理和索引卡系统十分有效，而对大型组织则需采用计算机，且需配备既有人力资源管理经验，又懂计算机的专门人员负责建立和管理人力资源信息系统。我国由于计算机并未十分普及，很多企业仍停留在手工管理档案的水平上，人力档案资料还未得到充分利用，随着现代企业制度的逐步建立，与国际社会日益接轨，企业需要尽快建立人力资源信息系统，以利于制订精确的人力资源规划。准确及时进行人事决策，取得人力资源的最优利用。

3. 人力资源信息系统的建立

建立人力资源信息系统，事先要进行周密的策划，包括清楚地阐明目标，充分地分析系统的要求，并认真研究细节。特别应该强调的是，要帮助管理者和全体员工了解什么是人力资源信息，其用途是什么，它将怎样有助于企业等等。还应强调的是，如果得不到将受到新系统影响的那些人的全力支持与合作，几乎是不可能成功的。

建立人力资源信息系统必须具体地考虑4个方面。

系统的规划。这其中包括：使全体人员充分理解人力资源信息系统的概念；考虑人事资料设计和处理方案；做好系统发展的时间进度安排；建立起各种责任制和规章制度等。

系统的设计与发展。这方面包括：分析所有记录、报告和表格，以确定对人力资源信息系统中数据的要求；确定最终的数据库内容和编码结构；说明用于生产和更新数据的文件保存和计算过程；规定人事报告的要求和格式；决定人力资源信息系统技术档案的结构、形式和内容；确定计算机制作的员工工资福利表的格式及内容等要求；确定工资和其他系统与人力资源信息系统的接口要求。

系统的实施。这方面包括：考虑目前及以后系统的使用环境以找到潜在问题；检查计算机硬件结构、所有语言和影响系统设计的软件约束条件；确定输入输出条件要求、运行次数和处理量；提供有关实际处理量、对操作过程的要求、使用者的教育情况及所需设施的资料；设计数据输入文件、事务处理程序和对人力资源信息系统的输入控制。

系统的评价。这方面包括：估计改进人事管理的成本；确定关键管理部门人员对信息资料有任何特殊要求；确定人们对补充特殊信息的要求；对于人力资源信息系统有关的组织问题提出建议；提出保证机密资料安全的建议。

保护敏感性的HRIS资料秘密的安全措施

(1)保证所有使用者在离开个人电脑以前——哪怕甚至是仅仅离开一个很短的时间——都加上锁。

(2)提醒使用者不把他们的口令给任何人。

(3)在一个有规律的基础上改变口令。

(4)保证目前的和替代的拷贝、资料档案、软件和打印输出都恰当地被控制在这种程度——只有被授权的使用者才能获取它们。

(5)建立监视程序,以保证个人电脑使用者正在维持某种有效的安全水平。

(6)为原始资料编上密码,从而使它对于一个未经授权的使用者说来没有任何意义。

(7)保留一个详细的复核记录,确保在资料上所做的任何操作都被记录在一个详细的执行档案中。

4. 人力资源管理信息系统对人力资源战略规划的作用

人力资源管理信息系统可以从以下两个方面为人力资源战略规划提供支持:

(1)提高资源战略规划中的工作可以分为两类:一类是定性工作,管理制度的制订、薪酬水平的确定、绩效考核标准的确定、人力资源分析报告等,这些工作必须依据企业战略和企业文化进行,需要经过主观思考和判断才能完成;另一类是定量工作,是根据既定的制度与流程完成对客观事物的处理,如统计员工人数、年龄、学历等工作,这类工作一般是事务性工作,但又需要经常处理的重复性工作,往往占据了人力资源管理工作的大部分时间,降低了人力资源部门的整体工作效率。

国际人力资源领域的著名作家 Spencer 在 1955 年出版的《重组人力资源》一书里就指出了人力资源从业者面临的困境:人力资源从业者的大部分时间花在了行政职能上面,而花在战略方面的时间却很少。图 2-17 表明了他所研究的目前的人力资源成本(投资)与价值增值的关系。

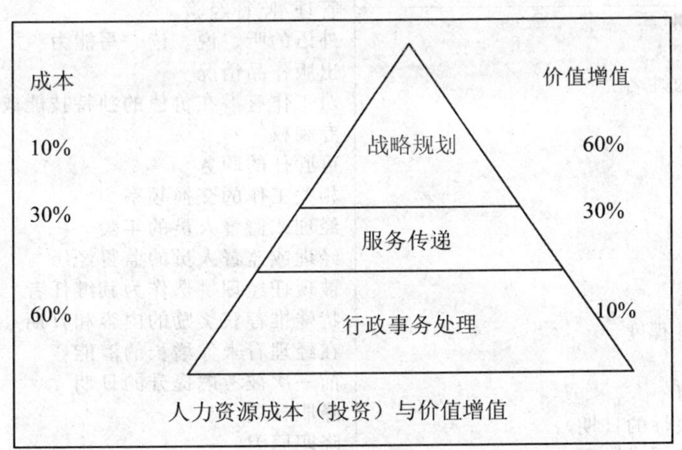

图 2-17　人力资源成本(投资)与价值增值

从图中可以看出,为了支持企业的成功,人力资源从业者应该有 60%的时间投资在战略规划方面,只应该有 10%的投资在行政事务处理上。所以,Spencer 认为人力资源应该有一个人力资源重组的需要。他把这种“重组”定义为“分解旧有的方式,以便释放资源给新的和更高层次的用途”。而信息技术(IT),正是实现 Spencer 所描述的远景的关键。人力资源管理系统可以替人力资源管理者处理定量工作,从而使人力资源管理者有充裕的事件处理定性工作,提高人力资源管理者的工作效率和质量。

(2) 为人力资源战略规划提供数据和信息

通常,人力资源管理信息系统可以提供如下信息:

①企业战略、经营目标及常规经营计划信息，根据这些内容可以确定人力资源战略规划的种类及框架。

②企业外部的人力资源供求信息以及这些信息的影响因素。例如,外部劳动力市场上各类人员的供求状况及未来趋势,国家劳动政策法规的变化等,均对人力资源战略规划产生影响。

③企业现有人力资源的信息。例如，员工数量、年龄、绩效考核结果、薪酬水平等。

人力资源战略规划依靠的是人力资源信息的及时更新与反馈，缺少了信息和数据的支持，人力资源战略规划将成为无源之水、无本之木。例如，下面是某外国公司的人力资源管理信息系统所提供的信息，见表 2-7。

表 2-7 人力资源基础信息

人员基础信息	工作经历
姓名	职务或工作名称与编号
工资号及社会险号	职务或工作开始日期
性别	过去工作的性质
出生日期	工作变化的日期
雇员身体概况（身高、体重等）	职位空缺的日期
家属性名、性别、出生日期	个人离职的类型（升迁、平调、辞退等）
婚姻状况	如果是升迁，提升前的工作性质
参加社会团体情况	在组织结构中工作的重要性
社会团体类型	检查工作报告的经理
招聘	生产线经验
招聘信息首次公布日期	管理/监督经验
招聘或面谈的主要负责人	外语的听、说、读、写能力
涉及的监督者或经理的姓名	出版作品情况
空缺工作名称 / 职位	对工作有潜在价值的独特技能或偏好
需控制名额的工作	专利权
工作职责	可胜任的职务
要求的受教育的程度	相关工作的交换频率
要求的经验	经理或监督人员的年龄
可能的薪资范围	经理或监督人员的监督经历
需补充职位的日期	被现任经理挑选作为其继任者
同等职位的平均受教育程度	特殊推荐获奖励的内容和日期
同等职位的平均薪水	在经理看来你增长的潜能
本单位的空缺职位数目	前一次被考虑提升的日期
解雇比例（在一个代表性的日期）	降职日期
候选人来源（报纸、雇佣机构等）	降职原因
候选人申请感兴趣的职位日期	最后一次内部流动的日期
面谈日期	现在的工作安排
承诺雇用日期	做学徒或其他专门训练的日期
列入工资单日期	现在的工作安排
候选人被选中日期	做学徒或其他专门训练的原因
候选人拒绝就职的日期	被废除做学徒或专门训练的原因
面谈得分	受惩处的日期、类型、原因
适合候选人的工作类型	工作或解雇的持续时间
先前雇主的姓名及地址	解雇日期
以前雇佣状况年序表	成为资深人员的日期
服兵役情况	解雇前的工资水平
拥有的工作技能	

人员基础信息	工作经历
对企业文化的接受程度与认知度 对管理的诚实度的态度 对工作、报酬、监督者等的态度	重新被招回的原因 雇员态度/士气 生产率/质量的大小 缺勤记录 重新被招回的原因
公会成员	雇员态度/士气 生产率/质量的大小 缺勤记录 提供的建议（通常是正式的建议计划） 不满 匿名请示/抱怨 对管理公正性的接受程度 对经理或监督者处分的相对频率 经理或监管人员对雇员严格或密切配合的倾向
工会会员／代表情况 正发生效用的工会合同 公会官员情况 正常查视情况 住址／联络	
家庭住址	**补偿/工作分配**
所在城市邮编 工作安排的地理位置 办公室电话 紧急情况下的联络方式	非工作与工作时间比例 小时工资或月工资 当前薪酬水平 实行当前薪资水平的日期 预计下一次薪酬增加的日期和数量 以前的薪酬及持续时间 以前薪酬增加的绝对额和相对比例及增薪日期 企业的薪酬水平 职位头衔 加班工资额
安全与福利	
医疗／人身／失业保险计划参加状况 养老金计划参加状况 储蓄计划参加情况 非工作时间的报酬支付（休假、疾病、事故等） 工作中有害或化学物品的暴露情况 受伤害记录（事故日期、医疗记录） 受伤害类型（伤残或非伤残、误工时间） 伤害所造成的生理限制 职工的补偿要求	**受教育程度**
	学位、高等学校毕业证书、受教育水平 授予学位的专业 授予学位的日期
离职	**曾入过的学校**
离职日期 离职原因 未来住址 新雇主的姓名及地址 在新雇主处报酬增加的数量 再雇佣的合适条件 安全／事故 工作环境	由雇主赞助完成的特殊课程 拥有的专业技术证书 工作评价/提升的可能性 个人兴趣 工作偏好 理想职位 在当前工作组中依贡献价值排列的名次 在单位的加班时数

人员基础信息	工作经历
	劳动力市场
	该地区人员供给量分析 不同技能、职业、年龄、性别等的失业率 未来人力需求预测 判定人力稀缺或过剩 薪酬状况

资料来源：根据 Terry L. Leap－Michael D. Crino1989" Personnel / Human resource Management" 改编

5. 人力资源管理信息系统成功实施的要素

人力资源管理系统成功实施的要素如下：

• 确实摆正企业和信息集成商之间的关系。企业信息化建设过程中，摆正企业与信息集成商之间的关系非常关键，企业的信息化建设不可能由信息集成商独立完成，企业信息化的“主角”是企业本身，而信息集成商仅仅是“配角”的身份，信息集成商应该放在咨询、顾问和具体实施的地位。摆正了关系，才能更好的进行合作，将双方的优势集中，实现“专业人做专业事”。

• 确实摆正技术先进性和技术实用性问题。技术的领先性和技术的实用性一直困扰企业的信息化建设时的选型，单纯追求技术的先进性和实用性都是不足取的，企业应该结合企业自身的实际，在追求先进性的同时强调实用性，并且一定要站在整个企业信息集成的角度来选择软件，并且要切实注重系统的集成和开发。

• 确实摆正技术、软件、实施、培训和服务的关系。企业信息化建设是一个系统工程，企业要树立技术先导、软件跟上，实施、培训和服务并重的整体规划，同时企业要注意，信息化建设过程中的服务是要企业进行投入的，根据成功实施的案例来看，无疑都是企业在注重选型的同时，更加注重最终的实施效果。

• 确切领会“一把手工程”，也即不仅仅是企业的最高领导亲自参与主持，还应该包括整个决策层的参与决策，是一个企业的高层领导组成的领导班子，是广义上的“一把手”。

• 能与企业其他管理系统良好整合，实现数据分享。人力资源管理信息系统如果孤立的运行，不能取得最大的效益，必须将人力资源管理信息系统与企业的项目管理、财务管理系统加以整合，才能实现独立的信息系统不能实现的功能。

• 确实领会信息系统的“三分技术、七分管理、十二分数据”。在建立人力资源管理系统的过程中，企业必须明白数据的重要性，没有准确数据收集与输入，再先进的技术也无能为力。

• 整个实施的过程要分阶段进行，确实领会“整体规划、分步实施、效益驱动”：整体规划是系统的“整体”，是系统的“技术途径”，总体规划一般不承担具体的项目设计，是整个系统研制工作中不可缺少的技术总纲。

在具体实施的过程中，要从简单技术入手，迅速向广度和深度发展。在应用的基础上启发更广泛、更深入的需求，同时通过效益驱动可以树立企业建设信息化的信心，减少企业一次投入过多，负担过重而带来不必要的风险，分步实施同时可以紧跟信息技术发展的道路。

【管理工具包 2-1—人力资源年度规划书模板】

一、人力资源情况分析

（一）人力资源现状核查

人力资源部自 2010 年 12 月开展了为期半个月的企业人力资源状况的数据采集工作，对企业各部门、各岗位历年变动情况进行统计分析，得出如下表所示的 2008—2010 年间公司各级人员数量变化状况及 2011 年各级人员需求预测。

2008 年—2011 年人力资源状况与预测　　单位：人

年份 人员结构	2008 年	2009 年	2010 年	2011 年
员工总数	25	40	65	82
专业管理人员	3	6	9	11
一般管理人员	5	10	14	17
中高层管理人员	2	4	5	7

（二）企业人员现状分析

通过对企业目前人员情况的数据进行分析，得出如下表所示的企业人员现状。

企业人员现状总结　　单位：人

人员素质情况		人事变动情况		
级别	人数	时间	人员离职比例	人员增长比例
高级职称	4 人，仅占企业总人数的 4.8%	2008～2009	47.6%	60%
中级职称	14 人，约占企业总人数的 16.9%	2009～2010	30.9%	62.5%
中高层管理人员	7 人，平均年龄 45 岁，本科以上学历仅占 16%	2010～2011	28%	27.7%

通过上表，可以得出以下结论：

1. 管理人员具有中高级职称的人数比例过低。

企业现有管理人员 35 人，持有中高级职称的仅占总人数的 21.7%，未达到应有的 70%～80%的水平。因此，企业的岗位评价、招聘录用、培训机制等人力资源管理方面都应当加强。

2. 人员增长和离职的比例失调。

由于企业的人力资源管理在绩效考核、淘汰与晋升、人力资源开发等模块上缺乏统一性和制度化，引起人员流动的不协调。对本企业来说，人员增长应基本控制在18%左右，而离职比例控制在10%左右是较合理的。

3. 管理层人数比例过高。

企业的管理层人数有35人，占总人数的42%，形成了“管的人多，干的人少”的管理构架，管理层结构扁平式更为合理，其比例以不超过总人数的25%为宜。

4. 人力资源管理的基础制度和激励制度未形成规范。

企业目前的各项人力资源基础制度尚不完善，这可能会导致管理中出现“执行依据不足，人为因素过多”的问题。

5. 企业人力资源管理尚停留在人事管理的层面上，没有形成科学、合理、制度化的人力资源架构，这也是导致人员流动大的原因之一。

二、职务设置与人员配置计划

根据企业2011年发展计划和经营目标，人力资源部在各部门的积极配合下，制定了2011年各部门职位设置及配置计划，具体如下表所示。

<table>
<tr><th>部门</th><th colspan="2">岗位</th><th>现有人数</th><th>拟增人数</th><th>拟增人员须到位时段描述</th><th>说明</th></tr>
<tr><td rowspan="6">经营决策层</td><td rowspan="4">现有岗位</td><td>总经理</td><td>1</td><td></td><td></td><td></td></tr>
<tr><td>行政副总</td><td>1</td><td></td><td></td><td></td></tr>
<tr><td>营销总监</td><td>1</td><td></td><td></td><td></td></tr>
<tr><td>技术总监</td><td>1</td><td></td><td></td><td></td></tr>
<tr><td rowspan="2">拟增岗位</td><td>财务总监</td><td></td><td>1</td><td>2011年3月</td><td>社会招聘</td></tr>
<tr><td></td><td>4</td><td>1</td><td></td><td></td></tr>
<tr><td rowspan="6">行政部</td><td rowspan="5">现有岗位</td><td>行政部经理</td><td>1</td><td></td><td></td><td></td></tr>
<tr><td>行政助理</td><td>1</td><td></td><td></td><td></td></tr>
<tr><td>行政文员</td><td>2</td><td></td><td></td><td></td></tr>
<tr><td>司机</td><td>2</td><td></td><td></td><td></td></tr>
<tr><td>接线员</td><td>1</td><td></td><td></td><td></td></tr>
<tr><td>小计</td><td></td><td>7</td><td></td><td></td><td></td></tr>
</table>

部门	岗位		现有人数	拟增人数	拟增人员须到位时段描述	说明
财务部	现有岗位	财务部经理	1			
		会计	1			
		出纳	1			
		财务文员	1			
	小计		4			
人力资源部	现有岗位	人力资源部经理	1			
		招聘专员	1			
		培训专员	1			
		薪酬专员	1			
	小计		4			
销售部	现有岗位	销售经理	1			
		销售主管	5			
		销售代表	18			
		销售助理	5			
	拟增岗位	销售代表		4	2011 年 5 月	社会招聘
	小计		29	4		
技术开发一部	现有岗位	开发一部经理	1			
		开发组长	2			
		开发工程师	9			
		技术助理	3			
	拟增岗位	开发组长		1	2011 年 3 月	社会招聘与学校招聘
		开发工程师		3	2011 年 3 月	学校招聘
	小计		15	4		

部门	岗位		现有人数	拟增人数	拟增人员须到位时段描述	说明
技术开发二部	现有岗位	开发二部经理	1			
		开发组长	2			
		开发工程师	8			
		技术助理	3			
	拟增岗位	开发组长		1	2011 年 3 月	社会招聘与学校招聘
		开发工程师		4	2011 年 3 月	学校招聘
产品部	小计	产品部经理	114			
	现有岗位	营销策划	1			
		公共关系	2			
		产品助理	1			
	小计		5			
总计			82	14		

由上表可知，在 2011 年度，公司共设 8 个部门，由行政副总经理负责行政部和人力资源部，新增财务总监负责财务部，营销总监负责销售部和产品部，技术总监负责开发部。

三、年度招聘计划

根据 2011 年职务设置与人员配置计划，企业人员总人数应为 96 人，而到目前为止只有 82 人，还需要补充 14 人，具体职务和人数如下：财务总监 1 名、开发组长 2 名、开发工程师 7 名、销售代表 4 名，具体招聘方式如下。

（一）招聘策略说明

1. 社会招聘主要通过在专业招聘网站发布招聘信息的方式进行。

2. 学校招聘主要通过应届生洽谈会，准备在 2011 年第一季度采取在学校举办招聘讲座、发布招聘广告、网上招聘三种形式。

（二）招聘人事政策说明

各类人员招聘人事政策如下表所示。

各类人员招聘人事政策规定

人员学历类别	待遇	试用期	劳动合同	其他
本科生	转正后待遇2000元，其中：基本工资1500元、住房补助200元、社会保险金300元左右（养老保险、失业保险和医疗保险等）；试用期基本工资1000元，工作满半月后有住房补助	2个月	签订一年劳动合同	考取硕士研究生后本录用合同自动解除
硕士研究生	转正后待遇5000元，其中：基本工资4500元、住房补助200元、社会保险金300元左右（养老保险、失业保险和医疗保险等）；试用期基本工资4000元，工作满半月后补助；成为骨干员工后，可享有企业股份	2个月	签订不定期劳动合同	考取博士研究生后本录用合同自动解除；企业资助员工攻读在职博士

四、人事政策调整

（一）薪资福利政策调整

经总经理提议，董事会批准，2011年1月起增加员工工龄津贴，为企业连续服务每满一年的每月增加20元工龄津贴。2011年起能完成半年度生产、销售和利润目标的，企业将组织员工春游、秋游各一次，费用为每人200～500元，视利润完成情况而定。

（二）招聘政策调整

2011年起，内部员工推荐中、高级人才，经企业考核录用为正式员工的，每成功一名，奖励推荐员工500元。招聘信息张榜公布，鼓励全体员工积极参与。

2010年选择开发人员实行了面试和笔试相结合的办法，取得了较理想的效果。2011年首先要完善非开发人员的选择程序，加强非智力因素的考查。另外在招聘集中期，可以采用“合议制面试”，即总经理、主管副总经理、部门经理共同参加面试，以提高面试效率。

（三）考核政策调整

建立部门经理对属下员工做书面评价的制度，每季度一次，让员工及时了解上级对自己的评价，发扬优点，克服缺点。建立考核沟通制度，由直接上级在每月考核结束时进行沟通。

2011年加强对考核组人员的专业培训，减少考核误差，提高考核的可靠性和有效性。在开发部试行“标注量度平均分布考核方法”，使开发人员更加明确自己在开发团队中的位置。

（四）员工培训政策调整

2011年起新进员工的上岗培训，除了制度培训之外，增加岗位操作技能培训和安全培训，并实行笔试考试。考试合格方可上岗。

2011年起管理培训由人力资源与专职管理人员合作开展，不再聘请外部的专业培训人员。该培训分管理层和员工两个部分，重点对现有的管理模式、管理思路进行培训。

2011年起为了激励员工在业余时间参加专业学习培训，经企业审核批准，凡愿意与企业签订一定服务年限合同的，企业予以报销部分或全部培训学费。

五、人力资源管理费用预算

据上述各项工作计划，根特对2011年人力资源工作的各项费用做如下预算，具体如下所示。

2011年人力资源费用预算明细表

费用项目	具体数额说明
招聘费用	招聘讲座费用：计划对本科生和研究生各进行4次讲座，共8次。每次费用300元，共计2400元； 网上招聘费用：分别在XX网站、XX网站发布招聘信息半年，费用5000元 宣传材料费：1000元
培训费用	2010年实际培训费用35000元，按20%递增，预计2011年培训费用为42000元
员工工资预算	按企业增资每年5%计算和增加员工13人计算，全年工资支出预算为288万元
员工福利预算	增加春、秋游费用4万（由行政部预算并组织），为员工缴纳各种保险费预算为108万元
社会保险金	2010年社会保险金共缴纳344000元，按20%递增，预计2011年社会保险金总额为412800元

【管理工具包2－2—人力资源战略规划书模板】

×××公司人力资源战略规划书

一、公司战略及人力资源现状、环境分析

（一）公司战略目标可分为2个部分，即：

第一阶段：时间段（20××～20××）；

第二阶段：时间段（20 ××～20××）。

目标具体内容如下表所示。

各阶段战略目标表

指标			第一阶段目标	第二阶段目标
指标类别	指标名称	单位		
财务类指标	销售收入	亿元		
	净利润	亿元		
	净资产收益率	%		
	……			
产量指标	xx 产品产量	万件		
	xx 产品产量	万件		
	xx 产品产量	吨		
	……			
管理指标	人均产值	万元		
	人均销售收入	万元		
	职务系列人员占比例	%		
	行政系列人员占比例	%		
	技术系列人员占比例	%		
	……			
其他指标				

（二）公司人力资源现状、环境分析（略）

二、公司未来5年人力资源发展目标

（一）各阶段目标列表

在未来的5年，配合我公司战略发展需要，人力资源发展目标可分为2个阶段，各阶段的具体发展目标如下表所示。

公司未来5年人力资源发展目标一览表

指标			第一阶段目标	第二阶段目标
指标类别	指标名称	单位		
人力资源成本指标	薪酬福利总额	万元		
	培训招聘支出总额	万元		
	人力资源成本总额	万元		
	人力资源成本/销售收入	%		
人力资源效率指标	人均销售收入	万元		
	人均产值	万元		
	人均利润	万元		
人力资源构成指标	职务系列人员比例	%		
	行政系列员工比例	%		
	技术系列员工比例	%		
	通勤系列员工比例	%		
	行政技术系列本科以上学历比例	%		
	技工系列大专以上学历比例	%		
人力资源可持续发展指标	中高层管理人员继任计划覆盖率	%		
	中高层管理人员主动离职率	%		
	核心岗位人才储备计划覆盖率	%		
	核心岗位人才主动离职率	%		
	人才储备培训人次	人次		

（二）人力资源目标体系说明

主要针对上表中衡量人力资源状况的指标体系进行说明，包括指标名称、指标解释等。在下文中列出部分指标供参考。

1. 人力资源成本类指标：该类指标从成本费用的角度衡量公司的人力资源状况。

（1）薪酬福利总额：指公司所有员工的薪酬与福利总和。

（2）培训招聘支出总额：指公司用于培训和招聘的各类支出，该指标用来衡量企业直接用于人力资源开发的支出水平。

(3) 人力资源成本总额：指薪酬福利总额与培训招聘支出总额之和。

2. 人力资源效率类指标：该指标从效率的角度衡量公司人力资源部为公司贡献价值的程度。

(1) 人均产值：指公司单个员工贡献的产值。

(2) 人均销售收入：指公司单个员工贡献的销售收入。

(3) 人均利润：指公司单个员工贡献的利润。

3. 人力资源构成类指标：该指标从人员结构的角度分析公司人力资源的现状。

(1) 各职系员工数量比例：指职务、行政、技术、技工、通勤的员工总数的相对比例。

(2) 学历比例（公司整体分析或分职系分析）：指公司某职系（或全公司）的员工某学历占该职系（或全公司）员工总数的比例。该指标能从一定程度上反映员工的知识水平。

(3) 年龄比例（公司整体分析或分职系分析）：指公司某职系（或全公司）的员工某年龄段占该职系（或全公司）员工总数的比例。

三、公司未来人力资源配置规划

依据各阶段人力资源发展目标，现将各阶段人力资源配置原则与方案作详细说明。

（一）第一阶段人力资源配置计划

1. 人力资源配置原则

人力资源配置原则说明表

配置原则	应用
外部招聘原则	应届毕业生的录用原则，有经验人员的录用原则
内部调配原则	确定不可转岗的人员，转岗转入的岗位范围确定原则和转出的岗位范围确定原则
减少冗员的原则	通过转岗减少冗员，通过绩效考核淘汰绩效差的员工
培训原则	技能提升培训的主要对象和范围、人才储备培训的对象和范围
备注	培训配置主要指：技能提升培训和人才储备培训两大类。前者是为满足战略对岗位的更高需求而对目前在岗员工进行的提升培训；后者是为进行人才储备，让后备人才逐步掌握目标岗位的技能而进行的培训

2. 公司整体人力资源配置方案

人力资源配置表

人员类别	增员（人）		减员（人）		培训（人次）	
	外部招聘	内部转岗	转岗	考核淘汰	提升培训	储备培训
职务系列						
行政系列						
技术系列						
技工系列						
通勤系列						

（注：增员内“内部转岗”指转入，减员内“转岗”指转出；一般“内部转岗”人数与“转岗”人数相等）

（二）第二阶段人力资源配置计划

人力资源配置原则（同上）；

公司整体人力资源配置方案（同上）。

四、人力资源开发与管理工作方案

（一）人力资源开发规划

（二）人力资源管理规划

（以上 2 项结合企业发展战略规划，确定各部门在实现企业战略的过程中应承担的责任及具体工作事项，进而确定各项工作进度及各阶段工作重点等，具体内容略）

五、各职能部门人员配置计划

（一）各职能部门在企业战略发展各阶段的职责（略）

（二）各职能部门人员配置计划（具体内容略）

1. 核心职能部门人员配置计划；

2. 辅助职能部门人员配置计划。

六、人力资源重点规划工作

（一）人力资源开发重点工作规划

1. 人力资源开发现状分析。

主要分析公司人力资源开发工作现状。按照各人力资源开发模块进行分析：招聘、员工职业发展、内部人员调配、培训、核心岗位人才储备、中高层管理人员接班人。各模块按照以下几个方面进行现状分析：各模块的工作开展程度、是否有明确的方案制度或操作流程、该模块的方案制度或操作流程是否存在优化空间。(具体内容略)

2. 人力资源开发重点工作。

根据现状分析和公司未来5年内的人力资源规划的要求，确定各阶段的人力资源开发重点工作，列出时间表。(表略)

(二) 人力资源管理重点工作规划

1. 人力资源管理规划分析。

主要分析公司人力资源管理现状。按照各人力资源管理模块进行分析：人力资源基础管理、人力资源信息化、绩效管理、薪酬管理等。各模块按照以下几个方面进行现状分析：各模块的工作开展程度、是否有明确的方案制度或操作流程、该模块的方案制度或操作流程是否存在优化空间。(具体内容略)

2. 人力资源管理重点工作规划。

根据现状分析和公司未来5年内的人力资源规划的要求，确定各阶段的人力资源管理重点工作，并列出时间表。(表略)

【管理工具包2-3—人力资源规划常用工具表单模板】

人力资源规划常用工具表单

(一) 岗位增补申请表

单位名称　　　　　　　　　　　　　　　　　　　　填表日期：　　年　　月　　日

部门		拟增补岗位名称	
增补岗位起始日期		增补岗位所需人数	
目前存在的问题			
申请理由			
直接上级		直接下级	
增补岗位人员要求			
增补岗位的工作内容			
申请部门意见			
人力资源部门意见			
领导意见			

填表人：

审核人：

（二）人员增补表

单位名称：　　　　　　　　　　　　　　　　　　　　　　　填表日期：　　年　　月　　日

<table>
<tr><td colspan="5">人员配置状况</td><td rowspan="2">拟增补人数</td><td colspan="3" rowspan="2">增补人员需要条件</td></tr>
<tr><td>序号</td><td>工作项目</td><td>编制人数</td><td colspan="2">现有人数</td></tr>
<tr><td>1</td><td></td><td></td><td colspan="2"></td><td></td><td colspan="3"></td></tr>
<tr><td>2</td><td></td><td></td><td colspan="2"></td><td></td><td colspan="3"></td></tr>
<tr><td>3</td><td></td><td></td><td colspan="2"></td><td></td><td colspan="3"></td></tr>
<tr><td>4</td><td></td><td></td><td colspan="2"></td><td></td><td colspan="3"></td></tr>
<tr><td>5</td><td></td><td></td><td colspan="2"></td><td></td><td colspan="3"></td></tr>
<tr><td>合计</td><td></td><td></td><td colspan="2"></td><td></td><td colspan="3"></td></tr>
<tr><td>总经理
办公室</td><td></td><td>审批意见：</td><td>总经理
人事部</td><td></td><td>经理</td><td></td><td></td><td></td></tr>
</table>

填表人：

审核人：

（三）人员岗位变动申请表

单位名称：　　　　　　　　　　　　　　　　　　　　　　　填表日期：　　年　　月　　日

<table>
<tr><td>姓名</td><td></td><td>现在部门</td><td></td><td>入职时间</td><td></td></tr>
<tr><td>学历</td><td></td><td>职称</td><td></td><td>转正日期</td><td></td></tr>
<tr><td>职位</td><td></td><td>现在工资</td><td></td><td>合同签订</td><td>是　否</td></tr>
<tr><td>变动后部门</td><td colspan="2"></td><td>变动后职位</td><td colspan="2"></td></tr>
<tr><td>变动性质</td><td colspan="5">□ 平调　□ 升职　□ 降职　□ 辞职　□ 辞退</td></tr>
<tr><td>变动原因详述</td><td colspan="5"></td></tr>
<tr><td>原来部门意见</td><td></td><td>现在部门意见</td><td></td><td>人力资源部意见</td><td></td></tr>
<tr><td>主管副总经理意见</td><td></td><td></td><td>总经理意见</td><td colspan="2"></td></tr>
<tr><td>工资变动</td><td colspan="5"></td></tr>
<tr><td>备注</td><td colspan="5"></td></tr>
</table>

填表人：

审核人：

（四）企业管理人才储备登记表

单位名称： 部门名称： 填表日期： 年 月 日

<table>
<tr><td>姓名</td><td></td><td>年龄</td><td></td><td>服务年龄</td><td></td></tr>
<tr><td>现任职务</td><td colspan="2"></td><td>担任本职年数</td><td colspan="2"></td></tr>
<tr><td>工作绩效</td><td colspan="5"></td></tr>
<tr><td>优势与特长</td><td colspan="5"></td></tr>
<tr><td>劣势与缺点</td><td colspan="5"></td></tr>
<tr><td>进取情况</td><td colspan="5"></td></tr>
<tr><td>可升调为</td><td colspan="2"></td><td>升调时间</td><td colspan="2"></td></tr>
<tr><td>所需培训</td><td colspan="5"></td></tr>
<tr><td>可升调为</td><td colspan="2"></td><td>升调时间</td><td colspan="2"></td></tr>
<tr><td>所需培训</td><td colspan="5"></td></tr>
<tr><td>人力资源部门意见</td><td colspan="5"></td></tr>
<tr><td>领导意见</td><td colspan="5"></td></tr>
</table>

填表人：

审核人：

（五）企业人力资源状况统计表

<table>
<tr><td rowspan="14">现有人员构成状况统计</td><td>性别</td><td>男（已婚）</td><td colspan="2">男（未婚）</td><td colspan="2">女（已婚）</td><td>女（未婚）</td></tr>
<tr><td>构成</td><td></td><td colspan="2"></td><td colspan="2"></td><td></td></tr>
<tr><td>学历</td><td>硕士以上</td><td colspan="2">本科</td><td colspan="2">大专</td><td>其他</td></tr>
<tr><td>构成</td><td></td><td colspan="2"></td><td colspan="2"></td><td></td></tr>
<tr><td>户口</td><td colspan="3">本地户口</td><td colspan="3">非本地户口</td></tr>
<tr><td>构成</td><td colspan="3"></td><td colspan="3"></td></tr>
<tr><td>年龄</td><td>51 岁以上</td><td colspan="2">36～50 岁</td><td colspan="2">26～35 岁</td><td>25 岁以下</td></tr>
<tr><td>构成</td><td></td><td colspan="2"></td><td colspan="2"></td><td></td></tr>
<tr><td>服务时间</td><td>3 年以上</td><td colspan="2">1～3 年</td><td colspan="2">3 个月～1 年</td><td>3 个月以下</td></tr>
<tr><td>构成</td><td></td><td colspan="2"></td><td colspan="2"></td><td></td></tr>
<tr><td>岗位层级</td><td>总经理</td><td>副总经理</td><td colspan="2">部门正副经理</td><td>项目经理级</td><td>一般职员</td></tr>
<tr><td>构成</td><td></td><td></td><td colspan="2"></td><td></td><td></td></tr>
<tr><td>岗位类别</td><td>管理类</td><td>技术类</td><td colspan="2">市场销售类</td><td>后勤服务类</td><td>其他</td></tr>
<tr><td>构成</td><td></td><td></td><td colspan="2"></td><td></td><td></td></tr>
</table>

填表人：

审核人：

（六）企业人力资源年度规划表

单位：人

学历 时间 级别			时间				学历			
			现有	2008 年	2009 年	2010 年	硕士	本科	大专	其他
管理人员	高层	财经								
		营销								
	中层	生产								
		……								
	基层	财经								
		营销								
	小计	生产								
		……								
		财经								
		营销								
		生产								
		……								
技术人员	高工									
	工程师									
	助工									
	技术员									
	其他									
	小计									
基层员工	机工									
	电工									
	维修									
	……									
	小计									
合计										

填表人：

审核人：

【本章小结】

人力资源规划：是指对可能的人员要求、供给情况作出预测，并据此储备或减少相应的人力资源。

人力资源规划的内容：人力资源战略规划是运作人力资源管理系统的前提，是人力资源管理各子系统重大关系决策的依据，它主要包括三方面的内容：人力资源数量规划、人力资源素质规划和人力资源结构规划，这三方面的内容为企业人力资源管理提供了指导方针和政策。

人力资源规划的程序：

• 确认现阶段的企业经营战略，明确此战略决策对人力资源规划的要求，以及人力资源规划所能提供的支持。

• 现有人力资源盘点。

• 人力资源需求预测。

• 人力资源供给预测。

• 制定人力资源战略规划。

• 执行人力资源战略规划和实施监控。

• 评估人力资源战略规划。

人力资源规划的方法。

【思考题】

1. 请谈谈你对人力资源规划的理解。
2. 企业战略与人力资源规划的区别与联系是什么？
3. 人力资源规划的流程是什么？
4. 人力资源规划的方法有哪些？
5. 人力资源需求预测方法有哪些？
6. 人力资源供给预测技术有哪些？
7. 人力资源规划的执行者是哪些人？
8. 人力资源规划的执行原则是什么？

第三章 组织结构与职位管理

●单元概述

组织结构和职位管理是组织人力资源管理体系的基础平台，是组织实施薪酬与绩效管理、员工培训与开发、人员选聘与配置的重要基础和前提，并在很大程度上决定了组织发展战略的实施和管理目标的实现。本章的内容包含两部分，其中组织结构部分包括组织结构概述、组织结构设计及部门职责的梳理与澄清，职位管理部分包括职位分析与设计、职位说明、职位评估等。

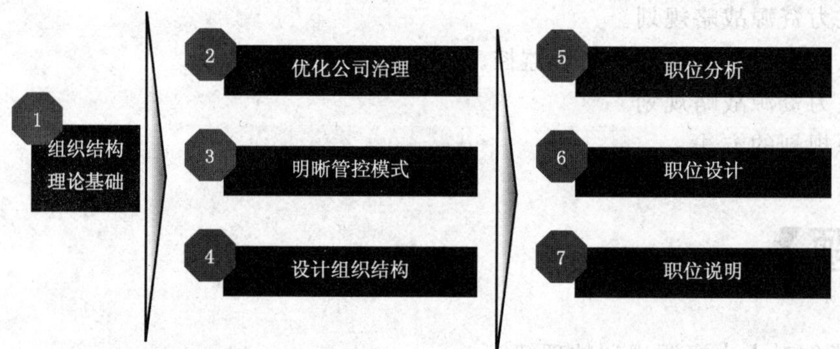

●知识要点及掌握程度

3.1 组织结构 ［理解］
3.2 职位管理 ［运用］

●能力要点及掌握程度

根据大连东软信息学院 TOPCARES－CDIO 的能力指标体系，裁剪出本章所要培养的能力要点及其掌握程度。

人力资源管理主要功能模块的管理与实施知识 ［重要］
全方位思维 ［中等］
分析问题 ［重要］
解决方法和建议 ［中等］
团队工作运行 ［中等］

设计过程　　　　　　　　　　　　　　　　[中等]

●教学重点与难点

1. 教学重点

(1) 组织结构设计

(2) 部门职责梳理

(3) 职位分析与设计

(4) 职位说明

2. 教学难点

(1) 组织结构设计

(2) 职位设计

(3) 职位评估

●教学设计与实施方法

1. 教学设计

(1) 激趣：通过管理案例启动本章的学习，激发学生的学习兴趣。

(2) 引思：结合管理案例，引发学生思考组织结构与职位管理的意义及有效实施组织结构与职位管理的方法。

(3) 精讲：系统介绍组织结构与职位管理的相关概念、流程、工具与方法。

(4) 实践：要求学生完成实践环节项目，并在"做中学"中巩固和运用所学知识。

(5) 总结：归纳总结知识点及学生在实践中存在的问题。

2. 实施方法

本章建议采用如下教学方法：讲授教学法、讨论教学法、任务教学法和问题教学法。

●实践环节设计

1. 单元项目一：组织结构设计与部门职责梳理

请各虚拟公司根据贵公司的战略目标、业务流程与职能划分，参照同行业的标杆公司，共同讨论并设计贵公司的组织结构，并绘制组织结构图。

然后，任选贵公司的两个部门，为其撰写规范的部门职责。

要求：

(1) 明晰贵公司的业务流程。

(2) 组织结构设计合理。

(3) 组织结构图绘制规范。

(4) 部门职责的梳理方法得当、描述规范。

2. 单元项目二：职位设计

请各虚拟公司选择已做过部门职责澄清的两个部门，进行职位设计，并分别绘制两个部门的汇报关系图。

要求：

（1）职位设计合理。

（2）职位名称规范。

（3）部门汇报关系图绘制规范。

3. 单元项目三：职位说明

请各虚拟公司广泛搜集职位说明书模板，并进行比对分析。然后，请各虚拟公司任选本公司的两个职位，套用所选用的模板，撰写职位说明书。

要求：

（1）所选用的职位说明书结构合理、要素完备。

（2）职位说明书内容撰写规范。

●目标达成度检验（教学效果评估）

1. 知识要点测评

要求学生完成课后习题，并进行交叉互评。

2. 能力要点测评

要求学生利用课余时间完成实践环节单元项目一至单元项目三，并于下次课进行当堂展示，再由各小组进行交叉互评，教师给出专业意见与评分。然后，每个小组根据本组得分以及各位组员在完成本次团队项目时的表现确定组内各成员本次实践项目的得分。

●教材具体内容

【引子——管理案例】

杜邦公司的组织结构演变过程

杜邦公司（DuPont Company）是世界上最大的化学品生产公司，建立至今已近200年。在这200年中，尤其是20世纪以来，企业的组织结构历经变革。

创业初期：个人决策

历史上的杜邦家族是法国的王室贵族，1789年在法国大革命中落没，老杜邦带着两个儿子伊雷内和维克托逃到美国。1802年，儿子们在特拉华州布兰迪瓦因河畔建起了火药厂，工厂很快站住了脚并发展起来。

整个19世纪中期，杜邦公司基本上是单人决策式经营，这一点在亨利这一代尤为明显。亨利是伊雷内的儿子，军人出身，精力非凡，由于他接任公司以后完全是一套军人派头，所以人称“亨利将军”。在公司任职的40年中，亨利挥动军人严厉粗暴的铁腕统治着公司。接任时公司负债高达50多万，至1902年合资时，资产已增至2400万美元，成为行业的领袖。他管理方式无法言喻，也难以模仿，是经验式管理。

亨利死后，他的侄子尤金成了公司的第三代继承人。亨利是与公司一起成长的，而尤金一下子登上舵位，缺乏经验，晕头转向。他试图承袭其伯父的作风经营公司，也采取绝对的控制，亲自处理细枝末节，亲自拆信复函，但他终于陷入公司的错综复杂的矛盾之中。1902年，尤金去世，合作者也都心力交瘁，相继累死，这不仅是由于他们的体力不胜负荷，还由于当时的经营方式已与时代不相适应。

成长期：集团式经营

正当公司濒临危机，无人敢接重任、家族拟将公司出卖给别人的时候，三位堂兄弟出来力挽狂澜，他们不仅具有管理大企业的丰富知识，而且具有在铁路、钢铁、电气和机械行业中采用先进管理方法的实践经验，有的还请泰勒当过顾问。他们果断地抛弃了“亨利将军”的那种单枪匹马的管理方式，精心地设计了一个集团式经营的管理体制。在美国，杜邦公司是第一家把单人决策改为集团式经营的公司。

集团式经营最主要的特点是建立了“执行委员会”，隶属于最高决策机构董事会之下，是公司的最高管理机构。在董事会闭会期间，大部分权力由执行委员会行使，董事长兼任执行委员会主席。1918 年时，执行委员会有 10 个委员、6 个部门主管、94 个助理。公司抛弃了当时美国流行的体制，建立了预测、长期规划、预算编制和资源分配等管理方式。在管理职能分工的基础上，建立了制造、销售、采购、基本建设投资和运输等职能部门。在这些职能部门之上是一个高度集中的总办事处，控制销售、采购、制造、人事等工作。由于在集团式经营的管理体制下，权力高度集中，实行统一指挥、垂直领导和专业分工的原则，所以秩序井然，职责清楚，效率显著提高，大大促进了杜邦公司的发展。至 1918 年，公司的资产已增至 3 亿美元。

发展期：事业部体制

杜邦公司在第一次世界大战后逐步走向多元化经营。但每次收购其他公司后，杜邦公司都曾遭遇严重亏损。造成这种困扰的主要原因是公司原有的组织形式难以适应新的变化。1919 年，公司的一个小委员会指出：问题在于过去的组织结构没有弹性。尤其是 1920 年夏到 1922 年春，市场需求突然下降，许多企业出现了存货危机。这使人们认识到：企业需要一种能力，即易于根据市场需求的变化改变商品流量的能力。继续保持那种使高层管理人员陷入日常经营、不去预测需求和适应市场变化的组织结构形式，显然是错误的。一个能够适应大生产的销售系统对于一家大公司来说，已经成为至关重要的问题。

杜邦公司经过周密的分析，提出了一系列组织结构设置的原则，创造了一个事业部制的组织结构。在执行委员会下，除了设立由副董事长领导的财务和咨询两个总部外，还按各产品种类设立分部，而不是采取通常的职能式组织如生产、销售、采购等等。在各分部之下，则有会计、供应、生产、销售、运输等职能处。各分部是独立核算单位，分部经理可以独立自主地统管所属部分的采购、生产和销售。在这种形式的组织结构中，自治分部在不同的、明确划定的市场中，通过协调从供给者到消费者的流量，使生产和销售一体化，从而使生产和市场需求建立密切联系。这些以中层管理人员为首的分部，通过直线组织管理其职能活动。高层管理人员总部在大量财务和管理人员的帮助下，监督这些多功能的分部，用利润指标加以控制，使他们的产品流量与波动需求相适应。由于事业部管理体制的基本原理是政策制定与行政管理分开，从而使公司的最高管理层摆脱了日常性经营事务，把精力集中在考虑全局性的战略发展问题上，研究与制定公司的各项政策。新分权化的组织使杜邦公司很快成为一个极具效率的集团，所有单位构成了一个有机的整体，公司组织具有了很大的弹性，能适应需要的变化。

成熟期：“三驾马车式”体制

杜邦公司的执行委员会和事业部制的管理结构，是在不断对集权和分权进行调整的情况下去适应需要的。例如，60 年代后期，公司发现各部门的经理过于独立，以致有些情况连执行委员会都不了解，因此又一次做了改革；一些高级副总经理同各工业部门和职能部门建立了联系，负责将部门的情况汇报给执行委员会，并协助各部门按执行委员会的政策和指令办事。

60 年代以后，受激烈的市场竞争影响，杜邦公司的经营状况急转直下，旗下的多项优良资产被迫出让，可谓四面楚歌、危机重重。为适应日益严峻的企业竞争需要，杜邦公司的组织结构又发生了一次重大的变更，这就是建立起了“三驾马车式”的组织体制。

1962 年，公司的第十一任总经理科普兰上任，他被称为危机时代的起跑者。他制定了新的经营方针，并不断完善和调整公司的组织结构。1967 年，科普兰把总经理一职在杜邦公司史无前例地让给了非杜邦家族的人，公司财务委员会议议长也由别人担任，自己专任董事长一职，从而形成了一个“三驾马车式”的体制。1971 年，科普兰又让出了董事长的职位。

这一变革具有两方面的意义。一方面，杜邦公司是美国典型的家族公司，公司几乎有一条不成文的法律，即非杜邦家族的人不能担任最高管理职务。甚至实行同族通婚，以防止家族财产外溢。现在这些惯例却被大刀阔斧地砍去，不能不说是一个重大的改革，虽然杜邦公司一直由家族力量控制，但是董事会中的家族成员比例越来越少。另一方面，在当代，企业结构日益庞大，业务活动非常复杂，最高领导层工作十分繁重，环境的变化速度越来越快，管理所需的知识越来越高深，只有实行集体领导，才能做出满意的决策。在新的体制下，最高领导层分别设立了办公室和委员会，作为管理大企业的“有效的富有伸缩性的管理工具”。60 年代后杜邦公司的几次成功，不能说与新体制无关。

资料来源：http：//jingpin2007. szu. edu. cn/strategy/strategy2009/show. asp？ id＝338

从这个案例中，你得到了哪些启示？

1. 杜邦公司的组织结构历经了哪些变化？为什么每次变化都能取得成功？

2. 企业组织结构和企业战略有怎样的关系？

第一节 组织结构

管理学中的组织（Organization）是体现一定的社会关系，具有一定结构形式并且不断从外部汲取资源以实现其目标的集合体。因此，组织的基本要素包括：

- 结构：即组织内各构成要素及它们之间的相互关系。
- 参与者：即组织的构成者与推动者。
- 目标：即组织的愿景、使命、目标、宗旨与价值观等。
- 技术：构成组织的硬件设备和专有技术。
- 环境：即组织赖以生存的自然要素和社会要素。

一、组织结构理论概述

古典组织结构理论认为，组织结构是使组织不同职能部门相互关系实现系统化、合理化的有效手段，它是使组织运行整体一致的核心协调机制。在古典组织理论的分析中，对劳动分工、等级和职能、组织结构与控制幅度四项要素的研究构成了古典组织理论体系的四大支柱。其中，劳动分工是基础，其他要素是以此为基础派生发展的结果。劳动分工的细化形成劳动的专业化、部门化，从而导致职能分离和等级产生；组织结构又是企业职能分离和等级管理专业化发展的结果；而经营活动中管理行为的职能专门化相应导致了组织控制幅度的界定问题。在古典组织理论看来，企业作为典型的正式组织是理性或经济性的集合体。组织结构是实现其既定目标的基本框架。古典组织结构理论认为组织采用什么样的结构是内生的，而不是外生的，它们将组织与环境割裂开来，把组织看作是一部不受环境影响而能自行运转的机器，没有考虑环境对组织的作用。总体上看，古典组织结构理论过于封闭和机械化。

新古典组织理论在层级结构的基础上进行了修补，提出了分权和扁平化的主张，并且提出了非正式组织的概念。切斯特·巴纳德将系统观引入组织结构分析，打破了韦伯的封闭机械说，首先提出了组织的协作系统概念，从而大大推进了正式组织的研究，为组织结构理论的进一步发展提供了借鉴。新古典组织理论的缺陷在于过于抽象和笼统，无法回答企业组织如何产生，以及组织结构如何变动等动态的具体性问题。

以伦西斯·利克特为代表的系统学派，应用系统论的思想、方法和原理对组织内部结构和环境的关系做了新的分析，认为“组织是一个开放的具有整体功能的社会技术系统”，组织内子系统的划分主要依据它在组织系统中的作用。弗莱蒙特·E·卡斯特与詹姆斯·E·罗森茨维克进一步认为企业组织系统具体是由目标价值系统、技术系统、结构系统、社会心理系统和经营管理系统等主要子系统构成。系统学派为认识组织结构内部要素提供了新的思路。

权变理论学派则认为企业组织结构取决于环境的变化，而在此之前的研究主要关注企业组织结构适应分工协作的静态构造，而权变理论则认识到环境变化将导致企业组织结构的变化。整体而言，系统观与权变观构成了现代组织结构理论的主要特征。它不仅把企业看作为整个社会大系统的子系统，强调组织的整体效率，而且运用系统分析方法对组织的各个部分进行定量和定性分析。与古典和新古典的组织理论相比，现代组织理论在思维方法和分析工具上都有显著差别。但是，现代组织理论的结构观，本质上仍然是以韦伯的科层制为基础，重视分工、等级以及组织结构形式的确定性分析。

从一般意义上讲，组织结构（Organizational Structure）是表明组织各部分排列顺序、空间位置、聚散状态、联系方式以及各要素之间相互关系的一种模式，是整个管理系统的“框架”，是组织的全体成员为实现组织目标，在管理工作中进行分工协作，在职务范围、责任、权利方面所形成的结构体系。

组织结构图（Organization Chart）是最常见的表现部门及职位之间相互关系的一种图表，它是组织结构的直观反映，也是对该组织功能的一种侧面诠释。一个完整的组织结构图通常能够反映公司治理、管控模式及组织结构的具体形式。从纵向看，它体现了组织的管理层次与汇报关系；从横向看，它反映了组织在同一层次上的职能分工。

二、组织结构的形式

常见的组织结构包括以下几种类型：

（一）直线制

直线制是一种最早也是最简单的集权式组织形式，又称军队式结构。它的特点是组织各层级从上到下实行垂直领导，下属部门只接受一个上级的指令，各级主管负责人对所属单位的一切问题负责。厂部不另设职能机构（可设职能人员协助管理者工作），一切管理职能基本上都由行政主管自己执行。

直线制组织结构的优点是：(1) 结构简单；(2) 责任分明；(3) 命令统一。

直线制组织结构的缺点是：它要求各级行政负责人通晓多种知识和技能，亲自处理各种业务。在业务比较复杂、企业规模比较大的情况下，把所有管理职能都集中到最高管理者一人身上，管理者显然是难以胜任的。因此，直线制只适用于规模较小，生产技术比较简单的企业。

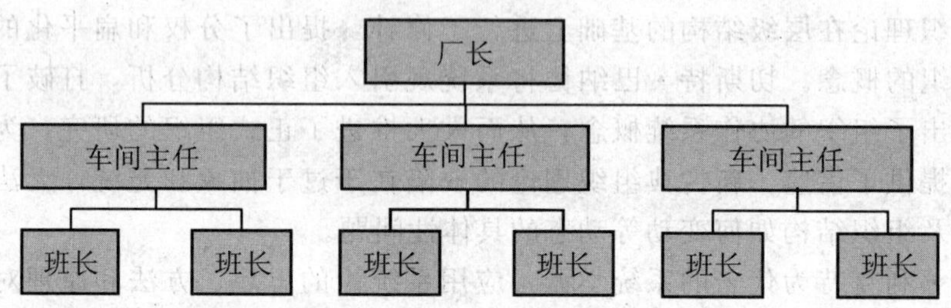

图 3-1 典型的直线制组织结构图

(二) 职能制

职能制组织结构是指各级行政单位除主管负责人外，还相应地设立一些职能机构。如在厂长下面设立职能机构和人员，协助厂长从事职能管理工作。这种结构要求行政主管把相应的管理职责和权力交给相关的职能机构，各职能机构有权在自己的业务范围内向下级行政单位发号施令。因此，下级行政负责人除了接受上级行政主管指挥外，还必须接受上级各职能机构的领导。

职能制组织结构的优点是：(1) 能适应现代化工业企业生产技术比较复杂，管理工作比较精细的特点；(2) 能充分发挥职能机构的专业管理作用，减轻直线领导人员的工作负担。

职能制组织结构的缺点是：(1) 它妨碍了必要的集中领导和统一指挥，形成了多头领导；(2) 不利于建立和健全各级行政负责人和职能科室的责任制，中间管理层往往会出现有功大家抢，有过大家推的现象；(3) 在上级行政领导和职能机构的指导和命令发生矛盾时，下级就无所适从，影响工作的正常进行，容易造成纪律松弛，生产管理秩序混乱。

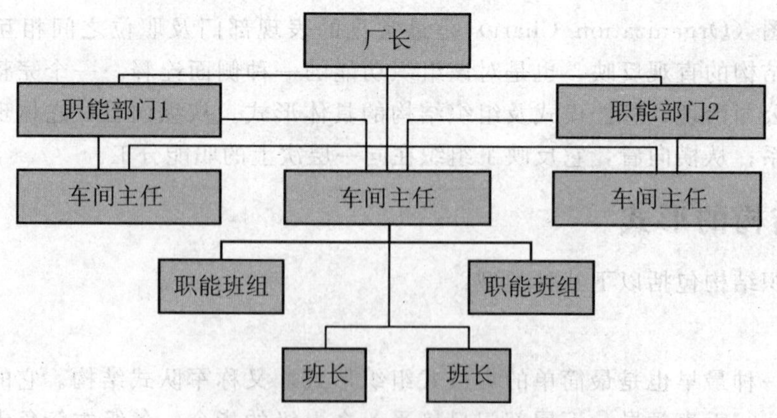

图 3-2 典型的职能制组织结构图

（三）直线－职能制

直线－职能制，也叫生产区域制，或直线参谋制。它是在直线制和职能制的基础上，取长补短，吸取这两种形式的优点而建立起来的。目前，我国绝大多数企业都采用这种组织结构形式。这种组织结构形式是把企业管理机构和人员分为两类，一类是直线领导机构和人员，按命令统一原则对各级组织行使指挥权；另一类是职能机构和人员，按专业化原则，从事组织的各项职能管理工作。直线领导机构和人员在自己的职责范围内有一定的决定权和对所属下级的指挥权，并对自己部门的工作负全部责任。而职能机构和人员，则是直线指挥人员的参谋，不能对直接部门发号施令，只能进行业务指导。

直线－职能制的优点是：既保证了企业管理体系的集中统一，又可以在各级行政负责人的领导下，充分发挥各专业管理机构的作用。

直线－职能制的缺点是：职能部门之间的协作和配合性较差，职能部门的许多工作要直接向上层领导报告请示才能处理，这一方面加重了上层领导的工作负担；另一方面也造成办事效率低。为了克服这些缺点，可以设立各种综合委员会，或建立各种会议制度，以协调各方面的工作，起到沟通作用，帮助高层领导出谋划策。

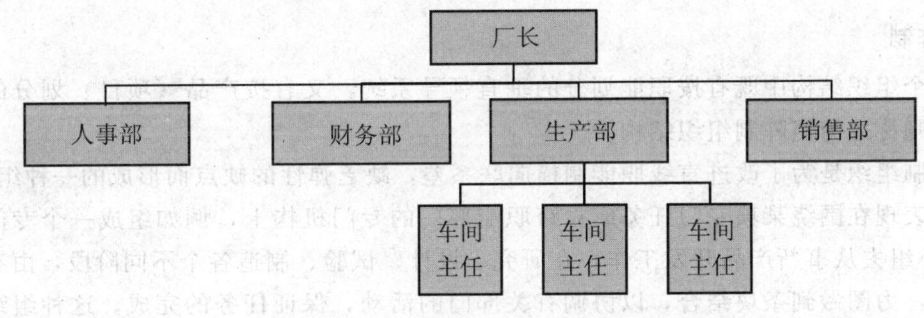

图 3-3 典型的直线职能制组织结构图

（四）事业部制

事业部制最早是由美国通用汽车公司总裁斯隆于 1924 年提出的，故有“斯隆模型”之称，也叫“联邦分权化”，是一种高度（层）集权下的分权管理体制。它适用于规模庞大，品种繁多，技术复杂的大型企业，是国外较大的联合公司所采用的一种组织形式，近几年，我国一些大型企业集团或公司也引进了这种组织结构形式。

事业部制是分级管理、分级核算、自负盈亏的一种形式，即一个公司按地区或按产品类别分成若干个事业部，从产品的设计，原料采购，成本核算，产品制造一直到产品销售，均由事业部及所属工厂负责，实行单独核算，独立经营，公司总部只保留人事决策、预算控制和监督大权，并通过利润等指标对事业部进行控制。

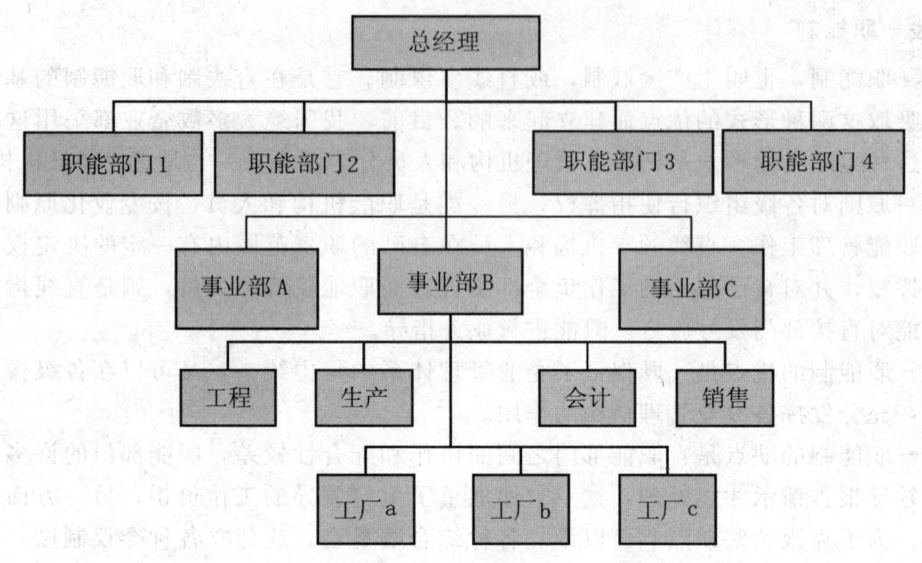

图 3-4 典型的事业部制组织结构图

（五）矩阵制

若一个组织结构中既有按职能划分的垂直领导系统，又有按产品（项目）划分的横向领导关系，则称之为矩阵制组织结构。

矩阵制组织是为了改进直线职能制横向联系差，缺乏弹性的缺点而形成的一种组织形式。它的特点表现在围绕某项专门任务成立跨职能部门的专门机构上，例如组成一个专门的产品（项目）小组去从事新产品开发工作，在研究、设计、试验、制造各个不同阶段，由有关部门派人参加，力图做到条块结合，以协调有关部门的活动，保证任务的完成。这种组织结构形式是固定的，人员却是变动的，需要谁，谁就来，任务完成后就可以离开。项目小组和负责人也是临时组织和委任的。任务完成后就解散，有关人员回原单位工作。因此，这种组织结构非常适用于横向协作和攻关项目。

矩阵结构的优点是：(1) 机动、灵活，可随项目的开发与结束进行组织或解散；(2) 由于这种结构是根据项目组织的，目标任务清楚，责任分工明确，各方面有专长的人在新的工作小组里，能把自己的工作同整体工作联系在一起，并能为攻克难关、解决问题而献计献策、有效沟通；(3) 它还加强了不同部门之间的配合和信息交流，克服了直线职能结构中各部门互相脱节的现象。

矩阵结构的缺点是：(1) 项目负责人的责任大于权力，因为参加项目的人员都来自不同部门，隶属关系仍在原单位，只是为“会战”而来，所以项目负责人对他们管理困难，没有足够的激励手段与惩治手段，这种人员上的双重管理是矩阵结构的先天缺陷；(2) 由于项目组成人员来自各个职能部门，当任务完成以后，仍要回原单位，因而容易产生临时观念，对工作有一定影响。

矩阵结构适用于一些重大攻关项目。企业可用来完成涉及面广的、临时性的、复杂的重大工程项目或管理改革任务。特别适用于以开发、实验、咨询为主的单位，例如科学研究机构、房地产项目、咨询公司等。

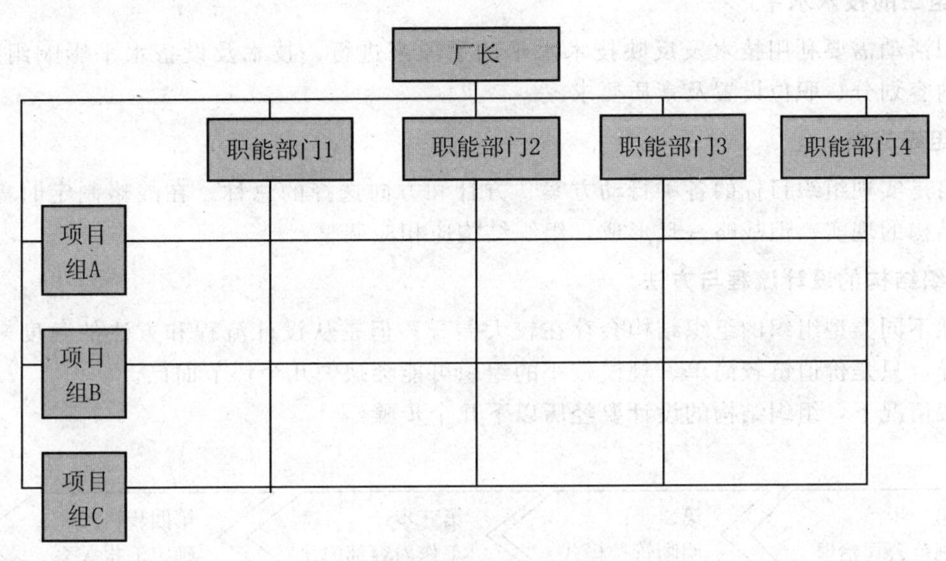

图 3-5 典型的矩阵制组织结构图

三、组织结构设计

（一）影响组织结构设计的因素

根据美国的伯顿和奥贝尔两位教授的长期研究，影响组织结构的要素包括：

1. 领导和管理模式

一个领导者的权力来自于组织对其的依赖度、所控制的资源、职位所赋予的权力以及对决策信息的控制。不同的领导者风格和管理模式必然产生不同的权力分配与职能分工，从而在组织结构的设计上有所差别。

2. 组织文化氛围

组织文化是指控制组织内行为、工作态度、价值观以及关系设定的规范，即指组织成员的共同价值观体系。因此，组织结构的设计只有与组织文化氛围相得益彰才能凸显组织特色，使之与其他组织相区别。

3. 组织规模

组织规模即组织的大小，是指一个组织所拥有的人员数量以及这些人员之间的相互作用的关系。人员的数量在某种意义上对组织结构的影响是决定性的。组织规模影响着组织的结构，在组织发展的不同阶段，组织规模的影响又有所不同。

4. 组织的外部环境

组织外部环境是指所有潜在影响组织运行和组织绩效的外在因素或力量。它调节着组织结构设计与组织绩效的关系，影响组织的有效性，对组织的生存和发展起着决定性的作用。

因此，组织结构的设计必须要顺应外部环境的变化。

5. 组织的技术水平

组织活动需要利用技术及反映技术水平的手段来进行；技术及设备水平影响组织活动，亦影响内容划分、职位设置及素质要求。

6. 组织战略

战略是实现组织目标的各种行动方案、方针和方向选择的总称。在战略制定时需考虑企业组织结构的现实；但战略一旦形成，组织结构应相应调整。

（二）组织结构的设计流程与方法

虽然不同类型组织的组织结构会存在较大差异，但是从设计流程和方法的角度来看基本大同小异，只是价值链较简单、规模较小的组织可能会缺失几个环节而已。

一般情况下，组织结构的设计要经历以下几个步骤：

图 3-6 组织结构的设计流程

第一步：规范公司治理

公司治理（Corporate Governance）又译为法人治理结构。经济合作与发展组织（Organisation for Economic Co-operation and Development）在《公司治理结构原则》中给出了一个有代表性的定义："公司治理结构是一种据以对工商企业进行管理和控制的体系"。它明确规定了公司的各个参与者的责任和权利分布，诸如董事会、经理层、股东和其他利益相关者。

在我国，理论界对公司治理给出代表性的定义有吴敬琏、林毅夫、李维安和张维迎等。吴敬琏（1994）认为公司治理结构是指由所有者、董事会和高级执行人员即高级经理人员三者组成的一种组织结构。要完善公司治理结构，就要明确划分股东、董事会、经理人员各自的权力、责任和利益，从而形成三者之间的关系。林毅夫（1997）是在论述市场环境的重要性时论及这一问题的。他认为，"所谓的公司治理结构，是指所有者对一个企业的经营管理和绩效进行监督和控制的一整套制度安排"，并随后引用了米勒（1995）的定义作为佐证，他还指出，人们通常所关注或定义的公司治理结构，实际指的是公司的直接控制或内部治理结构。李维安和张维迎都认为公司治理（或公司治理结构）有广义和狭义之分。李维安（2000）认为狭义的公司治理，是指所有者（主要是股东）对经营者的一种监督与制衡机制。其主要特点是通过股东大会、董事会、监事会及管理层所构成的公司治理结构的内部治理；广义的公司治理则是通过一套包括正式或非正式的内部或外部的制度或机制来协调公司与所有利益相关者（股东、债权人、供应者、雇员、政府、社区）之间的利益关系。张维迎（1999）的观点是，狭义的公司治理结构是指有关公司董事会的功能与结构、股东的权力等方面的制度安排；广义地讲，指有关公司控制权和剩余索取权分配的一整套法律、文化和制度性安排，这些安排决定公司的目标，谁在什么状态下实施控制，如何控制，风险和收益如何在不同企业成员之间分配这样一些问题，并认为广义的公司治理结构是企业所有权安排的具体化。

按照公司法的规定，公司治理由四个部分组成：

1. 股东会或者股东大会：由公司股东组成，所体现的是所有者对公司的最终所有权；

2. 董事会：由公司股东大会选举产生，对公司的发展目标和重大经营活动做出决策，维护出资人的权益；

3. 监事会：是公司的监督机构，对公司的财务和董事、经营者的行为发挥监督作用；

4. 经理（总经理）：由董事会聘任，是组织的日常经营者与执行者。

公司治理结构的四个组成部分，都是依法设置的，它们的产生和组成，行使的职权，行事的规则等，在公司法中作了具体规定，所以说，法人治理结构是以法制为基础，按照公司本质属性的要求形成的。

股东会（股东大会）、董事会、监事会与总经理之间的关系在组织结构图中通常做如下表示：

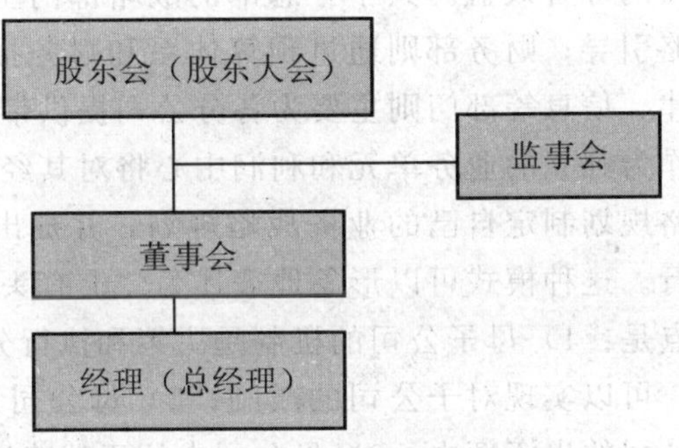

图 3-7 典型的矩阵制组织结构图

第二步：明晰管控模式

所谓管控模式通常是指集团对下属企业基于集分权程度不同而形成的管理控制策略与形式。一个组织的管控模式是由集团的功能定位所决定的，它又直接影响着组织结构的形式及其构成方式，特别是集团总部与下属分支机构的部门设置。常见的管控模式有：

1. 财务型管控模式：有头脑，没有手脚。

集团总部只负责集团的财务规划与管理、资本投资与运营、对外收购与兼并工作，只设置财务、投资管理、人力资源与行政管理、信息技术与法律等职能，对下属企业的日常运营较少参与。每个下属公司作为独立的业务单元和利润中心，对其经营活动享有较高的权力，各下属公司之间的业务关联度通常很小。这种模式可以形象地表述为“有头脑，没有手脚”。香港的和记黄浦即是一个典型的财务型管控模式的集团，它在全球 45 个国家拥有超过 18 万名雇员，业务范围涉及港口及相关服务、地产及酒店、零售及制造、能源及基建业务、因特网、电讯服务等业务。

财务型管控模式的优点是：1）母子公司之间的产权清晰，子公司成为完全独立的经济实体；2）母公司的投资机制灵活有效，可有效地控制母公司的投资风险，若子公司发展得好，母公司可增持；若子公司发展不好，母公司也可退出；3）母公司可以完全专注于资本经营和宏观控制，减少了母子公司之间的矛盾。

财务型管控模式的缺点是：1）控制距离过长，信息反馈不顺畅；2）母公司与子公司之间信息不对称，难以实施有效的控制；3）子公司内部容易产生事实上的内部人控制；4）母子公司的目标容易有分歧，不利于发挥总部优势。

一个新的发展趋势是，成熟的财务型管控模式往往不再是单一的坐等分红的消极运作，而倾向于采取主动的措施影响下属企业的经营方向和活动，GE公司就是采用这种“主动”财务型管控模式的典范。众所周知GE有着高度多元化的经营业务，从航天到电力，从工业到化工，从广播到保险，行业跨度极大。在这种复杂的背景下，GE虽然仍采取了财务型管控模式，但它还利用种种措施推进下属机构间的协同，将大集团的实力与小企业的灵活融为一体。

2. 战略型管控模式：上有头脑，下也有头脑。

在实行这种管控模式的集团中，各下属企业的业务相关性通常较高。为了保证下属企业目标的实现以及集团整体利益的最大化，集团总部主要承担战略规划、监控与服务职能，其主旨是综合平衡并提高集团的综合效益。其中，总部的战略部门主要通过战略规划与业务计划体系对下属公司进行战略引导；财务部则通过预算体系和财务报告体系对下属分公司进行财务监控；人力资源、法律、信息等部门则主要为各分公司提供带有规模效应的专业化服务。各下属企业（或事业部）作为独立的业务单元和利润中心将对其经营活动享有高度的自主权，但同时也要根据总部的战略规划制定自己的业务战略规划，并提出达成规划目标所需投入的资源预算，获批后予以执行。这种模式可以形象地表述为“上有头脑，下也有头脑”。

战略型管控模式的优点是：1）母子公司的机制是决策和执行分开，产权经营和产品经营分开，母子公司目标明确，可以实现对子公司的激励；2）母公司与子公司的资产关系明晰，母公司的风险局限在对子公司的出资额内；3）母公司专注于战略决策和资源部署，通过决策控制保证母子公司的整体发展方向，有利于发挥总部优势；4）相对扁平的组织架构，可以减少决策环节，大大提高决策效率和企业的应变能力，并且有利于单一产业的企业实现快速复制式的规模扩张；5）这种管理模式通常用于进入成熟期、管理体系相对健全，具有明确的战略规划和战略管理，并且需要对市场变化作出快速反应的子公司进行的管理。

战略型管控模式的缺点是：1）对子公司的授权权限上较难把握，分权与控制不当将使公司的整体性受到破坏；2）信息反馈的及时和顺畅程度会影响战略决策的正确性；3）若战略管理协调功能执行不力，则会造成母子公司之间的矛盾；4）扁平的组织架构应与相应的决策流程和母子公司的治理体系相结合才能发挥真正的作用。

运用这种管控模式的典型公司有英国石油、壳牌石油、飞利浦等。目前世界上大多数集团公司都采用或正在转向这种管控模式。

3. 操作型管控：上是头脑，下是手脚。

为了保证战略的实施和目标的达成，对各种职能的管理均非常深入，从制定战略规划到组织实施均有参与甚至要求完全掌控。总部的网络、市场等业务部门将对下属企业的对口部门进行业务管理，并通过对其进行业务考核的方式来强化管理。下属公司可以作为利润中心进行考核，但其关键经营活动将受到总部集中控制和统一规划。如：在人力资源管理方面，不仅负责全集团人力资源管理政策与制度的制定，而且负责管理各下属公司二级管理团队及业务骨干人员的选拔、任免。在操作管控的模式下，集团中各下属企业业务的相关性要很高，必须拥有相似的业务性质，这样集团总部才可能有足够的资源、经验和技能进行严格的过程控制。为了保证集团总部能够进行正确地决策，能够应付解决各种常规和突发的问题，总部所需要的职能人员的人数会很多，总部规模也会相当庞大。

操作型管控模式的优点是：1）子公司业务的发展受到母公司的充分重视；2）由于母公司的职能部门与子公司相应的职能部门的控制距离短，母公司能够及时得到子公司的经营活动信息，并及时进行反馈控制，控制力度大；3）子公司的经营活动得到母公司的直接支持，母公司能够有效地调配各子公司的资源，协调各子公司之间的经营活动；4）这种模式对于初创期的企业，在管理制度和体系不很健全的情况下，或是针对新建的子公司可以起到很好的管控作用。

操作型管控模式的缺点是：1）母子公司资产与经营的一体化导致母子公司的产权关系不够明晰，母公司的风险增大；2）集权与分权关系敏感，若处理不当会削弱整个组织的协调一致性；3）对子公司的长期激励不足，子公司往往只重视眼前利益；4）由于管理部门重叠设置，管理线路多，会导致母公司与子公司的职能部门互相扯皮，管理成本增加；5）随着子公司的不断扩张，总部相应职能部门的工作负担会逐渐加重，对子公司的有效管理和考核越来越难，扩张至一定阶段后工作效率反而下降，反应时间长，弱化甚至抵消了原有的效益。

IBM 公司是操作型管控模式的典型代表。九十年代中期以来，IBM 为了保证其全球“随需应变式”战略的贯彻实施，采取了高度集中的管控模式，IBM 旗下各事业部都由总部进行集权管理，战略和经营计划统属总部制定，而下属企业单位则负责保障实施。此外，如王永庆的台塑集团，也是操作管控的典型。总部对下属子公司的控制非常严格，带有明显的家长制的作风，本质是总部决定成败。

由此可见，操作管控型和财务管控型是集权和分权的两个极端，战略管控型则处于中间状态。但是，有的公司从自己的实际情况出发，为了便于管控，将处于中间状态的战略管控型进一步细划为“战略实施型”和“战略指导型”，前者偏重于集权而后者偏重于分权。

集团公司管控模式确定的关键在于总部的功能定位。据美国 Conference Board 公司的调查结果显示，44%的公司总部不知道自己的角色和职责是什么，可见总部的存在价值是一个普遍的问题。中国的集团公司历史不长，集团公司总部的功能定位更是一个新的问题。集团公司总部的基本职能是什么？集团公司总部应该如何定位？这是集团公司实现有效管控的一个关键问题。

不同管控模式下集团总部扮演的角色是不同的。如采用财务管控型的集团公司，其总部集权程度低；而采用操作管控型的集团公司，其总部的集权程度就高。但不论总部集权程度如何，其目标都应该是为集团整体创造合理的附加价值，为集团整体目标的实现发挥积极的作用。因此，总部职能定位是应为集团整体提供附加价值。如果总部定位不合理，不仅不会带来附加价值，而且会带来毁损价值。比如：集团公司的治理结构不健全，对总经理的监管缺位而导致总经理决策严重失误；集团公司组织结构不合理，总部各部门之间以及与下属企业之间相互扯皮；管理层次多，经营决策官僚化，贻误商机；总部不能对下属业务单位提供必要的技术支持及内行指导；绩效考核指标片面，误导业务单位经营活动，等等，这些都是常见的问题。

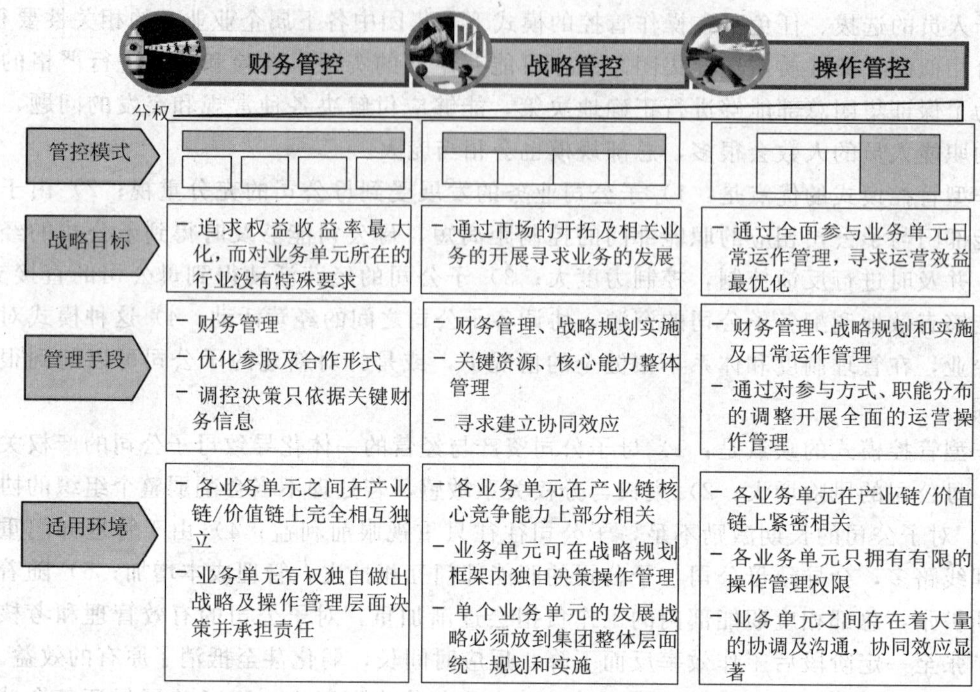

图 3-8 几种常见管控模式的比较

集团总部提供附加价值的功能主要通过以下五大职能来实现：

①领导——包括制定集团战略方向，管理集团业务组合，建设集团企业文化，建立集团共同的愿景和价值观，确定并实施重要的投资并购活动，创建集团共同的运作政策、标准和流程，培育集团核心竞争力。

②绩效获取——包括审核批准下属企业的战略目标，管理考核下属企业的绩效，监督和管理下属公司的财务状况，管理集团品牌，监控集团的运营风险。

③资源调配与整合——包括制定和实施下属企业间的资源共享机制，整合资金管理、市场营销渠道和供应链，核心人才和能力的培养。

④关键的公司活动——包括股东关系管理，对顾客、供应商、中介机构、协会、政府等公共关系管理，集团危机管理。

⑤为集团公司运营提供服务和专家支持——包括提供各种共享服务、信息技术支持、质量标准、保险、养老金管理、人事财务处理、政策咨询、教育与培训、国外服务。

明确了总部的功能定位之后，总部与下属公司间的相互关系和职责分工就比较容易理顺了。随之而来的集团公司的具体管控模式的选择、组织形式的确定、组织内各部门职能的定位和职责划分等等工作就都有了明确的依据。与此同时，相应的支持体系的建立和完善也就可以顺理成章了。比如，在人力资源管理体系中，最基础的工作——岗位设置及其职责描述、价值评估等工作也就有了依据，从而又能够在此基础上搭建起薪酬、绩效、能力、招聘、培训等一系列的管理体系。又如，管控模式的明晰也使得在此基础上进行的工作流程的设计和优化有了科学的依据，从而保证了公司整体工作流程的高效运行。再如，在整个集团管控体系明晰、合理的基础上构建起来的管理信息系统可以帮助组织进一步提高工作效率、防范经营风险，提高决策的科学性。因此，总部的功能定位是确定集团公司管控模式的一个“纲”，它在管控模式确定中起到纲举目张的关键作用。

但是，总部功能定位并非是一成不变的。根据 Conference Board 公司的调查显示，公司总部的功能未来将有以下的变化：一是总部的服务功能将大量外包，以提高总部的成本效率；二是部分总部的功能将更加强化，如高管人员的选拔和培养、经验交流和战略规划；三是弱化在研发、质量、营销等方面的功能，使之更加贴近市场；四是通过整合内、外部资源，为下属企业提供更多的服务；五是强化总部的影响力，即总部在提高整体管理水平的同时，应给下属公司带来更多的附加价值。总体来说，集团总部的功能定位越来越从原来的、以“管控”为导向的角色向以“提供附加价值”为导向的角色转变

另一方面，总部的上述五大职能也并非在任何时候都同等重要。在不同时期，总部具体功能的侧重点也不一样。比如，对于处于市场垄断地位和产品成熟期的公司，其领导职能将显得更为重要，因为整个公司需要维持现有市场地位的稳定并谨慎地寻找新的发展方向。对于快速扩张的公司，其下属公司对总部的领导、资源调配和内部服务等职能的需要更加迫切。而对于用行政划拨方式组建起来的集团公司和“先有儿子，后有老子”式的集团公司，首先需要的总部职能是提高服务，这样才能够使下属公司更加明确地感受到总部存在的价值，增加整个集团的凝聚力和下属公司的归属感。

第三步：工作内容的部门化

组织结构设计是基于组织的愿景、使命与战略规划，以推动组织的高效运作与目标实现为宗旨，对组织的所有工作内容进行结构化与部门化的过程。通常，我们把游离于企业价值链和主导业务流程之外的职能统称为支持职能或辅助职能，例如：财务、人力资源、信息技术、安全管理、行政总务等，在支持职能的设置上，各类组织差别不大，只是可能因为规模或管控模式的差异而略有调整而已。

但由于所处行业、工作内容、管理模式、组织规模、技术水平、市场环境等方面的差异，各类组织在核心业务流程方面的差别却十分显著（特别是不同行业间）。因此，在设计组织结构之前，应率先了解组织的盈利模式与价值链，澄清并梳理组织的业务流程（特别是核心业务流程），并以此作为业务部门划分的基础。

当我们清晰地绘制了某个组织的业务流程之后，就可以权变地选择如下方法进行部门设计：

(1) 按职能部门化。例如：一个制造型组织可以根据生产、财务、人力资源等不同职能而进行部门划分；一个球队可以根据球员管理、训练管理、票务管理等职能而进行部门划分。这种职能分类法的主要优点是资源集中，有利于实现规模效益。

(2) 按产品类型部门化。例如：在太阳石油产品公司（Sun Petroleum Products）中，其三大主要领域（原油、润滑油和蜡制品、化工产品）各自独立为一个事业部，每个事业部都有自己的生产、营销、财务与人力资源部门。这种分类法的主要优点是可以提高产品绩效的稳定性，而且责权清晰。因为公司中与某一特定产品有关的所有活动都由同一主管指挥。

(3) 按地域部门化。例如：就营销工作来说，根据地域，可分为东北、西北、西南、华北、华中、华南、华东 7 个区域，并实行分区负责制。如果一个公司的顾客分布地域较宽，

这种部门化方法就有其独特的价值。

（4）按流程部门化。例如：位于纽约州北部的雷诺兹金属公司（Reynolds Metals）铝试管厂的生产过程由铸造、锻压、制管、检验包装与运输五个环节组成，该厂也相应地设计了铸造部、锻压部、制管部、成品部、检验包装运输部五个部门。这种按流程部门化的方法也适用于顾客服务。

（5）按顾客类型部门化。例如，一家销售办公设备的公司可下设3个部门：零售服务部、批发服务部、政府部门服务部，银行可根据其服务对象分为公司业务部和零售业务部。根据顾客类型来划分部门的理论假设是，每个部门的顾客存在共同的问题和要求，因此；通过为他们分别配置有关专家，能够更好地满足他们的需要。

大型组织进行部门化时，可能综合利用上述各种方法，以取得较好的效果。例如，一家大型的日本电子公司在进行部门化时，根据职能类型来组织其各分部；根据生产过程来组织其制造部门；把销售部门分为7个地区的工作单位；又在每个地区根据其顾客类型分为4个顾客小组。近些年来，有两个倾向较为普遍：第一是以顾客为基础进行部门化越来越受到青睐；第二个倾向是坚固的职能性部门被跨越传统部门界限的工作团队所替代。

以下列举了两个标杆行业的典型业务流程及其部门化的过程。其中：图3-9与图3-10分别示意了一个制造型企业和一个房地产企业的核心业务流程以及与之相对应的部门化的过程。在完成这些业务部门的设计之后，设计者只需在此基础上配置支持职能部门即可完成组织结构的设计。

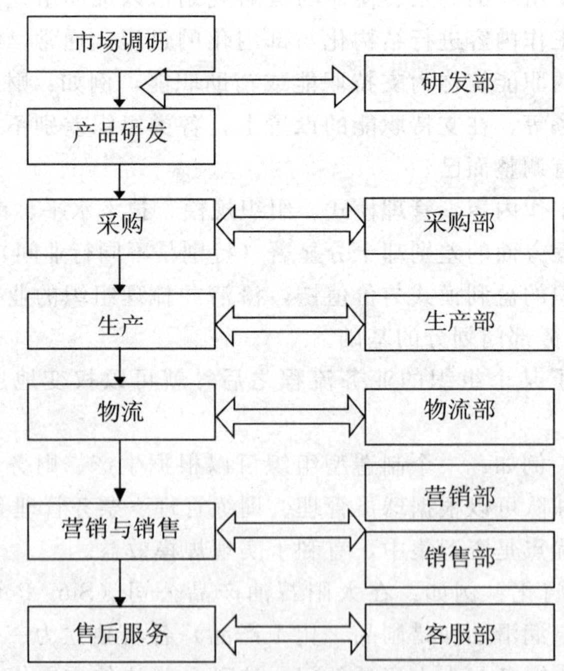

图3-9 典型的制造企业核心业务流程及其部门化的示意图

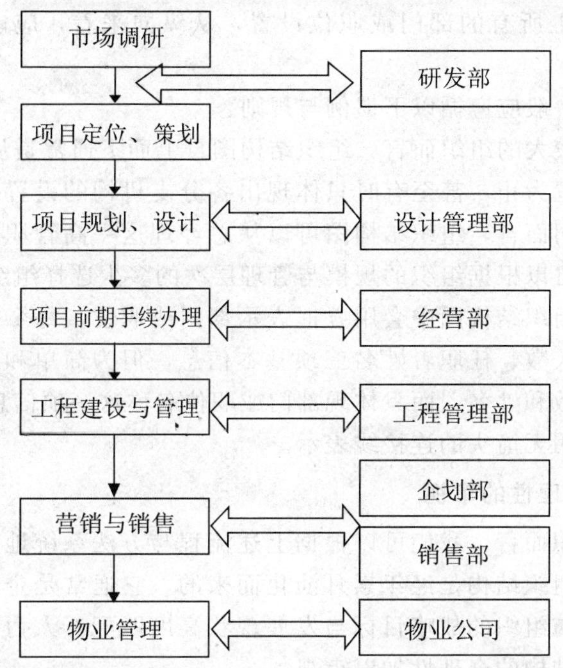

图 3-10　典型的房地产企业核心业务流程及其部门化的示意图

第四步：确定汇报关系

组织内部的汇报关系也被称为命令链（Chain of Command），它是一种不间断的权力路线，从组织最高层扩展到最基层，用以澄清组织内部的汇报路径。它能够回答员工提出的这种问题："我有问题时，去找谁""我对谁负责"。

以前，组织中的汇报关系往往与权威和命令的统一性原则相伴而生。权威（authority）是指管理职位所固有的发布命令并期望命令被执行的权力。为了促进协作，每个管理职位在命令链中都有自己的位置，每位管理者为完成自己的职责任务，都要被授予一定的权威。命令的统一性（unity of command）原则有助于保持权威链条的连续性。它意味着，一个人应该对一个主管，且只对一个主管直接负责。如果命令链的统一性遭到破坏，一个下属可能就不得不穷于应付多个主管不同命令之间的冲突或不得不做出优先次序的选择。

时代在变化，组织设计的基本原则也在变化。随着信息技术的发展和给下属充分授权的潮流的冲击，命令链、权威、命令统一性等概念的重要性大大降低了。目前，一个基层雇员能在几秒钟内得到 20 年前只有高层管理人员才能得到的信息。与此同时，组织中任何位置的员工几乎都可以同任何人进行交流，而不需通过正式渠道。而且，权威的概念和命令链的维持越来越无关紧要，因为过去只能由管理层做出的决策现在已授权给操作员工自己做决策。除此之外，随着自我管理团队、多功能团队和包含多个上司的新型组织设计思想的盛行，命令统一性的概念越来越无关紧要了。当然，许多组织仍然认为通过强化命令链可以使组织的生产率最高，但今天这种组织越来越少了。

第五步：绘制组织结构图

从表现形式上来看，任何一个组织结构图都是一个纵横交错的网络。从横向来看，它应能完整地呈现同一层次上所有的部门或职位设置，从纵向来看，应能体现自下而上的汇报关系。

组织结构图的绘制一般应遵循以下惯例与规则：

(1) 对于一个规模较大的组织而言，组织结构图自上而下通常是从公司的治理结构画起，到各分支结构的部门设置为止，甚至有时只体现出各分支机构的设置即可；对于一个规模较小、部门较少的单体公司而言，组织结构图可以从总经理这一高管职位画起，至各部门中的职位设置为止。绘制者可以根据组织的规模与管理层次的多少选择组织结构图的起止位置。

(2) 一般情况下，组织结构图中会用方框表示部门或职位，每个方框中通常可以体现部门或职位名称、任职者人数、任职者姓名三项基本信息，但为简单和清晰起见，有些组织结构图中省略了任职者人数和姓名，而只体现部门或职位名称这一项信息。

(3) 汇报关系通常用无箭头的连接线表示。

（三）对现有组织结构合理性的审视

对于一个新建的组织而言，我们可以根据上述流程与方法系统地规划组织结构。但对大多数组织而言，现有的组织结构是经年累月演化而来的，它通常是企业内部长期管理变革的结果。为保证组织结构与组织的战略目标与发展现状高度匹配，人力资源管理人员可以从以下四个方面定期对组织结构的合理性加以审视：

(1) 组织的业务流程与职能是否得到了充分地履行？即目前的组织结构设计是否能满足公司全部的业务需求与职能需求，并确保符合公司的业务战略要求。

(2) 组织内外部的信息是否得到了有效地传递？这包含着两层含义：一是是信息传递过程中是否因为传递路线过长而衰减过度；二是各条业务线和职能的汇报关系是否清晰。

(3) 各部门的职能是否得到了适度地发挥？即各部门是否具备了相应的履职能力；组织是否做出了适当的责权安排，以确保各部门职能的充分发挥。

(4) 组织的资源优势是否得到了充分地发挥？如人才优势是否得到了恰当的安置、物质资源是否得到了充分地利用。

总之，组织结构设计与调整是组织人力资源管理中的一项关键性工作，公司高层管理者必须亲自参与讨论、修改，以使组织结构与公司的发展需要更加匹配，并进一步提高组织的管理效率。

第二节　职位管理

职位（Position/Job）是指承担一系列工作职责的某一任职者所对应的组织位置，它是组织的基本构成单位。它意味着：

• 职位是一组工作职责的集合
• 每个职位都是以结果为导向的
• 职位的职责是相对稳定的
• 职位可能随着组织的变化而有动态的发展

所谓职位管理（Position Management/Job Management）就是以单个职位为管理对象，

通过职位分析来明确不同职位在组织中的角色和职责以及相应的任职资格；然后通过职位评估等分析工具来确定职位在组织中的相对价值大小，在组织内部形成职位价值体系。

职位管理是组织中人力资源管理体系的基础平台，它直接影响着组织的薪酬与绩效、招聘与配置、培训与发展体系的设计与实施（详见第一章图 1-2）。

组织中的职位管理是以组织结构设计为基础的，具体的工作内容主要包括四个部分：一是部门职责梳理，二是职位分析，三是职位描述，四是职位评估。

一、部门职责梳理

当我们进行组织结构设计时，通常只对各部门的职责领域进行探讨与澄清，但并未细化并规范至各部门的具体职责层面。当组织结构确定之后，人力资源管理人员可以依照下列步骤和方法进行部门职责的梳理，并以此作为职位分析与描述的前提和基础。

第一步：明晰各部门的宗旨

在梳理部门职责之前，我们首先需要回到部门设计的原点上去回答这样几个问题，以便进一步澄清组织中每个部门存在的目的与意义。

(1) 公司为什么要设立这一部门？

(2) 该部门的存在对于实现组织的愿景、使命与战略目标有何意义？

(3) 该部门能对组织关键能力的构建贡献哪些力量？

(4) 该部门在组织中所承担的关键角色和所担当的主要职能是什么？

第二步：分析各部门的工作流程或职能

当我们明确了各部门的宗旨之后，接下来需要回答的问题便是：为完成这些目标，我们需要完成哪些任务或执行哪些流程？

具体来说，主要包括以下几个方面：

(1) 每个部门的工作主要分成哪几个主要领域或部分？

(2) 每个领域（或部分）的主要产出是什么？如何衡量？

(3) 若使每个领域（或部分）输出合格的产出，各部门需要运用哪些输入并进行哪些增值运作？

(4) 除此之外，各部门还可以担负哪些职能？

在此基础上，我们可以考虑工作量、控制跨度及风险防范等因素，将最后产出或目的相同的工作任务归类，集成出各部门的关键职责。

第三步：部门职责梳理

除新组建公司外，大多数公司均已拥有不同形式或不同完备程度的部门职责，关于其合理性，我们可以遵循以下原则进行检核，并以此为基础进行系统地梳理：

(1) **检核职责“真空地带”**：一方面，我们需要分析与组织核心业务流程相对应的职责是否已被毫无遗漏、平衡有序地分配到相应的部门中；另一方面，我们可以根据内外部客户需求分析现有的部门职责是否遗漏了哪些应该履行而目前并未履行的职责。

(2) **发现职责交叉与重叠区域**：梳理部门间的职责边界，分析部门间的职责是否有交叉、重叠或界定不清之处。

(3) **考虑完成结果的效率**：核查目前的部门划分是否能够有效地利用资源，组织内部的信息流转是否通畅。

二、职位分析（Job Analysis，简称JA）

职位分析是指通过系统地收集、整理与组织职位相关的信息，并对其进行分析研究，最终确定职位设置的合理性、明晰职位的主要职责、任格资格要求及其他相关信息的活动。通过职位分析，可以清楚地了解企业开展正常工作所需要设立的职位数量、关键职位和在职员工的工作负荷。

职位分析的重点内容主要包括以下两项：

（一）职位设置

1. 职位设置的误区

19世纪末期，西班牙一位叫大卫的船长，经营一个巨大的航运集团，控制了通往世界各国的许多航线。在他的航运集团中，有一艘运量最大的船“莎丽号”，承担着整个集团重要的航运任务。但令大卫苦恼的是，一直找不到一位合适的船长。大卫曾出重金从航运界挖来几位经验丰富、有口皆碑的船长，但奇怪的是，每一位船长在上任“莎丽号”最高执行官一职后都失败了，他们以前在其他船队中骄人的能力表现在这里遭到了严峻的挑战。大卫苦苦思索了许久，终于想通了一个事实：不是船长们的能力不行，而是职位设计本身存在缺陷。这个职位就像一个巨大的黑洞，任何一个踏上此船长位置的人都逃脱不了失败结局的命运，后人就将此种无人可以胜任的职位称为“守寡式职位”。

在管理大师杜拉克看来，企业之所以会存在“守寡式职位”，原因在于职位的设计有以下错误：

（1）使优秀人才无以成长和发展。

一项管理职位可能是一项所谓的“终点职位”——在职人员可以在此职位上经营一辈子。但如果管理职位设计太小，当事人只须很短时间就能学会一切，不费力地完成职位目标，他们不免感到失望，继而怠倦。庸人会继续留在职位上逍遥过日，而优秀人才大多会选择离开。

（2）一个“副手”的职位。

职位必须有其特定的目标，必须有其特定的职能，职位的领导者必须拥有充分的权力可以在其职能范围决定一切，以达到目标。然而副手往往是上级命令的执行者，其本身职能何在，目的何在，通常很难界定。

（3）管理者在位却无专业之事可做。

我们经常听到对管理者的责难，说其未能完全授权，通常那是因为管理者本身工作太少，所以才做了许多本该部属做的工作。一个职位的设计如果令在职者无实际专业工作可作，是一件极为危险的事情。

（4）用职衔作为对人的奖励。

某些不足百人的小公司，有着“总监”“总经理”“总裁”等大职衔的多不胜数，“官”的人数比“兵”的人数多几倍。许多有着大职衔的人其工作的实质未变，公司却以此作为对员工的一种奖赏——奖他们一顶高帽子。一些二十出头的年轻人，在公司不用两年，就纷纷被挂上大职衔。其实这样做的结果有点类似于“涸泽而鱼”——职衔与薪酬一样，是激励员工上进的一种非常有效的手段。然而，员工太轻易就可以得到此职衔的奖励，一旦薪酬产生边际效益递减的效应，他们会觉得公司已经失去吸引力。

2. 职位设置的方法

产生守寡式职位的原因是多种多样的，那么我们如何去克服和减少守寡式职位对企业的侵害呢?

通常，一个部门中的职位设置可以按照客户、地域、职能或流程来划分，其宗旨是：确保所有部门职责都得到了全面地落实和充分地履行；每个职位的工作内容及分工均能最好地满足内外部客户的需要；每个职位都必须有非常明确的产出，且其工作内容和产出应该与其他职位基本没有重复。

职位设置应重点考虑以下因素：

(1) **职责界定。**部门职责在职位间的分配应该尽可能地清晰，这不是要减少相互依赖或团队精神，而是强调每个职位的任职者必须充分了解他/她要对什么负责。

(2) **工作专门化**（work specialization）。通过工作专门化的设计使密切相关的职责尽可能地统一于同一职位或职位族中，这样既可以更好地利用一名员工在某一职能上的专长，又能减少工作分离或重复的可能性，还可以实现更宽的控制跨度，进而缩减组织结构的层次。

(3) **控制跨度。**应充分利用管理才能并尽可能地缩减机构层次，通常，一个下属范围在五至八名左右的控制跨度被认为是适宜的，因为这样能充分利用经理人员的计划、组织、指导和控制等多项技能；但如果所管理的活动相同或近似，控制跨度可以更宽；如果所管理的活动差异很大、很复杂或对企业的成功至关重要，控制跨度可以更窄；如果主管是一名工作主管，控制跨度可以更窄。

(4) **人性化设计。**在某些情况下，由于工作专门化，因人的非经济性因素（表现为厌烦情绪、疲劳感、压力感、低生产率、低质量、缺勤率上升、流动率上升等）而产生的不良影响将超过因经济性影响所带来的优势，因此，职位设计时应适当地考虑人性化的因素，例如：使工作本身具有一定的挑战性，对个人的发展具有一定的延展性。

(5) **工作负荷。**每个职位的工作量应是饱满的，且不同职位间的工作量分配应尽可能地均衡。对于临时性的职责可以通过暂时增加长期岗位工作量，以及设置最少量临时性岗位，或通过“外包”来实现。

(6) **市场变化对职位设计的影响。**职位的设计与人才市场的变化一直以来紧切相关。同样是销售总监一职，在卖方市场情况下，销售总监的作用与职责控制好“卖”商品的整个流程；而处在现在这种求过于供的买方市场情况下，销售总监一职的要求肯定不可能只是承担“卖”的功能，同时必须知道商品要卖给谁、通过什么样的渠道卖、以什么样的方式卖、目标客户群在哪里等等更复杂的市场资讯。销售总监职责的变化首先就必须在职位设计上予以设定。

(7) **新技术对职位的影响。**新技术的出现对职位的设计也有很大的影响。几年前的秘书一职，其要求可能只需懂得基本的文字处理与日常事务的安排便可，而现在，懂得操作电脑甚至掌握某些应用软件的使用已是衡量一名秘书是否合格的最基本要求——信息技术的发展直接推动了工作方式的变化，而工作方式的变化必然要求职位设计随之改变。所以，作为企业的 HR 部门一定要不断了解市场的变化以及新趋势。

（二）职责澄清

每个职位的存在都是以承担一定的职责为前提的。因此，分析、澄清各项工作执行过程中各相关职位之间的职责关系，分清职责边界，有利于加强职位间的合作，减少误解或扯皮现象。

职责澄清的方法有很多种，其中矩阵式的职责匹配工具应用范围最广，效果也最为直接和显著。

职责匹配的目的就是指出一个部门的每项职责是如何分配到各个职位上的，以及每个职位对应每项部门职责所承担的责任、所产出的结果及所扮演的角色。在具体操作时，它是以一个矩阵的形式，在横轴上列举出一个部门中所有职位的名称，在纵轴上一一列举出该部门的职责。在每个职位和每一项职责交叉的单元格内则可以清晰地描述出该职位对应该项部门职责所承担的责任和产出（详见表3-1）。在这个矩阵中，每一行显示了该部门的每项职责与各个职位之间的关联；每一列显示了每个职位在该部门所承担的全部主要职责。

表3-1　某制造型企业部门职责匹配表（样例）

序号	职责描述	生产部经理	生产工程师	生产工程师	生产现场班长
1	生产计划根据产能、生产线状态及生产准备情况，确认SCM部门所拟定的生产计划或对其提出调整建议，以保证生产有序进行	定期与SCM进行信息沟通，确认月生产计划、周计划、定修日期，提出计划调整建议，对重点产品特别是O5产品的生产顺序进行确认		参与研讨日工作计划，对发到2级的详细计划进行确认，并优化生产顺序	
2	生产工艺根据生产计划，参与设计并确认生产工艺方案，执行工艺要求，并逐步优化工艺参数，以保证产品质量与数量符合订单需求	参与确认工艺设计方案，提出工艺优化建议，制订相应的工艺设备投资计划，确认优化工艺后组织实施	根据确认的生产工艺方案，负责督导清洗段和化学涂层设备以外的生产线工艺的执行，并提出优化建议	根据确认的工艺方案，组织和督导所管辖的操作工严格执行生产线工艺	根据确认的工艺方案，协助班长督导操作工严格执行生产线工艺，并解决生产工艺执行中出现的部分设备类问题

序号	职责描述	生产部经理	生产工程师	生产工程师	生产现场班长
3	生产准备针对确认的生产计划和维修计划，进行生产线状态控制和调整，保证生产线能够按计划达到相应条件满足不同产品的要求．提出生产辅材需求，做出库容安排，以确保生产计划得以顺利执行	根据确认的生产计划、维修计划和设备情况，审核相应的生产准备计划，以便调整生产线及辅助设施在预计时间段达到相应状态，并确认相应的生产辅材需求，以满足正常的生产需求	根据生产计划，制定清洗液和化学涂层液的需求计划，做出仓储准备，以确保生产原材料、辅料及产成品得以合理的保管	根据生产计划，进行生产现场实施准备与操作工的安排，以确保生产计划得以有效落实	根据生产计划，进行与设备相关的生产现场实施准备与操作工的安排，以确保生产计划得以有效落实
4	生产管理根据生产计划，组织实施生产，进行现场工艺控制和设备运行状态控制，执行现场安全管理规定，按时交付合格的产品	根据生产计划，组织实施生产，进行现场工艺控制和设备运行状态控制，执行现场安全管理规定，以确保按时交付合格的产品		根据生产计划，按照既定的生产工艺，组织操作工实施生产	协助班长具体负责生产管理工作，并根据需要临时顶替操作工工作
5	检查线生产根据确认的）检查计划，对高端产品或待修理产品进行质量检查或再加工，以满足高端客户的特殊技术	确认产品检查计划，组织高端产品或待修理产品进行再检查或修理		根据检查线检查计划，按照既定的生产工艺，组织并督导操作工实施检查线生产	根据检查线检查计划，按照既定的生产工艺，协助班长组织并督导操作工实施检查线生产
6	设备管理对设备运行状态、参数进行简单检查、调整、故障应急处理或通知设备部门进行专业维修，以确保设备的运行状况能够满足正常的生产需求	根据生产实际情况，确认检修计划，组织安排设备维护工作		组织维修工进行设备维修，进行现场安全、卫生松果，并进行维修质量验收	协助班长组织维修工进行设备维修，进行现场安全、卫生松果，并进行维修质量验收

序号	职责描述	生产部经理	生产工程师	生产工程师	生产现场班长
7	质量检查根据工作指导书的有关规定，通过检查台工序，对产成品进行质量检查，并送交质量部进行质量判定或性能测试，以及时发现产品缺陷，采取应对措施	组织改进质量检查的方法、流程，以提高检查台质量检查水平		（根据工作指导书要求及生产需求，安排检查台操作工对产成品进行质量检查，做出质量检查记录，并对其进行现指导	
8	生产分析根据上期生产数据，进行生产辅材消耗、能源介质消耗和产能分析，以便及时发现问题，提出解决方案，实现提高产能、降低能耗的目标	根据上期生产数据的统计分析结果，组织研讨并审核生产优化方案	根据上期生产数据记录，进行生产辅材消耗、能源介质消耗和产能分析，参与研讨生产优化方案		

运用这种职责匹配的方法，我们很容易判断一个部门的职位设置与职责分工的合理性。例如：每项部门职责是否都被完整地分配到相应的职位上了？各个职位所承担的职责是否存在交叉、重叠或模糊不清之处？是否每个职位的工作负荷都比较合理？因此，这既可以是一个部门职责分配的工具，也可以是一个部门职责分析的工具。

三、职位描述（Job Description，简称 JD）

职位描述是对职位分析结果的文字表达，通过职位描述，可以将职位分析的结果固化下来。通常而言，职位说明书是由职位的直接上级和任职者本人就职位说明书的内容进行沟通并达成一致后而形成的。确定的职位说明书至少一式三份，由人力资源部、直接上级和任职者本人各执一份。当组织结构发生变更或职责重新安排时，人力资源部需要重新组织对职位说明书的修订工作。职位说明书的编制流程可参见图 3-11。

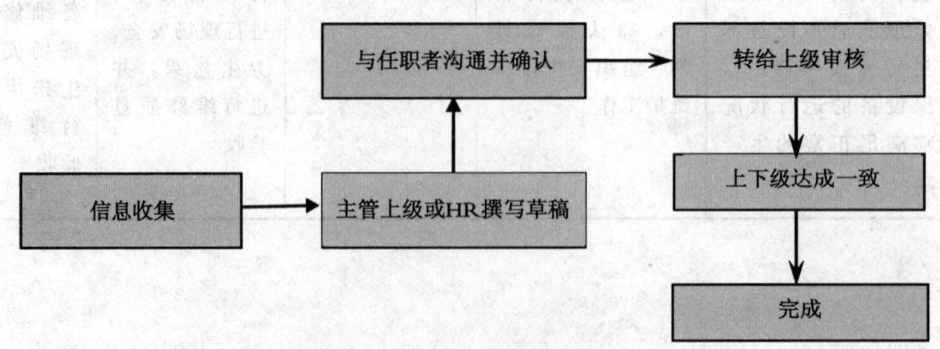

图 3-11 职位说明书的编制流程

（一）职位说明书的用途

1. 为招聘、录用员工提供依据。

2. 对员工进行目标管理。

3. 是绩效考核的基本依据。

4. 为企业制定薪酬政策提供依据。

5. 员工教育与培训的依据。

6. 为员工晋升与开发提供依据。

（二）职位说明书的内容

职位描述的内容主要包括以下六个方面：

1. 基本信息

职位的基本信息主要包括职位名称、所属部门、任职者姓名、主管上级职位名称、主管上级姓名、职位说明书编号、编制时间等。其撰写要求是规范、准确，且相关信息前后一致。

2. 职位设置的目的

此部分要求以简洁的语言高度概括出职位存在的目的、意义及其在组织中的作用。具体撰写时，可以参照三段论的句式，即“为了……目的，在……限制条件下，做……”。例如：某企业营销总监职位的设置目的是：为了完成公司销售额、利润率和提高市场占有率（设立此职位的目的），在公司的经营发展方向和产品战略影响下（限制条件），制定营销策略和搭建销售部结构，提高部门成绩，完善服务质量（职位存在的理由）。

3. 工作网络

工作网络通常是以图示化的方式说明：在组织外部，有哪些组织或职位经常向该职位输入信息或指令，该职位通常向外部的哪些组织或职位输出信息或指令；在组织内部，通常有哪些职位直接向该职位输入信息，该职位直接向组织内的哪些职位直接输出信息。

4. 主要工作职责

主要工作职责是对该职位所承担的职责领域及职责内容的具体描述，它是职位描述的重点内容。一般情况下，每个职位的主要职责是根据部门职责匹配的结果整合而成的。在撰写时，应遵循以下原则：

每项职责均应按照三段论的形式描述其目的、限制条件及职责内容；

每项职责均应具有一定的概括性，而不是具体工作任务的简单罗列，通常一个职位的主要工作职责数量应控制在8－10项左右；

每个职位的职责应根据本职位的要求来制定，而不能根据本职位现在的任职者的工作内容或该人员能不能胜任来制定；

职责描述必须清晰，尤其是职责描述中所使用的动词应尽可能地精确，职责中不应包含模糊、不确定的内容；

一个职位的所有职责应按重要性进行排列，并确保条理清晰，层次分明。

5. 任职资格

任职资格通常是基于每个职位的胜任力模型（Competency Model）而编制的。但若一个组织尚未建立完备的基于职位的胜任力模型，则可参考以下维度和要求来撰写职位说明书中的任职资格。值得注意的是：这里的任职资格是指能胜任该职位工作所需的最低要求，而非理想要求。

表 3-2　　职位说明书中任职资格的撰写规则

教育背景	■为了胜任该职位，任职者必须具备的最低的教育水平（包含学历和专业两方面） ■为正确完成本职位职责所必须具备的专业资格（如：财务人员的会计师或注册会计师资格等） 例如：本科学历（或同等学历），法律专业律师执业资格
工作经验	■说明为了胜任该职位，任职者必须具备的最起码的工作经验。通常从工作年限、工作经验的类型等方面描述 例如：8－10年法律工作经验
专业知识与技能	■为了胜任该职位，任职者必须具备的专业知识和技能，通常要从技能的范围与技能的等级与水平两个方面加以描述 例如：打字员——要求打字熟练，速度快，每分钟打字不少于120个等
其他	■对于特殊类型的职位，在职业道德、人格特征等方面的特殊要求 例如：对财务人员的操守要求；对工程人员的吃苦耐劳精神的要求等

6. 工作条件

对于特殊职位而言，在职位说明书中写明为完成工作所必须提供的超出正常办公要求的一些特殊条件以及出差、旅行等方面的要求是十分必要的。例如：一个石油公司的钻井工程师通过职位说明书应该了解到，他的工作条件是野外作业、长期出差；一个医院X光室的医生应该通过职位说明书了解到，他的工作条件是倒班、有一定的辐射。但对于普遍职位而言，工作条件一栏中通常只标明：工作时间、工作地点等信息即可。

职位说明书的样例请参见管理工具包部分。

（三）职位说明书的常见问题

职位说明书的质量将直接影响其他许多人力资源管理职能的履行，因此，在实践中应尽量避免以下常见问题的发生：

1. 基本信息

许多职位说明书中的职位名称填写得较为随意、不够规范。为避免歧义和不必要的麻烦，职位说明书中的职位名称应与人力资源部最近一次定编时的名称一致。如果属于新增职位，则应得到人力资源部职位管理人员的事先确认。

2. 职位目的

对职位目的一项的填写应力求准确，避免内容空泛，模糊不清，且最好按照“为了……，在……下，做……”的三段论式写法填写，以准确阐述职位存在的价值。

3. 任职资格描述

在这一方面常见的的问题是描述过于泛泛，不能准确反映职位的特性，或者表述不够清晰、准确，没有等级或水平的描述，有的职位说明书还对任职资格提出了过高的要求。任职资格应写明组织对该职位的最低要求，且任职资格的维度通常包括教育背景、技能、经验及其他能力素质。

4. 职责描述

在有些组织的职位说明书中可能会出现“不同职位，职责相同”的现象。如：将工程师与资深工程师的职位职责填写成基本一样。实际上，他们在责任范围和工作性质上有很大区别。还有一些组织的职位说明书中包含模糊不清的内容，或者职责过少、过多、层次不清晰。通常，一个职位的职责数量以 5～8 项为宜（并不绝对），且每项职责应具有一定的概括性，在写法上最好参照三段论的模式，并对所有职责按照重要性进行排序。

四、职位评估（Job Evaluation，简称 JE）

职位评估是在职位分析的基础上，运用一把多维度的“尺子”衡量职位的相对价值的一个过程。当各种不同类型的组织均采用同一套职位评估系统进行职位评估时，其结果不仅可以反映一个组织内部所有职位的相对价值，也可以反映出不同组织中不同类型职位间的相互关系。

（一）职位评估的意义

1. 确定职位级别的手段

职位等级常常被企业作为划分工资级别、福利标准、出差待遇、行政权限等的依据，甚至被作为内部股权分配的依据，而职位评估则是确定职位等级的最佳手段。

有的企业仅仅依靠职位头衔称谓来划分职位等级，而不是依据职位评估，这样有失准确和公平。举例来说，在某企业内部，尽管财务经理和销售经理都是经理，但他们在企业内的价值并不相同，所以职位等级理应不同。同理，在不同企业之间，尽管都有财务经理这个职位，但由于企业规模不同、该职位的具体工作职责和要求不尽相同，所以职位级别也不相同，待遇自然也不同。

2. 确定薪酬的基础

在薪酬结构中，很多公司都有职位工资这个项目。在通过职位评估得出职位等级之后，就便于确定职位工资的差异了。当然，这个过程还需要薪酬调查数据做参考。国际化的职位评估体系（如 HAY 系统、CRG 系统、IPE 系统），由于采用的是统一的职位评估标准，使不同公司之间、不同职位之间在职位等级确定方面具有可比性，在薪酬调查时也使用统一标准的职位等级，为薪酬数据的分析比较提供了方便。职位评估解决的是薪酬的内部公平性问题，它使员工相信，每个职位的价值反映了其对公司的贡献。而薪酬调查解决的是薪酬的外部公平性问题，即相对于其他公司的相似岗位，公司的薪酬是否具有外部竞争力。

3. 员工职业发展和晋升路径的参照系

员工在企业内部跨部门流动或晋升时，也需要参考各职位等级。透明化的职位评估标准，便于员工理解企业的价值标准是什么，员工该怎样努力才能获得更高的职位。

职位评估是人力资源管理中操作难度比较大、同时又非常重要的一项基础工作。由于职位评估代表了一个企业对劳动价值的衡量标准，所以在实施时应非常慎重。如果选用国外成熟的职位评估体系，实施效果、权威性、通用性比较好，但花费较大，对一个几百人的公司来说，版权费加培训费和评估费，就要花上数万美元甚至数十万美元，一般的公司难以承受。如果企业自己设定职位评价标准和评价办法，会比较简便并且节约，但权威性会受到挑战。

（二）职位评估的方法

职位评估的方法包括非量化评估法与量化评估法两类。其中：非量化的评估方法有排序法和分类法两种；量化的评估方法有要素计点法和要素比较法。下表比较分析了这四种职位评估方法的特性。

表 3-3 职位评估方法的分类比较

项目	排序法	分类法	要素计点法	要素比较法
定义	根据每个职位对组织成功所做出的贡献，对职位的相对重要性进行主观排序	通过界定职位的等级来对一组职位进行描述和分类	首先对职位的每一构成要素赋予等级不同的量化价值，然后将某一职位在不同要素上的价值加起来，从而确定不同职位之间的量化价值差距	评价者通过对被评价职位的各个方面与基准职位的各个方面分别进行比较，然后试图估计出被评价职位在每一方面的货币价值，最后以货币为单位直接确定不同职位之间的相对价值顺序
特点	考虑职位整体，是职位与职位之间的比较	考虑职位整体，是职位与标准尺度之间的比较	考虑职位要素，是职位与标准尺度之间的比较	考虑职位要素，是职位与职位之间的比较
客观性	差	差	中	较高
精确性	低	低一中	较高	高
信度	低	中等	较高	高
沟通难易	容易	容易	较容易	难
操作成本	低	低一中	较高	高
复杂性	简单	较简单	较复杂	复杂

以排序法为代表的非量化评估法是比较传统的方法，它首先列出企业内的所有职位，然后按照类似高矮个站队排序的方式，对这些职位做重要性比较，最后排列出各职位的相对位置。这种方法的好处是操作简单，容易实行，耗用的时间和资源较少。由于这种方法是根据职位的总体情况而不是根据一系列细分的评价因素而排序的，所以职位说明书在排序法中并不像在其他方法中那样不可或缺。这种方法的弊端也很明显，就是过于主观，不精确，缺少说服力，并且，它只能得出职位高低顺序，却难以判断两个相邻职位之间实际差距的大小。通常，这种方法适用于规模较小的公司，因为它们无力花费更多时间和开支去开发或采用比较复杂但是相对精确的体系。

无论是要素计点法还是要素比较法都属于因素评分法，它是目前应用最为广泛、最精确、最复杂的职位评估方法。世界最著名的人力资源顾问公司如 Mercer、HAY、WatsonWyatt

等，都是采用此类方法。在美国，有 60%～70%的公司采用此法。中国政府从 90 年代初开始，在国有企业中大力提倡岗位技能工资制，与之相配套确定岗位等级的方法——岗位测评，也是属于因素评分法。

总之，以排序法与分类法为代表的非量化方法操作简便，但由于其评估依据和标准缺乏统一性，因此仅适用于在一个组织内部确定职位之间的相对重要性，而难以实现跨组织的横向比较；相反，以要素计点法和要素比较法为代表的量化评估方法具有较强的普遍适用性，且工具的开发者通常是国际领先的咨询公司与知名企业，因此，在市场上应用范围较广，受认可程度较高，但其缺点是复杂、难操作、难沟通。

（三）职位评估的流程

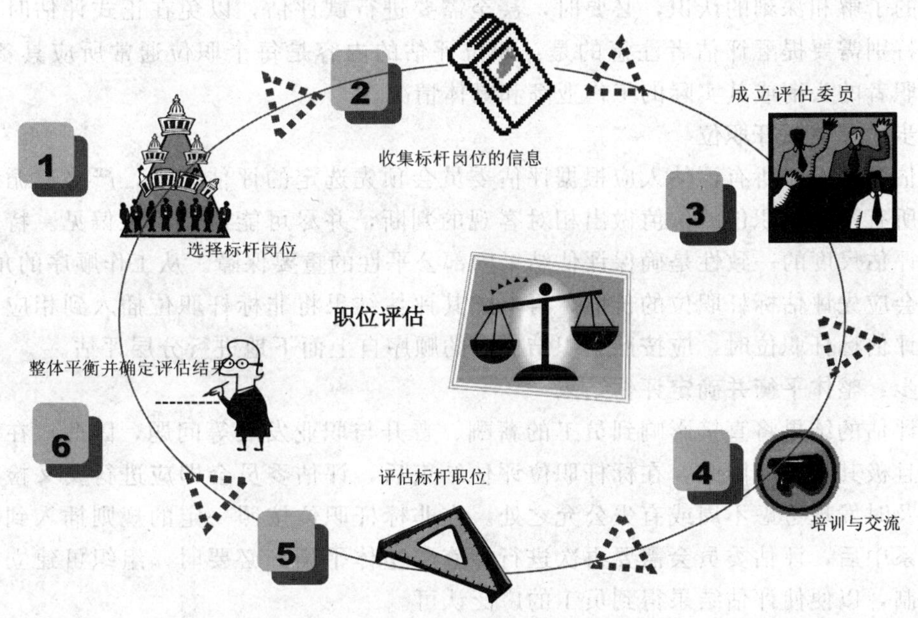

图 3-12 职位评估的流程

第一步：选择标杆（Benchmark）职位

若一个组织中的职位数量有限，且不受评估时间、成本的限制，则可对组织中所有的职位进行逐一评估。但通常情况下，对一个组织中的所有职位逐一进行评估是不经济的，也是没有必要的。因为，当一个组织选取了典型的、具有代表意义的标杆职位进行评估后，其他职位则可比照这些基准确定其相对价值。标杆职位的选取应覆盖组织中的所有层次、所有序列，必须具有较强的代表性和可参照性，且数量适中。

第二步：收集标杆职位的信息

职位评估的内容主要包括：1）职位对组织的影响：它通常受到组织的规模（资产规模与人员规模）、组织的类型（所处行业及价值链的增值环节）、职位在组织中的影响层次以及对某一影响层次（该层次）的贡献等因素的影响；2）职位所承担的职责：其重点是职责的复杂程度、对创新的要求、沟通的频度及其难易程度、管理的范围等；3）职位的任职资格：包括任职者所应具备的知识与技能的宽度及深度、任职者的教育准备度、团队角色等。而上述信息大多可以从职位说明书中找到答案，因此，职位说明书是职位评估的必备要件。

第三步：成立评估委员会

成立职位评估委员会的目的是希望通过多人提供意见，降低评估中个人因素的影响，同时又维持评估在组织中的一致性和公平性。在具体操作时，大多数组织的评估委员会由人力资源部的相关工作人员、高级管理层和各部门经理组成，分为固定成员与流动成员两类。其中固定成员需参加全部或多个部门的评估，以便把握评估的整体性和内部公平性，而流动成员只参加本部门的职位评估，以便提供更加详尽的职位信息和更加准确的判断。

第四步：培训与交流

在培训评估之前，必须让所有评估委员会的成员对职位评估的目的、原理、方法与流程具有全面的了解和深刻的认识，必要时，甚至需要进行试评估，以免在正式评估时出现偏差和分歧。特别需要提醒评估者注意的是：职位评估的内容是每个职位通常所应具备的价值，而不是任职者的头衔或其实际的工作业绩和具体情况。

第五步：评估标杆职位

在评估过程中，所有评估人应根据评估委员会预先选定的评估方法，严格遵循评估标准和定义对所有被评估职位的价值做出相对客观的判断，并尽可能避免主观偏见。特别需要注意的是，评估尺度的一致性是确保评估结果内部公平性的重要保障。从工作顺序的角度来说，评估委员会应先评估标杆职位的价值，再参照其评估结果将非标杆职位插入到相应的职位等级上。在评估标杆职位时，应按照组织结构图的顺序自上而下地进行分层评估。

第六步：整体平衡并确定评估结果

职位评估的结果将直接影响到员工的薪酬、晋升与职业发展等问题，因此，在组织中极易被关注且极其敏感。因此，在标杆职位评估结束后，评估委员会即应进行交叉检查与整体平衡，以及时发现考虑不周或有失公允之处。在非标杆职位按照一定的规则插入到标杆职位的职级体系中后，评估委员会需要再次进行核查与整体平衡。必要时，组织可建立职位评估的申诉机制，以便使评估结果得到员工的广泛认可。

【管理工具包】

1. 部门职责匹配工具——ARPCI

项目	职位一	职位二	职位三	职位四	职位 N
部门职责一	A	R	P	C	I
部门职责二	A	R		P	
部门职责三			R	P	
部门职责四		P		R	
部门职责 N	I		P		R

其中：A——Approved　核准　即该职位对此项部门职责承担核准的职责

R——Responsible　负责　即该职位负责此项部门职责的推动与实施

P——Paticipate　参与　即该职位参与此项部门职责的实施，但并不负主要责任

C——Check　核查　即该职位对此项部门职责的执行情况进行检查或监督

I——Imformed　被告知　即该职位仅需了解被告知的有关该项部门职责的信息，并在以后的工作中加以运用

2. 职位说明书模板

DD信托投资股份有限公司

职位说明书

编号：______

第一部分：职位基本信息

一级单位：	理财中心	二级单位：	柜台
职位名称：	理财顾问	职位等级：	46
直接上级职位名称：	理财中心副经理	直接下级职位名称：	无

第二部分：职责综述

根据公司的客户开发与维护政策及客户分类管理办法，通过现场咨询、后续管理与维护及高端客户的综合理财服务，提升客户满意度，赢得客户资源。

第三部分：主要工作联系

对内：	公司各部门，主要为信托业务部、本部门各岗位
对外：	自然人、法人客户

第四部分：任职资格要求

教育程度	大学本科（含）以上学历，经济类专业
相关工作经验	金融行业理财顾问岗位2年以上工作经验
专业知识	熟练掌握各类信托产品，熟悉信托相关法律、法规，了解证券、保险、银行理财产品的基本知识
专业技能	具有理财规划师资格证书（或有），熟练掌握计算机操作，具有较强的语言与文字表达能力
能力	具有较强的协调能力、沟通能力和亲和力

第五部分：主要职责

职责领域	主要工作内容
临柜业务咨询	根据业务办理SOP，协助客户填写相关业务单据，并在信息系统中录入投资者信息转柜员复核；以降低客户填单差错率
问卷调查	根据市场调研计划，分发并协助客户填写客户适应性调查分析问卷，并分析整理客户的资财状况、投资经历、风险承受能力以及对信托的了解程度等信息，以利于后续的产品开发和客户服务
特殊业务办理	参照特殊业务操作规程，协助客户填写相关业务申请表，审核相关证件信息并核实原始资料真实无误后受理该笔业务；在信息系统内查询投资者申请业务的相关信息并录入挂失（或冻结、转让）信息，提交柜员复核
成集处理	在接到计划财务部成集指令后在信息系统内做该集成立操作
客户管理	向高端客户提供理财规划、产品营销与售后跟踪服务，以吸引与保留关键客户。同时，为中低端客户提供基本的理财指导与售后咨询服务

第六部分：附件

最后更新日期：			
批准（授权人）：		审核（人力资源部）：	

我在此确认已经完全理解本职位说明书所述内容。

____________ ____________ ____________ ____________

任职者签字　　日期　　任职者上司签字　　日期

【思考题】

1. 什么是组织结构？
2. 组织结构的常见类型有哪些？它们各自有何特点？
3. 股东会、董事会、监事会与（总）经理在公司治理中各自担任何种角色？
4. 常见的公司管控模式有哪几种？它们各自的特点是什么？
5. 部门设计的方法有哪几种？
6. 在绘制组织结构图时，应注意哪些事项？
7. 部门职责梳理的方法与流程是什么？
8. 职位设置应遵循哪些原则？
9. 若已知各部门职责及部门内的职位设置，如何确定每个职位的职责？
10. 职位说明书由哪些要素构成？每个要素的的撰写要求是什么？
11. 职位评估的方法有哪些？各有什么特点？

第四章　招聘管理

●单元概述

人才是组织成功与否的决定性要素，对组织的人力资源管理人员乃至高管而言，寻找合适的人，并将其安排到合适的位置上是一项艰巨且重要的工作，但它并非不可琢磨，而是可以学习和被掌握的。本章以员工招聘的理念为先导，以胜任力模型的构建为基础，以招聘流程为主线，以基于人才测评技术的招聘方法为重点，全面且系统地介绍了组织招聘管理的有关内容。

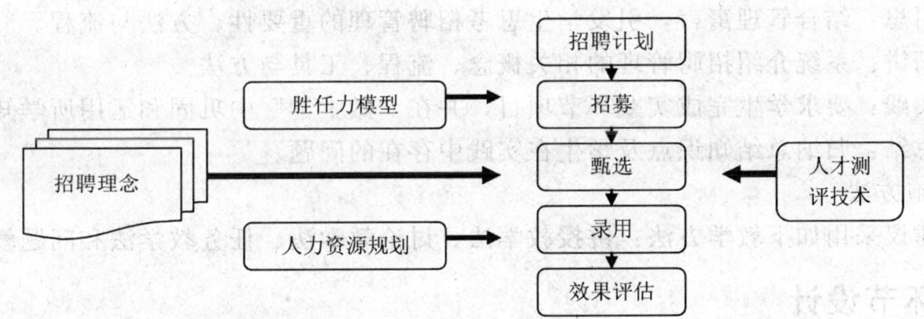

●知识要点及掌握程度

4.1 招聘管理概述　　[记忆]
4.2 胜任力模型　　[理解]
4.3 招聘管理流程　　[运用]
4.4 人才测评技术在招聘中的应用　　[运用]

●能力要点及掌握程度

根据大连东软信息学院 TOPCARES－CDIO 的能力指标体系，裁剪出本章所要培养的能力要点及其掌握程度。

人力资源管理基本理论与架构　　[重要]
主要功能模块的管理与实施知识　　[重要]
全方位思维　　[中等]
分析问题　　[重要]

解决方法和建议 [重要]
设计过程 [重要]
设计实施过程 [中等]
团队工作运行 [中等]

●教学重点与难点

1. 教学重点
(1) 招聘管理流程
(2) 人才测评技术在招聘中的应用
2. 教学难点
(1) 胜任力模型
(2) 人才测评技术在招聘中的应用

●教学设计与实施方法

1. 教学设计
(1) 激趣：通过管理寓言启动本章的学习，激发学生的学习兴趣。
(2) 引思：结合管理寓言，引发学生思考招聘管理的重要性、方法与流程。
(3) 精讲：系统介绍招聘管理的相关概念、流程、工具与方法。
(4) 实践：要求学生完成实践环节项目，并在“做中学”中巩固和运用所学知识。
(5) 总结：归纳总结知识点及学生在实践中存在的问题。
2. 实施方法
本章建议采用如下教学方法：讲授教学法、讨论教学法、任务教学法和问题教学法。

●实践环节设计

单元项目：模拟招聘
假设各虚拟公司拟招聘新人，请根据下列要求设计招聘方案，模拟现场面试环节。
(1) 招聘方案（PPT）
①请各公司任选一个人员空缺的职位，面向全班同学进行招聘。
②请为该职位撰写职位说明书，并据此撰写招聘广告。
③请完整的描述人员选聘的流程和方法。
(2) 模拟招聘
①请每位同学根据各虚拟公司所发布的招聘信息投递个人简历。
②请各虚拟公司根据预先设定的选聘标准进行简历筛选。
③请各虚拟公司安排考官准备现场面试题目。
④通知入围者于下堂课进行现场面试。
⑤现场面试，并当场给出面试结论。

●目标达成度检验（教学效果评估）

1. 知识要点测评

要求学生完成课后习题，并在组内进行交叉检查。

2. 能力要点测评

要求学生利用课余时间完成实践环节单元项目的准备工作，并于下次课进行当堂展示，再由各小组进行交叉互评，教师给出专业意见与评分。每个小组再根据本组得分，根据各位组员在完成本次团队项目时的表现确定组内各成员本次实践项目的得分。

●教材具体内容

【引子——管理寓言】

招聘捕鼠科科长

有一个农场，因捕鼠科科长离职而造成场内鼠患成灾，农场总经理命令人力资源部经理五天之内招到一个捕鼠科科长，否则就让他走人。

人力资源部经理接到这个指示后，回去赶紧就写了一张小红纸条，贴在了农场的大门口："本农场欲招捕鼠科科长一位，待遇优，福利好，有意者请来面试。"

第二天，农场门口来了七位应聘者——鸡、鸭、羊、狗、猪、猫、猫头鹰。第一轮筛选是学历筛选。鸡、鸭都是北京大学的优秀毕业生，当然过关；羊和狗是大专毕业，也过关；猫和猫头鹰是高中毕业，人力资源部经理皱了皱眉头，也过关了，结果，第一关淘汰下来只有一位，那就是只读到小学二年级的猪先生。

第二轮是笔试。这当然难不倒大学本科毕业的鸡和鸭；羊因为平时勤勉，也勉强过关了；狗呢，上学的时候不太认真，碰到这些题目倍感头疼，可是它在这么短短的一会儿时间内，已经给主考官鞠了六个躬，点了九次头，所以也过关了；猫头鹰本来是不会做的，可是它眼力好，偷看到了，所以也就抄过了关。只有猫因为坚持原则，不会做就是不会做，所以，这一轮被淘汰的只有猫一个人。

第三轮是答辩，总经理、农场主和人力资源部经理三个人坐在那里，应聘者一个接一个的进来。第一个是鸡，它一进来就说："我在学校时是学捕鼠专业的，曾经就如何掌握鼠的习性与行动方式写过一篇著作。"三个人一碰头，这个好，留下了。

第二个进来的是鸭，它说："我没有发表过什么著作，但是在大学期间，我一共发表了18篇有关鼠的论文，对于鼠的各个种类，我是了若指掌。"这个也不错，留下了。

第三个进来的是羊，羊说："我没有那么高的学历，也没有发表过什么论文、著作。但是我有一颗持之以恒的心和坚硬的蹄子。你们只要帮我找到老鼠洞口，然后我就站在那里，高举着我的前蹄，看到有老鼠出来我就踩下去，十次当中应该会有两三次可以踩死，只要我坚持下去，相信有一天我会消灭老鼠的！"三个主考官被羊的这种精神感动了，于是也录取了。

第四个进来的是狗，狗一进来就点头哈腰地说："瞧三位慈眉善目的，一定都是十分优秀的成功人士……"一顿马屁狂拍，三个人被拍得晕晕乎乎的，最终也录用了。

最后一个是猫头鹰，没有高学历，没有什么论文著作，唯一的成绩就是从事捕鼠一年多来抓了五六百只的田鼠，但是它又不会拍马屁，又长得不讨人喜欢，所以就被淘汰了。

从这个故事中，你得到了哪些启示？

1. 在招聘之前，我们应该做的是什么？

2. 如何在面试过程中辨别这些能力？

3. 我们应当通过什么样的渠道去搜寻这样的人才?

4. 我们需要用什么样的方法才能甄选出合适的人才?

“彼为天下者,本于人”——治理国家的根本就在于用人;治理一个组织又何尝不是这个道理呢?一个组织的人才质量对组织的发展至关重要,不容忽视。诚然,“才经”很重要,但“才经”是本难念的经。著名的管理大师彼得·德鲁克曾经说过:“企业管理归根结底就是人力资源管理,而人力资源管理所面临的第一个难题即是选人。”无独有偶,麦肯锡与亿康先达的两个研究均表明:有超过七成被调查的CEO相信他们的企业没能招募到合适的人才。其实,早在2500年前,孔子就曾经慨叹道:“才难,不其然乎?”他所提到的“才难”问题在今天的中国尤为突出。作为现在的和未来的人力资源管理人员,我们必须掌握正确的方法,然后去做正确的事。

第一节 招聘管理概述

员工招聘,是组织人力资源管理中的关键步骤之一,因为这一工作的质量,不仅对人员的配置与工作绩效有直接的影响,甚至对整个组织的活动,都具有极其重要和深远的影响。“得人者昌,失人者亡”这是古今中外公认的一条组织成功的要诀。

所谓招聘,是指组织为了满足发展的需要,根据人力资源规划和工作分析的结果,通过各种可行的手段及媒介,向目标公众发布招聘信息,并按照一定的标准来招募、聘用组织所需人力资源的全过程。

从这个定义中我们不难看出:组织的招聘工作应以人力资源规划和工作分析为基础,以寻访符合职位需求的人员为目标,坚持正确的理念,合理地安排招聘的流程与方法。

作为人力资源管理中的重要环节,人员招聘涉及时机、标准、原则、流程、方法等诸多方面。

一、招聘的时机

通常,招聘管理人员会定期对组织的人力资源现状进行全面的盘点,以了解各个职位目前的和预期的人员短缺状况,从而为制定招聘需求计划奠定基础。

此外,招聘管理者还必须以发展的眼光,了解和预测未来的需求变化,例如:是否有新业务或新项目上马?组织的流程再造是否需要职位的再设计?职位的调整对人员的需求产生了怎样的影响?员工的内部晋升或人员调整是否会影响人员总量和结构的变化?已经或将会有多少员工考虑离职?当出现这些变革或动态调整的时候,组织必然需要通过招聘来解决因此而产生的人员短缺问题。

除此之外,一些组织基于人才储备的需要,也会定期招聘一些员工提前进行培训和教育,以便在组织中出现职位空缺时,可以快速地进行人员补充。

二、招聘的标准

倍受招聘失败困扰的人力资源管理者总会关心这样一个问题:员工招募与甄选的“真谛”

到底是什么？吉姆·柯林斯在《从优秀到卓越》一书中指出，那些卓越的企业之所以卓越，是因为他们的领导者“首先选择了合适的人上车，把错误的人赶下车，并把合适的人安排在合适的位置上，然后决定车往哪儿开”。勿庸置疑，“让合适的人上车，并将合适的人安排到合适的座位上”正是招聘与人员配置的宗旨所在。

著名的人才选拔与培养专家莱尔·斯宾塞（Lyle Spencer）还形象地比喻说：“你当然可以去教一只火鸡上树，但我宁愿直接雇只松鼠来干这事儿。”这说明，任何一个组织在招聘中所要选拔的应该是与职位的要求匹配度最高的人，而不是那个看起来“最好”或“最优秀”的人。图 4-1 说明，由于组织文化与工作特性的差异，任何一个组织中的特定职位均有其专属的胜任力要求，我们在招聘与选拔人才时，就是要寻找那些个人价值观与企业文化相融合、个人兴趣与工作特性相适应、个人能力与职位所需的能力相匹配的适任者。

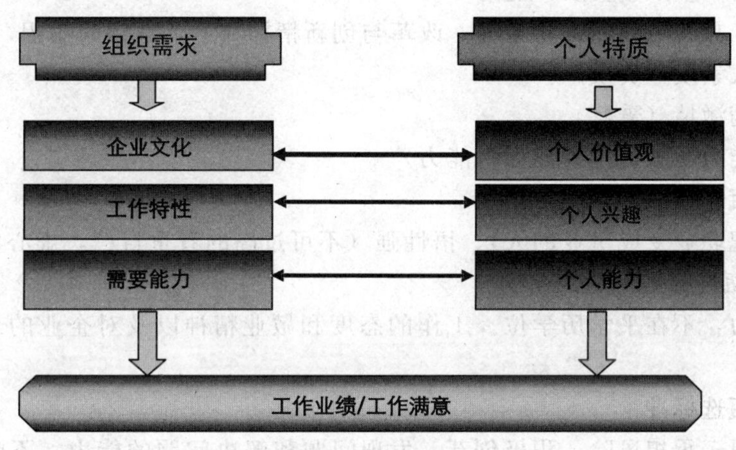

图 4-1 招聘标准

在传统的招聘理念中，应聘者的学历、经验、技能等容易测量的“硬性指标”是最被看重的。但资深招聘管理专家经过多年的实践与观察发现：只要一个人具备良好的学习能力，那么，知识与技能的欠缺是可以通过培训而得到改变的。但是应聘者本身的能力倾向、人格特征与价值观等难以改变的特质才是决定一个人是否适合某个职位的最根本性的因素。

因此，许多著名的公司都十分重视对应聘者的全面认知，它们也都有自己独特的用人观。

GE 的“4E 和 1P”

杰克·韦尔奇曾提出，GE 的人才选拔标准是“4E 和 1P”，即所有员工应符合以下标准：

①Energy（活力）：就是积极向上的活力，即有所作为的精神、渴望行动、喜欢变革。

②Energize（激励力）：就是鼓励别人的能力。韦尔奇认为，这也是一种积极向上的活力，它可以让其他人加速行动起来。

③Edge（决断力）：就是对麻烦的是非问题做出决定的勇气。

④Execute（执行力）：就是落实工作任务的能力。

⑤Passion（激情）：对工作有一种衷心的、强烈的、真实的兴奋感。

韦尔奇认为，前两个“E”，也就是积极向上的活力和激励别人的能力，属于个人的本性，很难通过培训来弥补，而决断力和执行力可以靠经验积累和管理培训来提高和弥补。

雅虎的招聘标准

雅虎希望所选聘的员工具有以下特点：

①热爱生活：应聘者要对生活充满热爱，只有热爱生活的人，才能替公司干大事，而且在生活中成就大事。

②影响力：雅虎所聘用的人必须结识一批英才，因为雅虎常常利用企业内部员工的关系网网罗人才。

③人际技能：雅虎聘用的任何员工短期内都要负责管理他人的工作，因此，雅虎的员工必须具备良好的建立人际关系的能力。

④能收又能放：应聘者不仅能干实事，而且能看到全局。

中国平安的人才观

平安认为，才＝秉赋＋资质＋能力

平安希望员工具有较高的文化素养、改革与创新精神和追求卓越的愿望，其特征表现在：

①良好的个人素质（资质）

②外向、充满激情（秉赋）

③敏锐反应能力和敏捷推动能力（能力）

联想的人才甄选标准

有上进心（把职业变成事业的人）、悟性强（不可过高的看重自己，虚心向别人学习）。

SAP的人才甄选标准

注重发展潜力，不在乎学历学位。工作的态度和敬业精神以及对企业的忠诚等，往往更重要。

宝洁的人才甄选标准

诚实正直、勇于承担风险、积极创新、发现问题和解决问题的能力、不断进取。这几方面是密不可分、相互联系的。其中，诚实正直是放在第一位的。

万科的人才甄选标准

德才兼备，以德为先。这里的“德”主要是指职业道德、职业心态。

IBM的人才甄选标准

IBM在招聘中最看重的是应聘者的逻辑分析能力、适应环境的应变能力、个人品德以及职位所需要的实际技术能力与心理特征。

微软的人才甄选标准

微软的选人标准是寻找“聪明”人，特别是那些有冒险精神的“聪明”人。

英特尔的人才甄选标准

聘人的首要条件就是应聘者认同英特尔“客户第一、自律、质量、创新、工作开心、看重结果”的企业文化。所以，英特尔在各高校招聘应届毕业生时，愿意聘用那些虽是3分却富有创新意识的学生，最好是在校期间就完成过颇有创意性的项目的学生。

三、招聘的原则

在具体的招聘过程中，我们还应遵循以下原则：

1. 公平

2005 年 12 月，中央电视台对就业公平的问题进行了一次网上调查，调查结果显示，74％的求职者遭遇过就业歧视。另有调查数据显示，在我国的招聘市场中，约有 90％的招聘广告含有歧视性条款，如：年龄、性别、户籍、地域、身体、民族等歧视，这在许多国家均涉嫌违法，而在我国却司空见惯。未来，随着我国在公平就业立法领域的健全与完善，从业人员也应提高公平就业意识，为求职者创造更加公平的就业环境。

2. 公开

为广纳人才，组织应在条件允许的情况下尽可能地公开发布招聘信息，公开招聘流程与选聘标准，以鼓励公平竞争，择优录用。特别是公务员及其他公共事业服务部门的人员选聘更应做到公开透明。

3. 公正

人力资源部门及参与招聘的人员在招聘中必须克服个人好恶，以客观的态度及眼光去甄选人员，做到不偏不倚、客观公正。

4. 全面

如前文所述，在招聘与选拔的过程中，片面地强调学历、经验或某项技能是存在较大风险的。为此，在招聘的过程中，相关人员必须全面考量应聘者的能力、人格特征、职业兴趣、价值观与动机等方面的因素，以寻求与职位的胜任力要求高度匹配的员工。

四、招聘的误区

著名管理大师彼得·德鲁克曾经指出:“没有什么决策比招聘决策更难做出,后果会持续作用这么久。但是总的说来,经理们所做的选聘决策并不理想,一般说来,平均成功率不大于33％:在多数情况下,三分之一的决策是正确的;三分之一有一定效果;三分之一彻底失败。”

为什么大家都认为招聘很重要,但却难以做出合理的判断呢?归根结底恐怕有两个方面的原因:一是很多组织的招聘工作缺乏系统的规划、有效的流程和合理的标准;二是招聘的主导者缺乏经验或陷入以下误区。前者将在后文详述,在此,仅先就常见的招聘误区加以介绍,以期相关人员“有则改之,无则加勉”。

（一）首因效应

首因效应也称“第一印象”效应，是指最初接触到的信息所形成的印象对我们以后的行为活动和评价的影响。第一印象，是在短时间内以片面的资料为依据形成的印象。心理学研究发现，与一个人初次会面，45 秒钟内就能产生第一印象，这一最先的印象作用最大，持续时间也长，比以后得到的信息对于事物整个印象产生的作用更强。在招聘中，许多面试官倾向于通过性别、年龄、衣着、姿态、面部表情等“外部特征”对应聘者做出快速的判断，之后，该判断使面试官在整个面试中试图观察和接受那些支持他们前期判断的信息。《三国演义》中凤雏先生庞统当初准备效力东吴，于是去面见孙权。孙权见到庞统相貌丑陋，心中先有几分不悦，又见他傲慢不羁，更觉不快。最后，这位广招人才的孙仲谋竟把与诸葛亮比肩齐名的奇才庞统拒之门外，尽管鲁肃苦言相劝，也无济于事。由此可见，避免首因效应，不妄下结论，是确保取得理想招聘结果的必要条件。

（二）刻板效应

刻板效应，又称定型效应，是指人们用刻印在自己头脑中的关于某人、某一类人的固定印象，并以此作为判断和评价人的依据的心理现象。有些人总是习惯于把人进行机械的归类，把某个具体的人看作是某类人的典型代表，把对某类人的评价视为对某个人的评价，因而影响正确的判断。刻板印象常常是一种偏见，人们不仅对接触过的人会产生刻板印象，还会根据一些不是十分真实的间接资料对未接触过的人产生刻板印象，例如：认为老年人是保守的，年轻人是爱冲动的；北方人是豪爽的，南方人是善于经商的；英国人是保守的，美国人是热情的等等。招聘中的刻板效应很容易使面试官做出误判，从而影响招聘的质量，因此，面试官应详细了解和分析每个人的特点是否与职位的要求相匹配，而不应随意将一类人的特点想当然地套用到某个人的身上。

（三）近因效应

近因效应又称堪德拉油灯效应，是指当人们识记一系列事物时对末尾部分项目的记忆效果优于对中间部分项目的现象。心理学家认为，在学习系列材料后进行回忆时，对该系列中的最后几个项目的回忆是从短时记忆中提取的，它们在形成总印象中所起的作用更大。而且，前后信息间隔时间越长，近因效应越明显。原因在于前面的信息在记忆中逐渐模糊，从而使近期信息在短时记忆中更为突出。在招聘中，这一现象尤为突出。一个面试官动辄参与几十人甚至上百人的面试，难免对前面，特别是中间部分应聘者的情况有所淡忘或混淆，而对最后面试的几个人印象深刻。为避免近因效应，面试官在面试过程中对每个应聘者做好详细记录是十分必要的。

（四）晕轮效应

晕轮效应，又称“光环效应”，它是指人们对他人的认知判断首先是根据个人的好恶得出的，然后再从这个判断推论出认知对象的其他品质的现象。例如：有的面试官对应聘者在面试中表现出的某个不当行为非常反感，于是就会把他看得一无是处。而看到某人的字写得好，就认为他思路清晰，办事果断、认真、有条理等。晕轮效应的极端化就是推人及物了，从喜爱一个人的某个特征推及到喜爱他整个人，又进而从喜爱他这个人泛化到喜爱一切与他有关的事物。这就是所谓的“爱屋及乌”。为避免晕轮效应，在面试中，主考官必须牢记选聘标准，注重了解对方心理、行为等深层结构，就能有效地摆脱晕轮效应的影响。

第二节 胜任力模型

近年来，随着全球人力资源管理理论和实践能力的不断提高，人们从过去一味看重职位管理转向一定程度的能力管理，在这一背景下，对胜任力的研究不断深入。

一、胜任力

如前文所述，组织在招聘中衡量应聘者的标准是人职匹配，即应聘者的特征高度符合该职位的胜任力要求。这里的胜任力（Competency）概念最早是由哈佛大学教授戴维·麦克利兰（David·McClelland）于1973年正式提出的，它是指能将某一工作中有卓越成就者与普通者区分开来的个人的深层次特征，它可以是动机、特质、自我形象、态度或价值观、某领域知识、认知或行为技能等任何可以被可靠测量或计数的并且能显著区分优秀与一般绩效的个体特征。所有的个体特征可分为五个层次：

1. 知识

它是指某一职业领域需要的信息，即一个人对特定领域的了解。

知识是开展特定工作的基本条件，是通过培训或强化训练可以迅速提升的素质。大家普遍认为直线主管往往能够对被试者的知识水平进行准确的判断，而无需运用专门的工具测评被试者的知识差异。

例如：营销经理应该具备的知识包括：产品知识、市场营销知识、管理知识等。

2. 技能

它是指掌握和运用专门技术的能力，即一个人将事情做好所要掌握的东西。

在冰山模型中，需要将能力与技能因素进行整体思考，大部分能力都可以通过强化训练得到提升。一般情况下，被试者的特定行为能够表现特定的能力，如通过利用PEST、SWOT等分析工具对组织面临的环境进行分析评估，就可以判定被试者是否具备运用分析工具的能力。

例如：计划能力、分析能力、沟通能力、协调不同意见的能力等在冰山模型中都属于技能的范畴。

3. 自我概念

它是指一个人对自己身份的知觉和评价，个人对自己的看法、内在自我认同的本我。

自我形象是表现被试者自信心的维度。一个人对自我的定位，决定着其面对困境所采取的不同行为风格和态度。

例如：有的人认为自己是某一领域的权威、相信自己能够完成艰巨的任务等。

4. 特质

它是某人所具有的特征或其典型的行为方式；一个人持续而稳定的行为特征；或者也可理解为一个人对客观事物习惯的行为和稳定的态度。

不同的特质适宜不同类型的职位，我们往往可以通过运用经典的测评工具来了解一个人的人格特征。

例如：内向与外向、感性与理性、悲观与乐观等都属于人格特质。

5. 动机/需要

它是决定个人外显行为的内在的、稳定的想法或念头；对特定领域自然而持续的想法或偏好；动机驱使并引导人的外在行为。

对行为的原因（即动机）的研究，有利于全面而深刻地理解行为、预测行为并对行为进行相应的引导。

例如：希望获得领导他人的权力、追求名誉等都属于动机的范畴。

这五个方面的个体特征组成一个整体的胜任力结构，即冰山模型。其中，知识和技能是可见的、相对表面的人的外显特征；动机和特质是更隐藏的、位于人格结构的更深层；自我概念位于二者之间。表面的知识和技能是相对容易改变的，可以通过培训实现其发展；自我概念，如态度、价值观和自信也可通过培训实现改变，但这种培训比对知识和技能的培训要困难；核心的动机和特质处于人格结构的最深处，难以对它进行培训和发展。

麦克利兰认为，水上的冰山部分（知识和技能）是基准性特征，是对胜任者基础素质的要求，但它不能把表现优异者与表现平平者准确区别开来；水下冰山部分可以统称为鉴别性特征，是区分优异者和平平者的关键因素。但不同层次的个体特征之间存在相互作用的关系。

胜任力理论具有下面四个显著的特点：

- 能够用来区分绩效优秀者与一般者
- 内容包括知识、技能、自我概念、特质、动机和需要等因素
- 可以用行为语言表述
- 大部分胜任力的组成部分可以通过培训与指导获得提升

图 4-2 胜任力冰山模型

已有的应用研究发现，在不同职位、不同行业、不同文化环境中的胜任特征是各有不同的，以下列举了一些通用的胜任特征及某个具体职位的胜任特征，旨在让读者了解胜任特征的表现形式。

(1) **通用胜任特征**。有研究发现：能预测大部分行业工作成功的胜任特征中最常用的有20个，主要分为六大类型：:

- 成就特征：成就欲、主动性、关注秩序和质量
- 助人/服务特征：人际洞察力、客户服务意识
- 影响特征：个人影响力、权限意识、公关能力
- 管理特征：指挥、团队协作、培养下属、团队领导
- 认知特征：技术专长、综合分析能力、判断推理能力，信息寻求

• 个人特征：自信、自我控制、灵活性、组织承诺

（2）**职位的胜任特征**。例如：微软公司就提出了对软件工程师的胜任特征，具体为：

• 快速掌握新知识
• 可以在不同领域的知识中找出它们之间的联系
• 扫视一眼即可用通俗语言解释软件代码
• 关注眼前的问题，无论是否在工作中都如此
• 非常强的集中注意力的能力
• 对过去的工作仍然记忆犹新
• 注重实际的思想观念、善于表达、勇于面对挑战、快速反应

二、胜任力模型

我们常说的胜任力模型即能力素质模型，是个人完成某项工作或达到某一绩效目标所要求的一系列不同的能力素质组合，包括不同的动机、个性与品质要求、自我形象与社会角色特征以及知识与技能水平。将胜任能力模型融合到公司的招聘体系中，可以促使参与招聘决策的每个人都依据共同的标准，而该标准应该是同优良业绩密切相关的。

表 4-1 是一个汽车销售企业客户服务经理的胜任力模型，该模型包含了该公司这一职位的能力素质构成、素质定义及每一项素质的强度等级（即重要性）。

表 4-1　　能力素质模型示例

能力素质构成	素质定义	强度等级				
		1	2	3	4	5
产品服务知识/技能	……					
人际亲和动机	……					
服务意识	……					
人际理解能力	……					
影响力	……					

（一）胜任力模型的特征

1. 具有行业特色：它反映的是某类行业对人员的整体素质要求，包括知识和技能的范围，对所服务客户的认识程度等。

2. 具有企业特色：它反映的是单个企业对特定人员的要求，并且细化到行为方式的程度，即使是处于同一行业的两个企业，由于企业文化、经营目标、经营策略的差异，也很少有对胜任力的要求是完全一致的。

3. 具有阶段性：胜任力模型的行为模式由于与企业经营相联系，因而具有阶段性。在企业的特定时期内，某项胜任力，甚至是某一组胜任力是至关重要的，而在另一个阶段，由于企业的经营目标或经营策略发生变化，胜任力就会随之更新和改变。

4. 不同角色(职位序列或职位)的胜任能力组合不同：有研究表明，随着职位层级的升高，

组织对员工核心行为能力的要求也越来越高,但对专业能力的要求越来越低,就领导能力而言,组织对中高层管理人员的该项能力素质要求最高(详见图 4-3)。也就是说,组织中的不同职位序列或不同职位的胜任力模型应该有所差异。这种差异主要体现在能力素质维度方面,但即使测查的是同一能力素质维度,也可能会因为职位的不同而对能力等级有不同的要求。

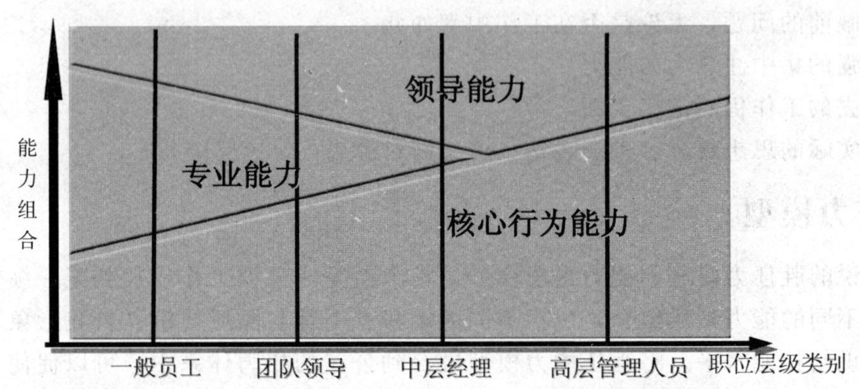

图 4-3　胜任力冰山模型

(二) 构建胜任力模型的方法

目前，企业日益重视对胜任特征进行科学系统的管理，越来越多的企业着手于开发企业自身的“胜任力模型库”。

建立胜任力模型的方法通常有三种：

1. 归纳法：通过研究高绩效员工与普通绩效员工的行为与特质差异，归纳总结出一个职位的任职者所应具备的能力素质。这种方法有具体的行为做依据，开发出的胜任力模型最能贴近企业现实，应用起来的效果好。缺点是开发过程耗费时间和精力很大，又需要特殊的行为事件访谈能力，操作难度亦很高。此外，用此种方法开发出的胜任力立足于现实，因此更适用于成熟与稳定的企业。

2. 推导法：其实质是一个逻辑推导过程，其基本步骤是：(1) 澄清组织愿景、使命、战略和核心价值观；(2) 了解岗位角色和职责；(3) 推导胜任力。这种方法的优点是胜任力模型与企业战略及价值观密切相关，逻辑清晰。缺点是没有具体行为做依据，胜任力模型的描述过于抽象空泛，容易脱离现实。

3. 修订法：是建立胜任力模型的一种简便方法。通常由专业顾问根据对组织的初步了解，结合通用的胜任力调查项目，提出一组相当数量的胜任力项目。然后由相关人员选择，根据选择频率筛选并确定出胜任力模型。此种方法的优点是省时省力、对于初步引进胜任力概念而没有能力在胜任力模型开发上大量投资的企业不失为一种有效的方法。缺点是通用的成分多，与企业具体的文化、战略结合不够紧密。

综上，单纯应用某一种方法构建胜任力模型均具有较大的局限性，因此，图 4-4 给出了一种采用三种方法相互结合的方式推导胜任力模型的方法。这种方法以清晰的组织结构为前提，以某个职位或职位序列的绩优标准为基础。通过对绩优者与绩效一般者的行为事件访谈、问卷调查或观察，归纳总结出绩优者与绩效一般者在动机、特质、自我形象、态度或价值观、某领域知识、认知或行为技能等方面的差异，从而确定出驱动高绩效的胜任特征组合，并经过验证与修订，最终形成该职位或职位序列的胜任力模型。

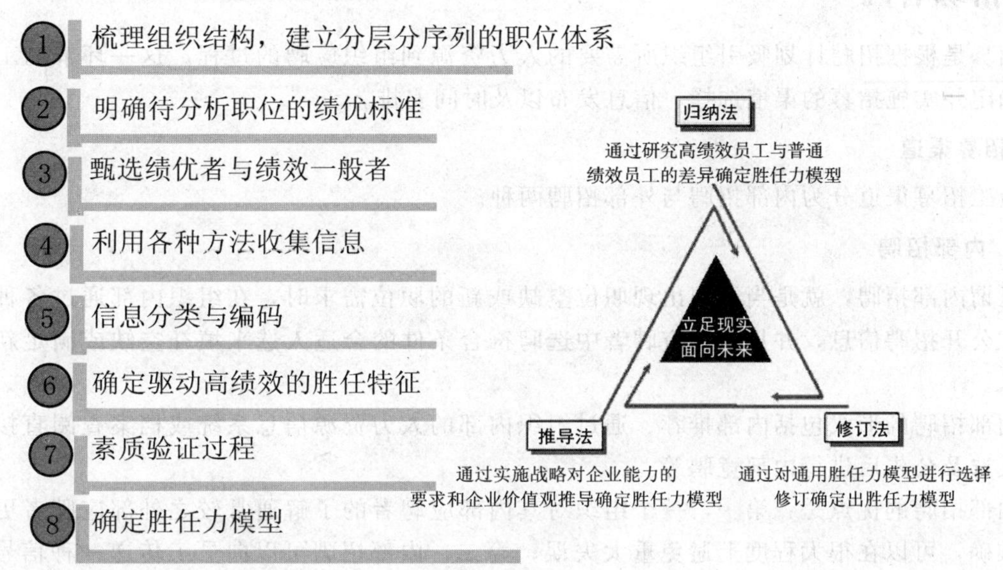

图 4-4 构建胜任力模型的方法与流程图

其实，胜任力模型不仅可以用于招聘管理中，它还可以在职位管理、培训与开发、绩效管理、职业生涯规划、薪酬管理与企业文化建设等方面发挥重要的作用。由于篇幅所限，在此不一一赘述。

第三节 招聘管理流程

完善的招聘管理流程是招聘质量与效率的重要保证。招聘管理总体上包括计划、招募、甄选、录用与招聘效果评估等几个主要环节，每个环节的主要工作内容与工作方法如下。

一、招聘计划

招聘计划是整个招聘过程的基础，也是整个招聘环节的关键所在。因为，这个环节将决定招聘目标、标准与行动计划，它对后续所有的招聘环节具有重要的指导意义。

在编制招聘计划前，首先应进行组织的人力资源现状盘点，然后结合用人部门的申请、业务规划与人力资源规划的相关需求，以及胜任力模型和职位说明书的相关信息，确定现在和未来一段时间内组织在员工数量、质量与结构方面的需要，并据此明确年度或本次招聘的职位名称及各个职位的职责要求、任职资格与需求数量。

然后，招聘管理人员可以根据上述需求组成内部招聘小组，共同设计招聘流程，研讨选聘方法，并明确组织分工。招聘小组的成员一般由人力资源部的招聘主管与招聘专员、拟招聘职位的直属上级或隔级上级组成，必要时，特别是在招聘高级管理人员和核心技术人员时，有的组织还会委托外部专家参与或主导招聘工作。

二、招募管理

招募是根据招聘计划吸引组织所需要的人力资源到组织应聘的过程。这一环节的工作重点是确定并实施招募的渠道选择、信息发布以及时间安排。

（一）招募渠道

员工招募渠道分为内部招聘与外部招聘两种。

1. 内部招聘

所谓内部招聘，就是当组织出现职位空缺或新的职位需求时，在组织内部通过各种方式向员工公开招聘信息，并从内部应聘者中选聘符合条件的合适人选来填补空缺或满足新的职位需求。

内部招聘的形式包括内部推荐、通过组织内部的人力资源信息系统或档案查阅直接寻找合适人选及公告后进行内部竞聘等。

内部招聘的优点是：第一，一个组织对其内部应聘者的了解通常较之外部应聘者更加全面、准确，可以在很大程度上避免重大失误；第二，内部招聘可以向员工传递一种信号，他们完全有望通过自己的努力在组织内部争取到更好的工作机会，而无需通过跳槽来寻找职业发展，因此，可鼓舞士气，激励员工；第三，内部提拔或转岗的员工已经熟悉企业文化与内部流程，能够更快地适应工作；第四，内部招聘所需投入的成本费用相对更低。

内部招聘的缺点是：第一，大量的内部招聘可能给组织带来“近亲繁殖”的不良后果，大家都习惯了既往的思维习惯与工作方式，很难有所创新；第二，当内部有多名员工同时竞争一个职位的时候，落选者的积极性容易受到打击，进而产生内部矛盾；第三，内部招聘的人员来源有限，有时可能会丧失获得一流人才的机会。

2. 外部招聘

所谓外部招聘是指组织向外界发布招聘信息，并对应聘者进行测评筛选，最终确定合适人选来填补职位空缺或满足职位需求的过程。

外部招聘的主要渠道包括三类：一类是以职业中介、人才交流中心、人才市场等为代表的由官方创办的公共就业服务机构，这种渠道通常适用于招聘技术工人、服务人员等体力劳动者以及初级管理人员；一类是以猎头公司和人力资源服务外包公司为代表的多种所有制的专业人才猎寻机构，这种渠道通常适用于招聘高级管理人员和中高级专业技术人员；另一类就是专门面向各层次应届毕业生的校园招聘。

从外部招聘的具体途径来讲，常见的主要有以下几种：

（1）报纸电视。报纸电视是传统的媒体，不仅受众广，也是求职者主要的信息来源，因此到达率非常高，但是这种形式的弊端就是覆盖面广，你就必须面对大批蜂拥而至的求职者并且保持足够的耐心去挨个检验、填表、面试乃至到最后厌倦疲劳冒着失去千里马的危险把一大卷的应聘资料丢到碎纸机里去，或者选择做一个发疯的伯乐。当然，如果你的目的是想找到大众性的应聘者并且需要数量可观的情况下，报纸电视肯定是一个不错的选择。

(2) 供需见面会。现在各个地方都有专业的人才市场，并且定期地进行供需见面，这种形式的好处是针对性强，还有就是可以由需求者与供给者直接见面，设置了第一道筛选的检验关口，提高了效率。但是这种形式显而易见的弊端就是你不得不面对许多求职若渴的人，而这些人往往是鱼龙混杂，而且一般情况是鱼比龙多！需要你有一双慧眼在人群中一眼就能看到你未来的员工。另外的风险是你还必须看着手里拿着十几份个人简历的人在分发自己的材料，这种情况经常导致的是一种“马太效应”，即多的越多，少的越少。好的单位能获得更多的选择权限，而差的单位就不可避免“门前冷落鞍马稀”的尴尬局面或者看上的人却被捷足先登的状况，也就无法怨天尤人了。

(3) 网络招聘。对于专业技术人才来讲，从网上进行招聘无疑是一种明智的选择，原因有二，一是能上网的人一般都有比较高的个人素质和技能，适应现今社会的潮流（当然不能一概而论)。二是显示了招聘单位的实力和开阔的视野，能够采取网络招聘的单位往往在观念上已经超越了传统的企业，非常适合现代人尤其是年轻人的口味，一般来讲命中率是很高的，而且在初期接触中可以采取电子邮件和电话通讯的方式，合则见，不合便 BYEBYE，别无二话，用不着在面试不合适之后还要挖空心思寻找一些既不刺伤对方自尊又能明确表达否定的委婉之辞，实在轻松愉快。著名招聘机构 BeaconMan 认为网络招聘是未来的发展趋势。

(4) 朋友介绍。这是最古老的一种猎头手段，但也是最有效的捷径。这里没有含情脉脉的试探，也不需要艰苦卓绝的磨合，你的目标就在那里，你所做的只是一次直截了当的谈判，对技能和人品的了解使你简单到一个词：待遇。但是切忌“水涨船高”，在挖人的同时，自己的员工往往也面临着被挖的可能，在你给 5000，我给 6000 的竞标下酝酿的往往是成本的飚升和老员工日益积累的不满，因此，挖人是一柄双刃剑，如何得心应手地使用是高手必须面对的问题。

外部招聘的优点是：第一，人员来源广，选择余地大，有利于吸引到一流人才；第二，新人可以带来新思想、新方法，有利于组织的创新发展；第三，外部招聘可以平息或缓和内部竞争者之间的矛盾；第四，外部招聘通常可以直接找到成熟的人才，可节省培训投资。

外部招聘的缺点是：第一，新入职人员往往需要一段时间了解公司的文化，熟悉业务流程与内部规则，因此，较之内部员工进入角色速度较慢；第二，在有限的时间内，再有经验的招聘人员也很难全面了解应聘者的实际工作能力，有时甚至容易被一些表面现象所蒙蔽；第三；如果组织内部已有胜任的人选，而组织仍坚持外部招募，很容易让员工产生不公平感，进而影响其积极性。

（二）信息发布

无论是内部招聘还是外部招聘，在尽可能广泛的范围内发布招聘信息，将更有利于组织吸引到更多适任的人才前来应聘。但任何组织的招聘工作都会有一定的成本约束，因此，寻找最佳的形式就变得相当重要。

招聘信息发布的主要形式有报纸、杂志、电视、广播、布告、新闻发布会和随意传播等。招聘人员在做出选择时，应考虑受众面广、及时有效的原则，根据待招聘职位的目标群体的信息获取方式与习惯选择最佳的信息发布形式。

（三）招募时间

招募时间的安排应基于人才需求因素与人才供给因素进行综合考虑。

从人才需求的角度来看，招聘时间＝用人时间－准备周期－培训周期－招聘周期。从人才供给的角度考虑，向社会招聘人才，时间选择跨度大，要求不高，而招聘应届毕业生，则必须把握好目标高校双选会的关键时期。

三、甄选与录用

甄选是指运用科学的方法、工具与手段，对所有应聘者进行考察与鉴别，区分其知识与技能水平、自我概念、人格特征及需求与动机特点，预测其未来的工作绩效，从而最终筛选并从中选定符合职位需求的任职者的过程。

对所有应聘者的考察与辨别，一般是从简历筛选做起，然后通过各种形式的笔试、面试、背景调查等环节筛选出与职位需求匹配度最佳的任职者，然后办理相关入职手续。(详见图4-5)

1. 简历筛选

简历筛选是进行人员甄选的第一步。招聘人员在进行简历筛选前，应该已经为所有应聘者设定了一条“及格线”(最起码的合格要求)，只有达到这条及格线的应聘者才有机会通过简历筛选进入到下一轮的测评中。

由于投递简历的人员较多，且简历中的许多信息尚无从验证，因此，在简历筛选这一环节所设定的标准通常是客观标准，如：个人基本情况、受教育程度、工作经验和个人业绩等方面。但有经验的简历筛选者也会关注应聘者在简历中的主观陈述部分，以初步判定应聘者与应聘职位的匹配度，分析应聘者所应聘的职位与其个人发展方向是否一致，应聘者的简历中有哪些疑点等等，并以此作为面试题目的储备。

2. 笔试

笔试是评估应聘者学识水平的重要工具。这种方法可以有效地测量应聘人的基本知识、专业知识、管理知识、综合分析能力和文字表达能力等素质及能力的差异。笔试适用面广，费用较少，可以大规模地运用。但是分析结果需要较多的人力。笔试的类型包括技术性笔试和非技术性笔试两种。其中：技术性笔试主要针对研发型和技术类职位，题目主要涉及工作需要的技术性问题，专业性比较强，需要坚实的专业基础。如：微软亚洲研究院在招聘研发人员时笔试的内容主要是C、C＋＋语言方面的题目。非技术性笔试对于应试者专业背景的要求也相对宽松，其考察内容相当广泛，除了常见的英文阅读和写作能力、逻辑思维能力、数理分析能力外，有些时候还会涉及到时事政治、生活常识、情景演绎，甚至智商测试等。例如：2004 年普华永道在上海的笔试题目为英文写作，两个题目任选一个，其中一场的笔试题目是：(1)当神州五号载人航天飞行成功后，你想到了什么？(2)你是否遇到过特别难应付的人，你是如何成功地和他/她沟通的？

3. 面试

面试是一种经过组织者精心设计，在特定场景下，以考官对应聘者的面对面交谈与观察为主要手段，由表及里测评考生的知识、能力、经验等有关素质的一种活动。面试给公司和应聘者提供了进行双向交流的机会，能使公司和应聘者之间相互了解，从而使双方都能更准确地做出聘用与否、受聘与否的决定。从组织形式上来看，面试分为一对一面试、小组面试、电话面试等形式。组织可以根据需要安排多轮面试，一般初次面试是由人力资源部的招聘专员主导的，旨在初步了解与核实应聘者的履历、求职目标与个人特点；复试则由用人部门的负责人主导，旨在判断应聘者的专业知识与技能是否符合职位的要求，他（她）的团队角色与行事风格是否与团队相融合；有的组织还会为重要职位的入围应聘者安排高管面试或更加复杂的面试形式。

4. 背景调查

背景调查是指通过从外部应聘者提供的证明人或以前工作的单位那里搜集资料，来核实应聘者的个人资料的行为，是一种能直接证明应聘者情况的有效方法。背景调查既可在深入面试之前也可在其后进行。一般来说，调查者会参考目标职位的胜任力模型确定背景调查的内容、调查的对象和范围、设计相应的调查问卷或提纲，并设法取得调查对象的合作。由于背景调查将花费一定的时间和财力，在中高层管理人员和核心、关键岗位的人员招聘中较为常见，但在中低端职位的招聘中应用较少。

5. 入职体检

入职体检是专项体检之一，旨在通过体检保证入职员工的身体状况适合从事该项工作，在集体生活中不会造成传染病流行，不会因其个人身体原因影响他人。入职体检有相对固定的体检项目与体检标准，选择专业的体检中心更能保证体检质量。

6. 录用

综合了上述各个步骤的甄选结果，招聘人员应该可以从所有的应聘者中遴选出最适合的任职者，并向其发出录用信或录取通知（Offer，全称是 offer letter）。录用信或录取通知相当于一种录用要约，是一封表达某个组织愿意以一定的条件录用某一个应聘者的信件，若应聘者签署了此份要约，则意味着应聘者也同意以这样的条件加入该组织，则后续双方将以此为基础签订正式的劳动合同。至此，被录用的员工即可办理入职手续，并参加岗前培训。

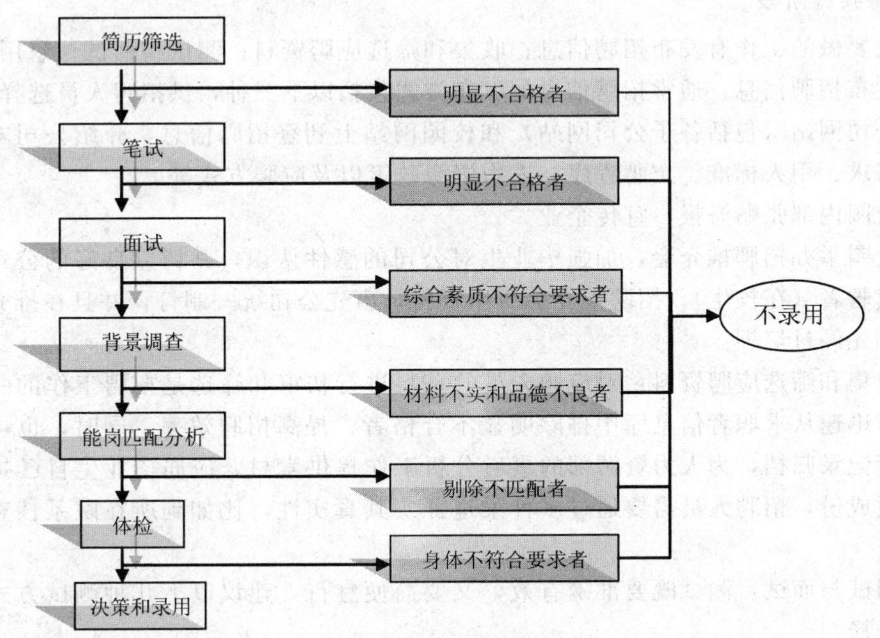

图 4-5 人员甄选流程图

四、应届毕业生招聘的一般流程

出于人才储备或人才培养的需要，越来越多的企业将招聘的对象锁定于应届毕业生。相对于一般的招聘流程而言，对应届毕业生的招聘有其独特的流程和要求。一般来讲，面向应届毕业生的招聘过程可分为三个阶段，第一阶段是准备阶段；第二阶段是招聘实施阶段；第三阶段是毕业生接收与跟踪阶段。

1. 准备阶段

本阶段要做的工作有确定招聘职位和人数；成立招聘小组；联系招聘学校；准备相关资料。

（1）确定招聘职位和人数：这是招聘应届生的前提，就是要招哪些职位的储备人才，要招多少名。只有明确了这两样，才能确定去哪些学校招聘，招聘哪些专业的学生。

（2）成立招聘小组：招聘小组最好由人力资源部经理负责，甚至主管人力资源的副总负责。不要以为招聘应届生相对比较容易而忽视，其实际不然，就像前面提到的，如果安排一个刚毕业两三年的招聘专员负责面试，学生们会以为企业不重视招聘工作，甚至他们会认为企业不重视人才，而对该企业打了负分。招聘小组的主要职责是准备招聘前期资料、制定招聘计划和政策、招聘实施、面试等。

（3）联系招聘学校：招聘小组根据公司批准的招聘计划、历年各校的接收毕业生情况、本年度各校生源状况和各校往年毕业生在企业的表现等情况，选定相应的高校，在招聘工作具体实施前，招聘小组将招聘计划发送给各高校的毕业生分配办公室，并与学校保持联系。

（4）准备相关资料：包括制定招聘政策（包括招聘整体实施、招聘纪律、招聘经费等）、明确小组内部分工、准备面试相关的表格、准备企业宣传资料等。

2. 招聘实施阶段

本阶段要做的工作有发布招聘信息；收集和筛选应聘资料；测试与面试；录用。

（1）发布招聘信息：通常招聘信息的发布方式包括以下三种，供招聘人员选择：

• 在公司网站（包括各子公司网站）和校园网站上刊登招聘信息，介绍公司本年度应届毕业生的需求、用人标准、招聘程序、人力资源政策以及应聘方式等。

• 在校园内部张贴海报，宣传企业。

• 在校园举办招聘推介会，加强毕业生对公司的感性认识，并树立良好的公司形象，吸引潜在的应聘者（在校生）。招聘推介会所用资料，事先公司统一制订，并且在推介会演讲的人员必须事先经过培训。

（2）收集和筛选应聘资料：对应聘人员的资料进行初审和筛选是招聘工作的一个重要环节，它可以迅速从求职者信息库中排除明显不合格者，提高招聘效率。同时，也可将所有求职资料进行记录归档，为人力资源部的事后分析工作提供素材。应届毕业生自己提供的资料也许有虚假成份，招聘人员需要通过多种渠道证实其真实性，比如到所在院系核查分数、奖励情况等。

（3）测试与面试：测试既要准确有效，又要简便宜行，建议以下几种测试方式，可根据具体情况选择：

• 专业知识测试。招聘小组需在出发之前准备好各专业的测试试卷。

•分析能力测试。事先准备一些案例，要求几分钟以内答完。

•无领导小组讨论。这是一种对应聘者集体面试的方法，考察每个应试者的综合素质，主要包括：口头表达能力、处理人际关系技巧、灵活性、适应性、情绪控制、自信心、合作精神、性格特点等（详见第四节）。

•面试：有些职位人员可能通过测试能够判断，但是绝大多数职位还是需要借助面试来判断。面试前要准备好每个职位的面试考察要素、面试题目、评分标准、具体操作步骤等，并且统一培训面试人，提高评估的公平性，从而使面试结果更为客观、可靠，使不同应试者的评估结果具有可比性。由于应届毕业生没有工作经验，因此对他们的面试重点在于考察基本素质，即对潜质进行考察。比如第一位跟我打招呼的女学生灵活性很强，而后两位男女学生灵活性较差，他们没有意识到从接触招聘人员的第一时间起已进入了面试阶段。

（4）录用：面试合格的人员可以确定为录用对象，根据应届生招聘的相关规定签订协议。但是，不是签订协议后就万事大吉，还需要做好后期跟踪，因为优秀应届生很有可能被其他的企业相中，因此需要通过后期跟踪，打消他们另谋其他企业的念头。

3. 应届生接收与跟踪阶段

（1）应届生接收：人力资源部需要在网页上或者通过其他方式，通知毕业生公司位置，乘车路线；如有可能，需派人去车站出口设接待点。到企业后，要热情接待，安排好他们的食宿，毕竟他们对社会还有陌生感。同时，尽快安排入职培训，让他们了解企业，了解企业的运作，使他们更快的融入社会。

（2）跟踪阶段：人力资源部要定期了解应届生的心态，听听他们的声音，及时给予帮助与引导。不能用对待社会招聘人员的方式对待应届生，他们需要更多的时间熟悉企业与本职工作，需要更多的理解与引导。企业始终要思考的一个问题是“如何让应届生在短期内完成从学校到企业的转变?”因为转变所花的时间越短，企业支付的培养成本越低，应届生也会越快为企业创造价值。

五、招聘效果评估

人们一般习惯于从以下几个角度评估招聘的效果。

（一）招聘成本评估

招聘成本是指对甄选与录用中的费用进行调查、核实，并对照预算进行评价的过程。招聘工作结束后，招聘人员可以通过核算了解招聘经费的使用情况，特别是招聘经费是否符合预算，若有差异，主要出现在哪一环节。如果招聘成本低，录用人员质量高，就意味着招聘效率高；反之则意味着招聘效率低。

（二）甄选与录用数量评估

以下几个比率可以较好地反映甄选与录用的数量问题。

1. 录用比

录用比＝录用人数/应聘人数×100％

它表示了实际录用人数与前来应聘人数的比例关系。站在应聘者的角度，若录用比低，则意味着应聘者间的竞争激烈，录用难度大。反之，则意味着被录用的难度较小。以2010年的公务员招考为例，某职位的录用比为0.0556，即1800人竞争1个职位，其难度可见一斑。

2. 招聘完成比的公式

招聘完成比＝录用人数/计划招聘人数×100％

它表明了招聘计划的完成情况。理想的招聘完成比应是100％，若招聘完成比低于100％，则意味着招聘计划没有按期完成；高于100％，则说明本次所录用的人数多于招聘计划，这种超额录用的情况应慎重选择，否则会造成组织冗员过多。

3. 应聘比的公式

应聘比＝应聘人数/计划招聘人数×100％

它反映了本次招聘在目标人群中的吸引力。若应聘比高，则意味着该职位的吸引力较大，它也从一个侧面反映了组织所选择的招聘渠道是合理且有效的。反之，则意味着该职位对目标人群的吸引力小，或组织所选择的招聘渠道或方式有待商榷。

4. 甄选与录用质量评估

组织甄选与录用工作质量的评估一般有两种指标。一种是组织最终选聘人员的学历、工作经验等硬性指标；另一种是建立在组织职位分析以及在选聘过程中进行的能力素质测评和结构化面试等基础上的能力轮廓指标。对甄选与录用质量的评价，最终取决于每个应聘者在各项胜任力上的能力水平是否与职位的要求相符。

以图4-6为例，该应聘人员的压力承受能力、团队合作能力与职位的胜任力要求相符，沟通能力、创新能力超过该职位的要求，但适应性与灵活性、说服能力、分析思维能力、组织协调能力与依法行动能力略低于该职位的要求。

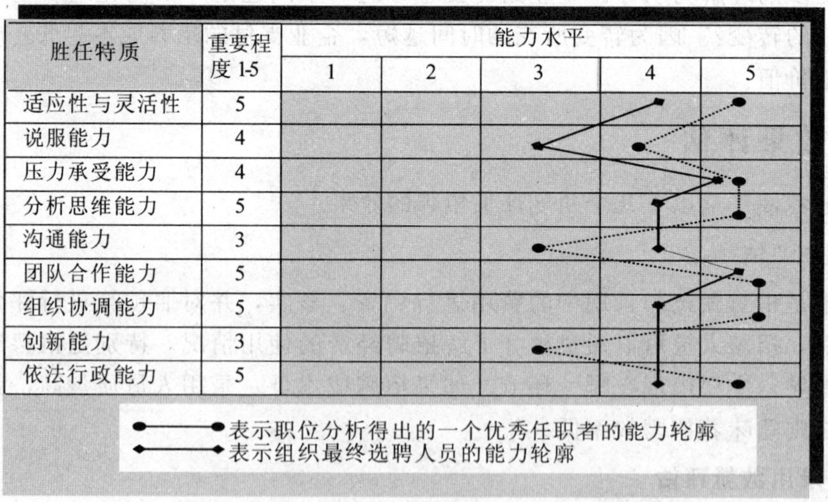

胜任特质	重要程度1-5	能力水平				
		1	2	3	4	5
适应性与灵活性	5					
说服能力	4					
压力承受能力	4					
分析思维能力	5					
沟通能力	3					
团队合作能力	5					
组织协调能力	5					
创新能力	3					
依法行政能力	5					

●——● 表示职位分析得出的一个优秀任职者的能力轮廓
◆——◆ 表示组织最终选聘人员的能力轮廓

图4-6 某企业人事行政主管的胜任力评估

当然，最理想的情形是应聘者的各项能力均与职位的要求相吻合，但这种结果是可遇而不可求的，组织的招聘人员不可强求在有限的时间内一定能找到这样与职位的要求完全匹配的人。招聘人员能做的就是在所有的应聘者中挑选出与职位的要求匹配度最高的人员。值得注意的是，当应聘者的各项素质或大多数素质均明显超过职位所要求的胜任力水平时，招聘者在欣喜之余，还应慎重做出录用决策。因为，出现这种情况的可能原因是应聘者对职位的预期较高，当他（她）真正入职后，很可能因为对现实失望而选择离职或谋求组织内部的其他职位，总之，对胜任力水平明显超过职位要求的应聘者应高度关注其稳定性及应聘原因。

5. 甄选与录用的效益评估

组织甄选与录用效益的综合体现是新录用职员在组织中的工作绩效。因此，除了运用甄选与录用的成本一收益指标以及录用比、应聘比、能力轮廓图等指标来反映录用人员的数量和质量外，组织还应通过录用人员在甄选过程中的评价分数与新职员在录用后1～3年内的实际工作绩效评价分数之间的对比来最终确定组织甄选与录用工作的效率和效度。

第四节 人才测评技术在招聘中的应用

许多从事人力资源管理工作的人员都有这样的感受：招聘容易，但招聘到合适的人却很困难。造成这一现象的原因是多方面的，例如：知人知面不知心、人本身所具有的多面性等等，都使得招聘人员很难在短短的几次接触中准确且全面地把握一个人的真实情况。难怪有人说："员工招聘实际上是一种风险投资，吸纳了一个有用之才会给组织带来效益，吸纳了一个平庸之才会给组织带来浪费，吸纳了一个害群之马会给组织带来损失。"而人才测评技术在某种程度上就是为这种风险投资提供了一种更可靠的决策工具，帮助招聘人员慧眼识英才。

美国的一项调查表明：人才测评在人力资源决策领域的运用频率为83%，在提升领域的运用频率为76%，在职业发展领域的运用频率为67%……。另据调查数据显示：在企业应用人才测评的价值回报方面，认可度较高的有："提高了人员招聘的有效性"（占48.1%），"提高了人员选拔的科学性"（占45.5%），"有利于吸引和保留人才"（占43.4%）。这些都充分显示了人才测评在人力资源管理中所发挥的重要作用和意义。

一、人才测评的涵义

人才测评是心理测量技术在人力资源管理中的应用，它以心理测量为基础，针对特定的管理目的，对人的素质进行多方面的综合评价。测评的内容包括知识、技能、人格特征、兴趣、动机等。

人的素质是一种特定的心理活动、心理现象，它具有内隐性、差异性和稳定性。尽管我们无法对人所表现出的全部行为进行测量，但我们却可以利用统计学原理对人的各种行为的强度、行为的频次、行为的效果进行测量与评估。值得一提的是，任何测评手段所做出的推论都不是百分之百的准确，而只是达到统计学上的显著性水平而已。

人才测评所依据的基本原理是人职匹配思想。该理论认为：个体差异是普遍存在的，每一个个体都有自己的个性特征，而每一个职位由于其工作性质、环境、条件、方式的不同，对任职者的能力、知识、技能、性格、气质、心理素质等会有不同的要求。进行招聘决策时，应该根据一个人的个性特征来选择与之相适应的职位种类，即进行人职匹配。如果匹配得好，则个人的特征与职业环境协调一致，工作效率和职业成功的可能性就大为提高。反之则工作效率和职业成功的可能性就很低。因此，对于组织和个体来说，进行恰当的人职匹配具有非常重要的意义。而进行人职匹配的前提之一是必须对个体的特性有充分的了解和掌握，人才测评正是了解个体特征的最有效方法。

人才测评的特点包括：

- 间接性：通过个体的外在行为模式推断其内在的心理特征。
- 相对性：心理测量的度量单位是相对的，是相对于所在群体而言的。
- 客观性：测验的编制、实施、计分和分数解释过程的一致性与客观性。

二、人才测评的基本原则

在人才测评的过程中，应准确把握以下原则，以取得良好的人才测评结果。

1. 普遍性与特殊性相结合

现代人才测评是针对一定职位的人员进行的，这就要求在设计测评要素和编制测评标准时，一方面要遵循测评工程的技术要求，另一方面也要充分体现工作岗位或职位的特点与要求。认真做好职位分析工作，是合理选择测评要素，保证测评效度的重要基础。

2. 测评与评定相结合

在对测评信息进行统计处理和解释测评结果时，要注意测量与评定相结合。测量是对人员素质或绩效的定量描述，而评定则是超过这一描述权衡其价值大小。在现代人才测评工程中，定量的测量和定性的评定是一个有机的整体，测量是评定的基础，评定是测量的继续和深化。没有准确客观的测量，就不会有科学合理的评定；同样，离开了科学合理的评定，即使有准确客观的测量也难以发挥有效的作用。

3. 科学性与实用性相结合

在进行人才测评时，一方面应尽可能提高测评的科学性，另一方面也不考虑现有的技术水平和测评条件，注重实用性。在实际测评工作中，应在这两者之间较好地谋求一种协调。那种只追求测评的科学性，而忽视现有的技术水平和应用条件，可能会导致对大量测评工作的抹杀，反而不利于测评的开展和测评的技术水平的进一步提高。

4. 精确与模糊相结合

在人才测评中，有些测评要素是可以很精确地进行测评的，例如机械推理能力；有些则是很难进行测评，例如口头表达能力和自我认识，这时就需要进行模糊测评。模糊测评有两种：一种是损失一定的精确性，寻求实用性；另一种是利用模糊数学原理进行貌似模糊，实则更精确的测评。在人才测评中应该是在模糊之中求精确，在精确之中蕴模糊。能精确处求精确，不能精确之处则模糊。精确测评与模糊测评相结合，应体现在测评要素的设计、标准的制定、方法的选择、信息分析、结合评定与解释的全过程中。

5. 静态与动态相结合

在现代人才测评中，静态与动态相结合的原则首先表现在测评要素和测评标准的设计与编制上，静态测评是以相对统一的测评方式在特定的时空条件下进行测评，不考虑测评要素的动态变化性。静态测评的优点是易于看清被测者之间的相互差异，以及他们是否达到了某种标准的要求，这样便于横向比较，其缺点是忽视了被测者的原有基础和今后的发展趋向。

人力资源猎头专家钟克峰先生认为动态测评则是从要素形成与发展的过程，以及前后发展的情况进行测评，这种动态测评有利于了解被测者的实际水平，但不利于对不同被测者测评结果的相互比较。静态测评与动态测评相结合还表现在测评方法的选择上。心理测验一般是静态的，而评价中心、面试与观察评定等技术具有动态性。在一次人才测评中，有的测评要素宜于用静态测评的方法进行测评，例如专业知识、能力倾向等；有的测评要素则宜于用动态测评的方法进行测评，例如决策能力、人际关系与合作等。

三、人才测评的流程

人才测评有其特定的操作流程，以下介绍的是具有普遍性的人才测评流程的几个核心步骤。

1. 明确人才测评目的

人才测评技术可以广泛应用于招聘、培训、考核、诊断和配置等目的，基于不同的测评目的，人才测评的侧重点会有所不同，所应用的手段与方法也会有所差异。因此，在开展人才测评活动前，首先要明确人才测评的目的，也就是“为什么要进行人才测评”。以招聘为目的的人才测评就是要在所有的应聘者中选拔出与职位的要求最匹配的候选人，即实现“人职匹配”。

2. 确定人才测评的指标

明确了人才测评的目标后，我们需要关注的第二个问题便是测评指标（或维度），即“测什么”。测评指标体系的建立应以工作分析与胜任力模型为基础，充分反映职位的要求；所设计的指标应适合所有测评对象，并可以辨别、比较和测量，且同一层次上的指标应相互独立，没有交叉；指标体系总体上要能全面地反映测评对象的主要特征，少精全，且要有条件、过程与结果三方面的指标，防止“短期行为”。

3. 设计并确定测评方法与测评题目

在人才测评的第三个步骤中，我们需要明确“用什么测”的问题，即采用什么样的方法、选择什么样的题目进行测评（详见本节第三部分）。由于每种测评工具都有其局限性，任何一个测评工具或方法都难以覆盖所有的测评维度，因此，大多数情况下，我们需要同时选择多种方法来达成一个测评目的。关于测评的题目，我们既可以选择自己开发，也可以考虑直接应用经典的测验题目。前者需要基于组织的实际情况来编制，更具针对性，但需要投入大量的时间和精力，信度和效度难以保证；后者往往省时省力，信度和效度已有验证，但过于通用的题目容易脱离企业的实际。组织可以根据自身的实际情况进行灵活的选择。

4. 测评方案的设计与实施

在这个环节，我们要解决的是“怎么测”的问题，即根据测评方法的特点及实际情况来决定测评的组织实施步骤与顺序。设计测评方案要根据“成本最低、时间最短、用人最少”的原则，精确地计算测评成本、准确地规划测评时间、合理地安排测评场地、详细地安排人员分工。在以招聘为目的的测评方案设计中，通常先采用简单的方法，后使用复杂的方法；先使用成本低的工具，后使用成本高的工具；先用群体测试的技术，后用个体测试的技术。

5. 测评报告与反馈

测评结束后，考官应对各项测评的结果进行统计，并在此基础上撰写测评报告。测评报告的内容因不同的测评目的而有所不同，但一般都包括：被测者基本信息、测评维度说明、被测者在每个项目上的表现、总体评价、发展建议等。当人才测评的对象是内部员工的时候，详细地反馈有利于被测者更好地认识自身的行为或心理表现，明确其发展目标；当招聘的对象是外部人员的时候，通常只需做出简单的反馈即可。

四、人才测评技术的主要方法及其在招聘中的应用

经过多年的发展，人才测评技术已呈现出形式更加多样、手段更加丰富、内容更加完备的诸多特点。最常用的人才测评技术包括：心理测验、面试和情境模拟技术。每一种测评技术均有其特定的测评项目或测评量表，每种测评量表或测评项目又都有其特定的测评维度。（详见表 4-2）

近年来，随着人们对人才测评技术的研究的不断深入，测评技术与手段不断推陈出新。基于心理测验、面试和情境模拟技术的混合型测评技术——评价中心越来越受到人们的青睐。

表 4-2　　测评技术、常见测评项目与测评维度

测评技术	测评项目/量表	适宜的测评维度
心理测验	卡特尔 16 种人格测验	乐群、稳定、敏锐、影响等 16 项
	管理人员个性测验	正性情绪倾向、负性情绪倾向、乐群等 13 项
	加州青年人格问卷	人际关系适应能力、社会化成熟度责任心及价值观、成就潜能与智能效率、个人生活态度与倾向等
	动机问卷	风险、权力、亲和、成就
	需求测试	生理、安全、归属与爱、自尊、自我实现
	多项能力职业意向咨询	语言、概念、数学、抽象、空间、机械
	数量分析能力测验	数量及数量关系的识别与分析能力
面试	结构化面试	综合分析、仪表风度、情绪控制、应变与动机匹配性
	模拟面谈	人际关系、理解、沟通、说服与影响力
情境模拟测试	公文筐测验	工作条理性、计划、预测、决策、沟通
	无领导小组讨论	组织行为、洞察、倾听、说服、感染、团队、成熟
	角色扮演	表达沟通、人际关系、思维反应等
	案例分析	分析、逻辑思维、独创、说服能力
	管理游戏	组织、理解、思维敏锐力、紧张情境下的效率等

（一）心理测验

心理测验（Psychological Test）是结合行为科学和数学以评价特定个体在特定素质上相

对于群体所处的水平的手段。心理测验能使一个受过培训的测验使用者对以下方面做出客观的基于统计的判断。

1. 能力

即一个人顺利完成某种活动所必需的，并直接影响活动效率的个性心理特征。人的能力分为一般能力和特殊能力。其中：一般能力是在不同种类的基本活动中表现出来的共同能力。包括观察力、想象力、思维力、言语能力、操作能力。这些能力是有效地掌握知识和顺利地完成活动所必不可少的心理条件，即使是最简单的活动，都不能缺少这些一般能力。通常所谓的智力，就是指一般能力。特殊能力是指从事某种专业领域所必需的专门能力或几种专门能力的综合体。任何一种专业活动都要求与该专业内容相符合的能力。如画家的色彩鉴别力、形象记忆力、空间想象力，均属于特殊能力。

瑞文标准推理测验即是一个经典的智力测验，它是一种非文字智力测验，主要测量的是人的天生智力水平，它能够测查出一个人的信息处理、推理思维、问题解决过程中表现出的能力，以及发展关系和利用自己所需信息有效适应社会生活等能力。它相对不受文化的影响，而决定于人们的天赋。例如，对关系的认识、类比、机械记忆能力、简单推理能力等，它不同于可习得智力，不是长期学习的结果而是天生的。

在人们的成长和发展中，这种天生的智力是获得其他才能的基础，有了它，人们才能进行有意义的记忆、学习、交往和获得新的技能。因此，它是人们至关重要的基本能力，是人们工作和学习的基础。预测效度的研究结果表明，瑞文测验成绩与学习相关较高：测验成绩较高可以认为具有了较高的智力素质，但其学习成绩不一定很高，这时要考虑其他因素的影响；瑞文测验成绩不高，甚至很低，其学习成绩一定不高。也就是说能力高工作不一定就能做好，但能力低工作一定做不好。

《瑞文标准推理测验》量表是英国著名心理学家 RAVEN 研制的，于 1938 年公布实行。年龄跨度 5～70 岁，既可用于个别测试，也可用于团体施测，是一种跨语言、跨文化的国际上比较流行的量表。主要通过图形的辨别，组合，系列关系等测试一个人的推理能力。

2. 人格

人格是个人独特的、稳定的对待现实的态度和习惯化的行为方式，是一个人区别于他人的稳定的心理特征，在不同的时间和地点，它都影响着一个人的思想、情感和行为，使他具有区别于他人的独特的心理品质。人格测验（Personality Test）也称个性测验。可以用来测量个体行为的独特性和倾向性等特征。最常用的方法有问卷和投射技术。问卷法由许多涉及个人心理特征的问题组成，进一步分出多个维度或分量表，反映不同的人格特征。常用的人格问卷有艾森克人格问卷（EPQ）、明尼苏达多项人格测验（MMPI）和卡特尔 16 因素人格测验（16PF）。投射技术包括几种具体方法，如罗夏克墨迹测验、逆境对话测验、语句完成测验等。

《卡特尔十六种人格因素测验》（16PF）是一个经典的人格测验，它是以著名心理学家 Raymend B. Cattell 的 16 种人格因素（16PF）为理论基础，运用一系列严密的科学手段研究出来的。Cattell 把对人类行为的 1800 种描述称为人格的表面特质，并将这种描述通过因素分析的统计合并成 16 种因素，称这 16 种因素为根源特质。他认为只有根源特质才是人类潜在的、稳定的人格特征，是人格测验应该把握的实质。这 16 种特性因素在任何一个人身上组合，就构成了有别于他人的独特人格。

16PF是用来测量人格特质的。该测验由美国伊利诺州立大学人格及能力测验研究所的卡特尔教授编制。16PF与其他类似的测验相较，能以同等的时间（约四十分钟）测量更多方面主要的人格特性。

具体来说，16PF直接测量的16种人格特征包括：

(1) 乐群性：描述是否愿意与人交往，待人是否热情；

(2) 聪慧性：描述抽象思维能力，聪明程度；

(3) 稳定性：描述对挫折的忍受能力，能否做到情绪稳定；

(4) 支配性：描述是否愿意支配和影响他人，是否愿意领导他人；

(5) 兴奋性：描述情绪的兴奋和活跃程度；

(6) 责任性：描述对社会道德规范和准则的接纳和自觉履行程度；

(7) 敢为性：描述在社会交往情境中的大胆程度；

(8) 敏感性：描述敏感程度，即判断和决定是否容易受到感情的影响；

(9) 怀疑性：描述是否倾向于探究他人言行举止之后的动机；

(10) 幻想性：描述对客观环境和内在的想象过程的重视程度；

(11) 世故性：描述是否能老练、灵活地处理事物；

(12) 忧虑性：描述体验到的烦恼和忧郁程度；

(13) 开放性：描述对新鲜事物的接受和适应程度；

(14) 独立性：描述独立程度，亦即对群体的依赖程度；

(15) 自律性：描述自我克制，自我激励的程度；

(16) 紧张性：描述生活和内心的不稳定程度，以及相关的紧张感。

除直接测量这16种人格特征外，卡特尔教授等人还发展出了一系列公式，利用前面16个量表的分数以及这些公式，还可以计算出一些二元人格特征，主要包括：

(1) 焦虑性：描述对现在环境的适应程度，是否感到焦虑不满；

(2) 外向性：描述性格特征的内向或者外向程度；

(3) 安详机警性：描述个体的情绪困扰程度，以及进取精神；

(4) 果敢性：描述做事情时的犹豫或者果断程度；

(5) 心理健康因素；

(6) 专业有成就者的个性因素；

(7) 创造能力个性因素；

(8) 在新环境中有成长能力的个性因素。

3. 职业兴趣

职业兴趣是兴趣在职业活动方面的一种表现形式，是复杂的职业特点与个人兴趣的多样性相互联系后所表现出的一种特殊的心理现象。兴趣在很长的时期内都是稳定的，并与某些领域的成功有关。一个人的职业是否成功，是否稳定，是否顺心如意，在很大程度上取决于其职业兴趣与职业类型之间的匹配情况。职业兴趣测试（Vocational Interest Tests）是用于了解一个人的兴趣方向以及兴趣序列的一项测试方法，它可以表明一个人最感兴趣的并最可能从中得到满足的工作是什么。但是兴趣不等于才能或能力，对这些特点的测试应与兴趣测试同时进行。目前，职业兴趣测验所遇到的问题是有经验的应答者可能会结合职位的需要回答测验题目，因此，测验结果往往不能真实地反映应答者的真实兴趣。目前，职业兴趣测验在职业发展方面的应用要多于在招聘方面的应用。

对职业兴趣以及相对应的职业类型划分的研究由来已久，其中影响最大、而且有配套的兴趣量表的，要属美国心理学家、职业指导专家霍兰德（John L. Holland）的相关理论。Holland把职业兴趣分为六种类型，分别为：现实型、研究型、艺术型、社会型、企业型和常规型。每种类型对应不同的特点和职业。

(1) **艺术型**（A）。

共同特征：有创造力，乐于创造新颖、与众不同的成果，渴望表现自己的个性，实现自身的价值。做事理想化，追求完美，不重实际。具有一定的艺术才能和个性。善于表达、怀旧、心态较为复杂。

性格特点：有创造性，非传统的，敏感，容易情绪化，较冲动，不服从指挥。

避免的活动：常规的和遵从已经建立的规则。

别人的评价：非传统的、无序的、创造性的。

典型职业：喜欢的工作要求具备艺术修养、创造力、表达能力和直觉，并将其用于语言、行为、声音、颜色和形式的审美、思索和感受，具备相应的能力。不善于事务性工作。

如：艺术方面（演员、导演、艺术设计师、雕刻家、建筑师、摄影家、广告制作人），音乐方面（歌唱家、作曲家、乐队指挥），文学方面（小说家、诗人、剧作家）。

注：通常在企业中艺术兴趣高的人倾向于理想化，做事追求完美。在企业中，艺术的测试不是指人们做艺术工作，而是工作中的艺术，倾向于将事情做得漂亮、有美感、有情调、锦上添花，追求完美。

(2) **社会型**（S）。

共同特征：喜欢与人交往、不断结交新的朋友、善言谈、愿意教导别人。关心社会问题、渴望发挥自己的社会作用。寻求广泛的人际关系，比较看重社会义务和社会道德。

性格特点：为人友好、热情、善解人意、乐于助人。

避免的活动：机械或者技术活动。

别人的评价：善于照顾人的、使人愉快的、外向的。

典型职业：喜欢要求与人打交道的工作，能够不断结交新的朋友，从事提供信息、启迪、帮助、培训、开发或治疗等事务，并具备相应能力。

如：教育工作者（教师、教育行政人员），社会工作者（咨询人员、公关人员）。喜欢从事社会福利工作。乐意帮助他人，试图改善他人的状况，帮助他人排忧解难，相应的职业，如律师、咨询人员、科技推广人员、医生、护士等。

(3) **现实型**（R）。

共同特征：愿意使用工具从事操作性工作，动手能力强，做事手脚灵活，动作协调。偏好于具体任务，不善言辞，做事保守，较为谦虚。缺乏社交能力，通常喜欢独立做事。

性格特点：塌实稳重、诚实可靠、感觉迟钝、谦逊的，不讲究的。

避免的活动：与他人交往。

别人的评价：坦率的、注重实际的，技艺精湛的。

适合的职业：喜欢使用工具、机器，需要基本操作技能的工作。要求具备机械方面才能、体力、或从事与物件、机器、工具、运动器材、植物、动物相关的职业有兴趣，并具备相应能力。

如：技术性职业（计算机硬件人员、摄影师、制图员、机械装配工），技能性职业（木匠、厨师、技工、修理工、农民、一般劳动）。

(4) **研究型**（I）。

共同特征：思想家而非实干家，抽象思维能力强，求知欲强，肯动脑，善思考，不愿动手。喜欢独立的和富有创造性的工作。知识渊博，有学识才能，不善于领导他人。考虑问题理性，做事喜欢精确，喜欢逻辑分析和推理，不断探讨未知的领域。

性格特点：坚持性强，有韧性，喜欢钻研。为人好奇，独立性强。

避免的活动：说服或者销售活动。

别人的评价：不善社交的、有智慧的。

典型职业：喜欢智力的、抽象的、分析的、独立的定向任务，要求具备智力或分析才能，并将其用于观察、估测、衡量、形成理论、最终解决问题的工作，并具备相应的能力。

如：科学研究人员、教师、工程师、电脑编程人员、医生、系统分析员。工作中调研兴趣强的人做事较为坚持，有韧性，善始善终。

(5) **企业型**（E）。

共同特征：追求权力、权威和物质财富，具有领导才能。喜欢竞争、敢冒风险、有野心/抱负。为人务实，习惯以利益得失、权利、地位、金钱等来衡量做事的价值，做事有较强的目的性。

性格特点：善辩、精力旺盛、独断、乐观、自信、好交际、机敏、有支配愿望。

避免的活动：科学的、深奥的论题。

别人的评价：有活力的、合群的、有领导气质的。

典型职业：喜欢要求具备经营、管理、劝服、监督和领导才能，以实现机构、政治/社会及经济目标的工作，并具备相应的能力。

如：项目经理、销售人员、营销管理人员、政府官员、企业领导、法官、律师。

附：工作中通常要求管理人员和销售人员要有较强的企业兴趣，企业兴趣强则做事目的性强，务实，推动性也较强。

(6) **常规型**（C）。

共同特征：这类人喜欢常规的，有规则的活动，喜欢按照预先安排好的程序工作。尊重权威和规章制度，细心、有条理，习惯接受他人的指挥和领导，自己不谋求领导职务。喜欢关注实际和细节情况，通常较为谨慎和保守，缺乏创造性，不喜欢冒险和竞争，富有自我牺牲精神。

性格特点：有责任心、依赖性强、高效率、稳重踏实、细致、有耐心。

避免的活动：不明确的、无结构的任务。

别人的评价：谨慎的、顺从。

典型职业：喜欢要求注意细节、精确度、有系统有条理，具有记录、归档、据特定要求或程序组织数据和文字信息的职业，并具备相应能力。

如：邮件分类，档案管理，办公室工作、打字、统计/秘书、办公室人员、记事员、会计、行政助理、图书馆管理员、出纳员、打字员、投资分析员。常规型的人做事有耐心、细致。

霍兰德职业兴趣测验能够帮助企业准确地把握应聘者的职业兴趣，以及他未来可能的职业发展方向，从而招聘到适合企业各类职位的人才，而且应聘者更倾向于稳定、长期的效力于企业。

4. 动机

动机是引起、指引人们从事某种活动的内在动力，它可以用来解释或说明个体行为的原因或理由。正如麦克莱兰所言："真正能够对绩效产生影响的因素是内驱力，而不是传统意义上所理解的知识、技能等显性因素。"而内驱力在很大程度上强调的就是被试者的动机、个性、价值观等。由于先天和后天环境的交互作用，每个人的动机水平都不相同，通常稳定在一个恒定的水平和模式上，影响个体在何种工作环境中能够感到愉悦和压力。

施恩的职业锚测验即可在一定程度上反映出一个人在面临困难的职业选择时无论如何都不会放弃的东西，它是一个人职业价值观的综合体现。

职业锚，是指个体在面临职业选择的时候，他无论如何都不会放弃的至关重要的东西或价值观，是通过自我反省而形成的内心深层次价值观、能力和动机的整合体，是以人们实际的生活经历、工作经历和他人的反馈为基础形成的，体现了"真实的自我"。

职业锚理论是由美国 E. H. 施恩（Edgar H. Schein）教授经过长达 12 年的研究与调查后提出的。经过不断的发展与完善，1990 年，施恩将职业锚拓展为八种。此后相续开展的研究表明，以下八种职业锚可以概括所有的锚位：

(1) **技术 / 职能型**（Technical/Functional Competence）。

技术/职能型的人，追求在技术/职能领域的成长和技能的不断提高，以及应用这种技术/职能的机会。他们对自己的认可来自他们的专业水平，他们喜欢面对来自专业领域的挑战。他们一般不喜欢从事一般的管理工作，因为这将意味着他们放弃在技术/职能领域的成就。

(2) **管理型**（General Managerial Competence）。

管理型的人追求并致力于工作晋升，倾心于全面管理，独自负责一个部分，可以跨部门整合其他人的努力成果，他们想去承担整个部分的责任，并将公司的成功与否看成自己的工作。具体的技术/功能工作仅仅被看作是通向更高、更全面管理层的必经之路。

(3) **自主 / 独立型**（Autonomy Independence）。

自主/独立型的人希望随心所欲安排自己的工作方式、工作习惯和生活方式。追求能施展个人能力的工作环境，最大限度地摆脱组织的限制和制约。他们宁愿放弃提升或工作扩展机会，也不愿意放弃自由与独立。

(4) **安全 / 稳定型**（Security Stability）。

安全/稳定型的人追求工作中的安全与稳定感。他们可以预测将来的成功从而感到放松。他们关心财务安全，例如：退休金和退休计划。稳定感包括诚信、忠诚以及完成老板交待的工作。尽管有时他们可以达到一个高的职位，但他们并不关心具体的职位和具体的工作内容。

(5) **创业型**（Entrepreneurial Creativity）。

创业型的人希望使用自己能力去创建属于自己的公司或创建完全属于自己的产品（或服

务），而且愿意去冒风险，并克服面临的障碍。他们想向世界证明公司是他们靠自己的努力创建的。他们可能正在别人的公司工作，但同时他们在学习并评估将来的机会。一旦他们感觉时机到了，他们便会自己走出去创建自己的事业。

(6) **服务型**（Service Dedication to a Cause）。

服务型的人指那些一直追求他们认可的核心价值，例如：帮助他人，改善人们的安全，通过新的产品消除疾病。他们一直追寻这种机会，这意味着即使变换公司，他们也不会接受不允许他们实现这种价值的工作变换或工作提升。

(7) **挑战型**（Pure Challenge）。

挑战型的人喜欢解决看上去无法解决的问题，战胜强硬的对手，克服无法克服的困难障碍等。对他们而言，参加工作或职业的原因是工作允许他们去战胜各种不可能。新奇、变化和困难是他们的终极目标。如果事情非常容易，它马上变得非常令人厌烦。

(8) **生活型**（Lifestyle）。

生活型的人是喜欢允许他们平衡并结合个人的需要、家庭的需要和职业的需要的工作环境。他们希望将生活的各个主要方面整合为一个整体。正因为如此，他们需要一个能够提供足够的弹性让他们实现这一目标的职业环境。甚至可以牺牲他们职业的一些方面，如：提升带来的职业转换，他们将成功定义得比职业成功更广泛。他们认为自己在如何去生活，在哪里居住，以及如何处理家庭事情，及在组织中的发展道路是与众不同的。

（二）面试

大家对面试这一词汇一定都不陌生，全球约有80%的组织将面试技术应用于招聘过程中。但实践中，很多人对面试的理解是片面的或偏颇的。从广义上讲，面试包含一切可以当面演练的形式，包括无领导小组讨论、角色扮演等；从狭义上讲，面试即是面对面口试，是你问我答的过程。

1. 面试的形式

从不同的角度可以对面试做不同的分类，以下几种形式是最常见的面试形式：

(1) 结构化面试。

它是指面试前即对面试所涉及的题目、维度、评分标准等进行系统的结构化设计的一种面试方式。它的特点是评价标准统一、题目统一、面试过程具备结构化的特点，对所有被面试者而言相对公平，但不允许追问的要求，限制了面试官深入了解被面试者的准确信息。

(2) 半结构化面试。

它是指在面试前只对面试的部分因素进行统一规定，面试题目可以根据被试者的不同情况而于面试过程中灵活变化。这种方式在招聘的过程中经常被采用，原因是面试官不仅有统一的面试维度、评分标准和面试题目做参考，以确保面试的相对公平性，还可以根据现场情况灵活地进行有针对性地追问，以提高面试的准确性和深入性。

(3) 行为面试。

在行为面试中，考官提出的所有问题都要求被试者回答出具体的行为，即“你曾经做过什么可以证明你具有某项能力”。行为面试基于的假设条件是“被试者过去的行为是对其未来表现的最好预测。”行为面试的预测效度较高，但接受过专业训练的人员可以很好地回答相关问题，从而影响到面试的质量。

（4）情境面试。

情境面试与行为面试的类似之处在于：两者都需要被面试者在回答问题时说出具体的行为。但前者侧重于“过去你做了什么”，而后者则侧重于“假设出现某一具体情境，如果你担任某一角色，你将会怎样做”。通过情境面试，面试官可以很好地判断被面试者的应变能力与对某项工作的具体经验。

（5）压力面试。

考官给被试者提出比较紧迫或完成起来比较困难的任务，要求被试者作答。它非常适用于考察被试者的情绪稳定性或压力应对能力。

2. 面试的流程

科学、严谨的面试流程是确保面试成功的关键。一般的面试均要经历以下几个关键环节。

（1）了解面试对象。

面试前充分了解被面试者的教育背景和工作经历，有利于设计出与应试者相适应的面试题目。

（2）明晰面试维度。

面试维度是基于工作分析和胜任力模型而确定的，在面试维度确定后，还需给每个维度赋予准确的定义，并建立相应的评价标准。

（3）设计面试题目。

面试题目的类型包括：导入性问题、行为性问题和智能性问题等。通常，面试前需要通过梳理面试维度、分析待测岗位的关键事件来形成题干，并根据行为面试的要求，设计追问问题。

（4）面试实施前的准备。

面试实施前，应根据面试的设计与安排，组织面试官培训，并根据被面试者的数量与面试形式的需要，做好场地准备、文件准备和面试人员的组织安排。

（5）面试评价与面试报告。

面试评价是指面试官将面试前确定的评价标准与被试者在面试中实际表现的素质进行对比，并对被试者表现出的能力素质进行量化与评价的过程。必要时，还需为所有被试者撰写详细的面试报告。

（三）情境模拟

所谓情境模拟，就是通过创造一个与被试者现在或未来工作环境高度相似的场景，让被试者在特定场景中完成一系列的任务，考官观察被试者在完成任务过程中的行为与心理表现，对被试者的素质及其潜力进行科学评价的过程。

情境模拟测试的方法包括：无领导小组讨论、公文筐测验、角色扮演与模拟面谈、管理游戏、案例分析、演讲等。

1. 无领导小组讨论

无领导小组讨论是当代一种常用的测评技术，对于评价管理者的领导技能非常有效，但对于评价行政事务性人员的针对性和有效性不高。近年来，这种测评技术在应届毕业生的选拔中应用得也越来越频繁。它的具体做法是在规定的时间里，在特定的背景下，要求5—7名被试者就某一特定题目展开讨论，最终达成小组的统一意见。考官会在被试者讨论的过程中进行同步观察，并判定每个被试者的素质水平。

无领导小组讨论适合测查的维度包括：组织管理能力、领导能力、人际交往的意识与技巧、想象能力、对资料的利用能力、辩论说服能力以及非言语的沟通能力（如面部表情、语调、语速、手势、身体姿势）、自信心、进取心、责任感、灵活性、主动性以及团队精神等个性方面的特点及风格。

无领导小组讨论给每个被评价者提供了一个充分展现其才能与人格特征的舞台，使被评价者的特点可以得到淋漓尽致地表现；另外，无领导小组讨论可以同时考察若干名被评价者，便于横向比较，操作起来比较灵活。

2. 公文筐测验

公文筐测验是根据特定的背景信息，让被试者扮演一个角色，处理来自组织内部、外部、上级、下级、紧急与非紧急、正式与非正式的文件。

公文筐测验形式灵活、效率高、普遍适应性强、具有较高的仿真性，且开放的题目设计有利于全面了解被试者与职位相关的各项素质。但是，公文筐测验的题目编制成本高、评价标准缺乏客观性、无法测验人际沟通能力，且测试与评价的时间较长。

目前，公文筐测验在管理人员的选拔与培训中应用广泛。

3. 角色扮演与模拟面谈

角色扮演主要是用以测评人际关系处理能力的一种情景模拟活动。在这种活动中，向被试者描述一种假想的人际情境，让被试者想象它真的发生了，并按要求做出行为反应，考官则对被试者的言语和非言语行为及行为的有效性进行评定。模拟面谈是传统面试技术和情境模拟测试方法的一种结合，或者也可理解为是一种在面试技术中引入情境模拟的技术观点。模拟面谈也是对被试者进行的以人际关系处理能力为主体的一种测试方法。模拟面谈要求被试者根据特定的情境，担任一个角色，去处理冲突或矛盾的问题，考官对被试者处理问题的过程进行观察，以此对被试者的素质进行评估。在实践操作过程中，这两种测试方法基本一致。

4. 管理游戏

管理游戏是情境模拟测试中的一个团体测试项目，又称商业游戏。经常采用的管理游戏有三种形式。

（1）最简单的游戏形式是将被试者按三人一组分开。要他们共同讨论有关生产、市场、销售以及财务等方面的问题。通过这种活动，可以评价被试者的组织能力、理财能力、思维敏锐力、紧张情境下的效率、适应能力及领导力等。

（2）比较复杂的游戏形式是将游戏分为三个单元，每个单元的任务与要求各不相同，让一组被试者（通常为5人）按照不同的分工模式完成任务。将每个单元被试者的表现及其任务结果与另外单元进行对比分析，发现每个被试者的特点。这种方式主要用于被试者进行自我评估。

（3）最复杂的形式是考官给所有的被试者分配不同的角色，并且根据任务配备道具，被试者根据考官设定的游戏规则完成三个阶段的任务，通过被试者协同工作最终完成全部任务。

考官对游戏的全过程进行观察，对每个被试者的语言及非语言行为进行观察与评价。这类管理游戏多用于团队配置与团队诊断的项目。

5. 案例分析

案例分析是考官提供给被试者一份有关组织的情况说明，其中会给出组织的现状及亟待解决的问题，要求被试者进行分析并做出书面或口头报告。

案例分析的特点是案例与岗位情境高度相似，测试过程简单、时间短，可以测试的维度范围广泛，测试方式灵活，且兼容性强，当这种方法与其他测试方法有机结合时，测试效果会更好。

6. 演讲

演讲即被试者按照考官提供的材料组织观点，并且向考官阐述自己的观点和理由。在被试者演讲之后，考官要向被试者提问。这种测评方法可以考查被试者的分析推理能力、语言表达能力以及在压力下的反应能力。考官可以从语言表达、仪态举止、口头表达能力等方面对被试者的表现做出评价。在测评实践中，演讲技术一般与案例分析技术结合使用。

7. 评价中心技术

评价中心是管理心理学在最近50年的时间里研究的主要方向。它是一种集合了多种测试方法，由多位考官对被试者在测试过程中的行为表现进行共同评价，以情境模拟技术为主体的综合性测评技术。

在评价中心技术中，特别强调多种方法的有机结合、多位考官的共同评价、根据职位的需求进行个性化设计以及设计的情境与工作情境高度相关这四个关键特征。

评价中心技术的主要工具包括心理测验、面试技术和情境模拟技术等。它的优点包括综合性、全面性、针对性、动态性与预测性。它的缺点是时间长、成本高、组织过程复杂。

将评价中心技术应用于招聘管理中时，其中的情境模拟过程能够生动地展示被试者在未来工作职位上的表现，可以清晰地展现被试者会如何处理未来工作中的棘手问题，通过对被试者之间的行为及行为结果的比较，考官们一般情况下都能准确地甄别出职位的最佳人选。但由于评价中心的成本较高，因此，实践中企业界通常只将这种技术应用于选拔中高层管理人员的过程中。

【本章小结】

在组织的人力资源管理活动中，招聘是一项普遍且重要的工作。美国专家研究证明：“错误地选拔一个员工，给组织带来的直接经济损失是该岗位年薪的50%以上，并且职位越高损失越大，任职时间越长损失越大。”因此，组织在进行招聘的过程中，应以工作分析与胜任力模型为基础，本着人职匹配的原则，设计能反映职位的胜任力要求的测评维度，组合运用多种专业的人才测评工具与方法，确保每一测评维度均有一种（最好是两种）以上的方法对其进行测评，然后本着“成本低、效率高、用人少”等原则安排测评的流程，并结合测评维度与标准对所有应试者做出客观的比较与判断，尽量避免招聘误区。

【管理工具包—模板】

1. 面试评分表。

项目	客户导向	团队合作	主动积极	关系管理	商业敏锐性	文化适应性	个人信誉和影响	结果导向
面试官 A	5	3	5			4		
面试官 B	4			3		2		5
面试官 C			3	2	1		3	
面试官 D		4			3		3	3
单项得分	4.5	3.5	4	2.5	2	3	3	4

注：上例是一个汽车销售公司客户服务经理的面试评分表，表中列示了该职位的八个面试维度，以及每位面试官对该位应试者在某个维度上的打分（由于各位面试官的专业背景不同，因此，每位面试官只负责对他所专长的维度进行评估，但整体上，要确保每个维度有两个以上的面试官进行打分）。单项得分是所有参与该维度评估的面试官所给出的成绩的平均值。

2. 面试成绩汇总表。

项目	客户导向	团队合作	主动积极	关系管理	商业敏锐性	文化适应性	个人信誉和影响	结果导向	总分
被试者甲	4.5	3.5	4	2.5	5	3	3	4	3.7
被试者乙	2	2.5	0	3	2	2	4	2	2.2
被试者丙	5	2	3	2	1	3	3	4	2.9
被试者丁	4.5	4	2.5	3.5	3	2.5	3	3	3.3

注：上例是一个汽车销售公司客户服务经理的面试成绩汇总表，表中列示了该职位的八个面试维度、每位被试者在每个维度上的得分，以及每个被试者的最终得分（即总分，由应试者在每个维度上的得分平均而得，也可根据每个维度的重要性差异，以加权平均的方法计算每个被试者的总分）。

【思考题】

1. 组织通常在何时进行招聘？

2. 人员选聘的标准是什么？

3. 招聘中的首因效应、刻板效应与近因效应分别指什么？如何避免？

4. 什么是胜任力？什么是冰山模型？胜任力模型的构建有哪些常用方法？

5. 内部招聘与外部招聘的优缺点是什么？

6. 甄选与录用的流程是什么？

7. 如何进行招聘效果评估？

8. 什么是人才测评？什么是心理测验？

9. 人才测评的流程是什么？

10. 面试的形式有哪些？行为面试与情境面试有何区别？

11. 无领导小组讨论与公文筐测试分别适用于哪些对象？它们各自适合对哪些维度进行测评？

12. 什么是评价中心技术？

第五章 绩效管理

●单元概述

绩效管理是有效调动组织资源，激发组织成员的积极性和创造性，达成组织战略目标不可或缺的方法与手段。本章从绩效管理的概念出发，系统地介绍了绩效管理的基本流程及各主要环节的实施工具、方法与技巧。

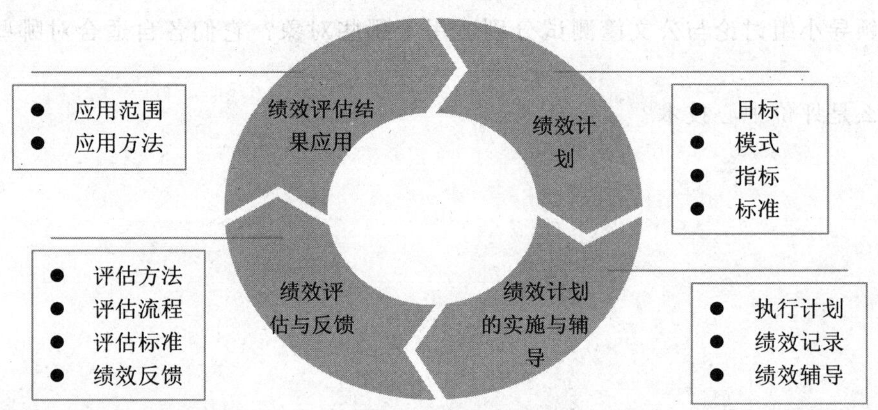

●知识要点及掌握程度

5.1 绩效管理概述 [记忆]
5.2 绩效管理的流程 [运用]
5.3 绩效管理的方法 [分析]

●能力要点及掌握程度

根据大连东软信息学院 TOPCARES－CDIO 的能力指标体系，裁剪出本章所要培养的能力要点及其掌握程度。

人力资源管理主要功能模块的管理与实施知识 [重要]
分析问题 [重要]
解决方法和建议 [重要]
讨论任务安排的主次 [中等]
团队工作运行 [中等]

设计过程 ［中等］

设计实施过程 ［中等］

●教学重点与难点

1. 教学重点

（1）绩效管理的目标和原则

（2）常见的绩效管理方法，如：平衡计分卡、目标管理法、关键绩效指标法

（3）绩效管理的一般流程，特别是绩效计划与绩效评估环节

（4）绩效管理中的注意事项与技巧

2. 教学难点

（1）绩效计划

（2）绩效评估

●教学设计与实施方法

1. 教学设计

（1）激趣：通过管理寓言启动本章的学习，激发学生的学习兴趣。

（2）引思：结合管理寓言，引发学生思考绩效、绩效管理的概念及有效实施绩效管理的方法。

（3）精讲：系统介绍绩效管理的相关概念、流程、工具与方法。

（4）实践：要求学生完成实践环节项目，并在"做中学"中巩固和运用所学知识。

（5）总结：归纳总结知识点及学生在实践中存在的问题。

2. 实施方法

本章建议采用如下教学方法：讲授教学法、讨论教学法、探究教学法和问题教学法。

●实践环节设计

1. 单元项目一：制定绩效计划

请各虚拟公司根据贵公司的愿景、使命与目标，共同讨论确定贵公司本年度的整体经营计划，并以此为基础制定贵公司的年度绩效计划，然后据此分解出各部门及部门内每个人的年度绩效计划。

要求：

（1）选用一种恰当的绩效管理工具。

（2）说明你的编制思路。

（3）绘制出各层次（公司、部门、个人）的绩效计划表。

2. 单元项目二：绩效辅导与反馈

安排学生随堂进行有的放矢游戏，并请学生总结绩效辅导的成功要求与实施技巧，然后安排两组同学对以下几种情形实施绩效辅导与反馈：

（1）英雄主义者

（2）推土机

(3) 叛逆者

(4) 实力主义型秀才

(5) 悲观主义者

(6) 本垒打·击球手

●目标达成度检验(教学效果评估)

1. 知识要点测评

要求学生完成课后习题,并参考标准答案进行自评。

2. 能力要点测评

(1) 要求学生利用课余时间完成实践环节单元项目一,并于下次课进行当堂展示,再由各小组进行交叉互评,教师给出专业意见与评分。每个小组再根据本组得分,以及各位组员在完成本次团队项目时的表现确定组内各成员本次实践项目的得分。

(2) 要求学生随堂演练单元项目二,由教师进行当堂点评与打分。

●教材具体内容

【引子——管理寓言】

森林里,一只猎狗正在追赶一只兔子,但刚刚追出500米,猎狗就停下了脚步,旁观这一场景的山羊对猎狗说:“你们两个可真奇怪,个子小的反倒跑得快得多。”猎狗不屑地说:“你不知道,我们两个跑的目的是完全不同的!我仅仅是为了一顿饭,它却是为了性命!”在一旁的猎人听到这一对话后,深有感触:“猎狗说得多对啊。我要是想得到更多的猎物,就得想个好法子。”

第二天,猎人向所有猎狗宣布:“从即日起,凡是能够捉到兔子的,就可以得到几根骨头,捉不到的就没有饭吃!”起初,这一新政收效明显,猎狗们纷纷为了自己的口粮努力捕获猎物。但渐渐地,猎人感到有几分蹊跷,“为什么猎狗所捉到的兔子越来越小了?”于是,猎人找猎狗查问原因,猎狗坦诚地回答说:“大兔子非常难捉到,小兔子却很好捉。但捉到大兔子和捉到小兔子得到的骨头差不多。我们为什么要费那么大的劲儿去捉那些大的兔子呢?起初,只有一只聪明的猎狗发现了这个秘密,慢慢地,大家都发现了这个窍门。”猎人深受启发,立刻将奖励的依据由兔子的数量调整为兔子的重量,随后,猎物的重量有明显变化。

岂料,好景不长,猎人又发现了新的问题:最近一段时间,经验丰富的猎狗工作积极性每况愈下,甚至有几只资深的猎狗还提出了辞职。这些新问题令猎人深感不安,他即刻找来几只资深猎狗谈话。猎狗被猎人的诚意打动,解释说:“我们把最好的时光都奉献给了您,主人,但是我们会变老。当我们捉不到兔子的时候,您还会给我们骨头吃吗?我们这么努力,只得到几根骨头,而我们捉到的猎物远远超过了这几根骨头,所以,有些猎狗会考虑自己创业。”

猎人再次陷入了沉思中,资深猎狗的辞职不仅会影响其他猎狗的稳定性,而且还将带来新的市场竞争,这一局面必须得到扭转。于是,猎人再次召开了全体猎狗会议,并宣布了新政:“如果猎狗捉到的兔子总重超过A,即使以后捉不到兔子,每顿饭也可以得到一定数量的骨头;如果猎狗捉到的兔子总重超过B,除骨头之外,猎狗还可以获得其所猎获的兔肉总量的 a%，而且随服务时间的加长，猎狗有权分享猎人拥有的兔肉总量的 b%……”新政颁布后，猎狗们士气大振，连原先已离队的猎狗也纷纷要求重新归队……

从猎人与猎狗的故事中，你得到了哪些启示？

1. 什么是绩效管理？

2. 绩效的决定因素有哪些？

3. 你认为绩效管理的关键成功要素是什么？

如何有效地调动组织成员的积极性，持续提高其绩效水平，从而达成组织的愿景、使命与目标，无疑是所有组织共同关注的热点问题。然而，一项针对中国近千家企业所做的调研结果显示，虽然 93%的企业实施了正式的绩效管理程序，但 89%的企业认为其绩效管理并未达到预期的目的与期望。绝大多数接受调查的企业管理者承认，他们在实施绩效管理的过程中常常感到力不从心，与此同时，多数员工认为本企业的绩效管理有严重缺陷。

绩效管理的重要性不言而喻，但念好绩效管理这本难念的经仅有决心与勇气是不够的，它还需要组织中各层次的员工对绩效管理有正确的认识，并掌握正确的方法、技术与技巧。

第一节 绩效管理概述

管理大师彼得·德鲁克曾经指出：“所有组织都必须思考‘绩效’为何物，这在以前简单明了，现在却不复如是。策略的拟订越来越需要对绩效的新定义。”

一、绩效的含义与驱动因素

（一）绩效的含义

亚里士多德曾经说过：“世上最难的工作莫过于下定义了。”但有时下定义又是一切工作的前提。目前，学界对绩效（Performance）这一概念的界定主要有三种观点：

一种观点认为绩效是结果。Femadin 等（1995）认为，“绩效应该定义为工作的结果，因为这些工作结果与组织的战略目标、顾客满意感及所投资金的关系最为密切”。Kane（1996）指出，绩效是“一个人留下的东西，这种东西与目的相对独立存在”。从这些定义不难看出，“绩效是结果”的观点认为，绩效是工作所达到的结果，是一个人的工作成绩的记录。

另一种观点认为绩效是行为。随着人们对绩效问题研究的不断深入，人们对绩效是工作成绩、目标实现、结果、生产量的观点不断提出挑战，普遍接受了绩效的行为观点，即“绩效是行为”。支持这一观点的主要依据是：许多工作结果并不一定是个体行为所致，可能会受到与工作无关的其他因素的影响；员工没有平等的完成工作的机会，并且在工作中的表现不一定都与工作任务有关；过分关注结果会导致忽视重要的行为过程，而对过程控制的缺乏会导致工作成果的不可靠性，不适当地强调结果可能会在工作要求上误导员工。认为“绩效是行为”，并不是说绩效的行为定义中不能包容目标，Murphy（1990）给绩效下的定义是：“绩效是与一个人在其中工作的组织或组织单元的目标有关的一组行为”。Campbell（1990）指出，“绩效是行为，应该与结果区分开，因为结果会受系统因素的影响”。他在 1993 年给绩效下的定义是，“绩效是行为的同义词，它是人们实际的行为表现，而且是能观察得到的。就定义而言，它只包括与组织目标有关的行动或行为，能够用个人的熟练程度（即贡献水平）来评定等级（测量）。绩效不是行为的后果或结果，而是行为本身……绩效由个体控制下的与目标相关的行为组成，不论这些行为是认知的、生理的、心智活动的或人际的”。Borman 和 Motowidlo（1993）则提出了绩效的二维模型，认为行为绩效包括任务绩效和关系绩效两个方面，其中，任务绩效指所规定的行为或与特定的工作熟练有关的行为；关系绩效指自发的行为或与非特定的工作熟练有关的行为。

还有一种观点不再认为绩效是对历史的反映，而是强调员工的胜任力与绩效的关系。随着知识经济时代的到来，评价并管理知识型员工的绩效给组织的绩效管理带来了新的挑战。管理学家斯蒂芬·罗宾斯的研究结论表明：将胜任力特质作为评价员工绩效水平的标准已经越来越受到组织的重视。“绩效即胜任力”这一观点强调任职者的胜任力是绩效的关键驱动因素（Cripe，1997）。“使用基于胜任力的绩效管理办法，既可以吸引组织外部的求职者，也可以提升组织内部员工的留任率”（戴维·杜波依斯等，2006）。

在实际应用中，对绩效的理解可能是以上三种认识中的一种，也可能是对各种绩效概念的综合平衡。但绩效只有经过评价才能对管理决策产生影响，因此，本书认为，绩效是经过评价的工作行为、胜任力及其工作结果。下表列示了其他一些常见的相关概念及其含义，但它们都无法取代“绩效”这一称谓的权威性与完整性。

表 5-1　　绩效及其相关概念

名称	含义	备注
实绩	着重强调的是个人所处职位要求的工作任务的完成情况	见于《中华人民共和国公务员法》
效绩	是指一定经营期间内的企业经营效益和经营者业绩	财政部统计评价司定义
业绩	强调行为活动的结果，却忽视了行为活动的过程	在财会领域应用较广泛

注：根据方振邦《战略性绩效管理》第一章的相关内容改编

在一个组织中，绩效包括组织绩效、团队绩效和个人绩效三个层次。其中，组织绩效指的是组织整体的绩效，即组织整体的业绩表现；团队绩效指的是组织中以团队或部门为单位的绩效，即团队的工作行为及其结果；个人绩效指的是各个岗位的任职者的绩效，即个人的工作行为、结果及潜能。

（二）绩效的驱动因素

无论是组织、团队还是个人，其绩效优劣均将受到多种因素的影响。其中：影响组织绩效的因素主要包括人力成本、组织知识创造力和市场导向等；影响团队绩效的因素主要包括团队共享心智模型、组织公民行为、团队反思、团队冲突和团队社会资本等方面。

相对而言，学界对组织绩效和团队绩效的驱动因素关注较少，而对员工绩效驱动因素的研究成果更加丰富。总体而言，员工绩效主要受到员工的技能、组织的激励机制与手段、组织内外部的环境及机会等因素的影响。

(1) 技能。技能是指掌握和运用专门技术的能力，它是通过练习获得的能够完成一定任务的动作系统。影响员工技能的因素包括智力、经验、教育和培训等。因此，组织在人员选聘的过程中即应采用信度、效度较高的测评工具，甄选出符合职位需求的高技能员工。但是，人的技能并非一成不变，有效的教育培训能够帮助员工提高技能水平。

(2) 激励。激励本是一个心理学概念，它表示某种动机产生的原因。当人的动机被激发后处于活跃状态时，对行为有着强大的内驱力，会促使人们为期望和目标而努力。激励这个概念被用于人力资源管理，是指用各种有效的方法去调动员工的积极性和创造性，使员工努力去完成组织的任务，实现组织的目标。因此，为了使激励手段能够真正发挥作用，进而提高员工的绩效水平，组织应根据员工个人的需求选择适当的激励方法与手段。

(3) 环境。组织内部与外部的环境将在不同程度上影响员工的绩效。组织内部的环境一般包括：工作场所的硬件环境；工具、设备、原材料等资源配备；组织的职位、薪酬、绩效、招聘、培训与开发等管理机制；企业文化与组织氛围等。与此同时，组织外部的政治、经济、文化与同行业竞争等因素也将对员工的绩效产生直接或间接的影响。

(4) 机会。我们在生活中不时地要与偶然性打交道。不期而遇的偶然机会，可以帮助人们渡过难关，也可能使人陷入困境，甚至决定一个人一生的命运。至于偶然性因素影响各层次绩效的例子更是屡见不鲜。

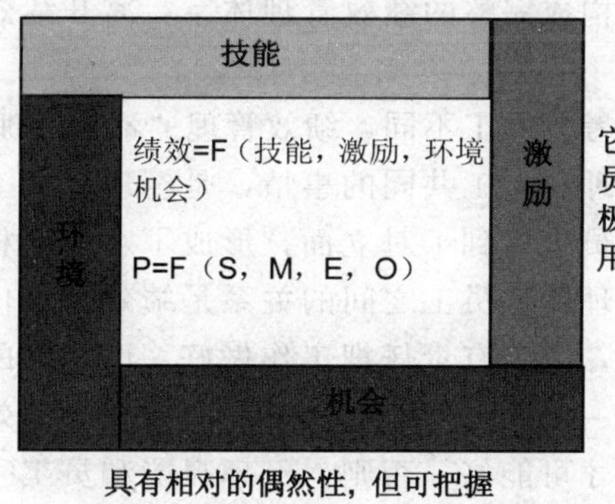

图 5-1 影响绩效的主要因素

（三）绩效的性质

绩效具有多因性、多维性和动态性。

1. 多因性

多因性是指员工的绩效高低受多方面因素影响，主要有四方面：技能（技能是指个人的天赋、智力、教育水平等个人特点）、激励（员工工作的积极性，员工的需要结构、感知、价值观等）、机会（承担某种工作任务的机会）、环境（工作环境，包括文化环境、客观环境等）。

2. 多维性

多维性是指需要从多个不同的方面和维度对员工的绩效进行考评分析。不仅考虑工作行为还要考虑工作结果，如在实际中我们不仅要考虑员工产量指标的完成情况，还要考虑其出勤、服从合作态度、与其他岗位的沟通协调等方面，综合性地得出最终评价。

3. 动态性

由于绩效具有多因性，并且这些因素处于不断变化中，因此绩效也会不断发生变化。

二、绩效管理的含义及其价值

绩效管理是企业整体范围内的一种长期的管理内容，它提供了一种将公司战略统一、连续地得到贯彻执行的有效方法。

（一）绩效管理的含义

绩效管理是通过在员工与管理者之间达成关于目标、标准和所需能力的协议，在双方相互理解的基础上使组织、团队和个人取得较好工作结果的一种管理过程。即管理者用来确保员工的工作活动和工作产出与组织的目标保持一致的手段及过程。一个组织中的绩效管理通常包括组织绩效、团队（部门）绩效和个人绩效等多个层次。

然而，在实践中，许多人言绩效必称考核，言考核必称考核表，言考核表必称量化，这是一些人力资源管理者操作绩效管理的行事逻辑。

事实上，绩效管理是一个管理过程，而非阶段性的绩效考核，也就是说，绩效考核只是绩效管理的一个阶段，一个环节，它更强调对组织、部门及员工过去的绩效表现的事实认定，因而，单独的绩效评估不能构成完整的绩效管理体系。离开绩效管理谈考核，无异于缘木求鱼，舍本逐末。

与绩效考核时经理单向考核员工不同，绩效管理“不是经理对员工做某事”，不是经理对员工的单方面考核，而是经理和员工共同的事情，是经理和员工之间共同进步的机会。填表打分式的绩效考核使经理和员工站到了对立面，形成了水火不相容的对立局面。而系统化的绩效管理则不同，它倡导管理者和员工之间的关系是绩效合作伙伴的关系，即员工的绩效是经理和员工两者共同的事情，员工有责任把工作做好，取得好的绩效，经理也有责任在员工完成绩效目标的过程中做出一定的付出，帮助员工取得好的绩效，因为只有员工取得了好的绩效，经理的绩效评价成绩才可能好，否则，经理只能和员工一起受罚，一起制造平庸而不是追求卓越。

绩效管理的目的是让企业中各层次的员工既“做正确的事”，还要“正确做事”，推动企业绩效的整体改进。绩效管理的终极目标是提升员工的能力、激发员工的潜能。当然，从企业的角度讲，企业会更加关注战略目标的实现和经营业绩的增长，但这并不矛盾，任何的战略和规划都需要有能力的人力资源去促成，所以提升员工的绩效能力实际上就是帮助企业实现其目标和规划，这二者是一致的。有人这样形容企业的战略目标的高度——“3 万英尺的高度”，绩效管理就是帮助企业把战略目标从“3 万英尺的高度”转化为员工具体行动的最为有效的管理思想和管理工具，使战略目标得到有效的分解和落实。

图 5-2 显示了绩效评估与绩效管理的具体区别。

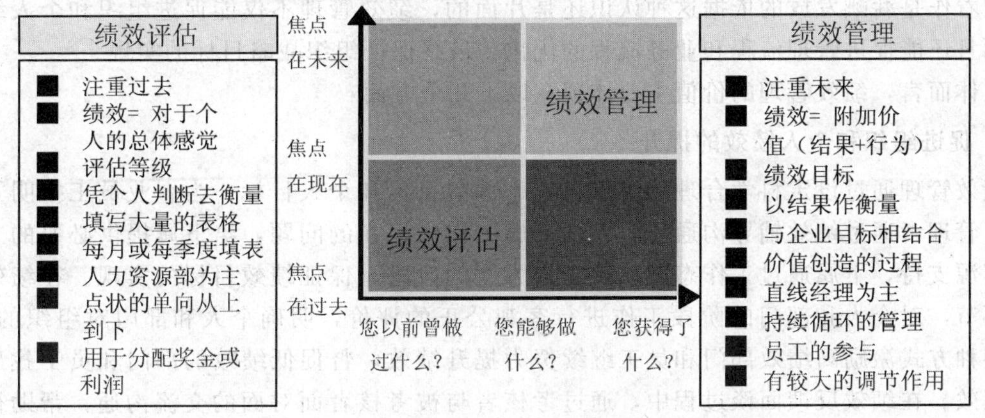

图 5-2　绩效管理与绩效评估的区别

总之，绩效管理是经理和员工对话的过程，目的是为了帮助员工提高绩效能力，使员工的努力与公司的远景规划和目标任务一致，使员工和企业实现同步发展。

（二）绩效管理在人力资源管理体系中的地位

人力资源管理是站在如何激励人、开发人的角度，以提高人力资源利用效率为目标的管理决策和管理实践活动。绩效管理在人力资源管理中处于核心地位，其原因如下：

首先，组织的绩效目标是由公司的发展战略决定的，绩效目标要体现公司发展战略导向，组织结构和管理控制是部门绩效管理的基础，工作分析是个人绩效管理的基础。

其次，绩效考核结果在人员配置、培训开发、薪酬管理等方面都有非常重要的作用，如果绩效考核缺乏公平公正性，上述各个环节工作都会受到影响，而绩效管理落到实处将对上述各个环节工作起到促进作用。

绩效管理和招聘选拔工作也有密切联系，个人的能力素质对绩效影响很大，人员招聘选拔要根据职位对任职者能力素质的要求来进行。

通过薪酬激励激发组织和个人的主动积极性，通过培训开发提高组织和个人的技能水平能带来组织和个人绩效的提升，进而促进企业发展目标的实现。

组织和个人绩效水平，将直接影响着组织的整体运作效率和价值创造，因此，衡量和提高组织、部门以及员工个人的绩效水平是企业经营管理者的一项重要常规工作，而构建和完善绩效管理系统是人力资源管理部门的一项战略性任务。

（三）绩效管理的价值

无论企业处于何种发展阶段，绩效管理对于提升企业的竞争力都具有巨大的推动作用，进行绩效管理都是非常必要的。绩效管理对于处于成熟期的企业而言尤其重要，没有有效的绩效管理，组织和个人的绩效得不到持续提升，组织和个人就不能适应残酷的市场竞争的需要，最终将被市场淘汰。

很多企业投入了较多的精力进行绩效管理的尝试，许多管理者认为公平的评价员工的贡献，为员工薪酬发放提供基础依据，激励业绩优秀的员工、督促业绩低下的员工是进行绩效管理的主要目的。当然上述观点并没有错误，但是将绩效考核等同于绩效管理，并将绩效管理仅仅看作是薪酬发放的依据这种认识还是片面的，绩效管理不仅能促进组织和个人绩效提升、而且还能促进管理流程和业务流程的优化、最终保证组织战略目标的实现。

具体而言，绩效管理的价值主要体现在以下几个方面：

1. 促进组织和个人绩效的提升

绩效管理通过设定科学合理的组织目标、部门目标和个人目标，为企业员工指明了努力方向。管理者通过绩效辅导沟通及时发现下属工作中存在的问题，给下属提供必要的工作指导和资源支持，下属通过工作态度以及工作方法的改进，保证绩效目标的实现。在绩效考核评价环节，对个人和部门的阶段工作进行客观公正的评价，明确个人和部门对组织的贡献，通过多种方式激励高绩效部门和员工继续努力提升绩效，督促低绩效的部门和员工找出差距改善绩效。在绩效反馈面谈过程中，通过考核者与被考核者面对面的交流沟通，帮助被考核者分析工作中的长处和不足，鼓励下属扬长避短，促进个人发展；对绩效水平较差的组织和个人，考核者应帮助被考核者制定详细的绩效改善计划和实施举措；在绩效反馈阶段，考核者应和被考核者就下一阶段工作提出新的绩效目标并达成共识，被考核者承诺目标的完成。在企业正常运营情况下，部门或个人新的目标应超出前一阶段目标，激励组织和个人进一步提升绩效，经过这样绩效管理循环，组织和个人的绩效就会得到全面提升。

另一方面，绩效管理通过对员工进行甄选与区分，保证优秀人才脱颖而出，同时淘汰不适合的人员。通过绩效管理能使内部人才得到成长，同时能吸引外部优秀人才，使人力资源能满足组织发展的需要，促进组织绩效和个人绩效的提升。

2. 促进管理流程和业务流程优化

企业管理涉及对人和对事的管理，对人的管理主要是激励约束问题，对事的管理就是流程问题。所谓流程，就是一件事情或者一个业务如何运作，涉及因何而做、由谁来做、如何去做、做完了传递给谁等几个方面的问题，上述四个环节的不同安排都会对产出结果有很大的影响，极大的影响着组织的效率。

在绩效管理过程中，各级管理者都应从公司整体利益以及工作效率出发，尽量提高业务处理的效率，应该在上述四个方面不断进行调整优化，使组织运行效率逐渐提高，在提升了组织运行效率的同时，逐步优化了公司管理流程和业务流程。

3. 保证组织战略目标的实现

组织一般有比较清晰的发展思路和战略，有远期发展目标及近期发展目标，在此基础上根据外部经营环境的预期变化以及企业内部条件制定出年度经营计划及投资计划，在此基础上制定企业年度经营目标。组织的管理者将公司的年度经营目标向各个部门分解就成为部门的年度业绩目标，各个部门向每个职位分解核心指标就成为每个职位的关键绩效指标。

三、企业绩效管理八大误区

对绩效管理的错误认识是企业绩效管理效果不佳的最根本原因，也是最难突破的障碍，企业管理者对绩效管理往往存在如下的误解甚至是错误认识。

1. 绩效管理是人力资源部门的事情，与业务部门无关

在企业绩效管理实践中，有很多这样的事例，公司领导对绩效管理工作很重视，人力资源部门也下了很大功夫推进绩效管理工作，但各部门领导和员工对绩效管理认识不够，总认为绩效管理是人力资源部或人事部门的事情。有的业务部门经理认为填写绩效考核表格会影响正常业务工作；作为直线领导不想参与对下属的业绩评价，认为自己评价有失公正；总想由人力资源部门或成立考核组来对员工进行考核。在这种思想观念影响下，某些部门尤其是业务部门会对绩效考核消极应付，如果公司执行力不够强的话，业务部门的绩效考核往往首先流产。

认为“绩效管理是人力资源管理部门的事”这种观点的人不在少数，甚至某些公司决策领导都这么认为。那么这种认识深层次的原因是什么呢，其实这和公司的发展阶段以及员工的能力素质有关。首先，在企业规模不是很大的情况下，业务人员在公司具有举足轻重的地位，无论在收入上还是在地位上，业务人员比职能人员受到更多的重视，业务人员总认为绩效管理是虚的东西，因此绩效管理得不到业务人员的重视；其次，做业务出身的业务部门经理，往往习惯了简单粗放的管理方式，对定期搜集考核数据信息，填写绩效考核表格等工作会非常厌烦，同时由于还没有看到绩效管理带来的好处，因此会极力抵制绩效考核工作；第三，往往业务部门领导对管理职责认识不到位，事实上业务部门领导从本质讲，应该将更多精力放在管理上而不是具体业务运作上，应该更好的激励辅导下属运作业务，而不是自己亲力亲为，管理的基本职能是计划、组织、领导、控制，这在绩效管理循环各个环节都会得到体现。

正确的认识应该是：人力资源部门只是绩效管理的组织协调部门，各级管理人员才是绩效管理的主角，各级管理人员既是绩效管理的对象（被考核者），又是其下属绩效管理的责任人（考核者）。

如何改变员工存在的上述认识呢？首先要进行思想灌输，使他们改变大业务员的思维定势，认识到管理的重要性；第二要对管理者进行管理尤其是绩效管理有关工具、方法和技巧的培训，提高管理者能力素质和企业管理水平；第三，从企业文化建设入手，加强公司的执行力，只要公司决策领导大力推进，相信各级管理者和员工会逐渐接受绩效管理，随着绩效管理的深入推进，各级管理者和员工会从绩效管理中获得好处，那么绩效管理就会得到各级管理者和员工重视。

2. 绩效管理就是绩效考核，绩效考核就是挑员工毛病

很多公司启动绩效管理项目的时候，对绩效管理并没有清楚的认识，认为绩效管理就是绩效考核，把绩效考核作为约束控制员工的手段，通过绩效考核给员工增加压力，将绩效考核不合格作为辞退员工的理由。有些企业盲目采用末位淘汰制，如果公司企业文化、业务特点和管理水平并不支持采用这种方法，绩效考核自然会得到员工的抵制。

事实上，绩效管理和绩效考核是不同的，绩效考核只是绩效管理的一个环节。绩效管理是一个完整的循环，由绩效计划制定、绩效辅导沟通、绩效考核评价以及绩效结果应用等几个环节构成。绩效管理的目的不是为了发绩效工资和奖金，不是为了长工资，这都是手段，绩效管理的目的是持续提升组织和个人的绩效，保证企业发展目标的实现。绩效考核是为了正确评估组织或个人的绩效，以便有效进行激励，是绩效管理最重要的一个环节。绩效管理如果取得成效，上述四个环节的工作都要做好，否则就不会达到绩效提升的效果。

如何改变绩效管理就是绩效考核、绩效考核就是挑毛病的错误认识呢？

首先要使员工认识到绩效管理和绩效考核会带来好处。无论绩效管理还是绩效考核，并不会损害各级管理者和员工的利益，相反会促进个人能力素质的提高，这在日益激烈的职场竞争中是非常关键的。其实，任何组织并不会因为没有绩效考核而不淘汰员工，没有绩效考核并不意味着是铁饭碗。绩效考核是一个非常有效的主管与下属交流沟通媒介，在绩效管理过程中员工会得到主管的辅导和支持，绩效考核结果反馈使下属知道自己的缺点和不足，从而个人能力素质和业务水平都会得到提高。

其次，还是要加强对各级管理者有关绩效管理工具、方法和技巧的培训，使绩效计划制定、绩效辅导沟通、绩效考核评价以及绩效结果应用等环节工作落到实处。

3. 重考核，忽视绩效计划制定环节的工作

绩效管理实施过程中，很多管理者对绩效考核工作比较重视，但对绩效计划制定环节重视不够，这是初次尝试绩效管理的企业经常遇到的问题。绩效计划是领导和下属就考核期内应该完成哪些工作以及达到什么样的标准进行充分讨论，形成契约的过程。绩效计划有哪些作用呢？

第一，绩效计划提供了对组织和员工进行绩效考核的依据。

绩效管理是由绩效计划制定、绩效辅导实施、绩效考核评价、绩效考核面谈等环节组织的一个系统，制定切实可行的绩效计划，是绩效管理的第一步，也是最重要的一个环节。制定了绩效计划，考核期末就可以根据由员工本人参与制定并做出承诺的绩效计划进行考核。对于出色完成绩效计划的组织和个人，绩效考核会取得优异评价并会获得奖励，对于没有完成绩效计划的组织和个人，上级领导应帮助下属分析没有完成绩效计划的原因并帮助下属制定绩效改进计划。

第二，科学合理的绩效计划保证组织、部门目标的贯彻实施。

个人的绩效计划、部门的绩效计划、组织的绩效计划是依赖和支持关系。一方面，个人的绩效计划支持部门的绩效计划，部门的绩效计划支持组织整体的绩效计划；另一方面，组织绩效计划的实现依赖于部门绩效计划的实现，部门绩效计划的实现依赖于个人绩效计划的实现。在制定组织、部门和个人绩效计划过程中，通过协调各方面的资源，使资源向对组织目标实现起瓶颈制约作用的地方倾斜，促使部门和个人绩效计划的实现，从而保证组织目标的实现。

第三，绩效计划为员工提供努力的方向和目标。

绩效计划包含绩效考核指标及权重、绩效目标以及评价标准等方面。这对部门和个人的工作提出了具体明确的要求和期望，同时明确表达了部门和员工在哪些方面取得成就会获得组织的奖励。一般情况下，部门和员工会选择组织期望的方向去努力。

在制定绩效计划过程中，确定绩效目标是最核心的步骤，如何科学合理地制定绩效目标对绩效管理的成功实施具有重要的意义。许多公司绩效考核工作难以开展的原因就在于绩效计划制定的不合理，如果有的员工绩效目标定的太高，无论如何努力，都完不成目标，有的员工绩效目标定的比较低，很容易就完成了目标，这种事实上的内部不公平，会对员工的积极性造成很大的影响；另一方面，绩效目标定得过高或过低，会降低薪酬的激励效应，达不到激发员工积极性的目的。绩效目标制定合理可行是非常关键的，科学合理的制定绩效计划是绩效管理能够取得成功的关键环节。

4. 轻视和忽略绩效辅导沟通的作用

绩效管理强调管理者和员工的互动，强调管理者和员工形成利益共同体，因此管理者和员工会为绩效计划的实现而共同努力。绩效辅导是指绩效计划执行者的直接上级及其他相关人员为帮助执行者完成绩效计划，通过沟通、交流或提供机会，给执行者以指示、指导、培训、支持、监督、纠偏、鼓励等帮助的行为。绩效辅导沟通的必要性在于：

第一，管理者需要掌握员工工作进展状况，提高员工的工作绩效。

第二，员工需要管理者对工作进行评价和辅导支持。

第三，必要时对绩效计划进行调整。

5. 过于追求量化指标，轻视过程考核，否认主观因素在绩效考核中的积极作用

定量指标在绩效考核指标体系中占有重要的地位，在保证绩效考核结果公正客观方面具有重要作用。但定量考核指标并不意味着考核结果必然公正公平，考核结果公正公平不一定需要全部是定量指标。要求考核指标全部量化的管理者，在某种程度上是不称职的，表明其没有正确评价下属工作状况的能力。

在企业绩效管理实践中，很多管理者希望所有考核指标结果都能按公式计算出来，实际上这是不现实的，某种意义上是管理者回避了问题，也是管理者的一种偷懒行为。绩效考核不是绩效统计，一定要发挥考评人的主观能动性，根据实际情况的变化，对绩效被考核者做出客观公正的评价。

为什么不能全部依靠定量指标呢？因为一个有效的定量评价指标必须要满足以下几个前提，任何一个前提不存在，定量指标考核的公平公正性就受到质疑。而在企业绩效管理实践中，并不是所有的考核指标都满足以下的条件。

第一，定量考核指标一定要符合公司发展战略导向。如果定量考核指标不符合公司发展战略目标，那么一定会产生南辕北辙的效果；很多公司对人力资源部考核指标都有一个关键人才流失率，而且这个指标定义非常清楚科学，对于什么是“关键人才”、如何鉴别“流失”都有明确规定。这样一个指标考核人力资源部门是有问题的，关键岗位人员流失的原因是多方面的，下定决心要走的“人才”留下来对公司也不会有什么重大贡献。考核关键岗位人员“流失率”不如考核关键岗位人员“满足率”更适合。

第二，定量考核指标绩效目标制定要科学合理，能考虑内部条件、外部环境等多方面因素。如果目标制定不合理，没有充分考虑各种因素条件，会造成更大的不公平。在企业绩效管理实践中，很多公司绩效考核最终不能坚持下来最关键的原因就是没有实质办法将绩效目标制定的公平公正。

第三，定量指标可以明确定义、精确衡量，数据信息准确可靠并且获取成本有限。事实上，有众多会计准则约束的财务报告数据尚有很多“处理”空间，那么很多定量数据的可靠性、有效性的确会受到质疑。

第四，定量考核指标绩效目标的完成不会降低工作质量，否则会有非常严重的负面效果。以工作质量降低来满足工作数量要求对组织的损害是长期的和深远的。

很多公司对人力资源部门的考核指标有“培训工作完成及时率”，实践过这个指标的人力资源管理者应该知道，不会有哪个公司人力资源部门完不成这样的考核指标。事实上，这种考核指标的完成有时是以工作质量的降低作为代价的：本来培训的条件不具备，但先培训完了再说吧，培训的必要性和效果都会受到影响。

既然定量指标的运用需要一定条件，那么就应该发挥过程指标在考核中的重要作用，应该充分尊重直线上级在考核中的主观评价作用。事实上，没有任何人比主管更清楚知道下属的工作状况，任何一个称职的领导都非常清楚下属工作绩效状况，因此用过于复杂的方法寻求绩效考核的公平公正是低效的。

6. 忽略绩效考核导向作用

绩效管理取得成效最重要的一点是实现绩效考核与薪酬激励的公平公正性，只有公平公正才能使人信服，才能促进个人和组织的绩效提升。但追求绩效考核公平公正性应以实现绩效考核的战略导向为前提。笔者曾向某部门经理询问：“您能不能对下属工作绩效进行有效区分，哪个绩效优秀哪个需要改进?”对于这个问题他感到非常困惑，他说：“有的工作很努力，但基础不是很好，工作效果一般；有的在业务方面大胆开创，但有时细节工作不到位；有的工作成绩平平，但计算机使用有特长，因此如果真要选择一个优秀的的确非常困难。”

事实上这位经理的感受具有代表性，作为经理在对待绩效考核工作态度上是非常认真的，但对绩效管理的认识还存在差距。事实上，绩效考核要体现战略导向，在一定期间符合公司发展战略导向的行为就该受到奖励。如果公司本期对业务开拓创新有更大的要求，那么开拓创新的行为就该受到鼓励；如果公司业务发展压力较大，那么业务出色的员工更该受到激励。因此绩效管理要考虑战略导向，绩效管理目的是为了提升绩效。

绩效管理实践中还有一种普遍现象，就是尽量追求考核指标的全面和完整，考核指标涵盖了这个岗位几乎所有的工作，事无巨细地详细说明考核要求和标准。过分追求指标的全面完整必然会冲淡最核心关键业绩指标的权重，使绩效考核的导向作用大大弱化。

7. 绩效考核过于注重结果而忽略过程控制

公平公正的进行考核以便对业绩优异者进行激励是绩效考核非常重要的一个方面，但绩效考核绝不只是最终的秋后算账，通过过程考核对绩效计划执行环节进行有效监督控制，及时发现存在的问题避免更大损失的发生是绩效考核的重要方面。

8. 对推行绩效管理效果抱有不切实际的幻想，不能持之以恒

绩效管理是一个逐步完善的过程，绩效管理取得成效与企业基础管理水平有很大关系，而企业基础管理水平不是短期就能快速提高的，因此企业推行绩效管理不可能解决所有问题，不要对绩效管理给予过高期望。

很多企业推行绩效管理不了了之，就是因为企业领导急功近利，希望通过绩效管理迅速改变企业现状，这样的目的短期是不会达到的。

绩效管理对企业会产生深远的影响，但这种影响是缓慢的。绩效管理影响着企业各级管理者和员工的经营理念，同时绩效管理对于促进和激励员工改进工作方法提高绩效有很大作用，但这些改变都是逐渐的，不是一蹴而就的。绩效管理只要坚持就会有成效，绩效管理的效果是逐步显现的。

推行绩效管理是企业发展的必然，只要正确对待绩效管理的作用，从企业实际情况出发扎扎实实推进绩效管理工作，组织和个人的绩效就会逐步提升，企业竞争力最终会得到提高。

四、绩效管理的发展趋势

（一）绩效管理与组织战略的结合越来越紧密

随着战略性人力资源管理思潮与实践的不断发展，人们逐步将人力资源管理各职能模块的研究重点由传统的事务型工作转向战略型工作。对于绩效管理这一重要的人力资源管理职能而言，战略性绩效管理的关键就是通过具体的绩效管理活动贯彻落实组织的愿景、使命与战略目标，并使之在组织成员间达成思想上的共识与行动上的一致，进而为组织创造更大的竞争优势。

（二）组织层面的绩效管理越来越重要

目前，大多数组织均十分重视对个人及部门层面的绩效管理，相关制度也比较健全，但对组织层面绩效管理的关注度却明显不足。然而，当组织层面的绩效管理缺失时，部门绩效和个人绩效的存在基础即不存在，即使部门绩效与个人绩效结果俱佳，也无法在逻辑上确保组织绩效的实现。因为，组织层面的绩效管理应成为部门和个人绩效管理的基础与前提，部门与个人层面的绩效管理必须以组织绩效管理的整体目标和要求为依据。

（三）绩效管理从事实认定转向引导发展

在过去相当长的时间里，许多人将绩效评估看作是绩效管理的全部，因此，其关注点必然是“员工过去做了什么，做得怎么样”。然而，人们逐步发现：这样的做法事实上只解决了事实认定的问题，但却无法改变既成的结果，即使采取措施也多是亡羊补牢之举，而缺乏事前引导和事中控制及辅导。因此，学界与企业界再次回到了问题的原点，即绩效管理的目标到底是什么？经过激烈的争论与深思，一个公认的事实逐步清晰，那就是绩效管理的根本目标是引导员工发展，而非单纯的事实认定。在此背景下，绩效计划的重要性日益凸显，其引导员工发展的作用也倍受重视。

（四）信息化工具在绩效管理中的应用更加普遍

随着绩效管理技术与方法的日臻成熟，绩效管理的信息收集量越来越大，相关数据的统计分析需求也越来越强烈，为此，必须寻求一种有效的工具或方法来提高工作效率。信息化人力资源管理工具的出现，恰恰可以满足这一需要，帮助各类组织快速、简单和低成本地收集、处理相关信息。

第二节　绩效管理流程

绩效管理是一个持续循环的过程，它由绩效计划开始，经历绩效计划的实施与辅导环节，在绩效周期结束时进入绩效评估与反馈阶段，之后，绩效评估的结果将被应用于人力资源管理的其他职能模块中。

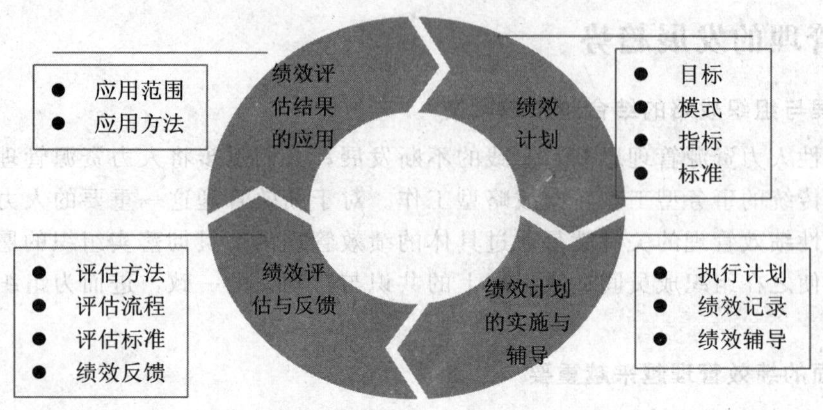

图 5-3 绩效管理的流程

本节将重点介绍绩效管理中每个核心环节的概念、方法与技巧。

一、绩效计划

（一）绩效计划的概念

绩效计划是一个将公司战略和经营目标分解成部门阶段性计划和个人行动计划及相应目标的完整流程。通俗地说，绩效计划是设定绩效目标的过程，即明确在什么期限内做什么事情以及做到何种程度。

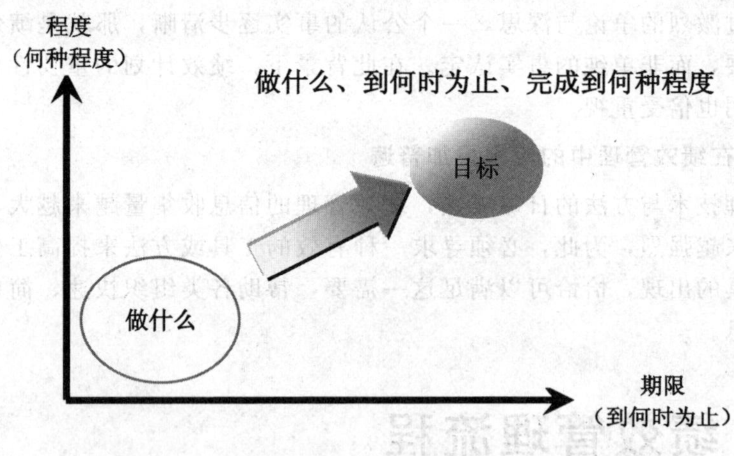

图 5-4 绩效目标示意图

（二）设定绩效计划的目的

1. 向员工明确组织的发展目标和方向以及对他们个人绩效水平的期望。
2. 员工的绩效水平设定标准。
3. 保证每个员工都理解并认同他们的绩效目标和所要承担的责任。

（三）绩效计划的分解过程

各类组织制定绩效计划时均应从组织的愿景、使命与战略目标出发，通过自上而下地层层分解，以确保各层级的绩效计划方向一致，资源协同。

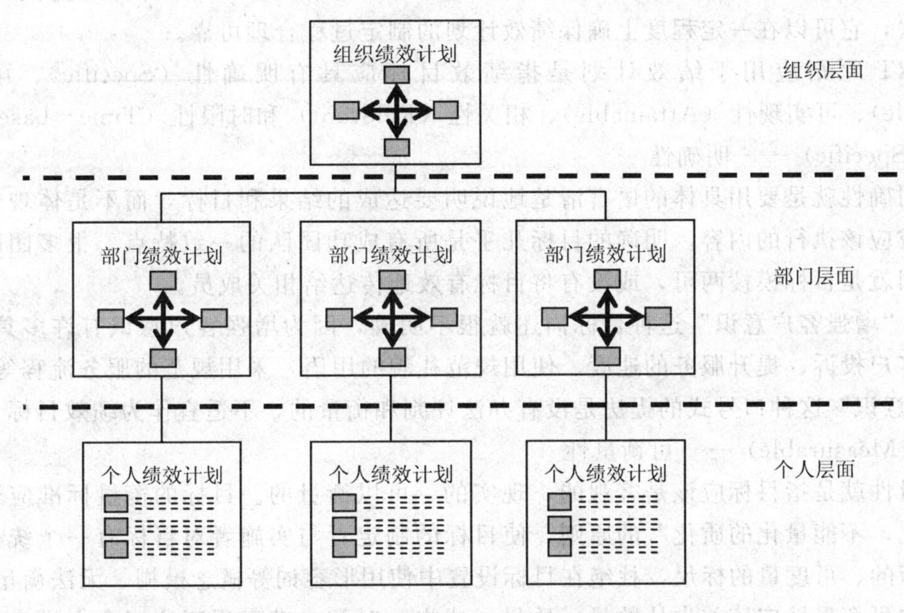

图 5-5 绩效计划分解示意图

（四）绩效计划的构成要素

为完整地体现绩效计划的内容，并据此指导绩效实施与评估过程，绩效计划中应包括绩效指标、指标定义、权重与目标值等关键要素。其中：

1. 绩效指标的设定应考虑“当工作绩效良好时，需要用什么方法来证明”，“如果工作绩效不佳时，下次应该注意什么”，然后根据 SMART 原则（详见下文）进行设计。

2. 指标定义是对绩效指标的具体说明，其目的是避免歧义。

3. 权重是用来表明各项绩效指标的重要性程度，各项绩效指标的权重之和是 100%。

4. 目标值是用来表明每项绩效指标应该达成的标准与要求。

此外，有的绩效计划中还会详细标明信息资料的来源及其他注意事项。

表 5-2 绩效计划样表

序号	绩效指标	指标定义	权重	目标值	备注
1	生产量	在本绩效周期内各类合格产品的产出量（不含在产品）	20%	1100 吨	以 SAP 系统中的产量数据为准
2	E 级品率	本企业质检部门检验的 E 级品量/总产量	20%	95%	以质检部门的统计数据为准
3	……	……	……	……	……
4	合计		100%	—	—

（五）绩效计划的SMART原则

绩效计划看似简单，但要做到精准、有效却非易事。SMART原则恰恰提供了这样一种原则和方法，它可以在一定程度上确保绩效计划的制定过程合理可靠。

SMART原则应用于绩效计划是指绩效目标应具有明确性（Specific）、可衡量性（Measurable）、可实现性（Attainable）、相关性（Relevant）和时限性（Time-based）。

• S（Specific）——明确性

所谓明确性就是要用具体的语言清楚地说明要达成的结果和目标，而不是体现方向性的模糊主题或应该执行的内容。明确的目标几乎是所有成功团队的一致特点。很多团队不成功的重要原因就是目标模棱两可，或没有将目标有效地传达给相关成员。

例如："增强客户意识"这种目标描述就很不明确，因为增强客户意识有许多具体做法，如：减少客户投诉、提升服务的速度、使用规范礼貌的用语，采用规范的服务流程等。因此，"增强客户意识"这种口号式的提法是没有办法评判和衡量的，不适宜作为绩效目标。

• M（Measurable）——可衡量性

可衡量性就是指目标应该是客观的、现实的、可以衡量的。目标的衡量标准应遵循"能量化的量化，不能量化的质化"的原则，使目标的制定者与实施者对目标有一个统一的、标准的、清晰的、可度量的标尺，杜绝在目标设置中使用形容词等概念模糊、无法衡量的描述。对于目标的可衡量性应该首先从数量、质量、成本、时间、满意程度这五个方面来进行，如果仍不能进行衡量，则可考虑将目标细化，细化成分目标后再从以上五个方面衡量，如果仍不能衡量，还可以将完成目标的工作进行流程化，通过流程化使目标可衡量。

例如："为所有的管理者安排进一步的管理培训"。进一步是一个既不明确也不容易衡量的概念，而且培训的效果应如何衡量也不得而知。但如果将这一目标修改为在什么时间完成对哪些管理者关于哪个主题的培训，且对培训后的测试合格率提出要求，则这个目标就是可衡量的了。

• A（Attainable）——可实现性

可现实性是指所制定的目标是通过努力可以达到的且具有一定挑战性的目标。如果目标定得过低，则不能激发员工的潜能，无法创造理想的绩效；而如果目标定得过高，特别是当员工认为这一目标是遥不可及时，他们通常会消极抵抗或放弃努力。因此，理想的目标应是"跳起来摘桃式"的，而不应该是"跳起来摘星星式"的。特别是在知识型员工所占比例越来越大的今天，只喜欢一言堂的控制型领导往往会倍受挑战。管理者在制定绩效目标时，应坚持员工参与、上下左右沟通，以便使拟定的工作目标在组织及个人之间达成一致。

• R（Relevant）——相关性

目标的相关性是指每个目标与其他目标或工作本身的关联性。如果一个绩效目标与某个员工的工作职责完全不相关，或者相关度很低，那么，这个目标即使被达到了，意义也不是很大。因为，工作目标的设定毕竟是要有利于检验和提高工作绩效的，因此，每个绩效目标都必须与该职位的工作相关，且最好各个指标之间也有一定的逻辑关联。

例如，一个外贸公司可以将"通过内部英语测试"作为一个前台接待的绩效目标，因为，必要的英语沟通能力是确保该员工顺利接听国际电话或处理相关信函的必备条件，设定这样一个绩效目标既有利于提高员工学习英文的热情，又能提升员工的工作绩效。但若把"取得软件架构工程师资质”作为其绩效目标，那就是不合理的，因为这一资质与这个职位的职责没有直接关系，且即使该员工通过了这一认证，也不能提高她的工作绩效，因此，这一目标因为不符合相关性原则而不应该被采纳。

• T（Time－based）——时限性

目标的时限性就是指目标是有时间限制的。否则，上下级之间可能对目标的轻重缓急有不同的认识，上司着急，但下面不知道。到头来上司暴跳如雷，而下属觉得委屈。这种没有明确的时间限定的方式也会带来绩效评估的不公正，伤害工作关系，伤害下属的工作热情。

因此，目标设置要根据工作任务的轻重缓急，拟定出完成目标项目的时间要求，并定期检查项目的完成进度，以方便对下属进行及时的工作指导，以及根据工作计划的异常变化情况及时调整工作计划。

总之，无论是制定组织、团队还是员工的绩效目标，都必须符合上述原则，五个原则缺一不可。

（注：鉴于绩效计划的工具与方法内容繁多，为此，相关内容在本章第三节单独作以详细介绍）

（六）绩效计划的沟通

绩效管理的实现需要经理和员工就工作目标达成一致。绩效管理的基础是员工的职位说明书，一切的讨论和沟通都是围绕员工的职位和工作内容展开，离开了对职位说明书的关注，绩效目标将无法达成，绩效管理就失去了逻辑性，也就不称其为绩效管理，至多只是个形式性的考核“表演”。所以，要想使绩效管理取得成功，经理必须和员工就工作目标达成一致，形成书面化，可追溯的绩效目标。

二、绩效记录与辅导

绩效计划的实施与绩效计划的内容有很大的关联性，且实施的方法可能因组织规模、性质与各部门、职位的不同而有较大差异，因此，在此不作具体说明。而对于任何一个组织、部门和个人而言，绩效记录与辅导却有许多可以共同遵循的方法与原则。

（一）绩效记录

绩效管理的一个很重要的原则就是没有意外（No surprise），即在年终考核时，经理与员工不应该对一些问题的看法和判断出现意外，至少不能出现较大的分歧，一切都应是顺理成章的，经理与员工对绩效考核结果的看法应该是一致的。

绩效考核中的争吵是让经理比较头疼的一个问题，也是许多经理回避绩效考核，回避绩效反馈的一个重要原因。为什么会出现争吵？很多时候就是因为经理缺乏有说服力的事实依据。试问，不做绩效记录，有哪一个经理可以清楚地说出一个员工一年总共缺勤多少次，都是在哪一天，是什么原因造成的？恐怕没有，因为没有，员工才敢于理直气壮地和你争论，和你据理力争。也正因为没有合理的解释和有说服力的事实依据，你无法使愤怒的员工满意地离开你的办公室，你们之间的争吵只会使工作氛围更紧张，使工作关系更加恶化。

为了避免出现这种情况，为了使绩效管理的过程变得更加自然和谐，经理有必要花点时间，花点心思，认真当好“记录员”，记录有关员工绩效表现的细节，形成员工的业绩档案，以此作为绩效考核的依据，确保绩效考核有理有据，公平公正，没有意外发生。

做好记录的最好的办法就是走出办公室，到能够观察到员工工作的地方进行观察和记录，当然，观察以不影响员工的工作为佳。记录的文档一定是经理自己的切身观察所得，不能是道听途说，道听途说得来的信息只能引起更大的争论。

这里，有一个很好的绩效记录的工具（详见管理工具包），可以帮助你更好地记录员工的绩效，那就是，关键事件记录法。所谓关键事件，即是那些特别好的事件（如：友善对待客户的刁难、攻坚时刻的监守、积极应对特别具有挑战性的工作任务等）和特别不好的事件（如：对待客户的要求置之不理、特别重大的质量事故、特别重大的安全事故等）。

经理可以对这些关键事件发生的时间、地点、起因、经过以及结果进行记录，以保留事实依据，为绩效考核做好基础准备。这里，需要注意的是，对于不好的关键事件，经理应该在记录完成后马上找员工签字确认，以免在考核的时候，出现员工不认帐、胡搅蛮缠的现象。

当然，记录关键事件，只是绩效记录的方法之一，并非全部。在此之外，经理还应对员工其他方面的数据进行收集，比如工作任务完成的时间，工作任务完成的数量，工作任务完成的质量，以及为完成工作任务所付出的成本。这些记录可以通过报告、报表的形式加以收集，对每个员工的绩效表现做针对性的收集，最终形成员工的业绩档案。

这样一个绩效周期下来，经理就可以掌握员工的全部资料，在考核员工的时候就有依据可以遵循，做到心中不慌了，考核也更加公平公正，绩效管理就更加容易被员工接受。

（二）绩效辅导

所谓绩效辅导是指管理者与员工讨论有关工作进展的情况、员工取得的成绩和存在的问题、解决问题的办法与措施以及管理者应该如何帮助员工等信息的过程。它贯穿于绩效管理的始终，其根本目的是对员工实施绩效计划的过程进行有效的管理，因为只要过程都是在可控范围之内的话，结果就不会出太大的意外。

绩效辅导的作用在于它既能够前瞻性地发现问题并在问题出现之前解决，还在于它能把管理者与员工紧密地联系在一起，促进管理者与员工建立良好的工作关系。因为管理者与员工经常性地就存在的和可能存在的问题进行讨论，共同解决问题，排除障碍，不仅可以共同进步、共同提高、实现高绩效，而且可以改善上下级关系。

1. 绩效辅导的流程

绩效辅导可以用正式或非正式的方式进行，绩效管理者在谈话前必须做好充分的准备，收集信息，并在整个绩效辅导的过程中保持客观的立场和职业的态度。

正式的绩效辅导一般应遵循以下流程：

（1）陈述行动：绩效管理者应鼓励接受辅导者客观地陈述在本绩效周期内绩效计划的达成情况、所采取的行动及行动的结果。

（2）评价：绩效管理者应以绩效目标为依据，客观地阐述接受辅导者目前所达到的水平以及与目标的差距。

（3）可能性：绩效管理者与接受辅导者应共同探讨未来的工作方向及发展的可能性。

（4）引导：经过分析，绩效管理者应与接受辅导者就如何达成目标进行探讨，并分析各种方案的可行性。

（5）重构：绩效管理者与接受辅导者进一步探讨在未来可能遇到的问题与威胁及可能出现的机会。

（6）教导：绩效管理者与接受辅导者就未来一段时间内的绩效实施策略、方法、流程与时间表达成一致意见，并形成具有操作性的行动方案。

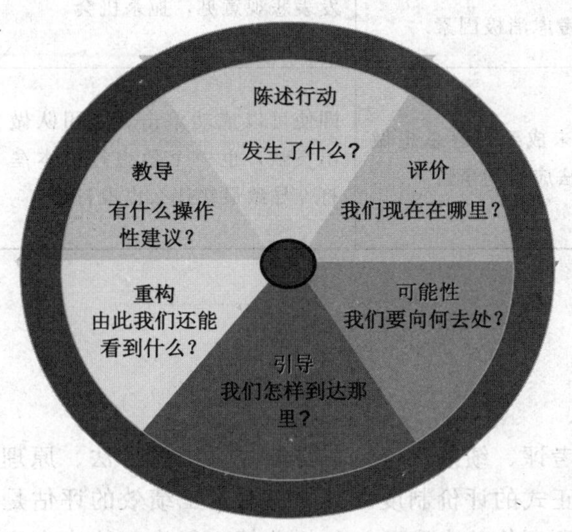

图 5-6　绩效目标示意图

2. 绩效辅导的技巧

为更有效地辅导员工达成绩效目标，上级应根据被辅导员工的类型采取不同的辅导策略。

表 5-3　　针对不同类型员工的绩效辅导技巧

员工类型	现象	评价	绩效辅导技巧
英雄主义者	为完成更多的工作，经常长时间过度操劳自己和部下	虽然贡献很大，但是自己和他人的消耗快	通过设置可信赖的监督角色进行仔细调整
推土机	追求权力，践踏他人	完全不知道别人如何看待自己	管理者要以权力型的强势态度督促其反省
叛逆者	对权力及规范反射性地挑动抗争	故意穿着不整洁服装或表现出相反的体制等，讽刺公司内部的习惯，削弱周围员工的积极和热情	提供令其感觉有趣的工作等，促使其精力向良好的方向发展
实力主义型秀才	相信只要有最好的创意就能使自己处于优势地位，大多数情况下无视公司内部政治	过度的理想主义者，拘泥理论，不知变通	使其认识通过团队合作做出绩效的重要性

员工类型	现象	评价	绩效辅导技巧
悲观论者	发生任何变化时，仅看到其负面，只考虑消极因素	发表悲观意见，扼杀机会	使其认识什么都不干的负面影响
本垒打·击球手	尽管时机未成熟，但总想做自己还无法应付的事情	即使可以成功单击、为团队做出贡献，也一个劲想打出本垒打，导致最终什么也没打着	一边对其干劲和自信作出高度评价，一边展示长期的培养阶梯，消除其急躁感

三、绩效评估

（一）绩效评估的概念

绩效评估又称绩效考评、绩效评价，它是通过系统的方法、原理来评定和测量组织、团队及员工的绩效的一种正式的评价制度。其中，对员工绩效的评估是企业管理者与员工之间的一项管理沟通活动，所评价的内容通常包括业绩、行为与能力态度等方面，它反映了员工能在多大程度上实现职位的要求。

（二）绩效评估的类型

1. 效果主导型。评估的内容以考评结果为主，着眼于组织、团队与个人“做出了什么成果”，重点在结果而不是行为。由于它评估的是工作业绩而不是工作效率，所以标准容易制定，并且容易操作。它具有短期性和表现性的缺点，对生产操作类的员工较适合，但对事务性人员不适合。

2. 能力主导型。评估的内容以员工在工作中表现出来的特质和能力为主，着眼于“他怎么做”，由于其评估的内容通常是诸如“创新能力、战略能力、忠诚、主动、自信、协作等”，所以很难具体掌握，操作性与效度较差。适合于对员工工作潜力与能力的评估。

3. 行为主导型。考核的内容以考评员工的工作行为为主，着眼于“如何干”“干什么”，重在工作过程。考评的标准容易确定，操作性强，适合于管理性、事务性工作的绩效评估。

（三）绩效评估的方法

对于一个组织来说，绩效评估的公正性与客观性是确保实现绩效管理的有效性的必要前提。绩效评价的方法主要分为三类；一类是相对评价，它主要是通过人与人或部门与部门之间的对比来实现的；一类是绝对评价，它主要通过组织、团队及个人与目标或客观标准的对比来实现的；另一类是描述性评价，它主要是通过文字描述的方式来表明被评估对象在一个绩效周期内的优点、缺点、过去的绩效状况、潜能和改善建议。

具体内容详见表 5-4。

表 5-4 绩效评估方法对比表

序号	评估方法		说明	适用对象
1	相对评价	排序法	把员工或团队的工作绩效按照从好到坏的顺序进行排队，从而得出评价结论的方法	员工/团队
2		配对比较法	是把每一个员工（或团队）与另外所有的员工（或团队）进行比较，在两两的比较中，评出优劣，然后，在配对比较得分的基础上，给每个员工（或团队）一个等级	员工/团队
3		强制分布法	强制正态分布法也称为“强制分布法”、“硬性分配法”，该方法是根据正态分布原理，即俗称的“中间大、两头小”的分布规律，预先确定评价等级以及各等级在总数中所占的百分比，然后按照被考核者绩效的优劣程度将其列入其中某一等级	员工/团队
4	绝对评价	行为导向量表法	评估者对照一系列绩效因素（如行为、结果或综合考虑了行为与结果等因素），用递增式尺度对逐个因素进行评估。典型的量表为五点量表，即每个因素的评估结果分为五级，评估者可据此给定被评估者在每个因素上的等级及相应的得分	员工
5		结果导向量表法		员工/团队/组织
6		综合尺度量表法		员工/团队/组织
7	描述法	能力/态度/工作业绩记录法	这种方法要求绩效评估者填写能力、态度、工作业绩记录卡，观察并记录被评估者在工作过程中的各种事实，分阶段记录其能力、态度及所达成的业绩	员工
8		关键事件法	将绩效评估的注意力集中在那些有效从事一项工作与无效从事一项工作的关键行为上。也就是说，评估者记录员工的哪些行为是特别有效和无效的。这里的关键指描述的重点必须是具体的行为，而不是定义模糊的人格特质。关键事件法可以为员工提供丰富的行为榜样，让员工知道哪些行为是符合要求的，哪些行为是需要改进的	员工/部门

四、绩效评估结果的应用与反馈

（一）绩效评估结果的应用

在组织中，绩效评估有多个目的。例如：人员晋升、调职、解聘等，都要以绩效评估结果为基础；绩效评估结果还可用于确定培训和开发需求，即员工当前不适应工作要求的能力或技能有哪些，可以用什么方法弥补；绩效评估的结果还可以用来作为衡量人员招聘有效性的标准，例如：若新入职员工的绩效表现优异，则证明招聘的有效性较高，反之，则意味着招聘方法的预测效度较低；同样，培训与员工职业生涯开发计划的有效性如何，也可以通过考察这些项目的参与者的绩效情况来作出评价；绩效评估还可为员工提供反馈，让他们了解组织如何看待他们的绩效；另外，组织的薪酬分配一般也以绩效评估的结果为基础。

总之，绩效评估的结果主要可以应用于以下领域：

1. 评价员工或团队对组织所做的贡献；
2. 为员工的晋升、降职、调职和解雇等人事决策提供依据；
3. 作为上级对下级进行绩效反馈的依据；
4. 为组织对员工的薪酬决策（绩效奖金发放、调薪）提供依据；
5. 评估人员选聘和配置决策的效果；
6. 了解员工和团队的培训与开发需要；
7. 评估员工培训和职业生涯规划的效果；
8. 为人力资源规划提供信息。

（二）绩效评估结果的反馈

绩效反馈是绩效评估工作的最后一环，也是最关键的一环，它主要通过考核者与被考核者之间的沟通，就被考核者在考核周期内的绩效表现进行面谈，在肯定成绩的同时，找出工作中的不足并提出改进建议。绩效反馈的目的是为了让员工了解自己在本绩效周期内的业绩是否达到了预定的目标，行为态度是否符合公司的要求，让管理者和员工双方达成对评估结果的一致看法，并共同探讨绩效表现不理想的领域，分析其原因，制定相应的绩效改进计划。此外，在绩效反馈的过程中，管理者还要向员工传达组织的期望，并与接受反馈者共同探讨下一个绩效周期的绩效目标，并最终形成一个新的绩效契约。由于绩效反馈在绩效评估结束后实施，而且是评估者和被评估者之间的直接对话，因此，有效的绩效反馈对绩效管理起着至关重要的作用。

为了达到良好的反馈效果，绩效反馈者可遵循 BEST 模型实施绩效评估结果的反馈。这一反馈模型分为四个步骤：

1. 反馈者客观地描述出被评估者在本绩效周期内的行为表现；
2. 反馈者表达自己的总体感受；
3. 反馈者征询被评估者的看法，倾听其意见与建议；
4. 反馈者表达对被评估者的期望与建议，并做出正面地引导。

Behavior description
行为描述
Express feelings
表达感受
Solicit input or suggest options
征询看法或建议
Talk about positive outcomes
指出正面的结果

图 5-7 绩效反馈的 BEST 模型

第三节 绩效管理的工具

在西方国家，绩效管理的工具与方法历经半个多世纪的演变与发展，其关注的重点逐步由表现性评价转向对企业战略目标的推动与落实，关注的内容及其与经营功能的关联度也在不断拓展和提升。

其中，目标管理法、标杆管理法、关键绩效指标法与平衡计分卡法这四种战略性的绩效管理工具与方法颇具代表性，本节将予以重点介绍。

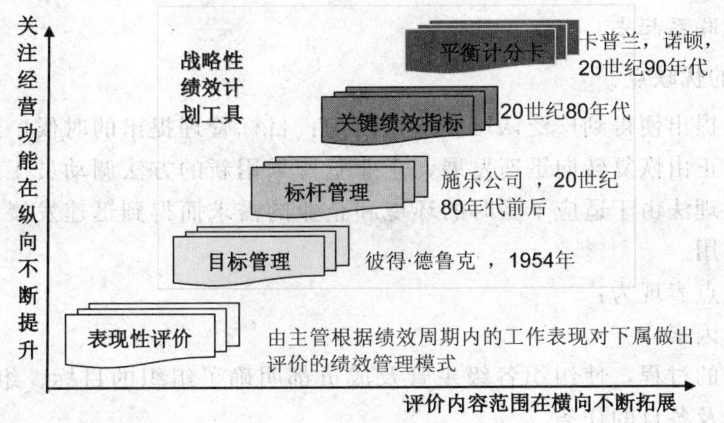

图 5-8 绩效计划工具的演变

一、目标管理法

目标管理（Management by Objectives，MBO）是1954年由美国著名的管理学家彼得·德鲁克在《管理的实践》（The Practice of Management）一书中提出的。他认为：企业使命和任务都必须转化为目标才能实现，且企业的大目标只有分解成每个更小的目标后才能够实现；并不是有了工作后才有目标，而是有了目标之后，根据目标确定每个人的工作。但是在现实中，许多组织或许已经有了一个清晰的战略目标，但是却并不清楚如何实现这些战略目标，员工更不清楚他们的工作与组织的战略目标有何关系。有些时候，员工有努力的良好愿望，但是由于没有明确的目标，不知道努力的方向，往往无所适从，抑或终日忙碌而不知所图。解决这种问题的答案在于将目标管理与自我控制结合起来。

（一）目标管理法的含义

对目标管理理论做出了重大贡献的乔治·欧迪伦曾给目标管理下了这样一个定义："简言之，目标管理可以描述为如下一个过程：一个组织中的上级和下级一起制定共同的目标；与每一个人的应有成果相联系，规定他的主要职责范围；并用这些措施作为经营一个单位和评价其每一个成员的贡献的指导。"

总之，目标管理是一种程序或过程，它要求组织中的上下级一起协商，根据组织的使命确定一定时期内组织的总目标，由此决定上下级的责任和分目标，并把这些目标作为组织经营、评估和奖励的标准。

目标管理法的内涵是：

• 将目标管理与自我控制结合起来
• 以"员工"为中心
• 以"人性"为本位
• 以"民主"代替"集权"
• 以"沟通"代替"命令"

麦康尼在分析了近40位权威人士对目标管理的观点之后认为：人们就目标问题在三个方面具有普遍一致的看法：目的和目标应当具体；应根据可衡量的标准来定义目标；应当将个体目标与组织目标联系起来。

（二）目标管理法的优缺点

目标管理一经提出便得到广泛认可。这是因为：目标管理提出的时候，经历了第二次世界大战的各国经济正由恢复转向迅速发展，企业亟待采用新的方法调动员工的积极性，以提高竞争力。目标管理法由于适应了当时的环境和企业的需求而得到迅速发展，并在企业管理中发挥了巨大的作用。

目标管理的优点表现为：

• 它重视人的因素

• 它通过专门的过程，使组织各级主管及成员都明确了组织的目标、组织的结构体系、组织的分工与合作及各自的任务

• 它以目标制定为起点，以目标完成情况的评价为终点，监督的成分少，而控制目标实现的能力却很强。

但与此同时，目标管理也存在着一些弊端：

• 它假定员工愿意接受挑战，忽略了组织中的本位主义及员工的惰性
• 目标商定需要上下沟通，耗时费力
• 目标及绩效标准难以确定
• 它使员工在制定目标时倾向于选择短期目标，而牺牲长期目标

（三）目标管理法的实施流程

目标管理包括以下两个方面的重要内容：第一是必须与每位员工共同制定一套便于衡量的工作目标；第二是定期与员工讨论其目标完成情况。具体而言，目标管理法的实施主要包括计划目标、实施目标、评价目标与反馈四个步骤。

1. 计划目标。即通过目标分解，使评估者与被评估者共同制定目标，进而明确期望达到的结果以及为达到这一结果所应采取的方式、方法、所需的资源及时间安排。

2. 实施目标。即为了保证制定的计划按预想的步骤进行，掌握计划进度，及时发现问题，并采取适当的矫正措施。如有必要，还可能对计划进行修改。同时通过监控，管理者可以注意到组织环境对下属工作表现产生的影响，从而帮助被评估者适应这些他们无法控制的客观环境。

3. 评价目标。即将实际达到的目标与预先设定的目标相比较，这样做的目的是使评估者能够找出未能达到的目标，或实际达到目标远远超出预先设定的目标的原因，有助于管理者做出合理的决策。

4. 反馈。即管理者与员工一起回顾整个绩效周期，对预期目标的达成和进度进行讨论，从而为制定新的目标以及为达到新的目标而可能采取的新的战略做好准备。

二、标杆管理法

20 世纪 70 年代末 80 年代初，施乐公司率先提出了标杆管理法，后经美国生产力与质量中心的系统化和规范化而得到推广。研究表明：世界 500 强企业中有近 90％的企业在日常管理活动中应用了标杆管理（1996）。

（一）标杆管理法的含义

标杆管理是指不断寻找和研究同一行业一流公司的最佳实践，并以此为基准与本企业进行比较、分析、判断，从而使自己的企业不断得到改进，进而赶超一流公司，创造优秀业绩的良性循环过程。

这一方法的核心是向业内优秀企业学习。通过学习，企业重新思考和改进经营实践，创造自己的最佳实践，这实际上是模仿创新的过程。

（二）标杆管理法的类型

标杆管理法可分为以下四类：

• 内部标杆管理

它以企业内部操作为基准，首先辨识出企业内部最佳职能或流程及其实践，将其推广到组织的其他部门，从而实现信息共享，是企业提高绩效的最便捷的方法之一。但是单独执行内部标杆管理的企业往往持有内向视野，容易产生封闭思维，因此在实践中，内部标杆法应该与外部标杆管理法结合起来使用。

• 竞争标杆管理

竞争标杆管理法的目标是与有着相同市场环境的企业在产品、服务和工作流程等方面的绩效和实践进行比较，直接面对竞争者。它实施起来比较困难，究其原因在于，除了公共领域的信息容易获取外，有关竞争企业的其他信息较难获得。

• 职能标杆管理

这是以行业领先者或某些企业的优秀职能操作为基准进行的标杆管理。职能标杆管理法的合作者常常能相互分享一些技术和市场信息，标杆的基准是非竞争性外部企业及职能或业务实践。由于没有直接的竞争者，因此合作者往往较愿意提供和分享技术与市场信息。

• 流程标杆管理

这是以最佳工作流程为基准进行的标杆管理。由于比较的是类似的工作流程，因此流程标杆管理法可以跨不同类型的组织进行。它一般要求企业对整个工作流程和操作有很详细的了解。

（三）标杆管理的作用

标杆管理有很多优越性，它为企业提供了优秀的管理方法和管理工具，具有较强的可操作性，能够帮助企业形成一种持续追求改进的文化。主要表现在以下几个方面：

1. 标杆管理是一种绩效管理工具。企业通过辨识并借鉴业内外最佳的绩效管理实践，并结合对本企业的分析，制定相应的绩效管理方案。

2. 标杆管理有助于建立学习型组织。标杆管理的实施，有助于企业发现在产品、服务、生产流程以及管理模式方面存在的不足，并学习标杆企业的成功之处，再结合实际将其充分运用到自己的企业当中，然后在这一过程中进行持续更新。

3. 标杆管理有助于企业的长远发展。通过对各类标杆企业的比较，企业可以不断追踪把握外部环境的发展变化，从而更好地满足最终用户的需要。

（四）标杆管理的实施流程

施乐公司的罗伯特·开普是标杆管理的先驱和最著名的倡导者。他将标杆管理活动划分为五个阶段，每阶段有 2～3 个步骤。

1. 计划：确认对哪个流程进行标杆管理；确定比照对象；决定收集资料的方法并收集资料。
2. 分析：确定自己目前的做法与最佳实践之间的绩效差异；拟定未来的绩效水准。
3. 整合：就标杆管理过程中的发现进行交流并获得认同；确立部门目标。
4. 行动：制定行动计划；实施明确的行动并监测进展情况。
5. 完成：处于领先地位；全面整合各种活动；重新调校标杆。

（五）标杆管理的优缺点

标杆管理的优点主要体现在：

• 使用范围从制造部门的绩效发展到不同业务职能部门
• 被应用于一些战略目的
• 已成为改善企业经营绩效、提高全球竞争优势最有用的一种管理工具。

标杆管理法的缺点主要体现在：

• 标杆主体选择缺陷
• 标杆瞄准的缺陷
• 标杆瞄准执行成员选择的缺陷
• 过程调整的缺陷

• 忽视创新性的缺陷

三、关键绩效指标法

20 世纪 80 年代以后，学界开始关注绩效管理与企业战略相结合，强调工作行为与目标达成并重，在此背景下关键绩效指标法应运而生。

（一）关键绩效指标的含义

关键绩效指标（Key Performance Indicators）是指衡量企业战略实施效果的关键指标，它是企业战略目标经过层层分解产生的可操作性的指标体系。其目的是建立一种机制将企业战略转化为内部过程和活动，不断增强企业的核心竞争力，使企业能够得到持续的发展。

其内涵包括以下几个方面：

• 非曲直关键绩效指标是衡量企业战略实施效果的关键指标
• 关键绩效指标体现的是对组织目标有增值作用的绩效指标
• 关键绩效指标反映的是最能有效影响企业价值创造的关键驱动因素
• 关键绩效指标是用于评价和管理员工绩效的可量化的或可行为化的标准体系

关键绩效指标强调对企业业绩起关键作用的指标，而不是与企业经营管理有关的所有指标，它实际上提供了一种管理的思路，即绩效管理应抓住关键绩效指标进行管理，通过关键绩效指标将员工的行为引向组织的目标方向。

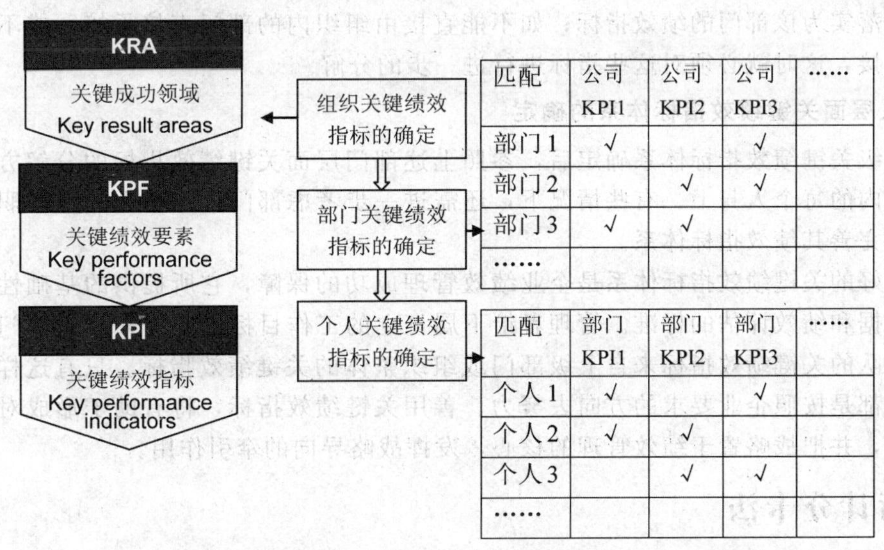

匹配	公司KPI1	公司KPI2	公司KPI3	……
部门 1	√		√	
部门 2		√	√	
部门 3	√	√		
……				

匹配	部门KPI1	部门KPI2	部门KPI3	……
个人 1	√		√	
个人 2		√		
个人 3		√	√	
……				

图 5-9 基于关键绩效指标法的绩效指标体系设计示意图

（二）基于关键绩效指标的绩效指标体系设计

关键绩效指标体系作为一种系统化的指标体系，包括三个层面的指标：一是组织层面的关键绩效指标，它是通过对企业的关键成功领域和关键绩效要素的分析而得出的；二是团队（如部门）层面的关键绩效指标，是根据组织层面关键绩效指标进行承接或分解而得出的；三是个人层面的关键绩效指标，是根据团队（如部门）级关键绩效指标确定的。这三个层面的指标共同构成组织的关键绩效指标体系。

1. 组织层面关键绩效指标体系的确定

1）制定组织层面的关键绩效指标体系，首先要根据组织的战略，寻找使组织实现目标或保持市场竞争力所必需的关键成功领域。确定企业的关键成功领域，必须明确三个方面的问题：一是这个企业为什么会取得成功；二是在过去那些成功因素中，哪些能够使企业在未来持续获得成功，哪些会成为企业成功的障碍；三是企业未来追求的目标是什么，未来成功的关键因素是什么。

2）确定关键绩效要素。关键绩效要素提供了一种“描述性”的工作要求，它是对关键成功领域进行的解析和细化。它主要解决以下几个问题：A. 每个关键成功领域包含的内容是什么；B. 如何保证在该领域获得成功；C. 达成该领域成功的关键措施和手段是什么；D. 达成该领域成功的标准是什么。

3）确定关键绩效指标。对关键绩效要素进行进一步的细化，并经过甄选后加以确定。选择关键绩效指标应遵循三个原则：A. 指标的有效性；B. 指标的重要性；C. 指标的可操作性。

2. 部门层面关键绩效指标体系的确定

组织绩效目标的实现需要通过各部门（或团队）来加以推动和落实。因此，在确定了组织层面的绩效指标体系后，应首先确认这些指标能否直接被组织内的相关部门承担。如可以，则直接将其落实为该部门的绩效指标；如不能直接由组织内的部门直接承接，或不能由一个部门独立承接，这时就必须对这些指标进行进一步的分解。

3. 个人层面关键绩效指标体系的确定

在部门级关键绩效指标体系确定后，参照上述部门层面关键绩效指标的分解方法，将其分解到部门内的每个人身上。有些情况下，还需进一步考虑部门内每个人的工作职责及当期任务进一步完善其绩效指标体系。

设计良好的关键绩效指标体系是企业绩效管理成功的保障，它所提供的基础性数据是绩效改进的依据和绩效评估的标准。管理者给下属订立的工作目标的依据来自于部门的关键绩效指标，团队的关键绩效指标来自上级部门或组织整体的关键绩效指标。只有这样，才能确保每个职位都是按照企业要求的方向去努力。善用关键绩效指标，将有助于形成对员工的激励约束机制，并把战略置于绩效管理的核心，发挥战略导向的牵引作用。

四、平衡计分卡法

平衡计分卡（Balanced Score Card，BSC）是由哈佛商学院教授罗伯特·S·卡普兰（Robert S. Kaplan）博士和复兴全球战略集团的创始人兼总裁戴维·P·诺顿（David P. Norton）在《平衡计分卡：良好绩效的评价体系》一文中提出的一种新的绩效管理体系。平衡计分卡自诞生之日起就显现出了强大的生命力，它能帮助企业有效地解决两大问题：绩效管理和战略实施。《财富》杂志公布的世界 1000 强公司中，有 70%的公司使用了平衡计分卡系统；《哈佛商业评论》更将平衡计分卡评为 75 年来最具影响力的战略管理工具。

（一）平衡计分卡的产生

20 世纪 80 年代以来，知识资本的地位日益凸现，组织成员的理念、客户和供应商的关系、关键信息的数据库、革新和文化在价值创造中的作用越来越重要。组织无形资产的开发和利用能力已经成为组织塑造核心能力和创造持续竞争优势的决定因素。但是，无形资产的价值创造过程与有形资产的价值创造过程截然不同。卡普兰和诺顿总结了两者之间一些显著的区别。

1. 无形资产的价值创造是间接的；

2. 无形资产的价值是潜在的，并且与战略环境有关；

3. 资产是相互配套的。

在 90 年代初期的时候，对大多数企业而言，平衡计分卡其实就是一个衡量组织绩效的工具，用研究者自己的话来说就是“The Balanced Scorecard — Measures that Drive Performance”。而到了 90 年代末，平衡计分卡在实践中则摇身变为战略管理工具，对此，研究者则表述为：“Having Trouble With Your Strategy? Then Map It。”这对国内企业的启示在于：我们在引入平衡计分卡时必须审视自己的现状和需求，并非每一个企业都适合引入平衡计分卡。

正像字面意思所显示的，平衡计分卡的精髓正是追求在长期目标和短期目标、结果目标和过程目标、先行指标和滞后指标、财务目标和非财务目标、组织绩效和个人绩效、外部关注和内部诉求等重要管理变量之间的微妙平衡。追求这种平衡对企业而言并非可有可无，而是生死攸关的，这主要缘于下述事实：企业不再仅仅作为追求利润的主体，而是成为一个向客户、股东、员工、社区乃至社会提供价值的主体。如果脱离了自身所能提供的价值，则企业本身在现代社会就失去了存在的最大理由。

（二）平衡计分卡的主要特点

1. 平衡计分卡是一种绩效管理系统，它是根据组织的战略而设计的系统的绩效计划体系。

2. 平衡计分卡是一种战略管理系统，它使组织对战略达成了共识，并将其转化为四个层面的目标、指标和目标值。

3. 平衡计分卡是一种沟通的工具，它被视为一个用于传播、宣讲和学习的系统，通过宣讲和传播，使管理者和员工真正了解组织战略和愿景。员工和管理者共同开发各个层次的平衡计分卡，明确自己的奋斗目标并努力达成绩效目标。

4. 平衡计分卡具有平衡特性。它以战略为输入，以财务结果为输出，即从组织的长期目标开始，逐步分解到组织的短期目标，从而实现战略规划与短期计划相结合；它以客户为外部群体，以员工与组织内部流程为内部群体，提供了一种有效平衡内外部群体关系的方法；它以有效完成战略为动因，以可衡量的指标与目标为结果，寻求结果性指标与动因性指标之间的平衡；财务指标是一个滞后指标，它只能反映公司上一周期发生的情况，不能告诉组织如何改善业绩。平衡计分卡对于客户、流程与学习成长等领先指标的关注，使组织更关注于过程而不仅仅是结果，从而实现领先指标与滞后指标之间的平衡。

（三）平衡计分卡的简要框架

平衡计分卡通过四个层面中每个层面的目标、指标与行动方案，将组织的使命、价值观、愿景和战略转化为现实，因此，在确定平衡计分卡的目标和指标时，必须对照组织的使命、核心价值观、愿景和战略，确保目标和指标的协调一致。

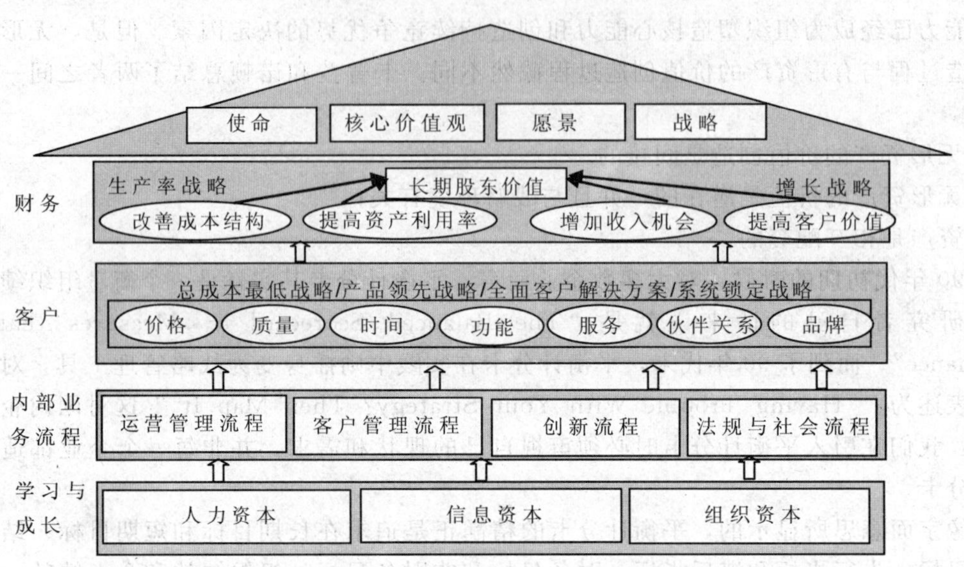

图 5-10 平衡计分卡的简要框架

财务层面（Financial perspective）以传统财务术语（即滞后指标），如投资回报率(ROI)、股东价值、盈利性、收入增长和单位成本等，描述了战略的有形成果，提供了组织成功的最终定义。

客户层面（Customer perspective）一方面定义了目标客户的价值主张，另一方面还包括衡量客户成功的滞后指标，如客户满意度、客户保有率、客户增长率等。

内部业务流程（Internal process perspective）为客户创造并传递价值主张，它是客户和财务结果改进的领先指标。

学习和成长层面（Learning and growth perspective）确定了对战略最重要的无形资产，描述了如何将人力、技术和组织氛围结合起来，以支持战略。

平衡计分卡的内部逻辑是：当企业员工能力提升之后，业务流程必将得到改善，而这将导致客户满意度的提高，并最终实现股东的价值最大化。

图 5-11 表明了平衡计分卡各个层面的内容构成及典型的指标。

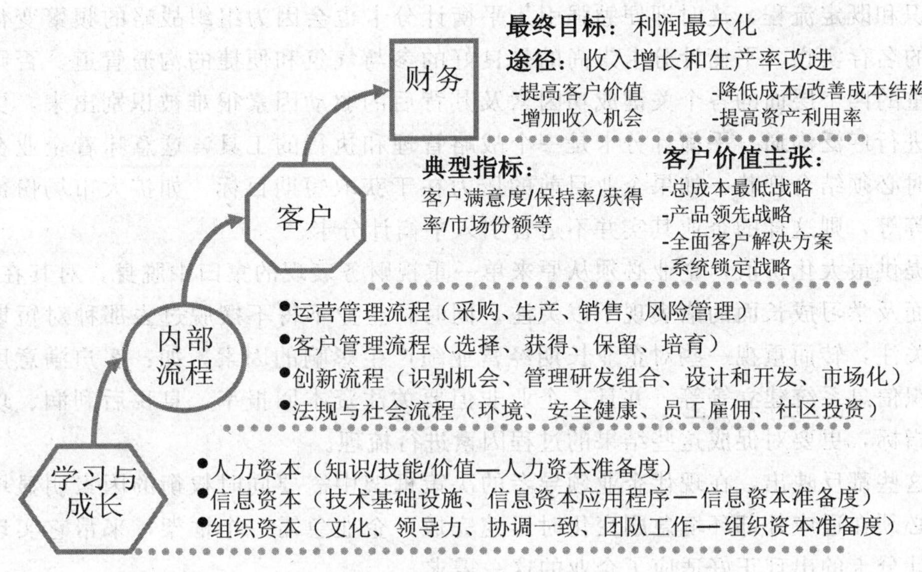

图 5-11　平衡计分卡的四个层面

（四）平衡计分卡的优缺点

平衡计分卡的优点主要体现在：藉着这四项指标的衡量，组织得以明确和严谨的手法来诠释其策略，它一方面保留传统上衡量过去绩效的财务指标，并且兼顾了促成财务目标的绩效因素之衡量；在支持组织追求业绩之余，也监督组织的行为应兼顾学习与成长的面向，并且透过一连串的互动因果关系，组织得以把产出（Outcome）和绩效驱动因素（Performance Driver）串联起来，以衡量指标与其量度作为语言，把组织的使命和策略转变为一套前后连贯的系统绩效评核量度，把复杂而笼统的概念转化为精确的目标，藉以寻求财务与非财务的衡量之间、短期与长期的目标之间、落后的与领先的指标之间，以及外部与内部绩效之间的平衡。

凡事皆有两面，平衡计分卡也不例外。平衡计分卡的缺点是：它很难去执行。一份典型的平衡计分卡需要 5—6 个月去执行，另外再需几个月去调整结构，使其规则化。从而总的开发时间经常需要一年或者更长的时间。衡量指标有可能很难去量化，而衡量方法却又会产生太多的绩效衡量指标。运用平衡计分卡的难点在于试图使其“自动化”。平衡计分卡中有一些条目是很难解释清楚或者是衡量出来的。财务指标当然不是问题，而非财务指标往往很难去建立起来。

确定绩效的衡量指标往往比想象的更难。企业管理者应当专注于战略中的因果关系，从而将战略与其衡量指标有机结合起来。尽管管理者通常明白客户满意度、员工满意度与财务表现之间的联系，平衡计分卡却不能指导管理者怎样才能提高绩效，从而达到预期的战略目标。当组织战略或结构变更的时候，平衡计分卡也应当随之重新调整。而负面影响也随之而来，因为保持平衡计分卡随时更新与有效需要耗费大量的时间和资源。

（五）平衡计分卡在中国的适用性

平衡计分卡是以战略管理为导向的。对国内相当多的企业而言，目前尚未形成战略管理的自觉意识和既定流程，这时即便勉强引入平衡计分卡也会因为组织战略的频繁变化导致平衡计分卡的名存实亡。平衡计分卡崇尚的是良好的参与气氛和便捷的沟通管道，否则平衡计分卡所倚重的四个层面的各个关键成功因素及其背后的驱动因素很难被识别出来，更遑论在企业内部进行广泛沟通。平衡计分卡是一个战略管理和执行的工具，这意味着企业在引入平衡计分卡时必须结合现状，如果企业目前的压力在于获取短期目标，如扩大市场份额、迅速降低成本等等，则这样的企业其实并不适合引入平衡计分卡。

为了提供最大化价值，企业必须从原来单一重视财务表现的窠臼中脱身，对其在客户面、内部流程面及学习成长面的诸表现予以关注。同时，企业不得不摆脱过去那种对短期经营业绩的过度关注，转而重视一些对企业长期经营业绩产生影响的因素，如：客户满意度、员工素质、组织信息系统建立等等。并且，企业非但要关注资本回报率、息税后利润、现金流量等结果性指标，更要对促成这些结果的过程因素进行梳理。

所有这些都反映出，在现代企业领导者的决策框架中需要同时权衡的因素明显增加，而这一切又必须在适应外部环境急剧变化时迅速完成，企业急需一个框架，来帮它实现这种平衡，平衡计分卡的出现正好适应了企业的这一需求。

从企业在应用平衡计分卡过程中反映出的问题来看，难点通常是如何在平衡计分卡中的四个层面上来明确关键成功因素及其衡量标准，并在这些标准之间形成一种平衡结构。这中间的核心在于如何确定各因素之间的驱动关系。这里有两个关键的问题需要解决：

一是确定不同层面的关键成功因素之间的驱动关系，譬如内部运营面的改善究竟如何提高了企业在客户面的表现，这是真正的难点所在。这通常需要企业考虑综合运用各种方法如价值链分析法、杜邦分析法、作业成本法和统计分析法等，通过定性分析和定量分析相结合的方法，明确不同因素之间的驱动关系及其显著程度。

例如，针对一家准备引入平衡计分卡的企业，可以先进行流程分析，确定企业的核心流程和辅助流程（或者制造流程和业务流程），明确企业的各增值环节；在此基础上就可以针对流程进行作业成本分析，从而完成对企业生产经营的价值和成本分析。企业可以根据分析结果，结合平衡计分卡的理论框架，较为明确地识别不同层面的关键成功因素及衡量标准。要指出的是，这里所确定的不同层面的关键成功因素及其驱动关系，仍需通过企业经营数据的积累、企业战略的变化以及市场环境的变化进行调整。

二是明确不同层面的关键成功因素的构成及衡量标准，如对一家企业而言，其在客户面所要明确的关键成功因素是什么，是企业对客户需求的反应速度还是售后服务等等。这通常需要通过流程分析和市场调研相结合的方式来进行，藉此明确该层面关键成功因素的构成（如结果/过程、先行/滞后、财务/非财务等等）、衡量标准及其各自所占的权重。

此处所谓的权重既包括平衡计分卡不同层面的关键成功因素数量的分布，也包括同一层面不同因素之间的权重。根据 BEST PRACTICES 对全球成功实施平衡计分卡的企业统计结果，企业在建立平衡计分卡时，财务面、客户面、内部流程面、学习成长面的关键成功因素所占比重通常为 22%、22%、34%、22%，并且非财务因素应当占到 80%。至于同一层面不同因素所占的权重就需要根据层次分析法来予以确定。

对许多企业而言，引入平衡计分卡的主要困难在于缺乏足够的数据来支持平衡计分卡的运行，这种困难在财务面以外的其他三个层面上表现的尤为突出。例如：某企业的平衡计分卡中明确了内部流程面的关键成功因素包括建立快速服务信道、经销商品质、完美的订单等。对此，在平衡计分卡中须将其转化为目标（Objectives）、衡量标准（Measurements）、指标（Indicators）、举措（Iinitiatives）。这时就需要企业有比较完整的基础数据。

以完美的订单为例，其目标就可以包括完成订单的速度、完成订单的准确性、完成订单的成本等。接下来，就要确定衡量标准如完成订单时间、完成订单出错率、降低单个订单的成本等。在此基础上，根据决策层目标和行业最佳实践确定相应的指标，如在未来半年中，将订单完成时间缩短为3周，订单出错率降到2%以下，单个订单的成本降为25美元。

可以看到，这里需要很多数据如企业目前完成订单的时间、出错率及成本记录、完成订单的各环节所费时间、成本及有关出错记录、同行业的这些数据记录等。这些数据有些是企业目前的信息系统中所没有的。这就意味着企业在引入平衡计分卡时必须十分重视内部业务信息系统建设，否则平衡计分卡就会成为空中楼阁。

反观业内现状，我们许多对平衡计分卡情有独钟的企业在这方面基础很薄弱，为此，建议这类企业在着手建立企业的平衡计分卡时，必须同时考虑相关的数据采集，明确企业目前在这方面的瓶颈和改善措施。这样才不会导致平衡计分卡引入后落入缺乏数据来源、发挥不了应有的决策指引和执行指导作用。显然，这对任何一家企业来说，都不是一蹴而就的事情，企业在初期可能需要容忍平衡计分卡实施中的某些不够完美之处、循序渐进、持续改善，方可积沙成塔、终见成效。

【本章小结】

各派学者分别从结果、行为和能力的角度给出绩效的定义，在实际应用中，对绩效的理解可能是以上三种认识中的一种，也可能是对各种绩效概念的综合平衡。但绩效只有经过评价才能对管理决策产生影响，因此，本书认为，绩效是经过评价的工作行为、胜任力及其工作结果。驱动员工个人绩效的因素通常包括技能、激励、环境和机会。

绩效管理是通过在员工与管理者之间达成关于目标、标准和所需能力的协议，在双方相互理解的基础上使组织、群体和个人取得较好工作结果的一种管理过程。而绩效评估是绩效管理必不可分的组成部分之一，它更强调对组织、部门及员工过去的绩效表现的事实认定，因而，单独的绩效评估不能构成完整的绩效管理体系。从发展趋势上来看，绩效管理与战略的结合越来越紧密，组织绩效也日益受到重视，绩效管理的目标已由单纯的事实认定逐步转向引导发展，为适应复杂的绩效管理体系，信息技术的应用越来越有必要。绩效管理是一个持续循环的过程，它由绩效计划开始，经历绩效计划的实施与辅导环节，在绩效周期结束时进入绩效评估与反馈阶段，之后，绩效评估的结果将被应用于人力资源管理的其他职能模块中。在每个环节中，均有特定原则与方法需要遵循，方可实现既定的目标。

绩效管理的方法经过多年的演变，已越来越成熟，下列三种方法是目前所有方法中受认可程度最高且应用最为广泛的，详情可参见下表。

工具名称		目标管理法	关键绩效指标	平衡计分卡
时代		50—70年代	80年代	90年代以后
性质		重视工作与人的结合	指标分解的工具与方法	集大成的理论体系
对象		个人	组织、群体、个人	组织、群体、个人
特征		员工参与管理，体现"我想做"，自我管理与自我控制	战略导向、指标承接与分解，指标层层分解、支撑	战略导向、目标承接与分解，目标有因果关系、强调平衡
关注		管理、考核（关注过程）	考核、管理（关注结果）	管理、考核（关注过程/结果）
要素		目标、指标、目标值	战略、战略成功领域、关键绩效要素、关键绩效指标	使命、核心价值观、愿景、战略、客户价值主张、四个层面目标、指标、目标值、行动方案
指标	设计	根据组织目标，由上下级协商确定	根据战略，自上而下层层分解	根据使命、愿景、战略、客户价值主张，依据目标分层分别确定
	关系	指标之间基本独立，彼此没有联系	指标之间基本独立，彼此没有联系	因目标的因果关系导致四个层面的的指标之间有关联性
	类型	侧重定量指标	无前置指标和滞后指标之分，客观指标	有前置指标和滞后指标之分，客观指标、主观判断指标

【管理工具包—绩效合同模板】

AA有限公司×××年度绩效合同

被评估人信息
姓名：
岗位：
所属部门：

评估人信息
姓名：
职务：

绩效评估期间：　　　年　月　日至　　　年　月　日

绩效评估周期： 个人关键绩效指标（KPI）——半年
　　　　　　　　个人关键能力指标（KCI）——年度

编号	关键绩效指标	指标定义	权重	目标值	实际值	目标达成率	自评分	直接上级评价	最终得分
1	……								
2	……								
3	……								
4	……								
5	……								
6	……								
7	……								
8	……								
9	……								

第一部分：个人关键绩效指标考核表

被评估人：　　　　评估人：　　　　评估审核人：

评分标准：

对一般定量性指标，根据目标完成情况，计算目标达成率，然后根据目标达成率换算表（表1和表2），换算绩效得分。

对于定性指标，直接根据下面的绩效等级定义，换算对应的绩效得分（表3）。

对于目标值为0的否定性指标（如重大安全事故发生次数），每发生一次，则需按照事先确定的扣分标准进行扣分。

表1　　　定量评价指标绩效得分换算表

目标达成率	绩效得分	备注
＞130％	5	—
110％～130％	4.0～4.9	目标达成率每增加1％绩效得分增加0.045
90％～110％	3.0～3.9	目标达成率每增加1％绩效得分增加0.045
70％～90％	2.0～2.9	目标达成率每增加1％绩效得分增加0.045
50％～70％	1.0～1.9	目标达成率每增加1％绩效得分增加0.045
＜50％	0	—

表 2　　定量负相关评价指标绩效得分换算表

目标达成率	绩效得分	备注
＜70%	5	—
70%～90%	4.0～4.9	目标达成率每降低 1%，绩效得分增加 0.045
90%～110%	3.0～3.9	目标达成率每降低 1%，绩效得分增加 0.045
110%～130%	2.0～2.9	目标达成率每降低 1%，绩效得分增加 0.045
130%～150%	1.0～1.9	目标达成率每降低 1%，绩效得分增加 0.045
＞150%	0	—

表 3　　定性评价指标绩效得分换算表

绩效等级定义	绩效得分
全面超越绩效目标要求	5
符合绩效目标要求，在某些方面超越目标要求	4
符合绩效目标要求	3
不完全符合绩效目标要求，需要改进	2
与绩效目标存在很大差距，完全不符合目标要求	1
没有履行岗位职责	0

第二部分：员工能力考核表（此表也可用过渡性表格代替）

此表用于员工能力目标的设定与考核。

能力类型/能力条目		定义	员工自评	直接上级评价	最终结果
核心行为能力					
知识和技能					

领导力						

被评估人：　　　　　　　　　　评估人：　　　　　　　　　　评估审核人：

能力评估周期：年度

能力评价标准："5"——一贯表现"4"——大多时候表现"3"——经常表现"2"——偶尔表现"1"——从未表现。5分为最高分，最终评估得分为直接上级评价与评估审核人的评价分数加权平均而得。

第三部分：绩效记录

为使绩效反馈、辅导与评估更加有据可依，管理者应经常性地对员工各项绩效指标的达成情况与相关信息进行记录，并提出和记录管理者所采取的对策。

指标		时间	事件	对策	时间	事件	对策
KPI							
KCI							

（本页仅供评估人使用，请随时记录能够切实反映员工绩效表现的典型事件或重要事件，以及主管为此采取的对策，简要描述即可）

第四部分：绩效评估结果的确认

考核周期	KPI 评估得分	能力评估得分	综合得分	绩效等级	评估人签字	被评估人签字	审核人签字
上半年		—					
下半年		—					
	—						

第五部分：绩效面谈

面谈时间			面谈地点		
面谈要点（考核周期开始前）			面谈要点（考核周期结束后/绩效评估进行时）		
任职者是否对部门年度目标有了充分的了解？	是	否	上级是否全面地、客观地了解了任职者的绩效信息？	是	否
上级是否对任职者的绩效计划进行了具体的解释与说明？	是	否	上级是否认真地倾听了任职者对于业绩的陈述？	是	否
双方是否充分交换了意见？	是	否	上级是否对重要的不足均提出了明确的改进意见？	是	否
双方对员工个人的年度绩效计划是否达成了一致的意见？	是	否	双方对面谈的结果是否达成了一致的意见？	是	否
			面谈双方是否重新审核了任职者的职位说明书？	是	否
5. 分歧点陈述			6. 分歧点陈述		

员工签名：________________ 上级签名：________________

审核人签名：________________

【思考题】

1. 请谈谈你对绩效的理解。
2. 绩效管理与绩效考核的区别与联系是什么？

3. 绩效管理的流程是什么？每一步骤的执行要点有哪些？

4. 请在真实的工作情境中，运用 SMART 原则甄别绩效计划的有效性。

5. 请针对特定情境，实施有效的绩效辅导。

6. 绩效评估的方法有哪些？请根据特定的评估类型设计绩效评估表。

7. 绩效评估的结果可以应用到人力资源管理的哪些领域中？如何应用？

8. 请列举出战略性绩效管理的典型工具，并指出其创始人（如有）与产生背景。

9. 请分析目标管理法的优劣。

10. 请根据具体的情境，运用关键绩效指标法，设计组织层面与部门层面的关键绩效指标。

11. 请说明平衡计分卡的平衡特性，并说明其四个层面都包括哪些内容？

第六章 薪酬与福利管理

●单元概述

薪酬与福利管理是人力资源管理体系中非常重要且最受关注的一个模块。本章首先系统地介绍了薪酬的相关概念及常见的付薪理念，然后具体阐述了薪酬分析与设计的方法和流程，并说明了薪酬管理的沟通与控制机制。此外，本章还单独就福利管理的目标、形式与作用进行了总结。

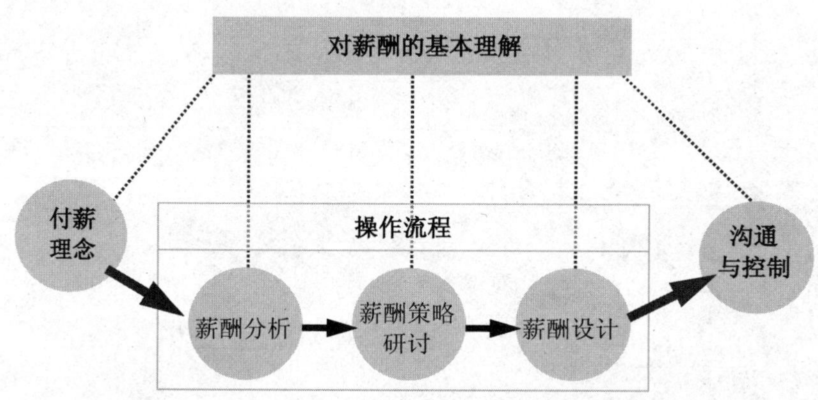

●知识要点及掌握程度

6.1 薪酬管理概述 [记忆]
6.2 薪酬现状分析 [分析]
6.3 薪酬设计与调整 [运用]
6.4 福利管理 [运用]

●能力要点及掌握程度

根据大连东软信息学院 TOPCARES－CDIO 的能力指标体系，裁剪出本章所要培养的能力要点及其掌握程度。

人力资源管理主要功能模块的管理与实施知识 [重要]
分析问题 [重要]
解决方法和建议 [重要]

设计过程　［中等］
设计实施过程　［中等］

●教学重点与难点

1. 教学重点
(1) 薪酬的相关概念
(2) 付薪理念
(3) 薪酬分析的方法与流程
(4) 薪酬设计的方法与流程
(5) 福利的种类及设计
2. 教学难点
(1) 薪酬分析
(2) 薪酬设计

●教学设计与实施方法

1. 教学设计
(1) 激趣：通过管理寓言启动本章的学习，激发学生的学习兴趣。
(2) 引思：结合管理寓言，引发学生思考薪酬与福利管理的目标、方法与流程。
(3) 精讲：系统介绍绩效管理的相关概念、流程、工具与方法。
(4) 实践：要求学生完成实践环节项目，并在“做中学”中巩固和运用所学知识。
(5) 总结：归纳总结知识点及学生在实践中存在的问题。
2. 实施方法
本章建议采用如下教学方法：讲授教学法、讨论教学法、任务教学法和问题教学法。

●实践环节设计

单元项目：薪酬分析与设计

请各虚拟公司根据教师所提供的企业真实薪酬信息，完成以下两项任务，并分别准备PPT进行汇报与答辩。

(1) 薪酬现状分析

要点：

①薪酬的内部公平性：职级与薪酬水平的关系、各序列间的公平性、每个序列内容的公平性。

②薪酬的外部竞争性：薪酬的整体市场竞争力水平、各序列的市场竞争力。

③薪酬组合：各序列的固浮比。

(2) 薪酬设计

要点：

①薪酬结构设计（薪酬等级、中点值、最大值、最小值、幅宽、薪酬组合）。

②调薪方案。

●目标达成度检验（教学效果评估）

1. 知识要点

测评要求学生完成课后习题，并参考标准答案进行自评。

2. 能力要点测评

要求学生利用课余时间完成实践环节单元项目，并于下次课进行当堂展示，再由各小组进行交叉互评，教师给出专业意见与评分。每个小组再根据本组得分，根据各位组员在完成本次团队项目时的表现确定组内各成员本次实践项目的得分。

●教材具体内容

【引子——管理寓言】

有一个老乞丐，每天沿街乞讨，食不果腹，饥寒交迫地过着他的余生。

在一个冬夜，老乞丐行走在雪地里，四处张望，试图寻找一个相对暖和一些的地方来度过这个寒冷的夜晚。突然，不知是什么东西绊了他一下，老乞丐重重地摔倒在地上。他慢慢地爬起来，低头一看，是只断了一条腿的狗横卧在马路中间把他绊倒的，这只狗用绝望的眼神看着他，眼里噙着泪花。

老乞丐看着它，心里不知不觉地产生一种酸楚的感觉，悲叹自己的命运和这只狗是何其相似啊。于是他在附近找了一些树枝和绳子把狗的腿绑了绑，然后带着它蜷在一个墙角下过了一夜。

几天如一日，时间过去了一个星期，这只狗的断腿有些灵活了，它的精神头也足了。这些日子里，老乞丐靠每天在垃圾堆里捡一些人们吃剩的骨头喂这只狗，但是骨头的数量根本就无法满足这只狗的胃口，这是没有办法的事实，因为他也整天饿着肚子。

老乞丐看着这只狗已经能够顺利行走了，满意地拍拍它的脑袋，对它说："走吧，在我这儿你会被饿死的，快去寻找一家好主人吧。"可是这只狗就在他身边摇着尾巴，用舌头不断地舔着他那粗糙的手心，眼里充满期望的目光，好像在说："我以后不会离开你的。"

老乞丐看着这一幕，眼泪禁不住夺眶而出，他活了这么大的岁数，到现在才真正感觉到了一次从小到大都没有的成就感。显然，老乞丐有些激动了，激动得双手有些颤抖，他用这双颤抖的手搂着狗的脑袋，终于做出了最后的决定，那就是要与它相依为命，度过自己的残生。

到了夜晚，这只狗主动给老乞丐叼来杂草铺地，白天为他带路，老乞丐依然每天为它捡着骨头，虽然他们仍然还是饿着肚子，可是快乐却总是光顾着他们。

有一天，在一座大饭店门前，他们享受了一次意外的美餐。有一家人在这个饭店里举办婚礼，主人今天异常地高兴，把很多的剩菜剩饭给了这个老乞丐。最后，老乞丐吃得挪不动步了，他的狗看着剩下的一大堆骨头也没有了胃口，老乞丐指着狗身上溜圆的肚皮哈哈大笑，狗也看着老乞丐鼓起的肚子汪汪乱叫，似乎在说："你不用笑我，你也差不多。"

但是，美好的场景终究是一时的，他们不得不再次回到现实中来，接下来，他们依然要面对饥饿，老乞丐倒是无所谓，因为他已经习惯了这种生活，可是他的狗不一样，美餐已令它难以忘怀。

终于，在一个冬夜，还是像他们相遇时那样寒冷的一个冬夜，它离开了他。

第二天清晨，老乞丐又来到那座饭店门口，躲到墙角，看着他的狗在饭店门口不停地摇着尾巴，他叹了一口气，含着眼泪走了。

冬夜，两个一模一样的冬夜，老乞丐与狗从相识到离散，所发生的事是那样的突然，而又有着它的必然性，原因就是老乞丐根本就不能满足狗对骨头的需求。

从乞丐、骨头和狗的故事中，你得到了哪些启示？

1. 两个一模一样的冬夜，老乞丐与狗从相识到离散，其原因是什么？

2. 奖励的金额与奖励的数量哪个更重要？

3. 怎样能提高成本最优条件下薪酬激励的有效性？

美国著名的薪酬管理专家米尔科维奇曾经说过："薪酬在整个人力资源管理体系中起到领导、支持与变革诱因的作用。"而且，它也是所有人力资源管理模块中受关注程度最高、敏感性最为突出的一个模块。此外，薪酬管理还具有跨学科的特性，例如：组织的薪酬是否能对员工产生有效的吸引、激励与保留作用是一个典型的管理类命题；薪酬给员工所带来的公平感、成就感、归属感等心理感受又是属于心理学的范畴；薪酬成本与企业总运营成本的关系及个人所得税的缴付等问题又涉及到经济学的问题；此外，组织所支付的薪酬水平以及薪酬的支付方式是否合法合规又涉及到法律问题……鉴于薪酬管理的重要性和复杂性，在实施薪酬与福利管理的过程中，充分把握其管理规律，采用权变的思想进行分析与设计势在必行。

第一节 薪酬管理概述

薪酬与福利管理在人力资源管理体系中具有举足轻重的地位，它与职位管理、绩效管理和人的能力管理等其他模块密切相关，对组织和员工都会产生深远的影响。准确把握薪酬的相关概念、构成要素与主要功能是进行合理的薪酬分析与设计的前提和基础。

一、基本概念

在薪酬管理的研究和实践中，以下几个专业术语时常出现，它们各自的内涵到底是什么？它们各自的决定要素又有哪些？它们之间的关系是怎样的？这些必须予以澄清。

（一）基本工资（Base Salary）

基本工资是年度总现金中的固定部分，它是由职位价值、任职者的经验、技能、人才市场供求状况等因素所决定的。它是年度调薪、绩效奖金及其他间接薪酬的计算基础，也是组织吸引员工的重要因素。基本工资的增长通常是由员工的能力提升状况、上期的绩效表现、目前的薪酬水平在薪酬范围内的位置和当期市场工资水平的增长率而决定。

（二）现金津贴（Guaranteed Cash allowance）

现金津贴是年度总现金中的固定现金福利部分，它与基本工资之和为年度固定现金收入。一般而言，现金津贴的发放主要考虑行业标准、职位特性、工作环境及企业文化等因素，其发放形式均为现金，主要名目包括：餐费、交通费、通讯费、野外作业补贴、防暑降温费、有毒有害工作环境补贴等。现金津贴的主要作用是保留员工，它所能起到的激励作用较小。

现金津贴的主要调整依据是物价水平及行业动态。

（三）短期激励（Short－term incentive）

短期激励是年度总现金收入中的浮动部分，它主要基于对任职者的绩效考核结果而支付，从而将员工个人的薪酬与个人、部门和公司的业绩紧密关联起来，其兑现时间为绩效执行周期结束后的一年以内。短期激励的主要表现形式为各种类型的奖金，如：绩效奖金、项目奖金、销售提成、生产奖金等。由于短期激励具有较大的浮动性，并与员工的能力和努力程度密切相关，因而可以引导员工关注特定的绩效目标和结果，而且有利于吸引和保留高绩效员工。

年度基本工资、现金津贴与短期激励之和构成了员工的年度总现金收入（Annual Total Cash）。

（四）长期激励（Long－term incentive）

长期激励是指兑现时间在绩效周期结束后一年以上，以股票、期权、业绩单位、虚拟股份等非直接现金形式发放的奖励，其目的是鼓励员工追求企业长远利益和长久发展，激励员工采取与组织长期目标相一致的行为。因此，长期激励的发放通常与公司的股票市值、长期收益等指标密切相关。

美国联邦政府人事管理署和美国劳工统计局将基本工资、现金津贴、短期激励与长期激励之和统称为薪酬（Compensation）。

（五）福利（Bennefits）

福利是指企业为了保留和激励员工，采用的非现金形式的报酬。福利与现金津贴的最大差别就是，福利是非现金形式的报酬，而津贴是以现金形式固定发放的。福利的发放不是以员工为企业工作的时间为计算单位的，其主要作用是提高员工的满意度和忠诚度。福利的种类包括法定福利和企业自主福利两大部分（详见后文）。

基本工资、现金津贴、短期激励、长期激励和福利共同构成了总薪酬（Total Compensation /Total Remuneration）。

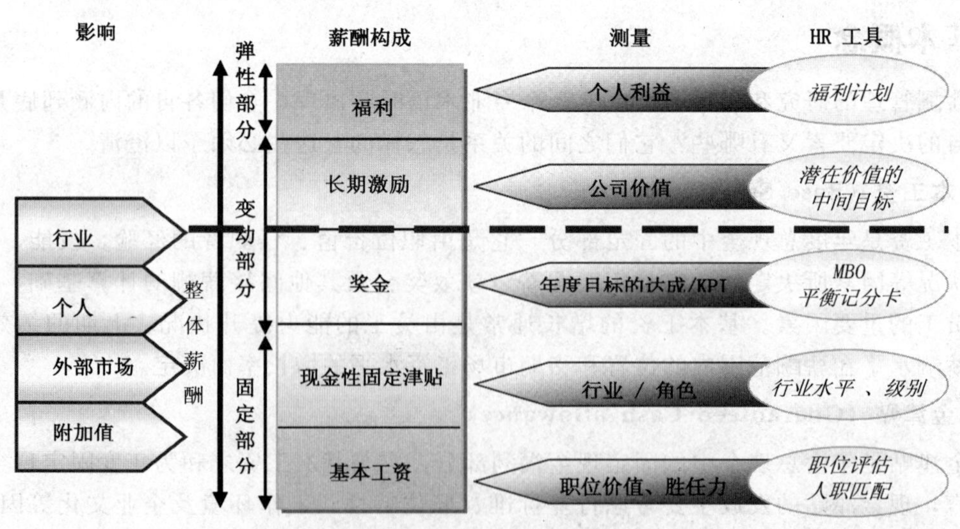

图 6-1 总薪酬的组成部分

（六）报酬（Reward）

根据 Joseph J. Martocchio 在《战略性薪酬：一种人力资源管理方法》一书中的界定，报酬是指员工由于完成了自己的工作而获得的各种内在报酬和外在报酬。外在报酬主要指组织提供的金钱、津贴和晋升机会，以及来自于同事和上级的认同。而内在报酬是基于工作任务本身的报酬，如对工作的胜任感、成就感、责任感、受重视、有影响力、个人成长和富有价值的贡献等。根据这一定义，员工在一家企业中工作所获得的所有他个人认为有价值的东西都属于报酬，它是员工为企业付出的努力和劳动的交换物。与内在报酬相比，员工和企业都倾向于注重外在报酬，尤其是薪酬。这是因为外在报酬比较容易定性，也容易衡量，同时还便于在不同的群体间进行比较，而内在报酬往往难以清晰定义、讨论或者进行比较谈判。但企业必须在外在报酬和内在报酬之间实现平衡，以防止外在报酬削弱内在报酬所导致的不良激励后果。

二、薪酬与福利管理对组织与员工的影响

薪酬代表了组织与员工之间的一种利益交换关系，它对员工和组织来说都具有举足轻重的作用。

（一）对员工的作用

1. 经济保障，满足需求。劳动是价值创造的源泉，员工通过脑力或体力劳动的支出，为组织创造了价值，组织给员工支付报酬作为回报。那么员工为什么会为组织工作呢？因为获得这些回报对员工来说很重要：首先，员工必须购买必要的生活资料以维持生活的需要，比如衣食住行等方面的支出；其次，为了满足技术进步以及生产发展的需要，员工需要不断提高自己的技能以免被组织淘汰，这样在学习、培训、进修等方面的支出是不可缺少的；第三，员工为了满足自身需求，在娱乐、社交等方面也会有大量的支出。从经典理论来讲，以上几个方面都是维持生产所必须的，除此之外，维持再生产所必须的在子女养育等方面的支出也越来越大，给某些年轻员工带来较大的压力。从以上分析可以看出，薪酬对于员工是很必要的，它对员工而言意味着经济保障和经济基础。

2. 心理激励，行为导向。薪酬问题不仅是薪酬水平的问题，它还涉及员工对薪酬的心理期望与企业实际薪酬状况之间的差距问题。从心理学的角度来说，薪酬是个人和组织之间的心理契约，员工对薪酬的公平性与竞争性的感知会直接影响员工的行为、工作态度及工作绩效。

3. 社会信号，价值体现。薪酬作为一种信号，可以很好地反映一个人在社会流动中的市场价格和社会位置，又可以反映一个人在组织内部的价值和层次。薪酬所传递出的社会信号作用对员工的归属感将产生直接的影响。

（二）对组织的影响

1. 吸引、保留、激励员工，培育企业文化。薪酬对员工所具有的社会信号作用使员工很容易将薪酬水平与个人价值等同起来，因此，薪酬水平将直接影响组织所吸引的员工的数量与质量。而即使在薪酬水平相当的情况下，不同的薪酬组合与薪酬结构也将对员工的工作作为、工作态度以及工作业绩产生不同的激励作用；此外，薪酬所传递的公平性与竞争性还将

直接影响到员工的满意度和忠诚度。当一个组织的薪酬政策能够对员工起到良好的吸引、保留与激励作用时，它将有助于塑造和强化优秀的企业文化；当一个组织的薪酬制度与固有的企业文化产生分歧与冲突时，它将严重破坏甚至摧毁企业文化。

2. 改善组织绩效，支持组织变革。任何一个组织的薪酬制度都在不同程度上传递出组织的战略目标与管理倾向，例如：一个设计合理的薪酬制度可以向员工传达它在鼓励什么、反对什么，现阶段重视什么、淡化什么……从而引导员工的行为与态度，进而促进组织目标的实现。反之，一个缺乏合理性与公正性的薪酬制度很可能会引导员工做出与组织目标相背离的行为。特别是在组织变革的过程中，这一问题更为突出。据统计，50%～70%的流程再造计划均因再造后的流程与企业的薪酬体系之间缺乏一致性而未能达到预期目标。

3. 控制成本，提高效益。为了保持组织在人才市场中的竞争力，组织必须付出必要的成本来吸引、保留与激励人才，薪酬成本的上升无疑将增加企业运营成本，进而降低企业的利润空间。Mercer 近五年来的 TRS（Total Remuneration Survey）报告显示，中国制造业的薪酬成本占总运营成本的平均比例通常在20%左右，服务业的这一比例通常要高达80%～90%，全行业的平均水平约为40%～50%。由此可见，薪酬成本核算是企业运营成本中非常重要的一个组成部分，具有很大的调节空间。若一个组织能够区分不同群体的特性，合理地配置薪酬资源，则可以提升企业的效益，增强企业的发展动力。

（三）对社会的影响

薪酬对于社会具有劳动力资源的配置功能，不同区域、不同行业、不同职业的薪酬不一样，劳动力供给和需求的矛盾在劳动力价格形成过程中起着非常重要的作用。

当某一地区劳动力供不应求时，会导致这一地区薪酬水平的增加，薪酬的增加会吸引其他地区劳动力向紧缺的区域流动，这样会增加这一地区劳动力的供给，将薪酬维持在适当的水平。

当某一行业劳动力供不应求时，会导致这一行业薪酬水平的增加，薪酬的增加会吸引其他行业劳动力向紧缺的行业流动，这样会增加这一行业劳动力的供给，将薪酬维持在适当的水平。

当某一职业劳动力供不应求时，会导致这一职业薪酬水平的增加，薪酬的增加会吸引其他职业劳动者或新就业劳动者向紧缺职业流动，这样会增加这一职业劳动力的供给，最终将薪酬维持在适当的水平上。

当然上述流动过程并不是自然而然实现的，会受到很多因素的制约。劳动力跨区域流动会受到地域限制、生活习惯、生存成本的制约；跨行业流动受到行业政策、行业经验的制约；跨职业人才流动受到知识技能、职业经验的制约。

三、薪酬管理的目标

薪酬管理是在组织发展战略指导下，对员工薪酬支付原则、薪酬策略、薪酬水平、薪酬结构、薪酬构成进行确定、分配和调整的动态管理过程。

薪酬管理要为实现薪酬管理目标服务，薪酬管理的目标是基于人力资源战略设立的，而人力资源战略服从于企业发展战略。薪酬要发挥应有的作用，薪酬管理应达到以下三个目标：效率、公平、合法。达到效率和公平目标，就能促使薪酬激励作用的实现，而合法性是薪酬基本要求，因为合法是公司存在和发展的基础。

（一）效率目标

效率目标包括两个层面，第一个层面站在产出角度来看，薪酬能给组织绩效带来最大价值，第二个层面是站在投入角度来看，实现薪酬成本控制。薪酬效率目标的本质是用适当的薪酬成本给组织带来最大的价值。

（二）公平目标

公平目标包括三个层次：分配公平、过程公平和机会公平。

分配公平是指组织在进行人事决策、决定各种奖励措施时，应符合公平的要求。如果员工认为受到不公平对待，将会产生不满。

员工对于分配公平认知，来自于其对于工作的投入与所得进行主观比较而定，在这个过程中还会与过去的工作经验、同事、同行、朋友等进行对比。分配公平分为自我公平、内部公平和外部公平三个方面。自我公平，即员工获得的薪酬应与其付出成正比；内部公平，即同一企业中，不同职务的员工获得的薪酬应正比于其各自对企业做出的贡献；外部公平，即同一行业、同一地区或同等规模的不同企业中类似职务的薪酬应基本相同。

过程公平是指在决定任何奖惩决策时，组织所依据的决策标准或方法符合公正性原则，程序公平一致、标准明确、过程公开等。

机会公平指组织赋予所有员工同样的发展机会，包括组织在决策前与员工互相沟通，组织决策考虑员工的意见，主管考虑员工的立场，建立员工申诉机制等。

（三）合法目标

合法目标是企业薪酬管理的最基本前提，要求企业实施的薪酬制度符合国家、省区的法律法规、政策条例要求，如不能违反最低工资制度、法定保险福利、薪酬指导线制度等的要求规定。

四、薪酬管理理论概要

经典的薪酬管理理论对薪酬的分析与设计具有较强的启示作用和指导意义，由于篇幅所限，在此仅就几个重要的理论做以简要说明。

（一）公平理论

1. 公平理论的含义

在薪酬管理中最重要的议题之一即是“公平性”，而在组织行为与人力资源管理领域中最常被引用的即是亚当斯的公平理论，此理论指出员工会以自己的状况与他人的状况做相对比较，以判断是否被公平地对待，而非以某些绝对的标准来判断，根据这个理论，员工会以个人所了解的结果（工资、奖金、福利、升迁等）与所认识到的投入（如知识、技术、能力、努力程度、教育程度等）的比值，来与他人的结果和投入的比值相比较。如果员工发现自己的投入与结果的比值与别人的比值相等时，便认为是应该的、正常的，因而心情舒畅，工作努力。反之，就会产生不公平感。员工产生不公平感后，往往就会采取一些对工作不利但有助于自己恢复公平感的行动，譬如：

1）降低投入，不再像以前那么努力工作；

2）增加结果，如要求加薪、公物私用等；

3）要求他人改变投入，如要求或说服同事也不要努力工作；

4）离开不公平的环境，如离职或拒绝与他认为获得了较好待遇的员工共事合作。

正是由于不公平感的产生会带来一系列的负面影响，因此，管理者应特别注意薪酬管理中的公平问题。

2. 公平理论的应用

公平理论告诉我们，企业的薪酬体系必须满足公平的要求。员工们在很大程度上是通过与他人所获薪酬的对比来评价自己所获的工资的，并且他们的工作态度与工作行为都会受到这种比较活动的影响。特别注意的是，决定员工的评价结果的不是别的，而是他们自己的主观感受。即使管理层认为与其他公司相比自己员工所得到的薪酬水平已经很不错了，但是这种情况却并不一定意味着员工们也持有同样的看法。员工们可能掌握着不同的信息或者进行与管理层不一样的比较。

公平理论在薪酬管理中的主要意义在于以下几点：

首先，员工将会和别人的薪酬相比较，而就比较对象而言，员工会与其他公司担任自己相似工作的员工的薪酬作比较，这类比较不但会影响员工的工作动机，甚至会让员工决定是否要调职或离职。为了解决此种组织外薪酬比较的问题，企业应经常进行市场薪酬调查，调整薪酬水平，减少员工的不公平感。

其次，不公平来自于组织内的比较，而在组织内的比较又分为与不同工作和相同工作薪酬上的比较。在与不同工作的比较上，员工会与简单的工作、难度相似的工作以及难度较高的工作相比较。如果员工觉得无论干哪类工作其薪酬都相同时，这将影响员工晋升与调职的意愿，也可能让员工倾向于不与其他部门合作等。为了解决这种不公平的现象，组织可以进行工作评价以建立公平合理的工作结构，使工作难易度与薪酬高低相联系。至于员工感觉做相同工作却有不同待遇时，为解决此种不公平的现象，组织有两种方案，第一种方案与前述者相同，即进行工作评价设计工作结构，使得薪酬给付符合“同工同酬”的原则；第二种方案是设计公平的绩效评估方法，以便能辨识执行相同工作的不同员工其贡献差异。

（二）期望理论

1. 期望理论的含义

期望理论是美国心理学家弗鲁姆 1964 年在《工作与激励》一书中提出来的。该理论认为，员工只有在预期其行为有助于达到某种目标的情况下，才会被充分激发起来。员工之所以采取某种行为，是因为他觉得这种行为可以有把握地达到某种结果，并且这种结果对他有足够的价值。期望理论可以用下面的公式来表示：

激励力量＝效价×期望值

其中，激励力量指动机的强度，即为调动一个人的积极性，激发其内在潜力的强度，它表明了员工为组织给他设定的目标的努力程度。效价指目标对于个人需要的价值，即员工对某种结果的偏好。期望值指采取某种行为可能导致的绩效和满足需要的概率水平。

公式表明，激励力量作为推动人去追求和实现目标，满足需要的力量，是效价和期望值的乘积，效价越高，可能性越大，激励力就大，反之亦然。若其中一个变量为零或非常小，激励作用就为零或是微不足道，这说明光有吸引力的目标还不够，必须将这一目标和员工的个人需要有效地结合起来，使组织目标与个人目标取得某种程度上的一致。

2. 期望理论的应用

为了使激励力量达到最佳值，弗鲁姆提出了人的期望模式。

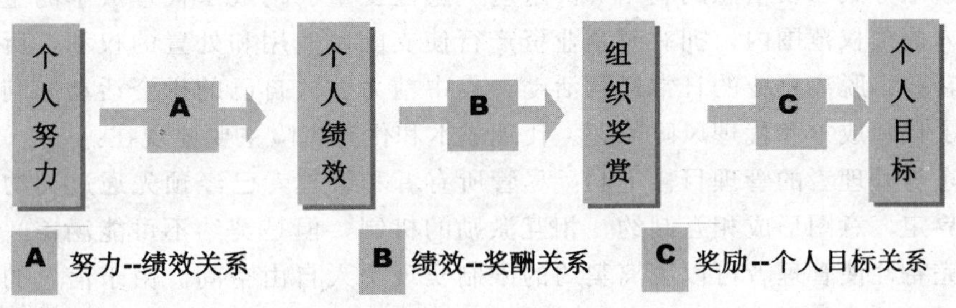

图 6-2 期望理论模型

根据该模式，为了有效地激发员工的工作动机，就必须注意到个人努力、个人绩效、组织奖励和个人目标之间的关系。

期望理论认为，员工提高相应的绩效所能获得的薪酬水平会进一步增强自己的工作动机，并提高自己的工作绩效，因此运用期望理论必须处理好以下三对关系：

(1) 努力与绩效的关系。这一关系主要是指个人认为通过一定的努力会带来一定绩效的可能性。如果个体在主观上认为通过努力达到一定绩效的概率很高，就会受到较大激励，激发出工作热情和积极性。努力与绩效的关系取决于个体的期望概率，它是由主客观因素相互作用所决定的。期望值不能太低，但也不能高不可攀。

(2) 绩效与奖励的关系。绩效与奖励的关系是指个人相信一定水平的绩效会带来所希望的奖励结果的程度。因为在达到一定绩效后，人们总是希望得到与之相应的报酬和奖励，包括精神奖励和物质奖励，例如表彰、晋升、奖金、信任等。

(3) 奖励与个人目标的关系。奖励与个人目标的关系体现在组织奖励和满足个人目标或需要程度，以及这些潜在的奖励对个人的吸引力。人们之所以希望得到报酬和奖励，是为了满足一定的需求，实现一定的目标。如果所得报酬和奖励能够满足这种需求，则发挥了很好的激励作用，否则不能充分发挥激励作用。

（三）代理理论

1. 代理理论的含义

代理理论，又称委托——代理理论，是过去 30 几年中契约理论最重要的发展。这一理论是威尔森在 1969 年创立的。该理论主要分析了企业的不同利益相关群体之间所存在的利益差异与目标分歧，以及怎样才能利用薪酬制度来使得这些不同利益群体之间的利益与目标连在一起。

该理论认为，现代企业制度的一个重要特征是实现了所有权和经营权的分离。在“两权分离”的情况下，企业所有者（股东）与管理者之间就存在着“委托——代理”的合同关系，产生了代理成本问题，因为委托者（所有者）和他们的代理人（管理者）之间的利益不再是一致的。对于代理人或是管理者来说是最好的东西，对于所有者来说未必是最好的。

这种“委托——代理”的合同关系，不仅是指聘书所代表的“显性”的合同关系，而且也指股东与经理之间在一些无法观察到的问题上的“隐性”的合同关系。这些难以观察的变量包括经理人员的努力程度，对公司资产的关心程度以及对股东利益（短期的和长期的）的某种关心和追求方式以及信息的利用等。这些“隐性变量”构成了代理成本的主要部分。管理者在委托人的授权范围内，拥有对企业资产行使支配、使用和处置的权利，所有者也可以通过权利的转移，脱离企业的日常经营活动，集中精力关注自己的投资活动和利益状况，但同时也产生了代理成本和代理风险问题。代理成本和代理风险主要体现在：

（1）股东与管理者的管理目标不同。尽管所有者和管理者已经预先通过契约对双方的责权作了明确界定，意图形成相互制约、相互激励的机制，但是契约不可能涵盖一切内容，契约的这种不完备性使管理者可以脱离契约的限制实现个人自由空间。由于信息的不对称，股东也无法知道管理者是在为实现股东收益最大化而努力工作，还是仅仅满足于一种平稳的收益状态；股东也不易监督管理者到底是将资金用于有利的投资还是用于特权的享受、声誉的建立或者能够带来个人福利的活动。

（2）股东与管理者对待风险的态度可能会存在分歧。股东可以分散自己的投资从而分散他们的风险，如果假设管理者是风险规避型的人，那么他们就可能为有意回避一些可能影响自身短期利益的决策，不大愿意去做潜在回报性可能很高的项目而使企业错失发展良机。这还意味着管理者使自己所获得的工资的相对风险性较低，他们倾向于基本工资而弱化具有不确定性的奖金和其他激励手段。这种薪酬制度由于使企业组织的经营成败与管理人员的收益之间呈弱相关性而诱导管理者的短期行为，存在道德风险。如果管理者是风险中性或者是风险喜好者，组织薪酬制度的设计就有可能实现股东和管理者的利益挂钩。但是，由于组织计划或项目本身的风险性使管理者的利益预期不明确，收益不稳定，管理者可能会要求委托人用补偿薪资的形式弥补他们承担的较高风险以满足他们现在的需求。

（3）决策的基准不同。管理者的决策更倾向于短期绩效的最大化，而委托人则更追求长期利益。

2. 代理理论的应用

委托——代理理论认为，降低代理成本的一个有效途径就是把经理的个人利益与公司的长远利益联系起来，使经理的收入取决于公司的经营状况。因此，无论在设计管理人员的报酬制度还是设计非管理人员的报酬制度时，一个关键的问题是：这种代理成本如何达到最小化？代理理论指出，委托人必须选择一种有利于使代理人的利益与委托人的利益一致化的契约性计划，包括行为导向型契约（比如绩效工资制度）和结果导向型契约（比如股票选择权、利润分享计划、佣金制等）。两种契约各有其利弊。行为导向型契约会使委托人的管理监督成本上升，薪资与结构的分离影响组织的利益，它所产生的成本可以看成是“显性成本”。相应地，结果导向型契约可能导致补偿工资的比例增大，它所产生的成本可以看成是“隐性成本”。

一般认为，结果导向型的契约是比较理想的选择。因为它使管理者更加关心公司的利润，对公司的长远发展而言比较有利，但是它增加了代理人的风险。如果代理人本身是风险规避型的人，他们有可能要求委托人向他们支付较高的工资以弥补他们所承担的这种较高风险。所以，企业也要根据不同情况作出不同的选择，这主要取决于以下几个方面的要素：

（1）风险意识。代理人的风险规避倾向使得结果导向型的契约被接受的可能性较小。

（2）结果的预期。利润是反映结果的指标之一，然而由于存在利润较低的风险，因此代理人不大愿意让自己的工资与利润联系在一起，所以他们更为偏好行为导向型的契约。

（3）工作内容。程式化的工作降低监督成本，行为导向型被易于接受，相反，对于非常规化的工作，实行结果导向型契约的可能性就增大。

（4）工作结果。当工作的结果更加具有可衡量性的时候，结果导向型的契约被实现的可能性就会增大。

（5）支付能力。由于必须提供风险补偿金，所以结果导向型的契约带来了较高的报酬成本。

（6）传统习惯。在传统或者习惯上使用（或不使用）结果导向型的契约会使实施这种契约变得更容易（或更不容易）。

除了上面列举的几个因素，组织还要考虑工作方式、组织文化等情况，在具体的薪酬实施过程中，大多是综合考虑具体情况，制定出双方均满意的方案。

（四）双因素理论

1. 双因素理论的含义

双因素理论（Two Factors Theory）又称激励保健理论（Motivator－Hygiene Theory），是美国的行为科学家弗雷德里克·赫茨伯格（Fredrick Herzberg）提出来的。

20世纪50年代末期，赫茨伯格和他的助手们在美国匹兹堡地区11家工商企业机构中对二百名工程师、会计师进行了调查访问，调查中他设计了许多问题，例如，“什么时候你对工作特别满意?”“什么时候你对工作特别不满意?”“原因是什么?”等等，请受访者一一回答。目的是验证下列假设：人类在工作中有两类不同性质的需要，即作为动物要求避开和免除痛苦的需要和作为人类要求在精神上不断发展和成长的需要。

访问主要围绕两个问题：在工作中，哪些事项是让他们感到满意的，并估计这种积极情绪持续多长时间；又有哪些事项是让他们感到不满意的，并估计这种消极情绪持续多长时间。赫茨伯格以对这些问题的回答为材料，着手去研究哪些事情使人们在工作中快乐和满足，哪些事情造成不愉快和不满足。

赫茨伯格从1844个案例调查中发现，造成员工不满的原因，主要是由于公司的政策、行政管理、监督、工作条件、薪水、地位、安全以及各种人事关系的处理不善。这些因素的改善，虽不能使员工变得非常满意，真正地激发员工的积极性，却能解除员工的不满，故这种因素称为保健因素。研究表明，如果保健因素不能得到满足，往往会使员工产生不满情绪、消极怠工，甚至引起罢工等对抗行为。这些因素被统称为保健因素。

赫茨伯格从另外1753个案例的调查中发现，使员工感到非常满意的因素，主要是工作富有成就感，工作本身带有挑战性，工作的成绩能够得到社会的认可，以及职务上的责任感和职业上能够得到发展和成长等等。这些因素的满足，能够极大地激发员工的热情，对于员工的行为动机具有积极的促进作用，它常常是一个管理者调动员工积极性，提高劳动生产效率的好办法。研究表明这类因素解决不好，也会引起员工的不满，它虽无关大局，却能严重影响工作的效率。因此，赫茨伯格把这种因素称为激励因素。这些因素被统称为激励因素。

赫茨伯格在研究的过程中，还发现在两种因素中，如果把某些激励因素，如表扬和某些物质的奖励等变成保健因素，或任意扩大保健因素，都会降低一个人在工作中所得到的内在满足，引起内部动机的萎缩，从而导致个人工作积极性的降低。

2. 双因素理论的应用

赫茨伯格双因素理论的核心在于“只有激励因素才能够给人们带来满意感，而保健因素只能消除人们的不满，但不会带来满意感”这一论断，因此如何认定与分析激励因素和保健因素并“因材施政”这才是关键。比如就销售人员的薪酬设计来说，按照双因素理论，应该划分为基本工资与销售提成两部分，基本工资应属于保健因素，销售提成则属激励因素，对销售人员而言，通常做法是低工资高提成，这样才能促使销售人员尽可能的多做业务。所以，将赫茨伯格双因素理论运用于管理，首先在于对存在的各因素进行质的分析与划分，明确或创造出保健与激励因素两部分；其次，再进行量的分析与划分，既保障保健因素的基本满足程度，又尽量地加大激励因素的成分，从而最终由此最大程度激发员工工作的积极主动性。

这样，就产生了一个问题，保健因素与激励因素有什么实质区别？保健因素应该满足到什么程度？激励因素应该给予什么样的分量？这种量的划分原则是什么？

保健因素与激励因素的实质区别就在于“平等因素”与“公平因素”的区别，凡是共同享有的、共同承受的、共同面对的就是“平等因素”，而与其工作职责目标紧密统一的，必须按工作成就成绩分层次、分等级享有、承受与面对的就是“公平因素”。凡是平等的必然是保健的，因而是必须给予其基本满足，但却是永远难以完全满足的因素；相反，凡是公正的必然是激励的，因而虽然是员工不会主动要求的，但却是最大程度地有激励性的，从而也是应该给予提倡与实施的。

我们知道了保健因素与激励因素的实质区别，就明白了保健因素与激励因素实际上只是形式上的区别，而没有内容上的区别，任何内容都可能因其平等享有或公平处置而具有保健性或激励性，当然可就多项内容划分为保健与激励的，也可就一项内容划分为保健与激励的，例如薪金就可划分为基本工资与奖金两部分。

保健因素与激励因素在量上的划分，关键还是取决于工作的性质，当员工的工作性质安全舒适度要求很高时，高工资高福利政策也就是必须的，比如很多高科技公司对员工之所以在福利待遇上照顾得无微不至、工作环境也搞得优美随意、工作时间非常宽松，其原因就在于高科技公司的工作是高创造性的，创造是需要灵感的，而灵感的产生往往需要创造人心无旁骛，由此高基本工资与高福利待遇也就显得非常重要。相反，当员工的工作性质需要其高外向性，必须面对外面各种令人畏难的艰难困苦环境时，实施低基本工资与高浮动薪酬也就非常必要，比如俗话“重赏之下必有勇夫”也就反映了这一道理。

五、付薪理念

任何一个组织在进行薪酬管理时都必须做出一个重要的选择，那就是组织根据什么来确定薪酬的体系、水平与结构？即为“什么”而付薪（Pay for what)？这就是业界常常提及的付薪理念的问题。

Mercer 的 3P 付薪理念在全球范围内的人力资源管理领域内颇具影响力。3P 薪酬管理理论认为：一个员工的薪酬水平取决于其职位的价值、他（她）本人的技能（或能力）与职位

的匹配度以及他（她）的绩效水平。（详见图 6-3）

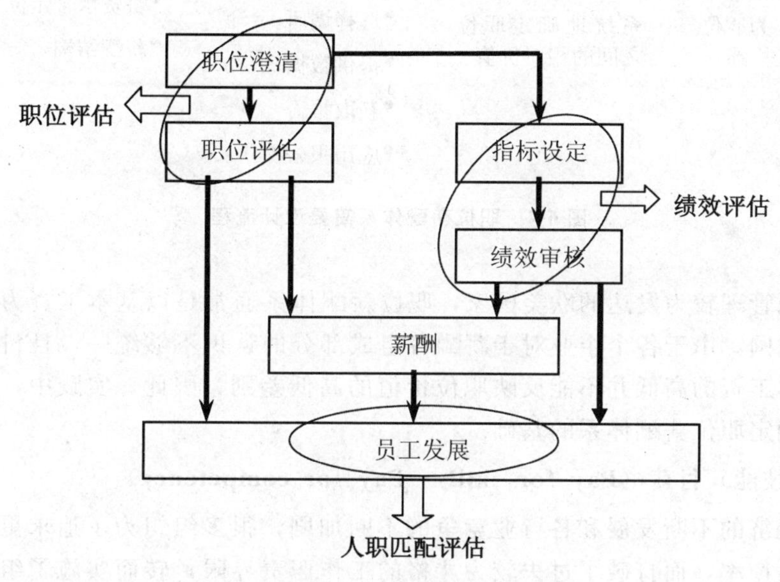

图 6-3　3P 付薪理念

（一）为职位付薪（Pay for position）

业界通常将以职位价值为基础来支付薪酬的付薪理念称为“为职位付薪”，把与之相对应的薪酬体系称为“职位薪酬体系”。由此可见，职位价值是为职位付薪理念的执行基础。若某个组织选择了这种薪酬体系，则需要首先对组织中所有职位的相对价值做出评估，然后根据职位评估的结果为每个职位的任职者赋予与职位价值相当的薪酬。

职位薪酬体系的优点是：实现了真正意义上的同工同酬，是一种真正的按劳分配的体制；有利于按照职位序列进行薪酬管理，操作比较简单，管理成本较低；晋升和基本薪酬增加之间的连带性增强了员工寻求晋升的动力。而职位薪酬体系的缺点是：由于薪资与职位直接挂钩，当员工晋升无望时，也就没有机会获得较大幅度的加薪，其工作积极性必然会受挫，甚至会出现消极怠工或者离职的现象；由于职位相对稳定，与职位相关联的员工薪酬也相对稳定，这不利于企业对多变的外部环境做出迅速的反应。此外，执行职位薪酬体系的组织似乎在向员工传递一种信号——组织并不鼓励员工拥有多项技能或能力，因为，即使员工的技能和能力已有拓展或加深，也不会因此而获得额外的薪酬增长。

执行职位薪酬体系的前提是：组织中的职位设置基本稳定，每个职位的职责明晰规范，职位描述信息全面准确，每个职位的价值已做出了相对客观的评估，且假设所有的职位均已基本实现了人职匹配（即使人岗不匹配，其差距也不宜过大）。若一个组织尚不具备这些先决条件，则需先进行组织结构与职位体系的分析与调整。因此，在职位薪酬体系中，组织重点考虑的是职位的价值而不是任职者的因素。

在利用职位薪酬体系进行薪酬设计时，应根据职位等级、市场比对数据、公司的薪酬定位确定每个职位等级所对应的薪酬范围。其简要流程可参见图 6-4。

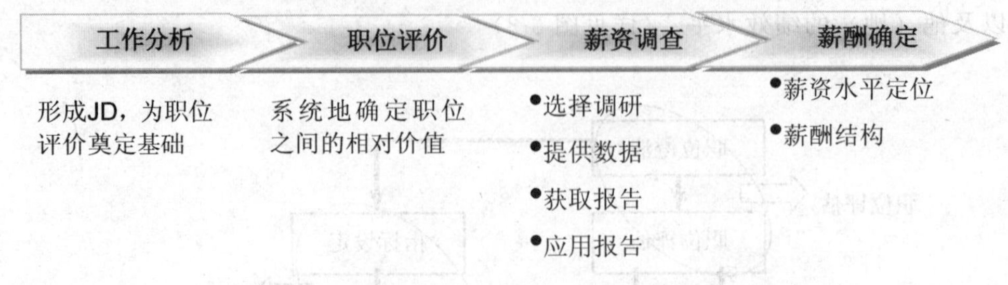

图 6-4 职位薪酬体系简要设计流程

在人力资源管理较为发达的欧美国家，职位薪酬体系通常是以基本工资为基础来设计和支付的。但在我国，由于各个企业对于薪酬各组成部分的认识不够统一，且付薪理念比较模糊，因此，基本工资的高低并不能反映职位价值的高低差别，因此，实践中，通常是以年总现金收入作为确定职位薪酬体系的基础。

（二）为能力（技能）付薪（Pay for skill / Pay for competency）

随着知识经济的不断发展和各行业竞争的不断加剧，很多组织为了追求更快的速度、更高的灵活性和生产率，而打破了过去较为严格的工作职责界限，转而实施了组织扁平化与向员工授权的策略，致使员工在职业发展通道上的晋升变得更加困难。而与此同时，组织却希望员工不断学习，增强自己的知识与技能，以适应快速变化的市场环境，在这一背景下，传统的以职位价值为基础的职位薪酬体系已无法满足组织的发展需要，因此，以人在组织做出贡献所需的技能和能力为基础的薪酬体系应运而生。

为能力（技能）付薪指组织根据一个人所掌握的与工作有关的技能或能力水平来支付薪酬的薪酬支付理念，与之相适应的薪酬体系即被称为能力（技能）薪酬体系。在这种付薪理念下，组织会根据每个职位的任职者的技能和能力确定其在该职位所对应的薪酬范围内的具体位置。员工的薪酬上涨也主要取决于员工个人所掌握的技能（能力）水平的提高或者已有技能（能力）的改善。

技能薪酬体系与能力薪酬体系的原理基本相同，只是适用对象和具体操作的方法略有不同而已。

1. 技能薪酬体系

技能薪酬体系是根据员工个人的工作技能水平、所掌握的工作知识及经验等因素而支付薪酬的一种薪酬制度。技能薪酬体系通常适用于所从事的工作比较具体而且能够被清晰界定的操作人员、技术人员及办公室人员；所适用的行业包括：运用连续流程生产技术的行业（如食品加工业、冶金、化工、林产品等行业）、运用大规模生产技术的行业（如电子、汽车及零部件、计算机等行业）、服务行业（如餐饮、金融、零售等行业）、运用单位生产或小批量生产技术的行业（如加工工业等）。一个典型的技能薪资体系通常只在一个组织的一个或多个业务单元中实行。

技能薪酬体系中所指的技能通常分为深度技能和广度技能两种。其中：深度技能是指通过在一个范围较为明确的具有一定专业性的技术或专业领域中不断积累而形成的专业知识、技能和经验（如图 6-5）。而广度技能要求员工在从事工作时，运用其上下游或同级职位上所要求的多种一般性技能，能够完成本职位族之外的其他职位需要完成的那些一般性工作任务（如图 6-6）。

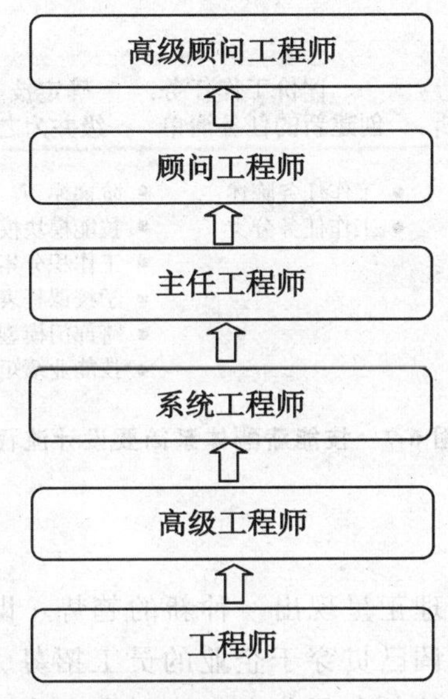

图 6-5 深度技能的职位序列示意图

以职位为基础	以技能为基础		
码缝工	技能C	技能B	技能A
包装工			
清洗工			
超声监测工			
测量工			
装配工			
打铆工			
监督及工时安排			

图 6-6 广度技能的职位序列示意图

实行技能薪酬体系的前提是：1）管理层与员工之间愿意合作，并且职位结构也允许员工可以不受传统的工作描述束缚而自由发展；2）组织应赋予员工独立决策及选择权；3）管理层和员工对二者间的关系持有一种长期的态度。

技能薪酬体系的优点是：它向员工传递的是关注自身发展和不断提高技能的信息；有助于员工更好的理解组织的流程，更努力地实现战略目标；有利于鼓励优秀专业人员安于本员工作而非一味谋求管理岗位；使组织在员工配置方面有更大的灵活性；有助于高度参与型管理风格的形成。技能薪酬体系的缺点是：可能引起薪酬在短期内超额上涨；它要求组织在培训方面给予更多的投资；它比职位薪资体系的管理更加复杂。

技能薪酬体系的简要设计流程如下：

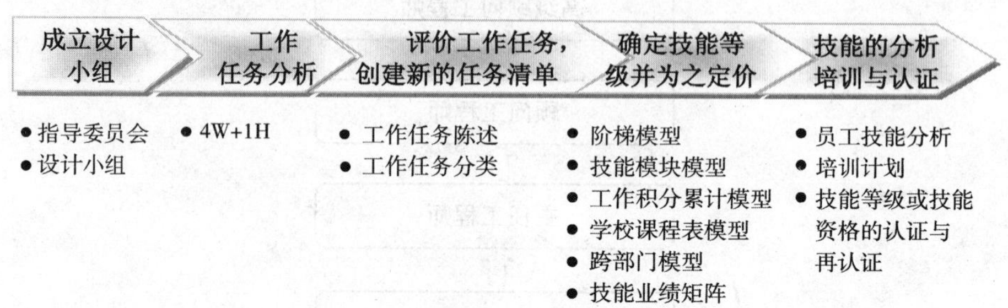

图 6-7 技能薪酬体系简要设计流程

2. 能力薪酬体系

近年来，组织的人力资源管理正呈现出一种新的趋势，即整个人力资源管理体系正在向以能力为中心转移，对能力的强调已贯穿于企业的员工招募、晋升、绩效管理、培训开发以及薪酬管理等人力资源管理体系的各个环节中。特别是一些知识密集型行业及专业性员工所占比例较大的行业，如：药品研发、计算机软件开发、管理咨询等行业，其组织内部或职能内部的职位数量较少，但每个职位上的任职者数量较多，且任职者的能力差异对绩效的影响非常显著，在这种情况下，为职位付薪的理念显然不能很好地诠释组织的价值导向，因此，以能力为基础的付薪理念相继出现。

能力薪酬体系是建立在比技能薪酬体系更为广泛的知识、技能、自我认知、人格特征、动机等综合因素基础上的薪酬体系。这里所谓的能力并非一般意义上的能力，而是能够预测优秀绩效的特定能力组合，即胜任力（competency）。它是一系列技能、知识、能力、行为特征以及其他个人特性的总和；在组合得当且环境合适的情况下，这种能力对个人、群体、特定工作以及整个组织的绩效有预测作用；员工可以将他具备的能力从一种工作带到另一种工作中去。

实行能力薪酬体系的前提是：第一，组织结构扁平、对灵活性的要求很高，员工的能力对于强化组织的竞争力至关重要，并且组织十分强调员工能力的持续开发和不断提升，在这些情况下，传统的付薪理念无法发挥其应有的作用，因此，组织确有必要实行能力薪酬体系。第二，组织不仅已经或即将建立各个层次的能力素质模型，而且具有对工作或者角色进行评估的系统，此外，整个组织的人力资源管理体系必须同时向以能力为中心转移，才能与能力薪酬体系相得益彰。

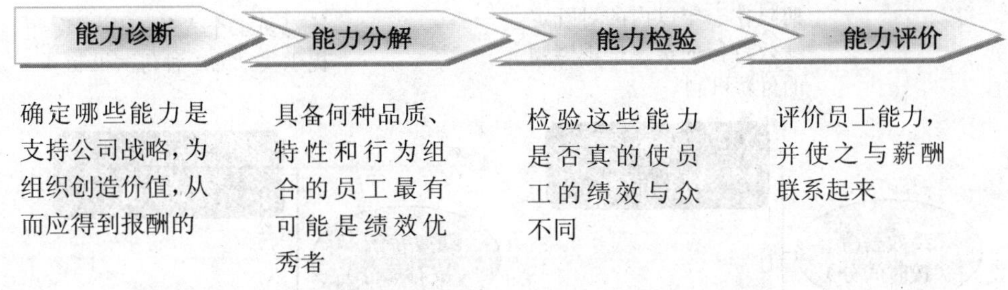

图 6-8　能力薪酬体系的简要设计流程

总之，完全意义上的能力薪酬体系还方兴未艾，其应用范围还比较狭窄，应用效果尚无定论。但将为能力付薪的理念与为职位付薪的理念相结合，以职位价值为基础确定每个职位的薪酬范围，再以每个职位的任职者的能力评估结果为基础确定其在该薪酬范围中的位置，将很有效地提高薪酬设计的内部公平性。

（三）为绩效付薪（Pay for Performance）

为绩效付薪的理念是指员工的薪酬随着个人、团队或者组织绩效的某些衡量指标的不同完成情况而有所变化的一种薪酬支付机制，与之相适应的薪酬体系被称为“绩效薪酬体系”。这种付薪理念的特点是：1）绩效薪酬体系必须以有效的绩效管理体系为基础，且两者应紧密关联；2）绩效薪酬体系必须与组织的战略目标及其文化和价值观保持一致，并获得有效沟通战略的支持；3）绩效薪酬需要保持一定的动态性。

绩效薪酬体系的优点是：1）在绩效薪酬的激励下，员工将更加主动地改善自身的绩效水平，进而带动团队乃至组织整体绩效的提升，并促进组织战略目标的实现；2）由于绩效薪酬与组织、团队和个人的绩效水平密切相关，因此，这一付薪理念将有利于灵活调整组织的薪酬支付水平。但绩效薪酬的缺点也是显而易见的：1）若绩效计划不合理，且绩效评估过程不公平，则绩效薪酬很可能流于形式，甚至可能导致团队和个人间的恶性竞争以及管理者与被管理者间的磨擦；2）当员工的绩效水平达到或超过绩效目标，进而获得了较高的绩效薪酬时，组织往往倾向于在下一个绩效周期进一步提高绩效的标准，这样，容易破坏组织与员工间的心理契约；3）一个设计合理及考虑周全的绩效薪酬支付机制通常都具有一定的复杂性，因此，可能既难于理解，又难于操作，并增加了管理成本。

依照不同的角度，绩效薪酬有不同的分类方式：按照对既定绩效目标的实现提供奖励的期限是否在一年以内，可以分为短期绩效薪酬和长期绩效薪酬；按照绩效薪酬的发放对象可以将其分为个人绩效薪酬和群体绩效薪酬。

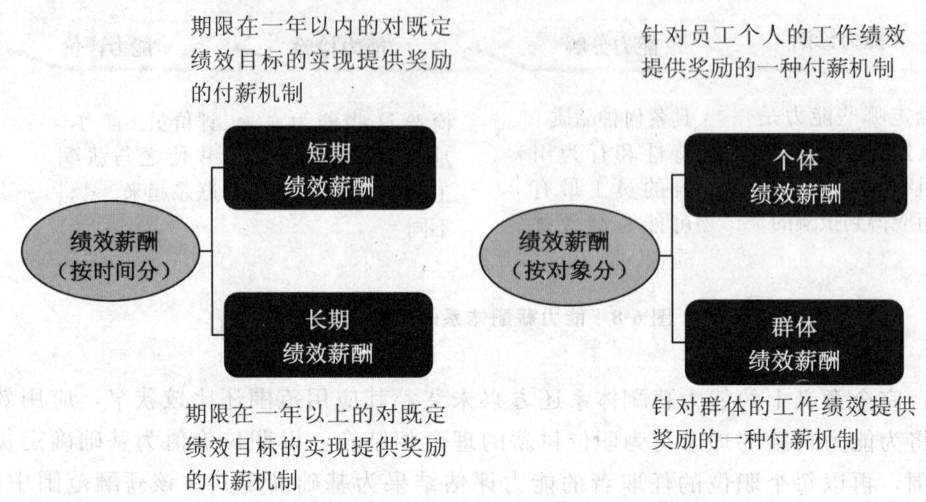

图 6-9 绩效薪酬的分类方式

第二节 薪酬分析与设计

随着人们对人力资源管理规律的不断认识和人力资源管理技术的蓬勃发展，人们越来越清晰地认识到：薪酬管理已不再是人力资源管理体系中的一个结果性的分支，它的作用和影响已经日益上升到了战略层面。因此，任何一个组织的薪酬管理均应从组织的战略目标导入，深入分析组织的薪酬管理现状与战略目标之间的差异，并明确和统一薪酬理念，整合薪酬体系和管理原则，以更好地配合人员管理与企业战略目标的实现。

若对一个组织进行系统地薪酬分析与设计，通常需执行以下几个步骤：

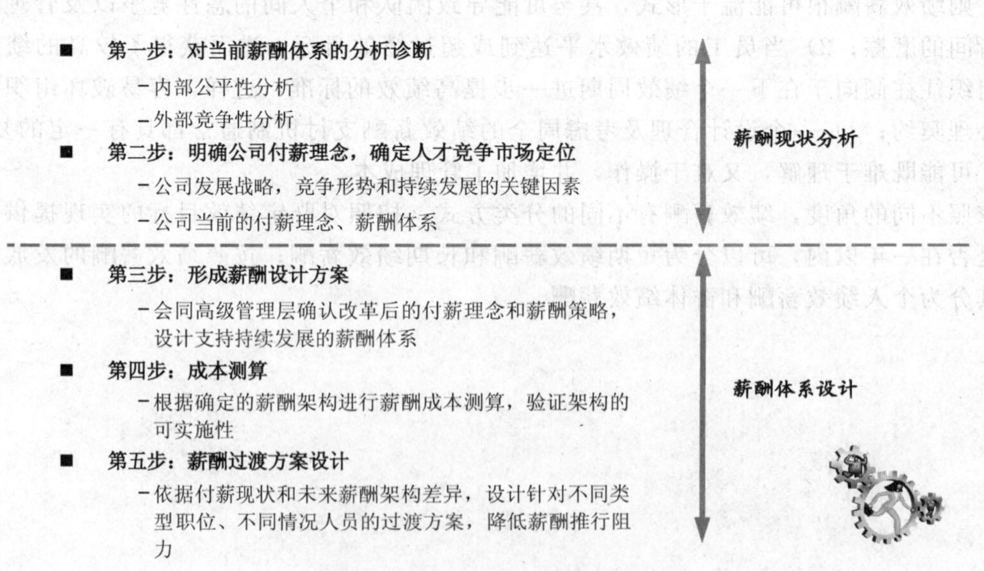

图 6-10 薪酬分析与设计的整体思路

一、薪酬术语

在进行薪酬分析与设计时，我们经常会提及一些专业术语，在此，特结合图 6-11 对一些关键性的专业术语作以具体说明。

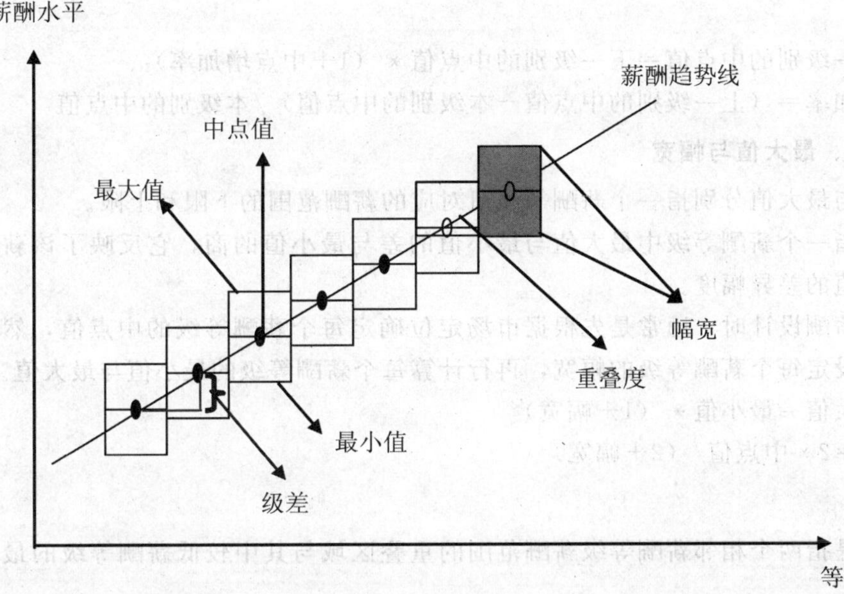

图 6-11 薪酬术语示意图

在一个规范的薪酬结构中，薪酬水平会随着薪酬等级的提高而相应上升，而且，每个薪酬等级通常对应的是一个薪酬范围，而不是一个薪酬数值的点。将每个薪酬等级所对应的薪酬的中点值连接起来，即构成了一条该公司或该序列的薪酬趋势线，它是公司（或序列）的薪酬参考线。

（一）中位数

中位数是指位于一组降序排列数据的中间位置上的数值。即：中位数是该数据中（N＋1）/2 个数所对应的数值。其中：

N＝按从大到小排列的数据的个数

当一组数据的数目为奇数时，中位数即是位于所有数据中间点上的数值。例如：共计有 11 个数据，则中位数是把这 11 个数据按照从大到小的顺序进行排列后位于中间位置（即第 6 位）上的数值。

当一组数据的数目为偶数时，中位数即是所有数据中位于中间的两个数的平均数值。例如：共计有 12 个数据，则中位数是把这 12 个数据按照从大到小的顺序进行排列后位于第 6 位和第 7 位的两个数据的平均值。

中位数和平均数都是反映一组数据集中趋势的统计量，但当一组数据的分布不均匀时，中位数能更好地反映一组数据的一般水平。

（二）中点值与级差

中点值是指每个薪酬等级所对应的薪酬参考值，它是该级别所对应的薪酬范围中最大值与最小值的平均值。即：中点值＝（最大值＋最小值）/2

级差即相邻两个薪酬等级的中点值的差。在进行薪酬设计时，通常需要先设计起始级别的薪酬中点值，然后根据外部市场数据或经验值设计一个中点增加率，再计算下一级别的薪酬中点值。

即：上一级别的中点值＝下一级别的中点值＊（1＋中点增加率）

中点增加率＝（上一级别的中点值－本级别的中点值）/本级别的中点值

（三）最小值、最大值与幅宽

最小值与最大值分别指一个薪酬等级所对应的薪酬范围的下限和上限。

幅宽是指一个薪酬等级中最大值与最小值的差与最小值的商，它反映了该薪酬等级中最大值与最小值的差异幅度。

在进行薪酬设计时，通常是先根据市场定位确定每个薪酬等级的中点值，然后根据市场数据或经验设定每个薪酬等级的幅宽，再行计算每个薪酬等级的最小值与最大值。

即：最大值＝最小值＊（1＋幅宽）

最小值＝2＊中点值/（2＋幅宽）

（四）重叠度

重叠度是指两个相邻薪酬等级薪酬范围的重叠区域与其中较低薪酬等级的最大值与最小值差的商。

即：重叠度＝（该薪酬等级的最大值－上一薪酬等级的最小值）/（该薪酬等级的最大值－该薪酬等级的最小值）

若两个相邻级别的重叠度高，则意味着两个薪酬级别之间的差距不显著，反之，则意味着两个薪酬级别间的差异显著。

二、薪酬现状分析

薪酬现状分析是了解员工薪酬的内部公平性、合理性及外部竞争性的主要手段，也是进行薪酬设计与调整的重要依据。

薪酬现状分析通常包括以下几个主要步骤：

（一）薪酬现状描述

在进行正式的薪酬分析前，相关人员首先需要对组织的薪酬现状进行全面地梳理与概括，具体内容包括：

1. 薪酬管理的目标。
2. 薪酬管理的理念。
3. 各类员工薪酬的组成部分及每一部分的决定要素。
4. 分序列描述薪酬组合，即薪酬各组成部分的比例关系。
5. 薪酬结构，即一个组织的薪酬级别、每个级别的薪酬参考值及薪酬范围。
6. 薪酬成本占总运营成本的比例。

7. 每个员工各类薪酬收入明细及汇总表（详见表 6-1）。

表 6-1　　　　员工薪酬明细表

<table>
<tr><td rowspan="6">姓名</td><td colspan="12">总薪酬</td></tr>
<tr><td colspan="10">薪酬</td><td colspan="2" rowspan="4">福利</td></tr>
<tr><td colspan="7">年总现金收入</td><td colspan="3" rowspan="3">长期激励</td></tr>
<tr><td colspan="5">固定薪酬</td><td colspan="2" rowspan="2">短期激励</td></tr>
<tr><td rowspan="2">基本工资</td><td colspan="4">固定现金津贴</td></tr>
<tr><td>交通津贴</td><td>膳食津贴</td><td>通讯津贴</td><td>其他津贴</td><td>绩效奖金</td><td>其他奖金</td><td>股票</td><td>期权</td><td>其他</td><td>健康计划</td><td>其他福利</td></tr>
<tr><td></td><td></td><td></td><td></td><td></td><td></td><td></td><td></td><td></td><td></td><td></td><td></td><td></td></tr>
<tr><td></td><td></td><td></td><td></td><td></td><td></td><td></td><td></td><td></td><td></td><td></td><td></td><td></td></tr>
</table>

对薪酬现状的梳理与澄清是进行薪酬分析与设计的基础和前提，在这一过程中，组织的相关人员也可以对薪酬管理的理念、政策与方法等产生更加清晰和深刻的认识。

（二）内部公平性分析

进行薪酬内部公平性分析的目的是了解一个组织内部不同序列、不同职位以及同一职位上不同任职者之间的薪酬的公平性表现。当一个组织执行职位薪酬体系的时候，我们所要考察的就是职位等级与员工的薪酬水平之间的关联性；当一个组织执行的是技能或能力薪酬体系的时候，我们所要考察的就是技能或能力等级与员工薪酬水平之间的关联性。鉴于两者的思路相同，在此，仅以职位薪酬体系为例加以说明。此外，在进行薪酬内部公平性分析时，我们通常会分别就员工的基本工资、固定薪酬与总现金收入进行比较分析，以了解各类员工在各种薪酬组成部分上的公平性状况。

以下分析以 AA 企业的真实数据为背景，以年总现金收入为比较基础，分别阐述了不同层次的内部公平性分析方法。

1. 职位等级与薪酬的对应关系。图 6-12 显示了 AA 公司全体员工的职位等级与年总现金收入水平的对应关系。图中横轴代表职位等级，纵轴代表员工的年总现金收入，立柱代表每个薪酬等级所对应的薪酬范围（它是根据每个职级上员工薪酬的最低值与最高值绘制而成的）。该图可以直观地反映每个职位等级所对应的薪酬范围及其幅宽、各个职位等级之间的薪酬关系以及薪酬的整体趋势。

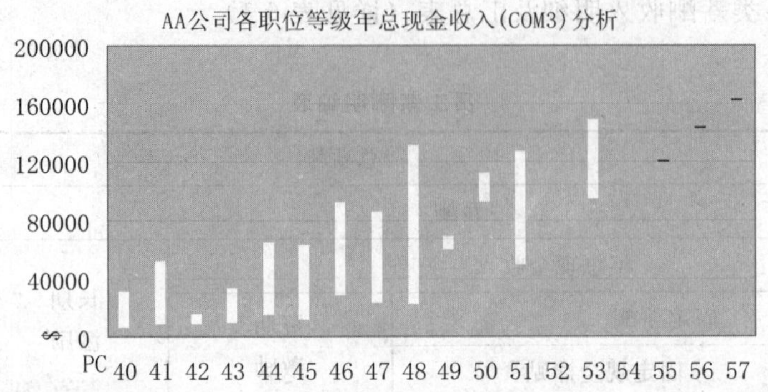

图 6-12　全体员工职位等级与薪酬水平（年总现金收入）的对应关系图

通过这个图我们可以看出：该公司的职位等级与薪酬的对应关系整体趋势尚好，即随着职位等级的升高，薪酬趋势线加速上升。但是，AA 公司员工的薪酬水平与职位价值的关联度比较松散，具体表现在：职级与薪酬的倒挂现象比较普遍；薪酬幅宽过大；相邻职级的薪酬范围高度重叠等。这说明：以往公司对职位价值的认识存在偏差，尤其是高职级的职位价值被严重低估；此外，职位价值的差异在薪酬方面未能得到充分的体现。

2. 分序列的薪酬内部公平性比较。图 6-13 显示了 AA 公司各序列员工的职位等级与年总现金收入水平的对应关系。图中的散点是根据每个员工的职位等级及其薪酬水平绘制而成的。图中的 4 条曲线是分别对各个序列的散点进行指数型回归后所生成的薪酬趋势线，它反映了 AA 公司不同序列员工的薪酬趋势。

图 6-13 表明：由于管理类员工的职级较高，因此其薪酬水平整体居高，但部分中层管理者的薪酬水平低于部分高级专业技术人员；在 40—49 级间，专业技术类员工的薪酬均明显高于生产运作和支持职能类员工，这与公司将薪酬资源向关键人才倾斜的理念基本符合；同一职级上，生产运作类与支持职能类员工的薪酬水平比较接近，支持职能类均略高于生产运作类；同一专业序列的同一职级应享有同样的付薪政策，其薪酬的规律性应该很强，但 AA 公司同一序列同一职级上的薪酬数据离散度较大，说明公司在职位价值判断、政策的一致性方面仍有待改进。

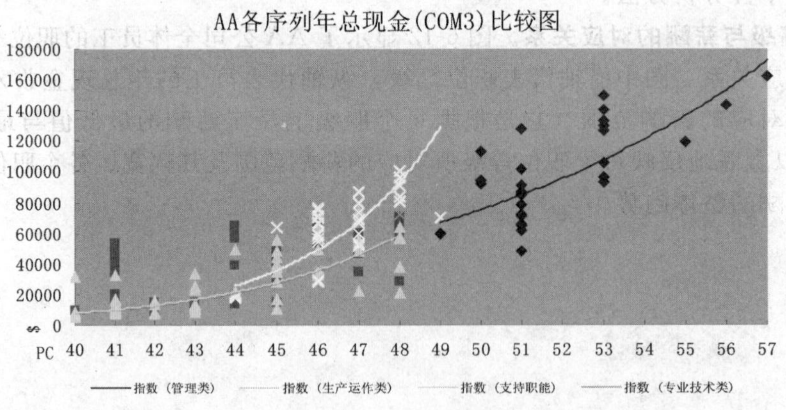

图 6-13　AA 公司各序列员工薪酬水平（年总现金收入）关系图

3. 同一序列内所有员工的薪酬内部公平性比较。图 6-14 显示了 AA 公司管理序列中每位员工的职位等级与薪酬水平之间的关系。从中不难看出：AA 公司管理序列的员工分布于 48 级—58 级之间，职位等级与薪酬等级之间呈现出一定的正相关关系，但个别职级的薪酬幅宽过大（如 51 级和 53 级），薪酬的离散度较大，且总体上高职级员工的现有薪酬水平被低估，而低职级员工的现有薪酬水平有被部分高估的倾向。

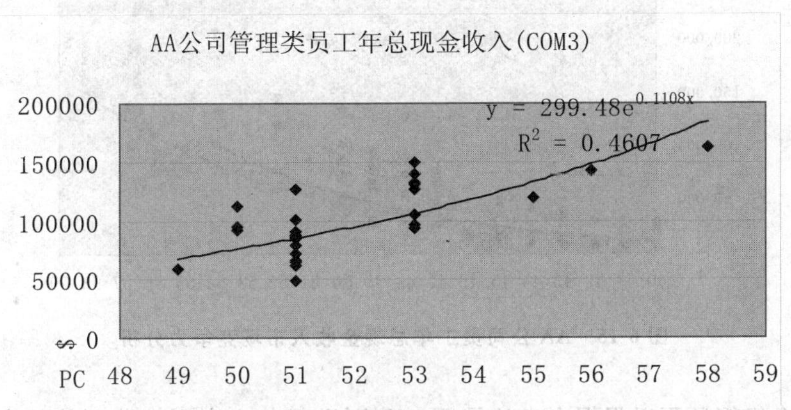

图 6-14 AA 公司管理类员工薪酬水平（年总现金收入）关系图

（三）外部竞争性分析

若市场中有多个组织同时采用一套职位评估系统，那么这些组织中所有职位的相对价值就具有横向可比性。以 Mercer 所开发的 IPE（International Position Evaluation）工具为例，由于其所设计的评估维度具有普遍适用性，它可以用来评估几乎所有组织中所有职位的相对价值。无论身处哪个组织，如果两个职位的 IPE 评估结果相同，就意味着这两个职位的价值相同。例如：A 企业的成本会计与 B 企业的薪酬专员的职位等级均为 48 级，则意味着这两个职位的价值相同，他们的薪酬就具有可比性。

因此，市场上所有使用同一套职位评估系统的组织均可以通过薪酬的外部竞争性分析来了解一个组织中所有员工的薪酬水平与外部市场中同一职级或同一序列员工的薪酬水平的相对竞争关系。在进行薪酬外部竞争性分析时，我们同样可以分别就员工的基本工资、固定薪酬与总现金收入进行比较分析，以了解各类员工在各种薪酬组成部分上的公平性状况。

以下分析以 AA 企业的真实数据为背景，以年总现金收入为比较基础，以 AA 公司所在行业为目标市场说明薪酬外部竞争性的分析方法。

图 6-15 显示了 AA 公司全体员工的薪酬水平与市场薪酬水平的比较结果。图中的散点代表每个员工的所在职级与其年总现金收入水平。图中的三条曲线自上而下分别代表 AA 公司所在行业的 75 分位、50 分位和 25 分位的薪酬趋势线。

相关数据表明：AA 公司年度总现金的回归线介于目标市场的 25 分位至 50 分位之间，具有一定的市场竞争力，且职位等级越高，市场竞争力越强。但从具体的数据点来看，各职位等级的薪酬数据离散度较大，49 级以下，同一职位等级的数据点散布于市场 25 分位以下到市场 75 分位以上的广泛范围内。而 49 级以上，大部分数据点均分布于市场 50 分位以上，甚至半数以上的数据点分布于市场 75 分位以上。也就是说，AA 公司的薪酬水平对经理级以上职位的人员具有极强的市场吸引力。

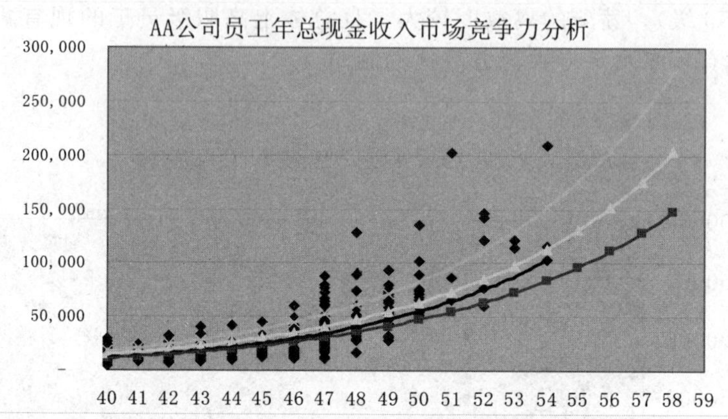

图 6-15　AA 公司员工年总现金收入市场竞争力分析

当然，每个组织还可以根据自身的需要，分别进行各个序列的薪酬外部竞争性分析，从而了解各个序列的薪酬市场竞争力水平及其相互关系。从外部竞争性分析的内容上来看，除了员工的年总现金收入以外，还可分别进行薪酬各个组成部分（如：基本工资、固定薪酬、总薪酬）的比较分析。表 6-2 是对 AA 公司各序列员工各个薪酬组成部分外部竞争性的分析结果。

表 6-2　　AA 公司各序列员工各项薪酬组成部分的外部竞争性分析汇总表

项目	基本工资	固定薪酬	年总现金收入	总薪酬
管理类	除 50、51、53 级个别数据点略高于 25 分位以外，其他点均低于 25 分位	除 50、51、53 级个别数据点略高于 25 分位以外，其他点均低于 25 分位	除 50、51 级个别数据点略高于 25 分位以外，其他点均低于 25 分位	除 50、51、53 个别数据点明显高于 25 分位以外，其他点均低于 25 分位
专业技术类	大部分数据点高于市场 25 分位，个别点甚至高于 75 分位	多数数据点在市场 25—50 分位之间，部分点低于 25 分位	多数数据点在市场 25—50 分位之间，低于 25 分位的数据量增多	多数数据点在市场 25—50 分位之间，低于 25 分位的数据量进一步增多
生产运作类	多数员工高于市场 50 甚至 75 分位，仅有个别员工低于市场 25 分位水平	多数员工高于市场 50 甚至 75 分位，仅有个别员工低于市场 25 分位水平	多数员工高于市场 50 甚至 75 分位，仅有个别员工低于市场 25 分位水平	多数员工高于市场 50 甚至 75 分位，仅有个别员工低于市场 25 分位水平

项目	基本工资	固定薪酬	年总现金收入	总薪酬
支　持职能类	除个别数据点在市场 25－50 分位之间外，其他点均在市场 25 分位以下	几乎所有数据点均在市场 25 分位以下	几乎所有数据点均在市场 25 分位以下	几乎所有数据点均在市场 25 分位以下

通过横向和纵向的比较分析我们不难看出：各类人员各类薪酬的市场竞争力普遍较弱，但相对而言，管理类、专业技术类人员的竞争力略强。此外，由于公司的津贴、奖金及福利普遍低于市场水平，因此，各类人员的固定薪酬、年总现金收入与总薪酬的市场竞争力在基本薪酬的基础上逐步减弱。

三、薪酬策略制定

随着人们对薪酬管理的研究与实践的不断深入，人们越来越清晰地认识到：薪酬管理绝不仅仅是人力资源管理体系中的一个孤立的环节，它与组织的战略及其他人力资源管理模块之间具有密切的关联。因此，在制定薪酬策略与薪酬政策时必须从组织的愿景、使命与目标出发，兼顾外部市场环境，并考虑到薪酬管理与其他人力资源管理模块的协同发展，进行有针对性的方案设计。

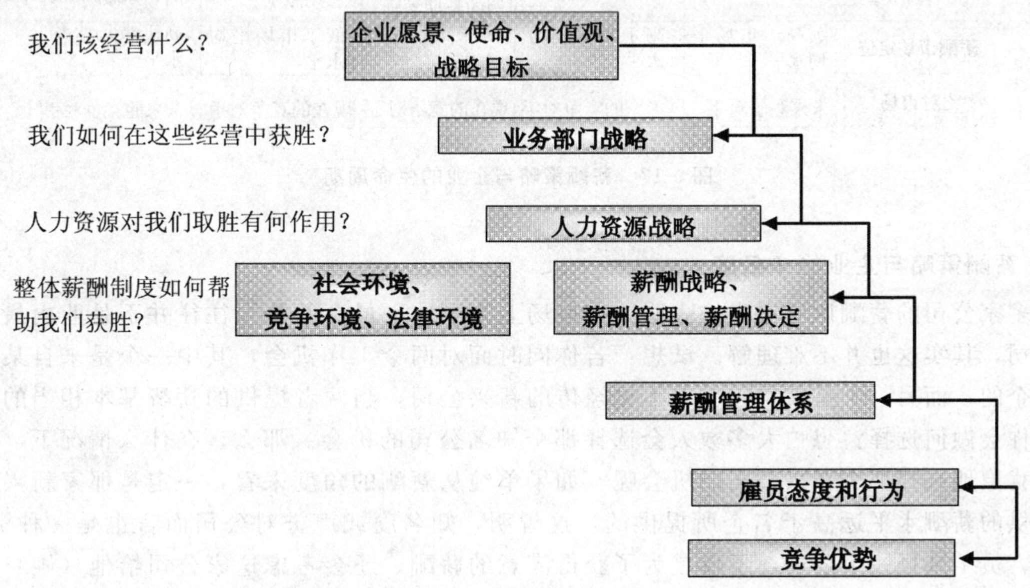

图 6-16　薪酬策略与组织战略的关系

（资料来源：Milkovich，Newman，Compensation，Sixth Edition，McGrwaw－Hill，1999，P. 27）

诚然，薪酬策略的制定应从组织的战略目标出发，充分考虑组织的内外部环境，在高管与薪酬管理专业人员的共同参与下，全面且系统地思考与回答以下几个方面的问题。

（一）薪酬策略与企业的生命周期

企业的生命周期理论认为：一般企业在发展过程中通常都要经历创业期、成长期、成熟期、衰退期和重建期五个阶段。而且，处于不同生命周期的企业，由于其经营目标与人才策略各有不同，因此，其薪酬组合、薪酬水平乃至其目标比对市场必然有所不同。（详见图6-17）

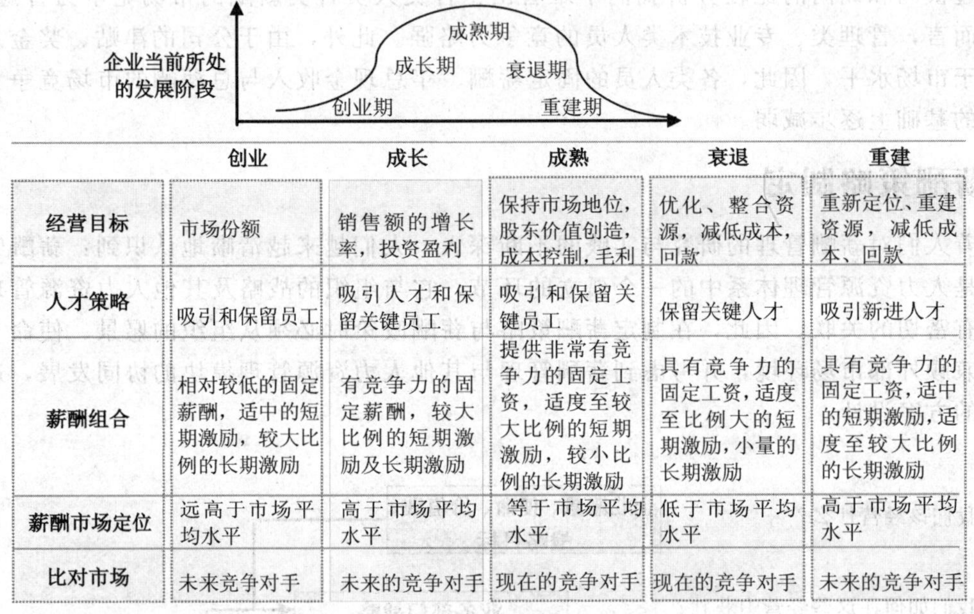

	创业	成长	成熟	衰退	重建
经营目标	市场份额	销售额的增长率，投资盈利	保持市场地位，股东价值创造，成本控制，毛利	优化、整合资源，减低成本，回款	重新定位、重建资源，减低成本、回款
人才策略	吸引和保留员工	吸引人才和保留关键员工	吸引和保留关键员工	保留关键人才	吸引新进人才
薪酬组合	相对较低的固定薪酬，适中的短期激励，较大比例的长期激励	有竞争力的固定薪酬，较大比例的短期激励及长期激励	提供非常有竞争力的固定工资，适度至较大比例的短期激励，较小比例的长期激励	具有竞争力的固定工资，适度至比例大的短期激励，小量的长期激励	具有竞争力的固定工资，适中的短期激励，适度至较大比例的长期激励
薪酬市场定位	远高于市场平均水平	高于市场平均水平	等于市场平均水平	低于市场平均水平	高于市场平均水平
比对市场	未来竞争对手	未来的竞争对手	现在的竞争对手	现在的竞争对手	未来的竞争对手

图 6-17 薪酬策略与企业的生命周期

（二）薪酬策略与企业的知名度

多家公司的薪酬调研报告均表明：在市场上薪酬水平最高的公司往往并不是业内最知名的公司，其实这也并不难理解。试想：若你同时面对两个工作机会，其中一个是来自某个业内名企的，而另一个是来自一个名不见经传的新兴公司，当两者提供的薪酬基本相当的情况下，你会做何选择？恐怕大多数人会选择那个知名公司的机会。那么，在什么情况下，你会毫不犹豫地选择那个新兴公司的机会呢？如果单纯从薪酬的角度来看，一定是那家新兴公司所提供的薪酬水平远高于名企所提供的，这说明，知名度或声誉对公司而言也是一种资产。因为，员工选择一个公司，不仅是为了获得满意的薪酬，还会考虑这家公司给他（她）本人所带来的其他价值，也就是说，当他（她）离开这家公司时，他的这段工作经历能否给他带来市场价值的增值。

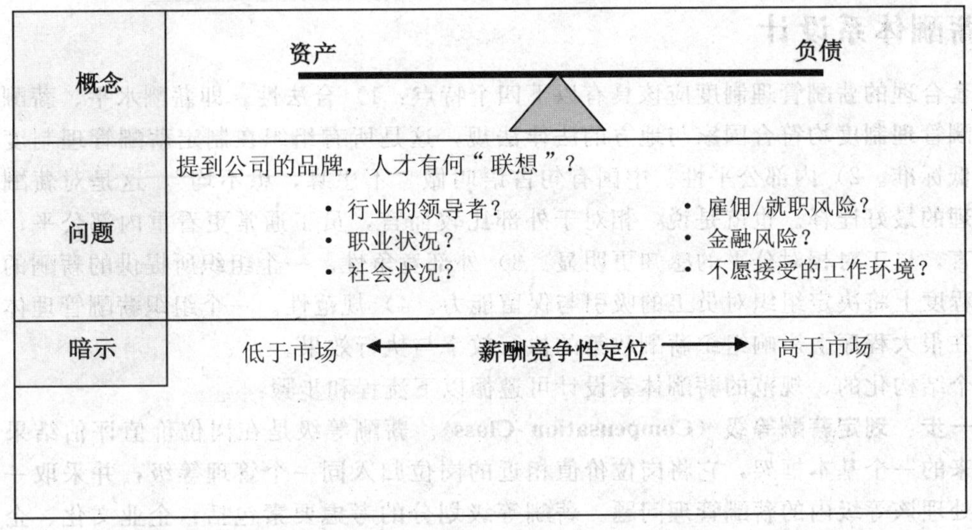

图 6-18 薪酬策略与企业的知名度

（三）制定薪酬策略时的思考角度

1. 从雇主的角度。当薪酬总量受到限制时，通常，一个组织在制定薪酬政策时会优先考虑对关键人才的激励与保留，而不是采取平均主义的态度来平均分配有限的薪酬资源。因此，组织在制定薪酬策略前，应率先明确：未来 1－3 年，组织的发展目标是什么？为了达成这一发展目标，组织中最关键的人才类型有哪些？组织在未来的 1－3 年内将如何获得这些人才？如果需要外部引进，可能的人才来源在哪里？如果需要内部培养，那么重点培养的对象是哪些？基于这些答案，组织才能确定：我们需要针对不同类型的员工设计怎样的差异化薪酬策略？怎样才能为我们的关键人才设计一套有吸引力的薪酬方案？

2. 从雇员的角度。实施任何薪酬策略的最终目标均是吸引、保留与激励员工，促使其提高工作绩效，进而推动组织战略目标的实现。所以，员工对薪酬政策的理解及认同将对薪酬策略的成功起到至关重要的作用。鉴于此，倾听来自员工的声音，了解员工对现行薪酬制度的满意度，并分析其成因，是制定和调整薪酬政策的前提与基础。其中特别要关注的问题包括：目前的薪酬体系能吸引到优秀的员工吗？它对保留优秀员工能起到积极的作用吗？对员工有激励作用吗？员工能否接受不同序列、不同职位之间的薪酬差异？员工对绩效与奖金、调薪、晋升等方面的关联是否认同？员工认为什么样的薪酬方案能够吸引、保留、激励员工并提高员工的绩效？

3. 从成本的角度。如果不考虑成本的制约，组织将有更多的资源用于薪酬分配，这可能会在一定程度上提高员工对薪酬的整体满意度。但是，现实的情况是，几乎所有的组织都需要在制定薪酬政策时，受到现在和未来组织可承受的支付水平或预算条件的制约。过高的薪酬成本，必将使组织不堪重负，难以正常运营；而过低的薪酬投入，又会导致员工的不满及消极情绪，进而影响组织运营效率。因此，组织在制定薪酬策略时必须权衡：怎样平衡成本与员工需求及业务需求之间的矛盾？怎样的薪酬方案能够带来最好的投资回报率？这些问题的答案将视企业的具体情况而有所不同。

四、薪酬体系设计

一套合理的薪酬管理制度应该具有以下四个特点：1）合法性。即薪酬水平、薪酬支付方式与薪酬管理制度均符合国家与地方的法律法规，这是所有组织在制定薪酬管理制度时应遵循的最低标准。2）内部公平性。中国有句古语叫做“不患寡，患不均”，这是对薪酬内部公平性原理的最好诠释。也就是说，相对于外部比较而言，员工通常更看重内部公平；与绝对公平而言，员工对相对公平的感知更明显。3）外部竞争性。一个组织所提供的薪酬的竞争力在很大程度上将决定组织对员工的吸引与保留能力。4）规范性。一个组织薪酬管理体系的规范性将在很大程序上影响组织薪酬政策的执行效率与执行效果。

一个结构化的、规范的薪酬体系设计可遵循以下流程和步骤：

第一步：划定薪酬等级（Compensation Class）。薪酬等级是在岗位价值评估结果基础上建立起来的一个基本框架，它将岗位价值相近的岗位归入同一个管理等级，并采取一致的管理方法处理该等级内的薪酬管理问题。薪酬等级划分的考虑要素包括：企业文化、企业所属行业、企业员工人数、企业发展阶段和企业组织架构。

无论一个组织执行的是基于能力、技能还是职位体系的薪酬制度，薪酬设计的最终表现形式均是薪酬等级与薪酬水平的对应关系。由于薪酬等级的数目与幅宽有很强的相关性，因此，对同一个组织而言，薪酬等级越少，每个薪酬等级的幅宽就越大；反之，薪酬等级越多，每个薪酬等级的幅宽就越小。较少的薪酬等级数目和宽幅薪酬有类似的优、缺点，较多的薪酬等级数目和窄幅薪酬有类似的优缺点（详见第三步中的有关说明）。

以职位薪酬体系为例，通常薪酬等级与职位等级是一一对应的。但若一个组织拟执行宽幅薪酬，则可以根据自己的需要将几个职位等级合并为一个薪酬等级。

表 6-3 薪酬等级与职位等级的对应关系

职位等级	薪酬等级	代表职位
40	W1	工人、服务人员
41	W2	工人、服务人员
42	W3	工人、服务人员
43	J1	初级专业人员
44	J2	初级专业人员
45	J3	初级专业人员
46	J4	初级专业人员
47	P1	中级专业人员
48	P2	中级专业人员

职位等级	薪酬等级	代表职位
49	P3	中级专业人员
50	S1	主管或高级专业人员
51	S2	主管或高级专业人员
52	M1	中层管理者
53	M2	中层管理者
54	M3	中层管理者
55	M4	中层管理者
56	M5	中层管理者
57	M6	中层管理者
58	E1	高层管理者
59	E2	高层管理者

第二步：确定薪酬定位（Compensation Positioning）。薪酬定位是指在薪酬体系设计过程中，确定组织的薪酬水平在劳动力市场中相对位置的决策过程，它直接决定了薪酬水平在劳动力市场上竞争能力的强弱程度。薪酬定位是薪酬管理的关键环节，是确定薪酬体系中的薪酬政策线、薪酬标准和等级范围的基础。薪酬定位明确了组织的薪酬水平在市场上的相对位置，决定了组织在劳动力市场上的竞争地位，是组织薪酬外部竞争性的直接体现，是衡量组织薪酬体系有效性的重要特征之一。

（1）目标比对市场的选择。

一个组织在进行薪酬定位时，首先应明确目标比对市场，即该组织的薪酬水平应与哪些组织的薪酬水平做比对才能更好地判断其薪酬的市场竞争力。一般情况下，一个组织应选择位于同一行业、同一地区的同类组织进行比较，这样所得出的结论才更具参考价值。因为，这些组织中的员工最具有横向流动的可能性，他们也更关注同一圈层中对公司的薪酬水平。例如：一个软件公司的工程师对同行业其他公司薪酬水平的关注度一定远远大于对金融行业中其他公司薪酬水平的关注。需要注意的是：薪酬数据的收集不应是随意的或零散的，而应保证所有目标比对组织的薪酬数据均是按照同样的规则真实填写，且所有比对组织的员工均已按照同样的职位评估或技能（能力）评估体系进行了评估，只有这样，外部薪酬数据才不会误导组织的薪酬制定。由此可见，规范的薪酬调研通常不是某个企业可以凭借一己之力单方面发起的，而需要借助于第三方提供专业的职位评估工具、薪酬数据收集与统计方法，在保密的前提下来实施。这也正是多家咨询公司的薪酬调研报告倍受市场追捧的原因。

（2）薪酬定位。

在确定了目标比对市场之后，薪酬政策制定者即可根据专业的薪酬调研报告，结合目前的薪酬外部竞争性分析结果与薪酬预算，确定不同薪酬等级或不同序列的薪酬定位。

以图 6-15 为例，AA 公司目前年度总现金收入的回归线介于目标市场的 25 分位至 50 分位之间，具有一定的市场竞争力，且职位等级越高，市场竞争力越强。从各序列的分析结果来看：管理层员工的薪酬水平普遍位于市场 75 分位以上，具有很强的市场竞争力；支持职能类员工的薪酬水平普遍位于 50 分位至 75 分位之间，而研发、生产、销售序列员工的薪酬水平基本位于 25—50 分位之间。在与公司高管进行薪酬策略研讨时发现：该公司未来 1—3 年将主要依靠产品创新和快速拓展销售渠道实现从业内中游向业内领导者地位的跨越，显然，目前的薪酬水平定位是难以有效地吸引、保留与激励对公司业绩驱动最关键的研发与销售序列员工的。因此，AA 公司决定：在薪酬总量略有增长的前提下，重点提高研发与销售序列员工的薪酬定位，使其薪酬参考值达到市场 75 分位的水平，与此同时，还将紧缩对支持职能类员工薪酬的调增幅度，保持生产类员工的薪酬定位。

上例表明：在进行薪酬定位时，应充分考虑公司的战略目标，检核现有的薪酬水平定位及各序列员工薪酬水平的相对关系是否与之相吻合，然后再根据公司的总体预算，考虑各个序列员工的相对重要性，设计相应的薪酬定位。当一个组织的薪酬定位确定后，该组织即可根据市场数据确定每个薪酬等级的薪酬参考值，即中点值。

第三步：设定幅宽（Range Spread）。幅宽的存在可以帮助我们区分出同一等级上不同“人”的价值，也为该级别上所有员工在不改变职位等级或技能（能力）等级的情况下实现个人薪酬增长提供了一定的空间。

当一个组织通过薪酬定位确定了每个薪酬等级上的中点值后，即可根据幅宽计算每个薪酬等级的最小值与最大值，以及相应的薪酬范围。

较大的幅宽（例如级别上下限＝中点＋/－50％）反映了：

• 一个薪酬等级内部不同个人薪酬水平的差异可能很大；
• 需要有客观的体系或者高技能的管理者评价任职者的能力；
• 不易控制薪酬成本；
• 内部公平性控制力度弱。

较小的幅宽（例如级别上下限＝中点＋/－20％）反映了：

• 薪酬级别与职位价值对应清晰，注重内部公平性；
• 员工升级的机会更多；
• 对管理者判断能力的要求降低；
• 有利于成本控制；
• 个人薪酬灵活性降低。

近年来，随着组织扁平化、流程再造、团队导向和能力导向等新的管理战略的出现，宽带薪酬应运而生。宽带薪酬最鲜明的特征即是压缩薪酬等级，并且将每个薪酬等级所对应的薪酬范围扩大。当然，宽带薪酬并非适用于所有组织，实践证明，它在那种“无边界”组织以及强调低专业化程度、多职能工作、跨部门流程、更多技能的团队型组织中非常有效。宽带薪酬更有利于员工的成长和多种职业发展路径的开发，并能促使员工承担更加宽泛的责任。

第四步：明晰薪酬组合（Pay Mix）。薪酬组合即固定薪酬与浮动薪酬的比例，俗称“固浮比”。通常而言，职位的层次、工作的性质都是确定浮动薪酬比例的重要决定因素。

• 高层职位往往由于对公司业绩的影响更大而浮动比例更高；

• 具有高业绩弹性的职位（如销售），浮动薪酬比例更高；

• 绩效表现对公司业绩的影响越直接，其浮动薪酬所占比重越大。

假设一个组织以年总现金收入为基数进行了薪酬定位，根据前面几个步骤，我们已经可以确定每个职位等级所对应的年总现金收入的参考值，每个级别的最大值与最小值。这时，只需根据固浮比，即可计算出每个薪酬等级所对应的固定薪酬的参考值及每个级别固定薪酬的上下限。

通过以上四个步骤，一个组织即可设计出一个规范的薪酬体系，它涵盖了薪酬等级的数量，每个薪酬等级所对应的薪酬中点值、最小值与最大值、幅宽等信息。

第五步：设计绩效奖金方案。如前文所述，短期激励的形式多种多样，但其中最常见的还是绩效奖金这种形式。因此，本部分将重点介绍绩效奖金的设计思路。

绩效奖金的设计原则是建立一套能综合反映公司、部门和个人绩效结果的奖金体系，并明示绩效评估结果与绩效奖金的关联，以有效的引导员工的行为。虽然一个组织内部不同的激励群体会呈现出不同的特点，但为使绩效奖金方案更具操作性，绩效奖金的设计方案应具有一定的包容性，使之能够适应多数激励群体的激励需求，从而使公司的激励政策协同统一。当然，在保持一致性的前提下，也可根据个别激励群体的特殊需求，为其设计个性化的绩效奖金发放方案。此外，为鼓励创新、奖励特殊贡献或绩效评估所无法覆盖的贡献，公司也可设立一定数量的单项奖励。需要注意的是：绩效奖金方案的设计一定要满足薪酬总量控制的约束条件，原则上不应突破预算。

以下介绍一种通用的绩效奖金设计方案，通常情况下，这种方法可以适用于几乎所有组织的所有人员。具体的计算公式如下：

每个任职者应得绩效奖金 ＝ 目标绩效奖金 × 绩效杠杆乘数

其中：目标绩效奖金＝年总现金收入×绩效奖金所占比重

绩效杠杆乘数＝公司绩效关联权重×公司绩效杠杆乘数＋部门绩效关联权重×部门绩效杠杆乘数＋个人绩效关联权重×个人绩效杠杆乘数

举例来说，AA公司各类激励群体的各级绩效关联权重如表6-4，绩效杠杆乘数参见表6-5，若一个专业技术人员的目标年总现金收入为10万元，他的绩效奖金占年总现金收入的比例为20％，他个人本年度的绩效评估结果为A，其所在部门的绩效评估结果为B，该公司的绩效评估结果是C，则该员工该年度应得的绩效奖金额为3.3万元，即：应得绩效奖金＝10×20％×（20％×1＋30％×1.5＋50％×2）＝3.3万元。

表 6-4　　公司、部门、个人绩效关联权重

激励群体	公司绩效	部门绩效	个人绩效
管理层—高层	50%	50%	—
管理层—中层	30%	70%	—
专业技术类	20%	30%	50%
生产管理类	10%	30%	60%
直接生产类	10%	30%	60%
支持职能类	10%	30%	60%

表 6-5　　绩效杠杆乘数

绩效评估结果	E	D	C	B	A
绩效杠杆乘数	0	0.5	1	1.5	2

第六步：调薪。组织通常会在两种情况下为员工调薪。一是每年一次或每两年一次的正常调薪，在这种情况下，员工的调薪幅度将主要取决于物价上涨水平、市场薪酬调研结果、员工目前的薪酬水平及其上年度的绩效评估结果等因素。通常，拟实施年度调薪的组织会根据市场调研报告，确定本组织的薪酬定位，并根据组织的经营状况明确调薪预算，然后在此基础上，确定所有员工的平均调薪幅度，最后，再根据员工的胜任力、目前的薪酬水平、上年度的绩效结果等因素确定每个人的调薪幅度。

另一种调薪的原因通常是由于组织做了大规模的变革或薪酬政策的调整，而使整个组织的薪酬体系发生了重大的变化。这时，薪酬管理者需要制定相应的计划，以确保在不对员工造成过大心理波动的前提下，实现对薪酬方案的渗透与调整。

当一个员工的职位等级或技能（能力）等级被确定后，我们很容易根据薪酬等级的设计规则为每个员工确定他（她）所对应的薪酬等级。但如前所述，每个薪酬等级对应的是一个薪酬范围，而不是一个点，那么，每个员工的合理薪酬水平到底应该怎样确定呢？在市场的普遍实践中，我们通常会根据人职匹配度为每个员工确定他（她）在该薪酬等级中的具体位置。例如：一个员工的人职匹配度为100%，即他（她）的胜任力恰巧符合该职位的要求，则他（她）的薪酬水平应恰巧等同于（她）所在薪酬等级的中点值。但通常我们很难特别精确地评估出每个员工的人职匹配度，因此，实践中，通常采用等级评定法进行分级评定（详见图 6-19）。即：若一个员工尚不能胜任该职位的工作，即人职匹配度低于要求，则其薪酬水平应落入该薪酬等级所对应的薪酬范围的下半区，反之，则应落入上半区，具体位置可根据每个企业所设定的标准再酌情细分。

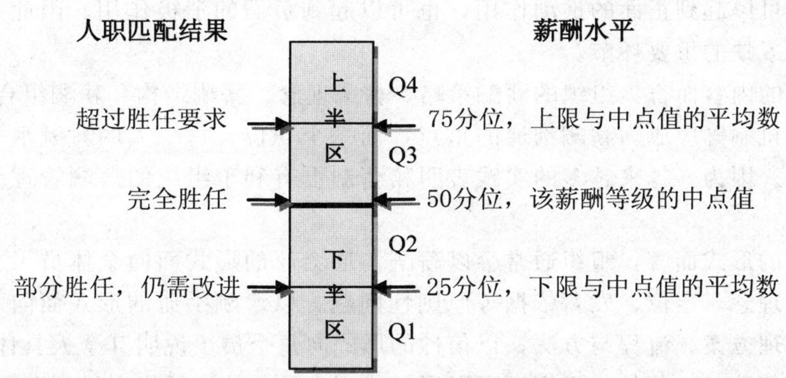

图 6-19 员工的人职匹配度与薪酬水平对应关系

在确定了每个员工的人职匹配度以后，我们即可以将其现在的薪酬水平与新的薪酬体系作比较，其结果会有三种：

• 若员工目前的薪酬水平高于人岗匹配结果所对应的薪酬水平，我们称之为“超标”；
• 若员工目前的薪酬水平等于人岗匹配结果所对应的薪酬水平，我们称之为“达标”；
• 若员工目前的薪酬水平低于人岗匹配结果所对应的薪酬水平，我们称之为“未达标”。

表 6-6 给出了针对每种情况的调整建议。

表 6-6 薪酬调整建议

薪酬水平与人岗匹配结果		薪酬调整建议
A	超标	冻结其固定薪酬，待薪酬水平整体调整时，使其自动进入薪酬范围内。
B	达标	冻结其固定薪酬，待薪酬水平整体调整时，使其自动进入薪酬范围内。
C	未达标	若员工目前的薪酬水平与其应得的薪酬水平差距较大，则第一步先将其薪酬调整至与其人岗匹配度最邻近的下一档所对应的薪酬上。待下次调薪时，再调整至其应达标的薪酬水平。 例如： 某员工系完全胜任该岗位，其薪酬本应是该薪酬等级下半区 50 分位的水平，但其目前的薪酬水平却低于该薪酬等级的下限，此时，应直接将其薪酬调整至该薪酬等级下半区的 25 分位水平，待下次调薪时，若其人岗匹配度仍为完全胜任，则再将其薪酬水平调至下半区的 50 分位水平。若该员工系部分胜任，其薪酬水平本应是该薪酬等级下半区 25 分位的水平，但其目前的薪酬水平也低于该薪酬等级的下限，此时，应先将其薪酬调整至该薪酬等级下半区的下限，待下次调薪时，再将其薪酬水平调至下半区的 25 分位水平。

第七步：沟通。有研究表明：对于大多数员工而言，在他们与公司的关系中，没有什么比薪酬更重要了。而且，在组织的管理过程中，薪酬具有较强的敏感性，它对绩效的杠杆作

用十分突出，既可以起到正面的推动作用，也可以起到负面的消极作用。因此，薪酬沟通是薪酬管理中不可或缺的重要环节。

就薪酬沟通的内容而言，组织的薪酬策略、薪酬理念、薪酬结构、薪酬组合、薪酬定位、薪酬管理与沟通机制等应成为薪酬沟通的重点，而每个职位、每个人的薪酬水平通常不作为公开的沟通内容。因为，越来越多的实践表明秘薪制更有利于组织的薪酬管理政策的平稳实施和有效控制。

就薪酬沟通的形式而言，组织通常会以薪酬沟通会议的形式面向全体员工全面地阐述公司的薪酬政策、理念、定位、发薪依据等原则性问题；以薪酬手册的形式面向薪酬管理者说明具体的薪酬管理方案、流程与方法；以信件的形式向每个员工说明其个人具体的薪酬水平、组合及调薪幅度等信息。此外，组织还可以通过印刷品及其他电子媒介进行薪酬沟通。

总之，每个组织都应高度重视薪酬沟通的问题，并采取恰当的方式进行有效的薪酬管理。

第三节　福利管理

关于福利的概念，有广义和狭义之分。其中：美国商会对员工福利的界定采用了广义的解释，它认为员工福利计划是相对于直接津贴以外的任何形态的津贴，包括法定给付、承诺给付、非生产时间给付、未工作时间给付和其他福利等五类。而我国大多数企业对福利的界定是站在雇员的角度所作出的狭义的解释，即福利是在货币薪酬之外，企业为改善员工及其家庭的生活水平，增强员工对企业的忠诚度，激发其工作积极性等目的而支付的实物、服务或休假等非货币性报酬。总之，福利不是以员工为企业工作的时间为计算单位的，它一般包括非工作时间付薪、向员工个人及其家庭提供服务、健康及医疗保健等。

与货币性薪酬相比，福利的发放需在更大程度上依托于整个组织的效益，而不是某个人的业绩，且员工间差异会较小，按照赫兹伯格双因素理论的分类方法，福利更接近于保健因素，货币性薪酬更接近于激励因素。

据统计，美国企业为员工所提供的福利与货币薪酬间的比值是37%，在员工的总薪酬中占27%左右。在我国，福利在员工报酬中所占的比例也是逐年上升。这既有企业外部的原因，如政府的强制性规定、劳动力市场竞争的压力、税收优惠政策等，也有企业内部的因素，如满足员工的需要、提高员工的忠诚度等。

一、福利的种类

员工福利计划种类繁多，且变化较快。在此，仅将企业的福利计划划分为法定福利、企业补充保险计划、员工服务福利和特殊弹性福利四种类型。

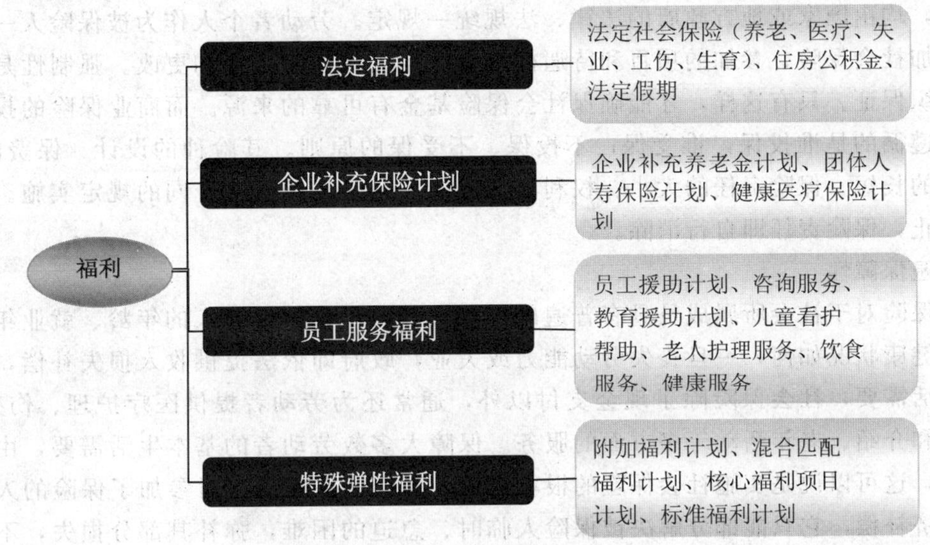

图 6-20 福利的分类

（一）法定福利

法定福利是在劳动者因年老、疾病、生育、伤残、死亡等原因丧失劳动能力，不能劳动或者失业中断劳动，本人和家属失去工资收入时，国家或社会根据他们特殊的基本生活需要，按照物质帮助原则所给予的生活保障。其根本是国家或社会提供的一种社会保障制度。法定福利不单是经济手段，而且是国家通过法律规定强制实施的一种社会制度。其作用是保障劳动者在丧失劳动能力和失业时的基本生活需要。

1. 法定社会保险

目前，我国规定的几种法定社会保险包括：养老保险、失业保险、医疗保险、工伤保险以及生育保险，它们将分别针对符合条件的退休人员、失业人员、患病者、工伤者及生育者提供相应的保障或补助。此外，我国大多数地区已强制要求企业为员工缴纳住房公积金。住房公积金是单位及其在职员工缴存的长期住房储金，是住房分配货币化、社会化和法制化的主要形式。

（1）法定社会保险的特点。我国以盈利性作为标准，将保险区分为社会保险与商业保险。是否盈利，是区分这两种保险的最重要标志，但如果作详细分析，它们之间还有许多不同点。我们可以从社会保险和商业保险的对比中，看出社会保险的特点。

①非盈利性。社会保险是非盈利性保险，它不以盈利为目的，而以实施社会政策为目的。虽然社会保险在运作上也需要借助于精确的计量手段，但不能以经济效益的高低来决定社会保险项目的取舍和保障水平的高低。如果社会保险财务出现赤字影响其运作。国家财政负有最终责任。商业保险在财务上实行独立核算，自负盈亏，国家财政不应以任何形式负担其开支需求。

②强制性。社会保险属于强制性保险。所谓强制性是指国家通过立法强制实施，劳动者个人和所在单位都必须依照法律的规定参加。社会保险的缴费标准和待遇项目、保险金的给

付标准等，均由国家或地方政府的法律、法规统一规定。劳动者个人作为被保险人一方，对于是否参加社会保险、参加的项目和待遇标准等，均无权任意选择和更改。强制性是实施社会保险的织保证。只有这样，才能确保社会保险基金有可靠的来源。而商业保险的投保是自愿的，它遵循的是谁投保，谁受保；不投保、不受保的原则。其险种的设计、保费的缴纳、保险期限的长短、保险责任的大小、权利与义务的关系等均按保险合同的规定实施。一旦合同履行终止，保险责任即自行消除。

③普遍保障性

社会保险对于社会所属成员具有普遍的保障责任。不论被保险人的年龄、就业年限、收入水平和健康状况如何，一旦丧失劳动能力或失业，政府即依法提供收入损失补偿，以保障其基本生活需要，社会保险除了现金支付以外，通常还为劳动者提供医疗护理、伤残康复、职业培训和介绍、老年活动等多方面的服务。保障大多数劳动者的基本生活需要，由此稳定社会秩序，这可以说是实施社会保险的根本目的。而商业保险只是对参加了保险的人提供对等性的经济补偿，它只能部分解决被保险人临时、急迫的困难，弥补其部分损失，不具有普遍保障的功能，也不具备调节收入水平、维护社会公平的职能。

④权利与义务的基本对等性

社会保险待遇的给付一般不与个人劳动贡献直接相关联。享受者要作出贡献，但其享受并不是与其贡献完全一致的。作个形象的比喻，这叫做要乘凉必须先栽树，但栽了大树的人并不一定乘大树的凉。这里有一个再分配的问题。社会保险分配制度是以有利于低收入阶层为原则的。因为同样的风险事故，对于低收入劳动者所造成的威胁通常要高于高收入者。而商业保险则是严格遵循权利与义务对等的原则，这种原则决定，投保人权利的享受是以“多投多保、少投少保、不投不保”作为前提的，也就是说，被保险人享受保险金额的多少，要以投保人是否按期、按数量缴纳了合同所规定的保费以及投保期限的长短为依据。保险合同一旦期满，保险责任自行终止，权利与义务的关系也不复存在。

(2) 法定社会保险的种类及相关规定。

①养老保险。1984 年，中国开始对原有的退休金制度进行改革和探索，1997 年构建了社会统筹与个人账户相结合的基本养老保险制度（简称统账养老保险制度）框架。

该制度的目标只是为被保险人提供基本的生活保障，退休金的工资替代率将逐步调低，从改革前的近 100%下降到 60%左右。

该制度在所有制方面实行社会统筹与个人账户相结合，以体现公平与效率的结合。在这一制度框架下，养老保险由企业和雇员共同负担费用，实行随收即付与积累相结合的财务制度。

基本养老保险金的给付由基础养老金和个人账户养老金组成，给付条件是个人缴费年限累计满 15 年。

②医疗社会保险。国务院于 1998 年 12 月下发了《国务院关于建立城镇职工基本医疗保险制度的决定》。

城镇职工基本医疗保险制度的原则是：基本医疗保险的水平要与社会主义初级阶段生产力发展水平相适应；城镇所有用人单位及其职工都要参加基本医疗保险，实行属地管理；基本医疗保险费由用人单位和职工双方共同负担；基本医疗保险基金实行社会统筹和个人账户相结合。

基本医疗保险基金由统筹基金和个人账户构成，保险费由用人单位和职工共同缴纳。统筹基金和个人账户要划定各自的支付范围，分别核算，不得互相挤占。

③失业保险。1988 年 12 月 26 日国务院第 11 次常务会议通过《失业保险条例》，1999 年 1 月 22 日发布并实施。

失业保险的目的是为了保障失业人员失业期间的基本生活，促使其再就业。城镇企业事业单位职工都是失业保险的对象。

失业保险基金的来源包括：城镇企业事业单位按照本单位工资总额的 2%缴纳的保险费和职工按照本人工资的 1%缴纳的失业保险费，失业保险基金的利息，财政补贴，依法纳入失业保险基金的其他资金。

给付种类包括：失业保险金，领取失业保险金期间的医疗补助金，领取失业保险金期间死亡的失业人员的丧葬补助金和其供养的配偶、直系亲属的抚恤金，领取失业保险金期间接受职业培训、职业介绍的补贴。

给付的条件为：按照规定参加失业保险，所在单位和本人已按照规定履行缴费义务满 1 年；非因本人意愿中断就业的；已办理失业登记，并有求职要求的。

失业人员失业前所在单位和本人按照规定累计缴费时间满 1 年不足 5 年的，领取失业保险金的期限最长为 12 个月；累计缴费时间满 5 年不足 10 年的，领取失业保险金的期限最长为 18 个月；累计缴费时间 10 年以上的，领取失业保险金的期限最长为 24 个月。重新就业后，再次失业的，缴费时间重新计算，领取失业保险金的期限可以与前次失业应领取而尚未领取的失业保险金的期限合并计算，但是最长不得超过 24 个月。

④工伤保险。1996 年 8 月 12 日劳动部关于发布《企业职工工伤保险试行办法》的通知（劳部发〔1996〕266 号）。

《工伤保险条例》经 2003 年 4 月 16 日国务院第 5 次常务会议讨论通过，自 2004 年 1 月 1 日起施行。

工伤保险的目的是为了保障因工作遭受事故伤害或者患职业病的职工获得医疗救治和经济补偿，促进工伤预防和职业康复，分散用人单位的工伤风险。

参保范围包括：中华人民共和国境内的各类企业、有雇工的个体工商户（以下称用人单位）应当依照本条例规定参加工伤保险，为本单位全部职工或者雇工（以下称职工）缴纳工伤保险费。中华人民共和国境内的各类企业的职工和个体工商户的雇工，均有依照本条例的规定享受工伤保险待遇的权利。

工伤保险基金由用人单位缴纳的工伤保险费、工伤保险基金的利息和依法纳入工伤保险基金的其他资金构成。工伤保险费根据以支定收、收支平衡的原则，确定费率。

用人单位应当按时缴纳工伤保险费，但职工个人无须缴纳工伤保险费。国家根据不同行业的工伤风险程度确定行业的差别费率，并根据工伤保险费使用、工伤发生率等情况在每个行业内确定若干费率档次。

职工发生事故伤害或者按照职业病防治法规定被诊断、鉴定为职业病，所在单位应当自事故伤害发生之日或者被诊断、鉴定为职业病之日起 30 日内，向统筹地区劳动保障行政部门提出工伤认定申请。遇有特殊情况，经报劳动保障行政部门同意，申请时限可以适当延长。

用人单位未按前款规定提出工伤认定申请的，工伤职工或者其直系亲属、工会组织在事故伤害发生之日或者被诊断、鉴定为职业病之日起1年内，可以直接向用人单位所在地统筹地区劳动保障行政部门提出工伤认定申请。

⑤生育保险。《社会保险法》中对“生育保险”的规定是只有女性享有的，但是已经有26个省、市、自治区都设立了“男方护理假”或者“配偶护理假”，在这些地方生育保险不分男女，单位都必须参保。男性参保，主要享受计划生育手术发生的医疗费用报销，还有一些晚育津贴等，按当地规定执行。生育保险也只是单位缴费，个人无须缴费。

⑥住房公积金。住房公积金是单位及其在职职工缴存的长期住房储金，是住房分配货币化、社会化和法制化的主要形式。住房公积金制度是国家法律规定的重要的住房社会保障制度，具有强制性、互助性和保障性。单位和职工个人必须依法履行缴存住房公积金的义务。职工个人缴存的住房公积金以及单位为其缴存的住房公积金，实行专户存储，归职工个人所有。这里的单位包括国家机关、国有企业、城镇集体企业、外商投资企业、城镇私营企业及其他城镇企业、事业单位、民办非企业单位、社会团体。

住房公积金应当用于职工购买、建造、翻建、大修自住住房，任何单位和个人不得挪作它用。

职工有下列情形之一的，可以提取职工住房公积金账户内的存储余额：

- 购买、建造、翻建、大修自住住房的；
- 离休、退休的；
- 完全丧失劳动能力，并与单位终止劳动关系的；
- 出境定居的；
- 偿还购房贷款本息的；
- 房租超出家庭工资收入的规定比例的。

职工死亡或者被宣告死亡的，职工的继承人、受遗赠人可以提取职工住房公积金账户内的存储余额；无继承人也无受遗赠人的，职工住房公积金账户内的存储余额纳入住房公积金的增值收益。

缴存住房公积金的职工，在购买、建造、翻建、大修自住住房时，可以向住房公积金管理中心申请住房公积金贷款。住房公积金管理中心应当自受理申请之日起15日内作出准予贷款或者不准贷款的决定，并通知申请人；准予贷款的，由受委托银行办理贷款手续。

2. 法定假期

目前，我国的法定假期包括四种，具体规定如下：

(1) 公休假日：国家规定，员工的日工作时间不超过8小时，平均周工作时间不超过44小时，每周至少休息一天。

(2) 法定休假日：春节、国庆节各三天法定休假，元旦、清明、国际劳动节、端午节、中秋节各一天。

(3) 带薪年休假：视企业情况而定。

(4) 其他假期：国家还规定特殊人群应分别享有探亲假、婚丧假、产假、配偶生育假等假期。

（二）企业补充保险计划

国家法律规定的强制性社会保险只能为保险参与者提供最基本的保障，但它不能保证参与者在退休后过上富足的生活，或在大病时得到足额的报销，因此，有条件的组织还可为员工提供补充商业保险。目前常见的补充保险计划主要包括三类：第一类是以企业年金和信托计划为代表的企业补充养老计划；第二类是各类补充医疗保险；第三类是团体人寿保险计划。

（三）员工服务福利

在国外，企业服务福利的形式与种类非常丰富，其中包括：对特殊员工所提供的内外部援助计划（如精神压力、酗酒赌博等人员），对员工及其家庭所提供的各类咨询服务（如：财务咨询、职业生涯咨询、家庭问题咨询等），对拟接受继续教育的员工实施的教育援助计划以及儿童看护、老人护理、饮食服务、康体健身服务等各类服务。

（四）弹性福利计划

以往，一个组织通常为其所有员工提供同样的福利计划，这样的结果往往是组织的成本居高不下，而员工的满意度却没有提高，其根本原因是不同员工的需求各有不同，一致化的福利体系难以满足员工个性化的需求。因此，一些公司开始尝试弹性福利，它又被称为自助餐式的福利计划，即公司预先确定给每个员工的福利预算，然后员工可以根据自己的需要在预算范围内自主选择福利组合。这种做法既表明了企业对员工的信任，有助于增强员工对组织的忠诚度，又有助于控制企业的福利成本，使员工感受到企业的福利成本支出。

二、福利管理

与直接薪酬一样，福利管理若想达到理想的目标，也需做好规划与管理。

在进行福利规划时，首先应全面了解国家的相关立法，因为国家法定福利是任何组织必须优先安排预算的福利项目。其次，员工作为社会中的一员，必然将本企业的福利项目及水平与其他同类组织作比较，因此，组织若想提高福利支出的效能，应像参与薪酬调研一样重视福利调研，以了解并借鉴同业的福利项目与福利水平，使本组织的福利计划更具市场竞争力。在此基础上，组织的福利计划制定者还必须通过问卷调查或访谈等形式充分了解员工的需求与偏好，以提高员工对福利项目的满意度。

组织在福利方面所支付的大量成本若想真正发挥出引导员工行为、改善员工绩效的作用，就必须让员工充分理解福利政策的内容、价值与作用，从而让员工了解组织的付出、认同福利的价值。为了实现福利信息的公开化与透明化，部分公司还专门编制了福利手册对有关内容作以具体说明。

值得注意的是，并不是所有员工对福利的需求都一致，福利设计者应充分考虑这些差异化的需求进行不同福利组合的设计，但是，差异化的福利设计将同时带来另外一个问题，那就是员工间的心理不平衡与磨擦。此外，即使是同一个员工，他个人对福利的需求与偏好也可能随着年龄及自身其他条件的变化而有所改变，但福利的长期性决定了福利计划一经确定，在相当长的时间内是难以更改的。因此，福利管理人员应更加慎重地对待福利设计与沟通问题。

【本章小结】

薪酬管理是人力资源管理各职能模块中最引人关注的部分，它对员工和组织都具有不可低估的作用。进入21世纪，全面报酬战略逐渐成为各种组织都非常关注的一种新型报酬战略。全面报酬由基本工资、现金性津贴、短期激励、长期激励和福利组成的总薪酬及其他内在报酬组成。一个规范化的、结构化的薪酬体系应兼顾内部公平性与外部竞争性。组织可以根据员工的职位等级或技能（能力）等级确定其所对应的薪酬级别及相应的薪酬范围，根据员工的胜任力确定其在该薪酬范围中的具体位置。薪酬的各个组成部分均有一定的付薪依据与规则，其中：短期激励中绩效奖金的支付应充分考虑员工个人、其所在部门及整个组织的绩效评估结果，福利的支付除考虑国家及地方的强制性法定福利外，还可根据员工的需求及偏好设计一定的自主福利项目。鉴于薪酬管理的敏感性和特殊性，组织应充分关注薪酬的沟通、预算与控制环节，以利于薪酬政策的有效实施。

【管理工具包—模板】

模板一：各类员工薪酬参考数据表

薪酬等级	职位等级	A档（下限）	B档（25P）	C档（50P）	D档（75P）	E档（上限）

模板二：薪酬设计工具

薪酬等级	最小值		中点值		最大值		幅宽	薪酬组合
	年总现金	固定薪酬	年总现金	固定薪酬	年总现金	固定薪酬		

【思考题】

1. 薪酬管理与其他人力资源管理模块有何关系？
2. 什么是职位薪酬体系？它的适用情境是什么？
3. 什么是技能（能力）薪酬体系？它的适用情境是什么？
4. 什么是绩效薪酬体系？它的适用情境是什么？
5. 薪酬分析的内容与流程是什么？
6. 薪酬设计的步骤有哪些？每一步骤的关键控制点是什么？
7. 福利的类型有哪些？
8. 薪酬沟通的内容有哪些？常见形式有哪些？

第七章 培训与开发

●单元概述

有效的培训与开发能够不断改善和提升组织的人力资源状况，能够提高组织的绩效，激励员工的工作热情。本章阐述了培训与开发的含义以及对组织的意义；重点介绍组织中培训与开发的流程及培训与开发的方法和类别；系统地介绍了员工个人的职业规划和组织对员工进行职业管理的有关内容。

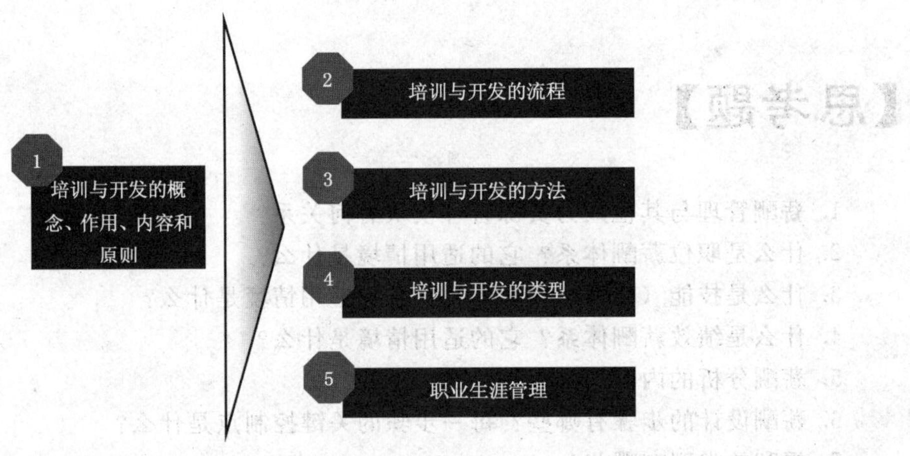

●知识要点及掌握程度

7.1 培训与开发概述 [记忆]
7.2 培训与开发的流程 [理解]
7.3 培训与开发的方法与类型 [运用]
7.4 职业生涯管理 [运用]

●能力要点及掌握程度

根据大连东软信息学院 TOPCARES－CDIO 的能力指标体系，裁剪出本章所要培养的能力要点及其掌握程度。

人力资源管理基本理论与架构 [重要]
人力资源管理主要功能模块的管理与实施知识 [重要]
全方位思维 [中等]

分析问题　[重要]
解决方法和建议　[重要]
团队工作运行　[中等]
设计过程　[重要]
设计实施过程　[中等]

●教学重点与难点

1. 教学重点
(1) 培训与开发的流程
(2) 组织的职业生涯管理
2. 教学难点
(1) 培训与开发的需求分析
(2) 培训与开发的效果评估

●教学设计与实施方法

1. 教学设计
(1) 激趣：通过管理案例启动本章的学习，激发学生的学习兴趣。
(2) 引思：结合管理案例，引发学生思考培训与开发管理的流程，培训方案的设计等。
(3) 精讲：系统介绍培训与开发的概念、流程、方法和类型，以及职业生涯管理。
(4) 实践：要求学生完成实践环节项目，并在“做中学”中巩固和运用所学知识。
(5) 总结：归纳总结知识点及学生在实践中存在的问题。
2. 实施方法
本章建议采用如下教学方法：讲授教学法、讨论教学法、任务教学法和问题教学法。

●实践环节设计

1. 单元项目一：培训计划设计
请各虚拟公司针对本公司的培训需求，按照以下要求，设计培训计划。
(1) 调研公司的培训需求。
(2) 设计培训方案，并以 PPT 形式于课堂上展示和讲解该方案。
(3) 其他小组对该培训计划进行评价。
2. 单元项目二：培训师模拟
请各虚拟公司针对本公司的培训需求，确定培训项目名称，准备培训资料，选择培训方法，并于课上模拟实施培训课程中的某个环节或某项内容。
(1) 培训项目契合培训需求。
(2) 培训形式与方法得当，培训效果良好。
(3) 其他小组对该培训师的培训过程进行综合评价。

●目标达成度检验（教学效果评估）

1. 知识要点测评

要求学生完成课后习题，并进行交叉互评。

2. 能力要点测评

要求学生利用课余时间完成实践环节单元项目一、项目二，并于下次课进行当堂展示，再由各小组进行交叉互评，教师给出专业意见与评分。每个小组再根据本组得分，以及各位组员在完成本次团队项目时的表现确定组内各成员本次实践项目的得分。

●教材具体内容

【引子——管理案例】

西门子公司独特的企业培训计划

总部在德国幕尼黑的西门子公司实际已成为一家全球化经营的公司，西门子的业务几乎囊括了电子电气行业的主要领域，其业务部门包括：信息通讯（网络与通信产品）、工业自动化、能源、交通、医疗、照明、家用电器等等。到1999年6月30日，全公司44400名员工中有25100名在德国以外地区工作。1998～1999年财政年度的前9个月，西门子公司72%的销售额来自德国以外地区。5年后，企业培训计划实施后，公司的销售额在各地区的比例大概是：德国和德国以外的欧洲地区分别占25%，美洲和亚太地区分别占25%和20%。随着西门子业务的全球化，其在中国的业务将对公司的总体战略越来越重要。

作为一个历史悠久、技术先进的老牌跨国公司，全球化对其人事政策也提出了更高的要求。彼得普里比拉，西门子最高董事会成员兼总部人力资源部总裁，认为企业培训计划的人事工作具有超越部门界限、超越地区界限和社会界限的融合联络功能，因为公司是一个全球运营的企业，因此，企业培训计划的人事工作的最大艺术就在于把所有的基地联系成一个整体，引导它们向使企业长期成功发展的方向行动。

从而西门子公司的人事政策的任务是：通过挑选人才、发展和提拔人才的措施，使每个工作位置有最合适的人选。同时，制定企业培训计划努力使西门子在世界各国成为最有吸引力的雇主，保证企业不断获得后备人才。

企业培训计划，是西门子人事政策中最有特色、最有成效的一部分。在各种培训需求中，工作技能、销售、商务及对企业中高级管理层的培训又是重中之重。“为了体现企业培训计划对管理培训的重视，西门子决定将其在中国的培训机构命名为“西门子管理学院”；企业培训计划的特点是学习环境宽大、舒适，适合成人学习，并能实施小组讨论、网上学习及现代化的声像等现代化的教学手段。任务包括对公司管理层的培训、员工培训、特别针对西门子合资企业的职业教育和商务培训以及与中国高校的合作培养后备力量。此外，学院还要与中国有关机构的联络及合作培训，制定更深一步的企业培训计划工作。

“管理学习教程”是西门子管理学院企业培训计划活动的主线，是一项建立于世界公认的教学原理基础上的公司培养教程。该教程由五个级别组成（Sl—S5）入各级均以参加前一级所获得的技能为基础。内容是根据业务部门的实际需求制定的，业务部门也随业务的发展而参与教程的不断更新。

第五和第四级别（S5和S4）的企业培训计划工作在中国进行，用中文教学，也包括英文的资料。S5面向具潜在管理才能的员工。目的是提高被培训者的自我管理和团队建设能力。培训内容包括企业文化、职业计划、自我管理、客户履务与协调技能。S4面向高潜力的初级管理人员，培训目的是使被培训者具备初级管理的能力，内容包括质量与生产效率管理、金融管理、流程管理、组织建设及团队行为等。

第三级别（S3）在亚太地区进行。用英文教学，面向负责核心流程或多项职能任务的管理人员，目的在于开发他们的企业家职能。培训内容包括业务拓展与市场发展战略、技术革新管理、改革技能、企业家行为及责任感。

第二和第一级别企业培训计划的教程（S2和S1）最高，均在设在德国的西门子管理培训中心进行，用英文进行，面向担任重要职位的管理人员、负责全球性/地区性产品或服务的管理人员、负责两个以上职能部门的管理人员。培训目的在于提高他们的领导能力，内容包括企业价值、远景预见、高级战略管理、全球趋势识别、全球合作等等。

西门子企业培训计划的原则是“全球出发，本地人手”。尽管培训教程是西门子创建的国际通用的，但在不同的国家都融入了地方色彩。变通的地方在于使用本地教员，针对当地的文化提供不同的交流沟通方法，特别设计的训练项目，研讨方式的多样化等等。

“管理学习教程”主要面向的是西门子业务管理人员，对于普通员工，则有企业的业务培训计划，也叫做员工再培训计划。旨在帮助他们在日新月异的商业环境中，不断提高日常工作的能力。再培训课程主要由两部分构成：一是与个人技能有关的课程，核心在于改进员工的个人竞争能力，例如演讲技巧、沟通技巧、解决问题能力、团队建设能力等。另一部分是与职业技能有关的课程，即特定工作岗位所要求的专业知识与技巧，例如市场营销部门包括谈判技巧、竞争销售技巧；商务部门有合同执行、经营过程与控制等课程；采购部门有策略采购管理、采购谈判、供应商的选择与合作等课程；质量部门包括质量内审等课程。再培训课程还可按照客户特殊的、更为详尽的要求，提供企业内部培训及定制的培训。

为配合员工繁忙的工作，这些企业培训计划的标准课程一般为2～3天，并用中文讲授，但部分课程的讲义为英文，这主要为了让学员熟悉特定的经济业务专用词汇的英文表达，但讲述是用中文。

学院每年发布年度课程简介，介绍这些企业培训计划的课程内容、培训时间与地点。员工根据自己的工作部门与个人特点选择参加课程的培训。但凡是参加的课程，都要求员工认真对待，因为培训的结果将被作为工作考核的重要内容，且与个人的升迁密切相关，相应部门的经理也会关心员工培训的成绩与效果，保持与员工的沟通。

对技术工人的培训，西门子的企业培训计划机构引进的是德国的双轨制模式，因为技术工人的工作既要符合德国工商会及西门子公司的内部标准，又要适合中国的实际条件。技工培训为期3年，实践部分在西门子自己的合资工厂或西门子管理学院在北京和上海的西门子职业培训中心完成；理论部分在汉斯赛德尔基金会及德国技术合作公司倡办的职业培训机构进行。职业培训结束后，学员将获得由德国商会和中国劳动部认可的证书。

西门子公司不仅注重对在职员工的培训，也很注意对后备人才的选拔与培养。西门子的企业培训计划在北京成立了“高校联络处”，隶属于西门子管理学院，已与20所中国名牌大学的院系、教授与学生建立了密切的联系。据公司主管人事的副总裁普里比拉教授说该企业培训计划的目的在于在世界范围内寻找最优秀的自然科学人才，向他们传授杰出的专业能力，并培养他们超越各国文化界限合作工作的能力。西门子公司培养这些人才，当然希望他们能进入西门子德国公司或世界上其他的西门子公司，但并没有一些硬性规定。因为“就是那些以后不在西门子公司工作的人，也可能在其他地方成为客户单位中占有举足轻重地位的决策者”。

资料来源：http：//www.thldl.org.cn/news/0912/29205.html

从这个案例中，你得到了哪些启示？

1. 西门子公司的企业培训计划的重点是什么？“管理学习教程”的最大特点是什么？

2. 你认为西门子公司在“管理学习教程”中倡导的自学、研讨及将所学用于实践项目的方法好不好？为什么？

3. 西门子公司对不同的员工是否实施了不同的培训？他们的区别在哪里？

第一节 培训与开发概述

在过去50年间，西方组织和企业的培训费用一直在稳定增加。美国企业每年在培训上的花费约300亿美元，约占雇员平均工资收入的5%。目前，已有1200多家美国跨国公司包括麦当劳都开办了管理学院，摩托罗拉则建有自己的大学。培训与开发越来越被组织所重视，培训与开发是一种人力资本投资，它有利于提高员工的能力和素质、提高组织的劳动生产效率、营造优秀的组织文化，现代组织中的培训被员工视为一种激励。

一、培训与开发的概念

人力资源培训（Training）与人力资源开发（Developing）是两个密切相关的概念，有很多人将其连在一起使用，称为“人力资源培训与开发”，是指那些通过一定的措施和手段，补充和提高员工的知识与技能，改善员工的工作态度和胜任特质，激发其潜在的创造力，促进员工努力实现自身价值，增强员工的工作满意度和对组织的归属感与责任感，从而提高组织的工作效率，实现组织人力资本增值和预期的社会经济效益的有目的、有计划、有组织的人力资源管理活动。

实际工作中，人们对人力资源培训与人力资源开发这两个概念的理解还是有区别的。

人力资源培训传统上是针对组织中各类人员工作岗位所需要的知识、技能、能力和工作态度等而进行的一系列学习活动。人力资源培训一方面以提高员工在各自岗位上的工作效率和组织盈利为目的，另一方面还以一种关怀的态度进行，培养员工主动承担自己工作行为责任的能力，让员工保持高绩效状态。现代组织中，培训对象已不限于组织内部员工，更扩展到组织外部人员。例如，企业对各种利益相关者的培训，其对象可以是顾客、消费者、销售商、供应商等。

人力资源开发是个内涵丰富的概念，既面向当前，也面向未来，但它更注重组织与员工未来的需求与发展，更具有战略性。美国培训与开发协会（ASTD）为人力资源开发定义的概念：人力资源开发是综合利用人力资源培训、职业生涯开发、组织开发等手段来改进个人、群体和组织效率的活动。从这一视角来看，人力资源培训是人力资源开发的一个重要组成部分。

此外，传统观念还认为，培训的对象主要是一般员工，而开发的对象通常是较高层次的管理人员和专门的技术人员。

二、培训与开发的作用

1. 适应市场环境的变化，促进组织战略的调整与转变。组织面临的市场环境时刻在变化，组织要发展必须不断的调整战略来适应变化的环境。组织战略的调整需要新的人力去开发产品、开辟市场，这样组织必须进行有目的、有计划的员工培训与开发工作，保证人力资源对组织战略调整的要求，促进组织的发展。

2. 促进组织未来发展，提升组织竞争力。现代市场经济的特点是自由公平的竞争。组织内的人力资源水平直接影响产品的技术含量，进而直接关系到产品在市场上的竞争力。因此，组织间的竞争实际上是员工实力的竞争。有效的人力资源培训与开发会极大地增强组织人力资源实力，提升组织竞争力，促进组织未来发展。

3. 提高组织的效益，改善员工工作绩效。组织发展不仅依靠先进的技术、性能优良的设备，更需要员工生产率和工作质量的提高。组织通过对员工进行有效的培训，使员工的知识结构得到更新，工作技能明显提高，人际关系得到改善。通过开发，员工可以提高自己胜任工作的能力，甚至成为某一领域的专门人才。正如摩托罗拉的培训宗旨所指出的那样："摩托罗拉是在培养专家，只有每个员工都成为真正的专家，才有可能实现效率最大化。"

4. 改变员工态度，增进员工对组织的认同感。通过培训，可以使组织中具有不同价值观、信念、工作作风的员工和谐地统一起来，为了共同的目标而努力。一个组织战胜困难的力量往往来源于它的精神力量，来自于它的信念。良好的企业文化对员工具有强大的凝聚、规范、导向和激励作用，培训与开发中的教育和宣传使员工拥有共同的价值观念和道德准则，打破员工与组织的隔阂，增强员工对组织的认同感和归属感。

5. 适应社会变化，满足员工自身发展的需要。随着经济的迅猛发展，知识更新的速度也越来越快，人们清醒地认识到不想被时代淘汰，必须"活到老，学到老"，跟上社会变化的速度。人力资本需要培训才能增值，离开了培训只能是不断折旧、贬值。与优厚的薪水相比，能够获得丰富的技能培训，不断增长见识，提高技能也是现代员工的重要选择。因此，培训被员工视为一种激励，员工通过培训更新知识，技能和能力以满足自身发展的需要。

三、培训与开发的内容

员工培训的内容与形式必须与组织的战略目标、员工的职位特点相适应，同时考虑适应内外部经营环境变化。一般地，任何培训都是为了提供员工在知识、技能和态度三方面的学习与进步。

1. 知识培训。知识（Knowledge）是指由概念、定义、原则、方法、公式等构成的体系。通过这方面培训，应该使员工具备完成本职工作所必需的知识，包括基本知识和专业知识。组织应根据经营发展战略要求和技术变化的预测，以及将来对人力资源的数量、质量、结构的要求与需要，有计划、有组织地培训员工，使员工了解组织的发展战略、经营方针、经营状况、规章制度、文化基础、市场及竞争等等。依据培训对象的不同，知识内容还应结合岗位目标来进行。如对管理人员则要培训计划、组织、领导和控制等管理知识，还要他们掌握心理学、激励理论等人力资源管理的相关知识，以及经营环境如社会、政治、文化、伦理等方面的知识。

2. 技能培训。技能（Skills）是指在书本或老师的指导下，通过反复完成一个动作或操作的方式，依靠自觉的控制和矫正，逐渐形成技能和行为习惯的过程。技能是做事情的熟练程度，是可以通过反复练习和试错来改进的。通过这方面培训，应该使员工掌握完成本职工作所必备的技能，包括一般技能和特殊技能，如业务操作技能、人际关系技能等，并培养开发员工这方面的潜力。招进新员工，采用新设备，引进新技术都不可避免要进行技能培训，因为抽象的知识培训不可能立即适应具体的操作，无论你的员工是多么优秀，能力有多强，一般来说都不可能不经培训就能立即操作得很好。

3. 态度培训。态度（Attitude）是将客观事物分为不同类型，并对每个类型采取特定的反应方式的心理倾向。员工的工作态度对员工士气及公司绩效影响甚大。通过这方面的培训，应该树立起公司与员工之间的相互信任，培养员工的团队精神，培养员工应具备的价值观，增强其作为组织一员的归属感和荣誉感。

在组织中，不同的员工对培训内容的需求是不同的，人力资源培训与开发应了解不同的员工需求，帮助员工获得他们需求的知识、技能和能力，让员工产生学习的内在驱动力，即学习的动机，从而引导或影响员工的行为方式，改善工作绩效，以达到组织期望的目标。培训内容对组织绩效的影响如图 7-1 所示。

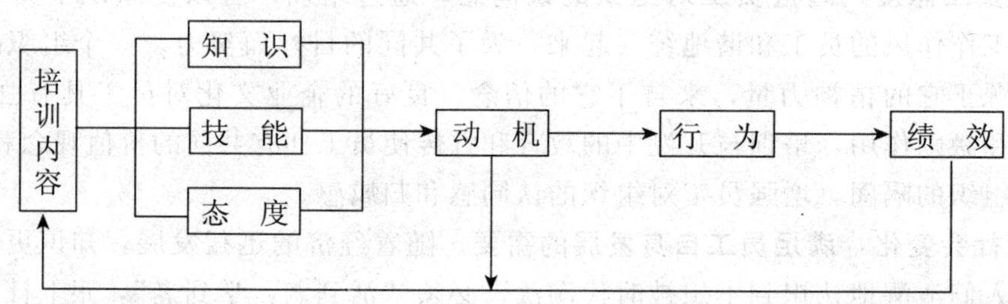

图 7-1 培训内容对组织绩效的影响

四、培训与开发的原则

组织培训与开发的成功实施要遵守一些基本原则，尽管培训的形式多种多样、内容各异，但其坚持的原则基本一致。

1. 战略原则。人力资源培训与开发的战略原则包括两层含义：其一，人力资源培训与开发要服从或服务于组织的整体发展战略，其最终目的是为了实现组织的发展目标；其二，人力资源培训与开发本身也要从战略的角度考虑，要以战略的眼光去组织培训与开发，不能只局限于某一个培训项目或某一项培训需求。脱离战略性考虑的人力资源培训与开发计划，虽然在现阶段工作中能起到一定的作用，但必将会因为与整体发展规划脱节而落后被动，顾此失彼。

2. 长期性原则。员工的培训与开发需要组织投入大量的人力、物力，这对组织当前工作可能会造成一定影响。有的培训有立竿见影的效果，但有的培训要在一段时间以后才能反映在员工工作效率和组织效益上，尤其是管理人员和员工观念的培训。因此，要正确认识智力投资和人才开发的长期性和持续性，要用“以人为本”的经营管理理念来搞好员工培训与开发。

3. 按需施教、学以致用的原则。组织对员工进行培训的目的是让员工掌握必要的知识技能，以完成规定的工作，最终为提高组织的效益服务。培训的内容必须是员工个人的需要和工作岗位需要的知识、技能以及态度等，与培训对象的年龄、知识结构、能力大小、思想状况紧密结合。在培训项目实施中，要把培训内容和培训后的使用衔接起来，这样培训效果才能体现到实际工作中去，才能达到培训目标。

4. 全员培训和重点培训相结合的原则。全员教育培训就是有计划、有步骤地对所有在职员工进行的教育和训练。全员培训的对象应该包括组织所有的员工，这样才能全面提高组织的员工素质。同时，在全员培训的基础上还要强调重点培训，要分清主次先后、轻重缓急，制定规划，分散地进行不同内容、不同形式的重点培训。在全员培训的同时，重点教育培训对组织发展起着关键作用的领导人才、管理人才和工作骨干，优先教育培训急需人才。

5. 主动参与的原则。要想调动员工接受培训与开发的积极性，使之更具针对性，就要促使员工主动参与，在每个年度末都要求员工和各部门单位填写培训需求。让员工根据自己的岗位现状对技能的需要，自己目前的技能水平以及行业发展方向做一个综合论述，然后提出自己的培训需求。上级负责人在与员工沟通后，结合员工岗位的发展变化，确定员工下半年度的主要培训内容和次要培训内容。这种做法可使员工意识到个人对工作的自主性，增强接受培训和应用培训的意愿。

6. 严格考核跟踪验证和激励原则。严格考核跟踪验证和择优奖励是不可缺少的管理环节，只有培训考核合格，经过在一段实际工作中效果验证，才能体现出培训达到的真实效果，才能择优录用和提拔。鉴于很多培训只是为了提高素质，并不涉及录用、提拔和工作安排问题，因此对受训人择优奖励就成为调动起积极性的有力杠杆。根据考核成绩，设立不同的奖励等级，还可记入档案，与今后的奖励晋级等挂起钩来。有了这种激励机制，员工会在接受培训的同时感受到组织对他们的重视和发展，提高员工对自我价值的认识，也增强了员工职业发展的机会。

7. 投资效益原则。员工培训是组织的一种投资行为，和其他投资一样，也要从投入产出的角度考虑效益大小及远期效益、近期效益问题。员工培训投资属于智力投资，它的投资收益应高于实物投资收益。但这种投资的投入产出衡量具有特殊性，培训投资成本不仅包括会计成本，还应将机会成本纳入进去。培训产出不能纯粹地以传统的经济核算方式来评价，它包括潜在的或发展的因素，另外还有社会因素。

第二节 培训与开发的流程

为确保培训的有效执行，培训组织者必须改变将培训视为临时性、随意性、简单化的工作的观念，将员工培训放到人力资源管理的高度来理解，同组织的任何资源的管理一样都必须有一个完善的培训系统作为培训实施的保证。

培训与开发工作流程主要包括三个阶段：培训需求分析与计划拟定，培训实施与过程控制，培训评估与反馈。培训与开发的流程如图 7-2 所示。

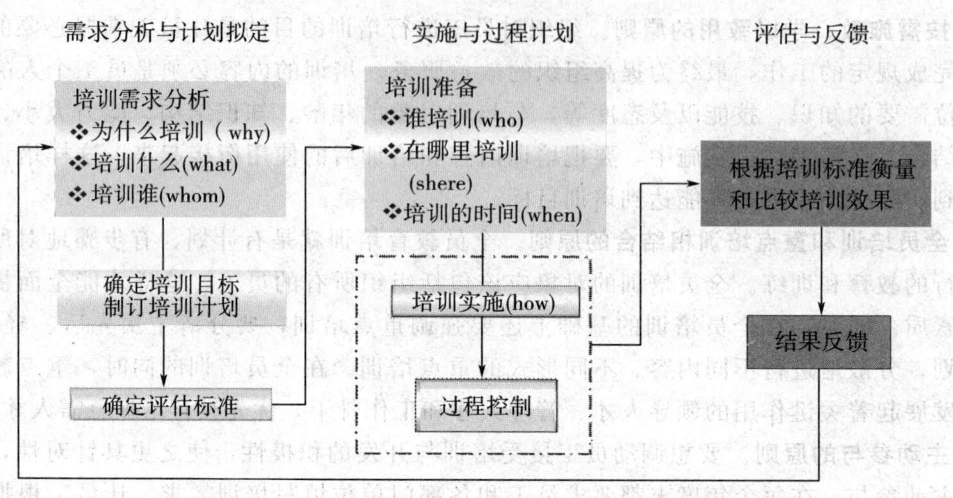

图 7-2 培训与开发的流程

一、培训需求分析与计划拟定

（一）培训需求分析

组织的高层领导及人力资源部培训人员在实施培训前应该对组织中哪类人员需要培训（who)，应采取哪种类型的培训（which），具体培训哪些方面（where)，以及培训能取得何种效果（how）有着清醒的认识，因此需要从组织、任务、个人进行需求分析，这关系到培训的方向，对培训的质量起着决定性的作用。

麦吉（McGehee）和塞耶（Thayer）在 1961 年提出了培训需求分析的一个三步体系，该模型中包括三个层次的内容：组织分析、任务分析、人员分析，如表 7-1 所示。

表 7-1 培训与开发需求分析的层次

层次	目的	具体方法举例
组织分析	决定组织中哪里需要培训	考察组织长期目标、短期目标、经营计划来判定知识和技术需求 将实际结果与目标进行比较 制定人力资源计划 评价组织环境
任务分析	决定培训内容应该是什么	分析个人工作的业绩评价标准、要完成的任务、成功完成任务所需的知识、技术、行为和态度
人员分析	决定谁应该接受培训和他们需要什么培训	通过业绩评估，分析造成差距的原因 收集和分析关键事件 进行培训需求调查

1. 组织分析。组织层面的培训需求分析是从宏观角度对培训需求所进行的分析。具体指通过对组织的目标、战略、环境和资源进行检查，准确找出组织现有状况与应达到状况之间的差距，从而确定整个组织范围内培训的重点的过程。这种分析的目的是决定整个组织中，主要需要培训哪里和主要需要培训什么。

经济与公共政策问题对许多组织的培训需求有广泛的影响。组织要生存和发展，必须能够适应环境，分析较大范围和较长时间内，对组织的经营活动发生影响的宏观因素，以及组织及其产品市场所在地的各种微观环境因素。包括政治与经济环境因素、法律环境因素和文化与科技环境因素等。

组织发展方向与运作经营对培训需求也有直接影响，如组织的发展目标与发展战略、组织的生产经营活动、组织重构，全面质量管理等。这些问题会影响到工作方法及执行工作需要的技能。

组织人力资源的整体素质直接决定培训的整体需求。要根据组织面临的市场环境、组织的发展方向与运作经营等方面的要求，对员工队伍整体的工作态度、知识结构、技能水平、观念革新、思维方式等进行分析，找出差距，从而确定培训需求。

培训是一种投资行为，需要投入成本。如果培训投入超出组织的财力承受能力，培训费用没保证，培训计划和实施就是一句空话。故进行组织层面的培训需求分析时，必须附带进行组织的财务状况分析，明确整体上能用于培训的费用额度，以便培训计划与实施能量力而行，真正做到准确而有效。

2. 任务分析。任务分析（有时被称为动作分析或工作分析）是培训需求分析中最繁琐的一部分，包括查看职务描述和职务说明书，分析执行一项特定的工作所进行的各项活动及所必需的各种能力，只有对工作进行精确的分析并以此为依据，才能制定出真正符合工作实际的培训课程来。

任务分析主要包括两个方面内容：一是工作任务分析，目的是明确某项工作的性质、工作职责，并作为进一步分析的基础；二是工作标准、任职条件分析，在明确职责的基础上确定工作标准和履行职责、达到工作标准的素质要求，如专业知识要求、能力要求、技能要求。例如，医生对病人进行 X 光检查，首先，放射师正确地引导病人就位到一台操作仪器的指定位置，然后给一些言语指导，核对 X 射线管到病人间的合适距离。对于执行任务时所需要的操作技能及知识类型，可以通过观察熟练工人的操作或检查任职条件来决定。这些信息有助于培训人员挑选计划内容并选择最有效的培训方法。

3. 人员分析。主要是通过分析工作人员个体现有状况与应有状况之间的差距，来确定谁需要和应该接受培训以及培训的内容。个人分析的重点是评价工作人员实际工作绩效及工作能力。

对组织而言，进行个人分析一方面可以使组织避免把本不需要培训的员工也送去培训的错误；另一方面，还可以发现员工的不足，从而有的放矢，取得预期的效果。

（二）拟定培训计划

有人将培训计划内容概括为“5W1H”的原理，即 Why（为什么）、Who（谁）、What（内容是什么）、When（时间）、Where（在哪里）、How（如何进行），具体指确定培训目标、培训内容、培训指导者、受训者、培训时间、培训场所与设备以及培训方法等。人力资源部门在培训需求分析和培训目标的基础上对培训计划各组成要素进行具体分析，并进行培训经费预算，然后编写培训计划方案。

1. 培训目标。培训需求确定了，就应据此确定培训目标，培训目标是培训计划预期的效果，设置培训目标将为培训计划提供明确的方向和依托遵循的构架，培训目标可以指导培训内容、培训方法和评价方法的开发。对培训目标的陈述方式主要有三种：

知识目标：培训后受训者将知道什么；

行为目标：他们将在工作中做什么；

结果目标：通过培训组织要获得什么最终结果。

例如，一个安全培训项目的目标可以阐述为：

知识目标：使受训者能够精确地描述把重物品吊离地面的正确程序；

行为目标：观察到的违反安全程序的情况发生频率应低于每人年一次；

结果目标：工厂中造成时间浪费的事故减少30%。

确立培训目标时要注意培训目标与组织长远目标相吻合，一次培训的目标不要太多，培训目标应制订得具体，可操作性强。

2. 培训内容。在明确了培训的目的和期望达到的学习结果后，接下来就需要确定培训中应包括的传授信息。培训内容千差万别，一般包括开发员工的专门技术、技能和知识，改变工作态度的组织文化教育等，究竟选择哪个层次的培训内容，应根据培训需求及受训人员特性来确定。

3. 培训师。培训师资源可分为内部资源和外部资源，内部资源包括组织的领导、具备特殊知识和技能的员工；外部资源是指行业或教育机构等提供的专业培训人员。组织选择何种资源，要由培训内容及组织的具体状况来决定。

组织的领导、具备特殊知识和技能的员工是组织的重要内部培训资源，利用内部培训师，可使受训者和培训者双方都得到提高。组织内的领导是比较合适的人选。首先，他们既具有专业知识又具有宝贵的工作经验；其次，他们希望员工获得成功，来证明自己的领导才能；最后，他们是在培训自己管理的员工，对业务和员工都比较熟悉，可以保证培训与工作有关。具备特殊知识和技能的员工也可以作为培训师，当员工培训员工时，由于频繁接触，可在组织中自然形成团队精神，同时也锻炼了培训师的领导才能。

当组织业务繁忙或没有适合的培训师时，可以求诸于外部培训资源。教学工作有自身的一些规律，外部培训资源大多数是熟悉成人学习理论的培训师。外部培训师可以根据组织状况来量体裁衣，提供新的观点，开阔受训者的视野。但外部培训资源也有不足之处，一方面，外部培训师需要花时间和精力了解组织的状况和培训需求，提高培训成本；另一方面，利用外部培训师培训，组织的领导对具体的培训过程不负责任，对员工的发展可能逃避责任。

4. 受训者。根据组织的培训需求分析，不同的需求决定不同的培训对象和培训内容。在经过具体的培训需求分析后，可以确定哪些员工缺乏相关的知识或技能，培训内容与缺乏的知识及技能相吻合者即为本次受训者。当然，培训内容决定了大体上的受训者，但并不等于说这些就是受训者，还应看这些人对培训是否感兴趣，若不感兴趣则不易让其受训，因为没有积极性，效果肯定不会很好；另一方面，要看其个性特点，有些个性是天生的，即使通过培训能掌握所需的知识、技能，但仍不适合该工作，则该员工应更换岗位，而不需要培训。

从培训内容及受训者两方面考虑，最终确定受训者。

5. 培训的时间。培训的时间是培训计划的一个关键项目。培训时间的选择如果及时合理，就能够保证组织目标和岗位目标的顺利实现，提高劳动生产效率。培训时间过于超前，就可能会在需要时，员工已经忘记了培训内容，影响工作进度；培训时间过于滞后，则会影响组织正常的生产经营活动，培训失去意义。通常情况下，出现下列四种情况之一时就需要进行培训。

(1) 新员工加盟组织。大多数新员工都要通过培训熟悉组织的工作程序和行为标准，既使新员工进入组织时已拥有了优异的工作技能，他们也必须了解组织运作中的一些差别，很少有员工刚进入组织就掌握了组织需要的一切技能，这种培训也叫“岗前”培训。

(2) 员工即将晋升或岗位轮换。虽然员工已经成为组织的老员工，对于组织的规章制度、组织文化及现任的岗位职责都十分熟悉，但晋升到新岗位或轮换到新岗位，从事新的工作，则会产生新的要求，尽管员工在原有岗位上干得非常出色，对于新岗位准备得却不一定充分，为了适应新岗位，则要求对员工进行培训，这种培训也叫“转岗”培训。

(3) 由于环境的改变，要求不断地培训老员工。由于多种原因，需要对老员工进行不断培训。如引进新设备，要求对员工培训新技术；购进新软件，要求员工学会安装与使用。为了适应市场需求的变化，组织都在不断调整自己的经营策略，每次调整后，都需对员工进行培训，这种培训也叫“适应性”培训。

(4) 满足补救的需要。

由于员工不具备工作所需要的基本技能，从而需要培训进行补救。在下面两种情况下，必须进行补救培训：一是由于劳动力市场紧缺、行政干预或其他原因，组织招聘了不符合职位要求的职员；二是招聘时看起来具备条件，但其实际工作时表现却不尽人意。这种培训也可以称为“应急”培训。

6. 培训方法。组织培训的方法有多种，如讲授法、演示法、案例法、讨论法、视听法、角色扮演法等，各种培训方法都有其自身的优缺点。为了提高培训质量，达到培训目的，往往需要各种方法配合起来，灵活使用。在培训时可根据培训方式、培训内容、培训目的而择一或择多种配合使用。不同的技巧与方法所产生的培训效果是不同的，需要在制定培训计划时与培训师共同研讨、确定，以达到培训效果的最优化。

7. 培训场所及设备的选择。培训场所有教室、会议室、工作现场等，若培训内容为技能，则最适宜的场所为工作现场，因为技能培训要求信息传授的具体性，而许多工作设备是无法推进教室或会议室的。培训设备则包括教材、笔记本、笔、模型，有的还需幻灯机、录相机等，不同的培训内容及培训方法最终确定了培训场所和设备。

8. 培训考评方式。根据对受训人员的工作表现评估以及用命题作业、书面测验、受训人员的培训报告等来综合评价受训者的培训效果。

9. 培训经费预算。培训预算是组织培训部门在制订年度培训计划时，对各项培训方案和管理培训方案的总费用的估算。预算是根据方案中各项培训活动所需的经费、器材和设备的成本以及教材、教具、外出活动和专业活动的费用等估算出来的。

二、培训方案的实施与过程控制

在把握好培训需求的基础上，要针对性的策划培训实施方案（包括针对性的课程设置、课前宣传、课程研讨演练内容设计、培训转化相关辅助活动、培训评估总结等)，并通过严格的过程控制，有效保障和转化培训效果。

（一）前期准备工作

1. 确认并通知参加培训的学员。

如果先前的培训计划已有培训对象，在培训实施前必须先进行一次审核，看是否有变化，是否属于这次的培训范围，需考虑的相关因素包括学员从事的工作内容、工作经验、工作绩效等。

2. 培训后勤准备。

确认培训场地和设备，需考虑的相关因素如下：培训性质、交通情况、培训设施与设备、行政服务、座位安排、费用（场地、餐费）等。

3. 确认培训时间。

需考虑的相关因素如下：能配合员工的工作状况，合适的培训时间长度（原则上白天 8 个小时，晚上 3 个小时为宜)；符合培训内容，教学方法的运用，时间控制等。

4. 相关资料的准备。主要包括：课程资料编制，设备检查，活动资料准备，座位或签到表印制，结业证书等。

5. 确认理想的培训师。尽可能与培训师事先见面，授课前说明培训目的、内容。需考虑的相关因素如下：符合培训目标，培训师的专业性，培训师的配合性，培训师的讲课报酬在培训经费预算内。

（二）培训实施阶段

1. 课前介绍工作。学员报到，要求在签到表上签名并引导学员入座；进行课程及讲师介绍；学员心态引导、宣布课堂纪律等。

2. 知识或技能的传授。注意观察讲师的表现、学员的课堂反应，及时与讲师沟通、协调；协助上课、休息时间的控制；做好上课记录（录音)、摄影、录像。

3. 培训器材的维护、保管。

（三）对学习进行回顾和评估

做任何一件事情都要有始有终，培训也是一样。但培训者通常都很重视开始和整个培训过程，而忽略了结束部分。当然，好的开始可以给学员带来信心，而整个培训过程更是传授新知识和技能的主要环节，所以能留给总结部分的时间就不多了。但只要能给结束部分留出相当于全部培训时间的 5%左右的时间，就能取得意想不到的效果。

（四）培训后的工作

向培训师致谢；作问卷调查；颁发结业证书；清理、检查设备；培训效果评估。

（五）培训的过程控制

在培训过程中，应关注以下事项，如果与计划有偏差，应及时纠正和控制：

- 受训者的需求与培训内容是否相关；
- 受训者对培训项目认知程度如何；

• 实际提供的培训内容与规划的培训内容是否有差异，与计划高度是否一致；如出现差异，其表现及原因是什么；

• 时间进度和资源投入进度与规划是否保持一致；

• 培训实施环境与受训者的工作环境是否相似；

• 培训机构和培训师的资质和行为表现是否达到预期要求。

三、培训效果的评估

（一）培训效果评估的意义

1. 从组织层面看

组织之所以要举行员工培训，一般是基于两方面的动机：一是解决组织当前的紧急问题；二是为组织的长期发展奠定基础。同时，组织各层面的人员感受到学习和提升在组织发展中的重要性，进而形成健康的组织学习氛围，营造一个环境育人的生动场面。从这个层面上说，对培训后的效果进行评估和了解，有着直接的积极作用：可以知道培训在多大程度上促进问题的解决；培训为组织长期战略方向作了哪些有益的积淀工作。

同时，从组织的宏观层面看，对培训效果的评估和分析，可以帮助组织了解目前的培训架构是否适应组织的发展需要，组织在培训上的投资比例是否适宜，组织的核心 DNA 是否得到了有效的提炼和传承，组织对推动全员学习和提升的战略领域是否给予了充分的关注等。

2. 从培训管理的层面看

人力资源部门或培训部门对组织的人力资源发展和提升承担着重要规划和推动责任，人员素质的提升是潜移默化的过程，是渐进的过程。

第一，培训管理和组织部门对单独的培训项目进行评估，除了可以全面了解该项目的效果及需继续改善的方面，更为人力资源管理部门积累了有关培训战略性改革的基础素材，有助于做好培训的长期规划。

第二，对培训项目进行效果评估和分析，有助于发现组织培训师队伍整体特点，制定有针对性的提升计划，有助于推动组织培训教材的编制和制度规范，有助于推动组织培训工作持续的进步。

第三，坚持对培训项目进行效果评估和分析，可以形成组织学习档案，形成组织学习轨迹，对研究组织学习规律与特点有重要意义。

3. 从改善单个培训项目效果层面看

评估活动对界定胜任该项目讲师的素质要求，界定适合的参训学员，界定最佳的课程内容，选择最适合该项目的授课方式，确定最佳授课时长等方面都有着积极意义。

此外，对培训效果进行评估和分析，可以让所有相关方感受到组织对培训工作、参训人员、主讲老师非常重视，并对培训效果进行关注。

（二）培训效果评估模型

唐·柯克帕特里克（Donald L. Kirkpatrick）于 1976 年提出的培训效果评估模型，被称为柯氏评估模型，是最为人们熟知，应用最为广泛的培训评估模型之一。如表 7-2 所示。

表 7-2　　柯氏评估模型

评估层次	结果标准	评估要点
1	反应	学员满意度——培训材料、培训师、设备、方法等
2	学习	学到的知识，技能，态度，行为——测量原理、事实、技术和技能的获取程度
3	行为	工作行为的改进——在培训中所学知识技能的转化程度
4	效果	工作中导致的结果——组织层面评估，如节省成本、工作结果改变和质量改变等

柯克帕特里克将培训效果分为4个递进的层次：反应层、学习层、行为层和效果层，并且提出在这四个层次上对培训效果进行评估，该模型的主要内容是：

1. 反应层（reaction）评估。反应层评估是指受训人员对培训项目的印象如何，包括对讲师和培训科目、设施、方法、内容、自己收获的大小等方面的看法。反应层评估主要是在培训项目结束时，通过问卷调查来收集受训人员对于培训项目的效果和有用性的反应。这个层次的评估可以作为改进培训内容、培训方式、教学进度等方面的建议或综合评估的参考，但不能作为评估的结果。

2. 学习层（learning）评估。学习层评估是目前最常见、也是最常用到的一种评价方式。它是测量受训人员对原理、技能、态度等培训内容的理解和掌握程度。学习层评估可以采用笔试、实地操作和工作模拟等方法来考查。培训组织者可以通过书面考试、操作测试等方法来了解受训人员在培训前后，知识以及技能的掌握方面有多大程度的提高。

3. 行为层（behavior）评估。行为层的评估指在培训结束后的一段时间里，由受训人员的上级、同事、下属或者客户观察他们的行为在培训前后是否发生变化，是否在工作中运用了培训中学到的知识。这个层次的评估可以包括受训人员的主观感觉，下属和同事对其培训前后行为变化的对比，以及受训人员本人的自评。这通常需要借助于一系列的评估表来考察受训人员培训后在实际工作中行为的变化，以判断所学知识、技能对实际工作的影响。行为层是考查培训效果的最重要的指标。

4. 效果层（result）评估。效果层的评估即判断培训是否能给组织的经营成果带来具体而直接的贡献，这一层次的评估上升到了组织的高度。效果层评估可以通过一系列指标来衡量，如事故率、生产率、员工离职率、次品率、员工士气以及客户满意度等。通过对这些指标的分析，管理层能够了解培训所带来的收益。

第三节　培训与开发的方法与类型

组织中员工的培训与开发的方法与类型是否选择恰当与最终培训结果有极大的关系。

一、培训与开发的理论与方法

（一）成人学习理论

员工培训的方法都要与成人学习的理论联系起来。由于成人的生理状态与心理状态与非成年人不同，因此，成人学习的原理也与非成年人不同。组织中的员工都是成人。掌握了成人学习的原理，就可以更好地运用各种培训方法，来达到培训的目标。

成人学习的原理主要有以下几点：

逻辑记忆能力较强，机械记忆能力较弱；

有学习欲望才能学习，没有学习欲望时几乎不能学习；

联系过去、现在的经验较易学习；

通过实践活动较易学习；

联系未来情景，较易学习有指导意义的内容；

在一种非正式的、无威胁的环境中学习，效果较佳。

（二）培训方法

在组织中较常用的方法有师徒制、课堂教学、案例研究、研讨会、管理游戏、视听教学、计划性指导、角色扮演、敏感性小组等。随着时代的发展，管理水平和科技水平也日益提高，涌现了许多新的培训与开发方法，如电子化学习、行动学习以及职业导师制等。

1. 师徒制

师徒制是一种最为传统的在职培训方式，它没有固定模式，师傅凭借自己的知识和技能指导徒弟，先给徒弟讲一些基本要点，然后自己示范，徒弟通过观察和模仿获得经验。这种培训方法成效迟缓，适合于规模小或技术独特的场合，例如技术复杂、操作方法应变性强的工种以及科学研究的某些阶段等。

2. 课堂教学法

课堂教学法是学校常用的方法，主要由培训者讲述知识，由受训者记忆知识，中间会穿插一些提问，由受训者来回答。授课的效果完全取决于培训师的演讲水平，即使培训师的演讲水平很高，但培训效果仍不理想，主要原因是这种方法不太符合成人学习原则。另外又是一种单向沟通，而且只用了视觉和听觉两种感知通道。在组织的培训中，授课只能作为一种辅助方法。

3. 案例研究法

案例研究法针对某个特定的问题，向培训对象提供一个描绘组织运转过程中实际（可能）存在的问题和情景的案例，其中会包括大量的背景材料。培训对象往往通过组成小组来完成对案例的分析，并做出判断，提出解决问题的方法。随后，在集中讨论中发表自己小组的看法，同时听取别人的意见。

4. 研讨会

研讨会分两种，一种是以受训者感兴趣的题目为主，作一些有特色的演讲，并分发一些材料，引导受训者讨论。另一种除了上述内容外还加上一些其他方法，如案例研究、视听教学、管理游戏、角色扮演等等。研讨会一般在宾馆或会议中心举行，对人数有一定的控制。研讨会的效果好坏与培训师的水平关系密切。较差的研讨会效果只相当于授课，但较成功的研讨会由于结合了其他方法的长处，因此效果十分理想。

5. 管理游戏

游戏可以分为两种：普通游戏和商业游戏。

普通游戏是指一些经过精心设计，表面上与其他游戏相差无几的活动，其实内含许多与管理或员工工作有密切关系的一类活动。普通游戏很受受训者的欢迎，他们很愿意参与，对其结果的分析，涉及工作的延伸，培训内容与技能很容易掌握，是培训的一种较好方法，但设计要求较高。

商业游戏需要受训者作出一系列决策，每次作出决策不同，下一个情景也将变化，可以看作是案例研究的动态化，商业游戏可以按一个市场划分，也可以按一家企业划分，也可以按一个职能部门划分。目前往往运用电脑来记录信息，计算出结果，时间跨度可以是半年，也可以是三年，实际操作时间只是在半小时至二小时之间。商业游戏效果良好，受训者参与性高，实用性也强，但是由于设计费用昂贵，企业租用费用也相对较高，因此限制了商业游戏的推广。

6. 视听教学法

视听教学是利用幻灯、电影、录像、录音、电脑等视听材料进行培训。这些视听材料可以调动人的视觉和听觉，促进学习效果。视听材料可以到市场上购买，也可以自己制作，根据组织的实际情况和具体要求，找出符合组织需求的音像资料。购买或制作视听材料时，一定要明确培训的需求，是需要哪方面的内容、需要什么程度的资料。在播放前，要说明培训的目的，让受训者思路清晰地接受新知，而不是像看电影一样一带而过。播放完后，培训者要进行讲解，对其中的难点和重点进行剖析，补充说明，强化学习效果。最好还能引起受训者讨论，让他们对某些关键问题做进一步的思索。

7. 计划性指导

是指一种以书面材料或电脑屏幕提供阶段性信息的培训方法，在学习了每一阶段的材料后，受训者必须回答这一阶段的有关问题，每一回答后，会提供正确答案作为反馈。受训者只有通过前一阶段的所有问题，才能进入下一阶段的学习。计划性指导的优点有以下一些：受训者可以根据自己的速度进行学习、反馈程度高又及时、给答对题的受训者提供激励、有很多机会作练习，不受时间地点的限制。计划性指导也有一些缺点：开发成本很高、学到的知识较难转移到工作情景中去。

8. 角色扮演

这种方法往往在一个模拟真实的情景中，由若干个受训者组成小组，代表不同的组织或个人，扮演各种特定的角色，例如总经理、财务经理、营销经理、秘书、会计、管理人员等等。他们要针对特定的条件、环境及工作任务进行分析、决策和运作。这种职位扮演培训旨在让受训者身临其境，以提高自身的适应能力和实际工作能力。

9. 敏感性小组

这种培训方法在20世纪六七十年代十分流行。它的主要方法是由受训者组成敏感性小组，人数在12人以下，每个组配一位仔细观察组员行为的培训师。培训时没有固定的日程安排，讨论的问题往往涉及到小组形成中“现时、现地”的问题，主要集中在“为何参与者的行为会如此？人们是怎样察觉他人的情感的？人们的情感是如何相互作用的？”这类问题上。

敏感性小组可以明显提高人际关系技能，并能促进受训者的成长与发展。敏感性小组的效果在很大程度上依赖培训师的水平，否则很难把培训效果转移到工作情景中去。

10. 电子化学习

电子化学习，是运用因特网和局域网技术进行网络培训，依托网络多媒体技术、网上社区技术及网络硬件平台，将专业知识、技术经验等通过网络传送到员工面前，使员工可以随时随地利用网络进行学习或接受培训，并将之转化为组织的核心竞争力和组织不断增长的财富。

电子化学习这种培训方式为组织带来如下利益：

• 基于计算机网络的培训，彻底打破了时空的限制，人们可以随时随地通过网络接受培训，非常适合组织在职员工的学习。

• 基于不同的知识和技能层面，针对不同知识背景和工作经验的员工进行电子化学习培训，确保培训适合于员工个人职业和业务目标。

• 电子化课程的多样性，方便员工从各个方面提升自己的综合素质，从而提升组织的竞争能力。

• 基于网络的电子化学习的培训课程更新速度快，使员工能够跟随知识经济的发展步伐，在第一时间掌握最新、最实用的工作技能。

• 电子化学习的培训方式在一定程度上减少甚至避免了传统培训所必需的差旅费、住宿费及误工费，从而大大降低了培训成本。而成本的大幅度降低使全员培训成为可能，全体员工综合实力的提高从根本上保证了组织在国际竞争中立于不败之地。

11. 行动学习

行动学习指给团队或工作小组一个实际工作中面临的问题，让他们共同解决并制定出行动计划，然后由他们负责实施该计划的培训方式。构成团队的人员可以不断变化，成员来自多个职能部门同时又都有各自的问题，并且每个人都希望解决各自的问题。员工需要在短时间内想出新的方法和解决方案。团队常要通过拜访客户、员工、学术专家或行业领导者来收集用于解决问题的数据和信息。

行动学习法是学习知识、分享经验、创造性地研究解决问题和展开实际行动四位一体的方法。注重实践的行为习惯、在“干中学”的品质，能够进行有效的合作和冲突解决等是人力资源必备的能力要素，行动学习可以提供培训这些能力的环境，让人们在经验和反思中进行学习，使学习更加有自主性、协调性和创造性，是信息时代值得提倡的使人积极面对生活和工作的学习方法。团队成员在解决问题时从其他成员处学到解决问题的技能，不断修订原来的行为和处事方式，把自己融合到团队中去，更加符合组织的价值观和行为规范。

12. 职业导师制

职业导师制是一种依靠组织内部人力资源，快速培养适合组织发展的人才的培养机制。职业导师制是指组织中富有经验的、有良好管理技能的资深管理者或技术专家，与新员工或经验不足但有发展潜力的员工建立的支持性关系。导师的指导范围从专业技术扩展到管理技巧直至个人成长问题，可针对新员工，也可以针对组织内对专业有兴趣，乐于接受别人辅导、勇于挑战、渴求成就感的人。

导师对学员的培养方法相对灵活，可以是工作上的随时指导、定期的课题研究、针对性的技能专题培训、生活中的谈话等多种互动交流方式。培训内容包括组织的文化认知、组织的规章制度、岗位职责、业务流程讲解、专业知识和工作经验传授等，由导师根据学员个人实际情况和组织发展需要，选择相对应的培训内容。

职业导师一方面为学员提供显性知识，如专业领域或管理领域的知识与技能，另一方面为学员提供无价的隐性知识。所谓的隐性知识是一种无法通过语言等媒介方式传递的知识，更多意义的是导师的身教，需要在具体的工作实践中嫁接和日常生活中的表率作用引导。在此过程中，学员通过观察、分析和总结等方式，借助日常工作或困难处境，在导师的模范作用引领下获得成长所需要素。

二、培训与开发的类型

（一）培训与开发的项目

在组织中，员工培训与发展的项目有无数种，有些是组织内部培训的项目，有些是请外部培训公司培训的项目，有些则是两者均可进行的培训项目。

1. 五十种流行培训项目。目前在组织中最流行的五十种培训项目如下：新进员工定向培训、领导技能、业绩评估、人际关系技能、培训师、团队建设、聆听技能、个人电脑实务、招聘与选择、时间管理、解决问题技能、决策技能、新设备操作、开会技能、信息沟通、授权、防止性骚扰、管理变化、安全常识、产品知识、全面质量管理、公共演讲技能、演示技能、压力管理、目标管理、信息管理系统、计算机编程、多元化管理、激励员工、书写技能、谈判技巧、计划、战略管理、市场营销、开发创造力、财务管理、防止浪费、戒烟、职业道德、退休计划、采购流程、阅读技巧、企业再造、外语、推销技能、组发展、人力资源管理、生产管理、大众心理学、追求卓越心态等等。

2. 组织内部培训的项目。目前组织中常常由自己内部进行培训的项目有以下十种：新进员工定向培训、业绩评估、产品知识、招聘与选择、新设备操作、防止性骚扰、开会技能、安全常识、聆听技能与生产管理。

3. 请外部培训公司培训的项目。目前组织中常常请外部培训公司培训的项目有以下十种：追求卓越心态、计算机编程、信息管理系统、戒烟、培训师、时间管理、公共演讲技能、谈判技巧、财务管理和演示技能。

4. 内外结合的培训项目。目前组织中常常内外结合的培训项目有以下十种：领导技能、人际关系技能、追求卓越心态、团队建设、个人电脑实务、解决问题技能、安全知识、决策技能、激励员工和管理变化。

5. 组织进行最频繁的十大培训项目。目前在企业中进行最频繁的十大培训项目是：新进员工定向培训、推销技能、领导技能、业绩评估、人际关系技能、培训师、团队建设、聆听技能、个人电脑实务、外语和市场营销。

（二）培训与开发的类型

1. 新进员工定向培训

新进员工定向培训，简称定向培训，是指向新聘用的员工介绍组织、介绍工作任务、介绍上级和同事为主的一种培训。大约有80%的组织进行这类培训，但并不一定规范。

（1）定向培训的目的。定向培训的目的主要有以下几点：降低启动费用；减少新进员工的焦虑与困惑；减少新进员工的“跳槽”；为主管和同事节省时间；确立真实的工作期望；培养积极的态度、价值观；使新进员工养成良好习惯；树立正确的工作满意感。

（2）定向培训的内容。定向培训主要涉及到以下内容：组织概况；组织文化与经营理念；组织主要政策和组织结构；员工规范与行为守则；组织报酬系统；安全与事故预防；员工权力和工会；职能部门介绍；具体工作责任与权力；组织规章制度。

（3）定向培训的方法。定向培训时间从半天到三个月不等，主要根据组织的实际需要，一般以二至三天为佳。定向培训常用的方法如下：课堂教学；研讨会；户外训练；视听教学。

2. 管理人员培训

管理人员培训是目前组织中进行最多的一大类培训，主要对象是管理人员，有时也会让一些有可能成为管理人员的非管理人员参加。

（1）管理人员培训的目的。管理人员培训的主要目的有以下几点：让未受过正规管理学习的管理人员掌握必要的管理技能；让管理人员学习新的管理知识和先进的管理技能；帮助管理人员建立正确的心态，以利于更好地领导、管理下级；建立积极向上的企业文化；提高企业的效益。

（2）管理人员培训的项目。管理人员培训的内容相当多，除一些职能部门特定的培训项目之外，主要有以下一些项目：追求卓越心态、领导技能、人际关系技能、聆听技能、团队建设、时间管理、解决问题技能、决策技能、开会技能、信息沟通、授权、管理变化、员工指导、员工激励、公共演讲技能、目标管理、多元化管理、谈判技巧、计划、战略管理、憧憬策划、员工道德、阅读技巧、组织发展、企业再造等等。

（3）管理人员培训的方法。管理人员培训的方法主要有以下几种：研讨会；案例研究；角色扮演；敏感性小组；管理游戏。

3. 科技人员培训

科技人员培训目前主要集中在专业领域的学习，其实应该涉及到其他方面的培训，才能更大地发挥科技人员的潜力。

（1）科技人员培训的目的。组织中科技人员培训的主要目的有以下几点：开发出适合市场需求的产品；主动为组织的战略目标作出贡献；更加善于指导员工操作；完成组织各项科技任务。

（2）科技人员培训的项目。目前，越来越多的组织重视科技人员综合素质的提高。因此，除了一些特定的专业培训之外，还进行以下一些培训项目：追求卓越心态、创造性思维训练、非财务人员的财务培训、非营销人员的营销培训、时间管理、沟通、职业道德、团队建设、员工指导、大众心理学、外语等等。

（3）科技人员培训的方法。科技人员培训的方法主要有以下几种：研讨会；授课；计划性指导；案例研究；电影。

4. 操作人员培训

操作人员培训又称为工人培训，是指对第一线员工的培训。

（1）操作人员培训的目的。操作人员培训的主要目的有以下几点：培养员工积极的心态；全面完成各项任务；掌握正确做事情的原则；掌握正确做事情的方法；提高工作效率。

（2）操作人员培训的项目。每个组织的操作人员由于工种不同，其需要的知识和技能也不同，因此，每个组织都应该对操作人员特定的知识和技能进行培训，除此之外，还可以进行以下一些培训项目：追求卓越心态、安全与事故防止、减少浪费、全员质量控制、企业文化、团队建设、新设备操作、压力管理、人际关系技能、时间管理、个人电脑实务等等。

（3）操作人员培训的方法。操作人员培训的方法主要有以下几种：研讨会；管理游戏；视听教学；户外训练；课堂教学。

第四节　职业生涯管理

人力资源管理的一个基本观念就是，组织既要最大限度地利用员工的能力，又要为每一位员工提供一个不断成长以及挖掘个人最大潜力和建立成功职业的机会。这一观念使得职业生涯管理成为人力资源管理区别于人事管理的最重要特征之一。

一、职业生涯管理概述

（一）职业生涯相关概念

1. 职业

职业是参与社会分工，利用专业知识、技能为社会创造物质财富、精神财富、获取合理报酬，作为物质生活资源，并满足精神需求的工作。

2. 职业生涯

职业生涯是指一个人从职业学习开始到职业劳动最后结束这一生的职业经历过程。职业生涯包括外职业生涯和内职业生涯两个部分，其中外职业生涯是指经历一种职业的通路，包括招聘、培训、晋升、解雇、退休的各个阶段；内职业生涯更多地关注取得的成功或满足于主观感情以及工作事务与家庭义务、个人消闲等其他需求的平衡。

3. 职业生涯规划

职业生涯规划是指个人发展与组织发展相结合，对决定一个人职业生涯的主客观因素进行分析、总结和测定，确定一个人的事业奋斗目标，并选择实现这一事业目标的职业，编制相应的工作、教育和培训的行动计划，对每步骤的时间、顺序和方向作出合理的安排。

4. 职业生涯管理

职业生涯管理就是指一个组织根据自身的发展目标和发展要求，通过咨询和指导等手段，强化组织员工对个人能力、潜质和个人终身职业计划的认知，加强对组织目标与个人发展之间联系的认识，以鼓励员工在达成组织目标的同时实现自己个人的职业发展目标。职业生涯管理主要包括两种：一是组织职业生涯管理（organizational career management），是指由组织实施的、旨在开发员工的潜力、留住员工、使员工能自我实现的一系列管理方法。二是自我职业生涯管理（individual career management），是指社会行动者在职业生命周期（从进入劳动力市场到退出劳动力市场）的全程中，由职业发展计划、职业策略、职业进入、职业变动和职业位置等一系列变量构成。

施恩的职业生涯管理如图 7-3 所示。

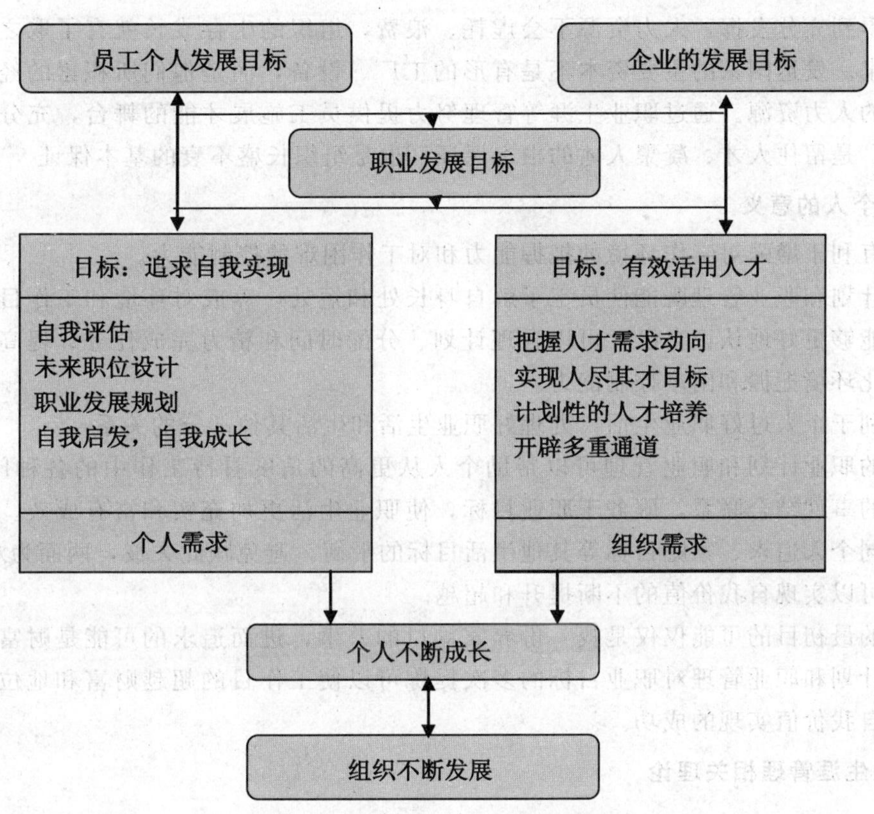

图 7-3 施恩的职业生涯管理流程

（二）职业生涯管理的意义

1. 对组织的意义

（1）职业生涯管理是组织资源合理配置的首要问题。

人力资源是一种可以不断开发并不断增值的增量资源，因为通过人力资源的开发能不断更新人的知识、技能，提高人的创造力，从而物的资源充分尽其所用，特别是随着知识经济时代的到来，知识已成为社会的主体，而掌握和创造这些知识的就是人，组织更应注重人的智慧、技艺、能力的提高与全面发展。因此，加强职业生涯管理，使人尽其才、才尽其用，是组织资源合理配置的首要问题。如果离开人的合理配置，组织资源的合理配置就是一句空话。

（2）职业生涯管理能充分调动人的内在积极性，更好地实现组织目标。

职业生涯管理的目的就是帮助员工提高在各个需要层次的满足度。职业生涯管理不仅符合人生发展的需要，而且也立足人的高级需要，即立足于友爱、尊重、自我实现的需要，真正了解员工在个人发展上想要什么，协调其制定规划，帮助其实现职业生涯目标。这样就必然会激起员工强烈的组织服务的精神力量，进而形成组织发展的巨大推动力，更好地实现组织目标。

（3）职业生涯管理是企业长盛不衰的组织保证。

任何成功的组织，其成功的根本原因是拥有高质量的管理者和高素质的员工。人的才能和潜力能得到充分发挥，人力资源不会虚耗、浪费，组织的生存成长就有了取之不尽、用之不竭的源泉。发达国家的主要资本不是有形的工厂、设备，而是他们所积累的经验、知识和训练有素的人力资源。通过职业生涯等管理努力提供员工施展才能的舞台，充分体现员工的自我价值，是留住人才、凝聚人才的根本保证，也是组织长盛不衰的基本保证。

2. 对个人的意义

（1）有利于增强对工作环境的把握能力和对工作困难的控制能力。

职业计划和职业管理既能使员工了解自身长处和短处，养成对环境和工作目标进行分析的习惯，能够更好地认识自己，可以合理计划、分配时间和精力完成任务、提高技能。这都有利于强化环境把握和困难控制能力。

（2）利于个人过好职业生活，处理好职业生活和生活其他部分的关系。

良好的职业计划和职业管理可以帮助个人从更高的角度看待工作中的各种问题和选择，将各分离的事件结合联系，服务于职业目标，使职业生活更加充实和富有成效。它更能考虑职业生活同个人追求、家庭目标等其他生活目标的平衡，避免顾此失彼，两面为难的困境。

（3）可以实现自我价值的不断提升和超越。

工作的最初目的可能仅仅是找一份养家糊口的差事，进而追求的可能是财富、地位和名望。职业计划和职业管理对职业目标的多次提炼可以使工作目的超越财富和地位之上，追求更高层次自我价值实现的成功。

（三）职业生涯管理相关理论

1. 职业生涯发展理论

人的生命是有周期的，我们常常把人生分为幼年、少年、青年、壮年和老年几个阶段，而作为人生组成部分的职业生涯同样也要经历几个阶段，通常也将其称作职业周期。在职业周期的不同阶段，人的性格、兴趣、知识水平及职业偏好都有不同。美国著名的职业管理学家萨柏（Donald E. Super）将人的职业生涯分为五个主要阶段：

（1）成长阶段（14 岁以前）。这一阶段，大体上可以界定在从一个人出生到 14 岁这一年龄段上。在这一阶段，个人通过对家庭成员、朋友以及老师的认同以及与他们之间的相互作用，逐渐建立起了自我的概念。

（2）探索阶段（15～24 岁）。在这一阶段，每一个人将认真地探索各种可能的职业选择。他们试图将自己的职业选择与他们对职业的了解以及通过学校教育、休闲活动和个人工作等途径中所获得的个人兴趣和能力匹配起来。处于这一阶段的人，还必须根据来自各种职业选择的可靠信息来作出相应的教育决策。

（3）确立阶段（25～44 岁）。这一年龄段是大多数人工作生命周期中的核心部分。人们通常愿意（尤其是在专业领域）早早地就将自己锁定在某一已经选定的职业上，然而，在大多数情况下，这一阶段的人们仍然在不断地尝试与自己最初的职业选择所不同的各种能力和理想。通常情况下，在这一阶段的人们第一次不得不面对一个艰难的抉择，即判定自己到底需要什么，什么目标是可以达到的以及为了达到这一目标自己需要做出多大的牺牲和努力。

（4）维持阶段（45～60 岁）。在这一职业生涯的后期阶段，人们一般都已经在自己的工作领域中为自己创立了一席之地，因而他们的大多数精力主要就放在保持现状和拥有这一位置上了。

（5）下降阶段（60 岁以上）。在这一阶段，人的健康状况和工作能力都在逐步衰退，职业生涯接近尾声。许多人都不得不面临这样一种前景：接受权力和责任减少的现实，学会接受一种新角色，学会成为年轻人的良师益友。再接下去，就是几乎每个人都不可避免地要面对的退休，这时，人们所面临选择的就是如何去打发原来用在工作上的时间。

2. 职业锚理论

职业锚是指当一个人做出职业选择时，最难以舍弃的选择因素，也就是一个人选择和发展一生的职业时所围绕的中心。施恩教授在 1978 年时提出了五种类型的职业锚，随后大量的学者对职业锚进行了广泛的研究，并在九十年代将职业锚确定为技术/职能型、管理型、自主/独立型、安全/稳定型、创业型、服务型、挑战型和生活型八种类型。

职业锚实际上是根据个人的天资、能力、动机、需要、价值观和态度等相互作用和逐步整合的结果。在实际工作中，通过不断审视自我，逐步明确个人的需要与价值观，明确自己擅长所在及今后发展的重点，最终在潜意识里找到自己长期稳定的职业定位即职业锚。

二、个人职业生涯规划

每个人都渴望成功，但并非都能如愿。了解自己、有坚定的奋斗目标，并按照情况的变化及时调整自己的计划，才有可能实现成功的愿望。这就需要进行职业生涯的自我规划。职业生涯规划的步骤如图 7-4 所示。

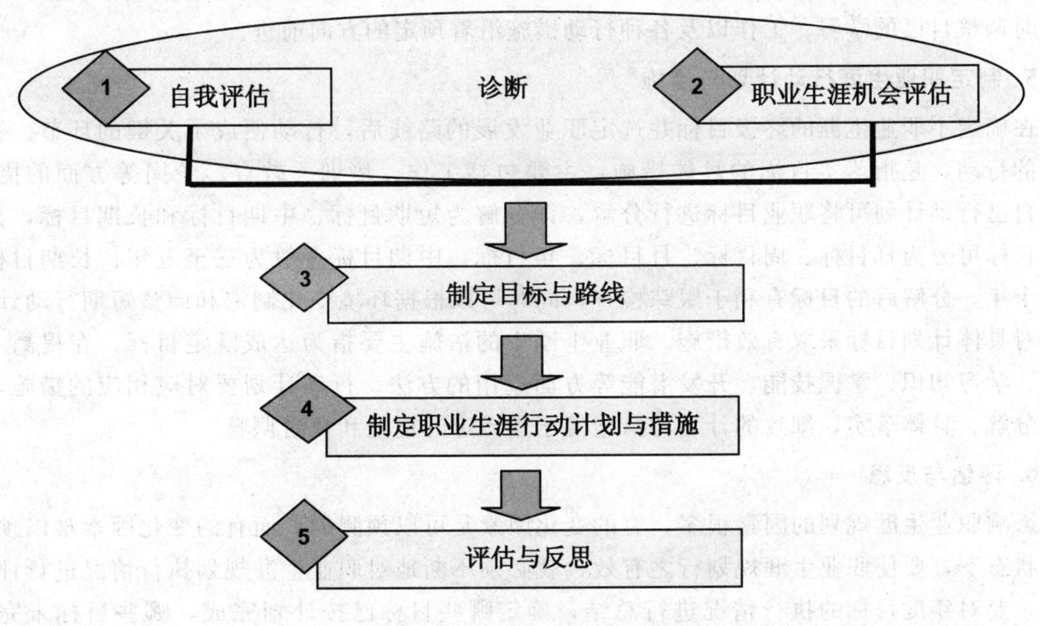

图 7-4 个人职业生涯规划的步骤

1. 自我评估

自我评估包括对自己的兴趣、特长、性格的了解，也包括对自己的学识、技能、智商、情商的测试，以及对自己思维方式、思维方法、道德水准的评价等等。自我评估的目的，是认识自己、了解自己，从而对自己所适合的职业和职业生涯目标做出合理的抉择。

2. 职业生涯机会的评估

职业生涯机会的评估，主要是评估周边各种环境因素对自己职业生涯发展的影响。在制定个人的职业生涯规划时，要充分了解所处环境的特点、掌握职业环境的发展变化情况、明确自己在这个环境中的地位以及环境对自己提出的要求和创造的条件等等。只有对环境因素充分了解和把握，才能做到在复杂的环境中避害趋利，使你的职业生涯规划具有实际意义。环境因素评估主要包括：组织环境、政治环境、社会环境和经济环境。

3. 确定职业发展目标

俗话说："志不立，天下无可成之事。"立志是人生的起跑点，反映着一个人的理想、胸怀、情趣和价值观。在准确地对自己和环境做出了评估之后，我们可以确定适合自己、有实现可能的职业发展目标。在确定职业发展的目标时要注意自己性格、兴趣、特长与选定职业的匹配，更重要的是考察自己所处的内外环境与职业目标是否相适应，不能妄自菲薄，也不能好高骛远。合理、可行的职业生涯目标的确立决定了职业发展中的行为和结果，是制定职业生涯规划的关键。

4. 选择职业生涯发展路线

在职业目标确定后，向哪一路线发展，如是走技术路线，还是管理路线，是走技术＋管理即技术管理路线，还是先走技术路线、再走管理路线等，此时要做出选择。由于发展路线不同，对职业发展的要求也不同。因此，在职业生涯规划中，必须对发展路线做出抉择，以便及时调整自己的学习、工作以及各种行动措施沿着预定的方向前进。

5. 制定职业生涯行动计划与措施

在确定了职业生涯的终极目标并选定职业发展的路线后，行动便成了关键的环节。这里所指的行动，是指落实目标的具体措施，主要包括工作、培训、教育、轮岗等方面的措施。对应自己行动计划可将职业目标进行分解，即分解为短期目标、中期目标和长期目标，其中短期目标可分为日目标、周目标、月目标、年目标，中期目标一般为三至五年；长期目标为五至十年。分解后的目标有利于跟踪检查，同时可以根据环境变化制定和调整短期行动计划，并针对具体计划目标采取有效措施。职业生涯中的措施主要指为达成既定目标，在提高工作效率、学习知识、掌握技能、开发潜能等方面选用的方法。行动计划要对应相应的措施，要层层分解、具体落实，细致的计划与措施便于进行定时检查和及时调整。

6. 评估与反思

影响职业生涯规划的因素很多，有的变化因素是可以预测的，而有的变化因素难以预测。在此状态下，要使职业生涯规划行之有效，就必须不断地对职业生涯规划执行情况进行评估。首先，要对年度目标的执行情况进行总结，确定哪些目标已按计划完成，哪些目标未完成。然后，对未完成目标进行分析，找出未完成原因及发展障碍，制定相应解决障碍的对策及方法。最后，依据评估结果对下年的计划进行修订与完善。如果有必要，也可考虑对职业目标和路线进行修正，但一定要谨慎考虑。

三、组织的职业生涯管理

（一）组织职业管理内容

组织的职业管理归纳有以下几个方面，对员工的职业发展进行正确引导，协调组织目标与员工目标，帮助员工制定职业计划，为员工提供职业发展的机会，帮助员工实现职业发展计划等。

1. 职业路径管理

职业路径是指组织为内部员工设计的自我认知、成长和晋升的管理方案。职业路径在帮员工了解自我的同时使组织掌握员工职业需要，以便排除障碍，帮助员工满足需要。另外，职业路径通过帮助员工胜任工作，确立组织内晋升的不同条件和程序对员工职业发展施加影响，使员工的职业目标和计划有利于满足组织的需要。职业路径设计指明了组织内员工可能的发展方向及发展机会，组织内每一个员工可能沿着本组织的发展路径变换工作岗位。良好的职业路径设计一方面有利于组织吸收并留住最优秀的员工，另一方面能激发员工的工作兴趣，挖掘员工的工作潜能。因此，职业路径的设计对组织来讲十分重要。下面主要介绍四种职业路径设计方式：传统职业路径、行为职业路径、横向职业路径及双重职业路径。

(1) 传统职业路径。

所谓传统职业路径是一种基于过去组织内员工的实际发展道路而制定出的一种发展模式。

(2) 行为职业路径。

行为职业路径是一种建立在对各个工作岗位上的行为需求分析基础上的职业发展路径设计。

(3) 横向职业路径。

组织也常采取横向调动来使工作具有多样性，使员工焕发新的活力、迎接新的挑战。虽然没有加薪或晋升，但员工可以增加自己对组织的价值，也使他们自己获得了新生。

(4) 双重职业路径。

双重职业路径主要是用来解决某一领域中具有专业技能，既不期望在自己的业务领域内长期从事专业工作，又不希望随着职业的发展而离开自己专业领域的员工职业管理。

2. 帮助员工制定职业计划

组织和员工一起讨论他们的个人职业目标、职业发展阶段、技能、个性、价值观、目前的工作活动、工作表现等，提供相关的建议，以帮助员工做出合理的决策，选择适当的发展路径和方式方法，帮助员工制定职业计划。

首先，了解员工的需求。不同的员工有不同的主导需求，组织只有准确把握员工的主导需求，才能采取针对性措施满足其需求。特别是组织的骨干员工，他们个人发展愿望更为迫切，职业计划更为清晰，组织尤其应注重其需求。

其次，测试员工的职业倾向。员工从事适合自己职业性向的工作，才会对工作产生持久的兴趣，才会在岗位上做出绩效。霍兰德从心理学、价值观理论出发，提出职业活动意义上的人格分类，当属于某一人格类型的人选择了相应类型的职业时，即达到了匹配。

（1）实际性向。具有这种性向的人会被吸引去从事那些包含着体力活动并且需要一定的技巧、力量和协调才能承当的职业。这些职业的例子有：森林工人、耕作工人及农场主等。

（2）调研性向。具有这种性向的人会被吸引去从事那些包含着较多认识活动（思考、组织、理解等）的职业，而不是那些主要以感知活动（感觉、反应或人际沟通以及情感等）为主要内容的职业。这种职业的例子有：生物学家、化学家以及大学教授等。

（3）社会性向。具有这种性向的人会被吸引去从事那些包含大量人际交往内容的职业，而不是那些包含着大量智力活动或体力活动的职业。这种职业的例子有：诊所的心理医生、外交工作者及社会工作者等。

（4）常规性向。具有这种性向的人会被吸引去从事那些包含大量结构性的且规律较为固定的活动的职业，在这些职业中，雇员个人的需要往往要服从于组织的需要。这种职业的例子有：会计以及银行职员等。

（5）企业性向。具有这种性向的人会被吸引去从事那些包含大量以影响他人为目的的语言活动的职业。这种职业的例子有：管理人员、律师及公共关系管理者等。

（6）艺术性向。具有这种性向的人会被吸引去从事那些包含大量的自我表现、艺术创造、情感表达以及个性化活动的职业。这种职业的例子有：艺术家、广告制作者及音乐家等。

第三，为员工提供职业咨询。职业咨询是指帮助被解职员工找到合适的工作，或是重新选择职业，同时向他们提供一部分资助以帮助他们度过职业转换期。组织为员工提供职业咨询有三种途径：一是通过管理人员进行。管理人员长期与下属共事，对下属的能力和专长有较深入的了解，有可能在下属适合从事的工作方面给其提供有价值的建议，或帮助下属分析晋升及调动的可能性；二是通过外请专家进行员工的职业发展咨询；三是向员工提供有关的自测工具，帮助员工进行能力及个人特质方面的测试。

3. 帮助员工实现职业计划

（1）在招聘时重视应聘者的职业兴趣并提供较为现实的发展机会。

组织在招聘人员时既强调职位的要求，又要重视应聘者的愿望和要求，特别是要注重了解应聘者的职业兴趣和对未来的职业发展计划。这是组织正确地使用和培养人才的基本条件。而且，组织在招聘时要注意向应聘者介绍组织的情况以及未来可能的发展机会。否则，由此造成的误解将影响应聘者对组织的忠诚。

（2）提供阶段性的工作轮换。

工作轮换对员工的职业发展具有重要意义。它一方面可以使员工在一次次的新深度中了解自己的职业性向和职业锚，长处和短处；另一方面可以使员工经受多方面的锻炼，拓宽视野，培养多方面的技能，从而为将来承担更重要的工作打下基础。

（3）多样化、多层次的培训。

培训与员工职业发展的关系最为直接。职业发展的基本条件是员工素质的提高，而且这种素质不一定要与目前的工作相关，这就有赖于持续不断的培训。组织应建立完善的培训体系，使员工在每次职业变化时都能得相应的培训，同时鼓励员工自行参加组织内外提供的各种培训。

（4）以职业发展为导向的考核。

以职业发展为导向的考核着眼于帮助员工发现问题和不足，明确努力方向和改进方法，促进员工的成长与进步。为此，必须赋予管理人员培养和帮助下属的责任，员工的发展作为衡量管理人员成绩的重要标准之一。要求管理人员定期与员工沟通，及时指出员工的问题并与员工一起协商改进对策。

（5）晋升与调动管理。

晋升与调动是员工职业发展的直接表现和主要途径。组织有必要建立合理的晋升和调动的管理制度，保证员工得到公平竞争的机会。

4. 对员工进行工作—家庭管理

（1）组织中的员工除了过职业生活外同时还在经历家庭生活。

家庭对员工本身有重大意义，也会给职业生活带来许多影响。工作—家庭平衡计划是组织帮助员工认识和正确看待家庭同工作的关系，调和职业和家庭的矛盾，缓和由于工作—家庭关系失衡而给员工造成的压力的计划。

（2）工作—家庭计划的目的在于帮助员工找到工作和家庭需要中的平衡点。

要达到这一目的，组织必须了解家庭各阶段的需求、工作境况对家庭生活的影响，然后给予员工适当的帮助。

（3）对家庭需要的了解可以参考家庭发展周期理论。

一般来说，单身成人的主要问题是寻找配偶和决定是否结婚组建家庭。婚后初期，适应两人生活、决定是否生育，作出家庭形式和财务要求的长期承诺变为当务之急。子女出生后，体验为人父母的经验，担负起抚养和教育子女的责任成为首要任务。而且又要开始为自己的父母提供衣食和财务上的照顾。这些需要形成的压力有的会影响员工的工作情绪和精力分配，有的则形成强烈的职业方面的需要和工作动机，最终影响员工对工作的参与程度。

（二）职业生涯管理有效性标准

Gutteridge（1986）对职业生涯管理有效性标准进行了探讨，提出了四个标准。

1. 达到个人或组织目标

个人目标包括高度的自我决定，高度的自我意识，获得必要的组织职业信息，加强个人成长和发展，改善目标设置能力。组织目标包括改善管理者与员工的交流，改善个人与组织的职业匹配，加强组织形象，确定管理人才库。

2. 考察项目所完成的活动

包括员工使用职业工具（参与职业讨论会，参加培训课程），进行职业讨论，员工实施职业计划，组织采取职业行动（提升，跨职能部门流动），组织确定继承人。

3. 绩效指数变化

包括离职率降低，旷工率降低，员工士气改善，员工绩效评价改善，添补空缺的时间缩短，增加内部提升。

4. 态度或知觉到的心理变化

包括职业工具和实践评价（参加者对职业讨论会的反映，管理者对工作布告系统的评价），职业系统可觉察到的益处，员工表达的职业感受（对职业调查的态度），员工职业规划技能的评价，组织职业信息的充足性。

事实上，在评价职业生涯管理有效性时，并没有考察所有涉及有效性的方面，而且组织也不必将所有的职业生涯管理方面均在组织中实施。但是这种系统的思考给未来实施评价奠定了基础。

【本章小结】

培训与开发在组织中有着重要的地位，人们对培训和开发的含义有着不同的理解。培训与开发的内容包括知识、技能、态度三方面；组织实施培训与开发应遵循相应的一些原则。

组织在管理培训工作时主要包括：培训需求分析与计划拟定，培训方案的实施与过程控制，培训效果评估三个阶段。

在组织中较常用的培训方法有师徒制、课堂教学、案例研究、研讨会、管理游戏、视听教学、计划性指导、角色扮演、敏感性小组等。随着时代的发展，管理水平和科技水平也日益提高，涌现了许多新的培训与开发方法，如电子化学习、行动学习以及职业导师制等。培训与开发的类型主要有新进员工定向培训、管理人员培训、科技人员培训和操作人员培训等。

职业生涯管理是组织进行人员开发的一项重要内容，职业生涯管理包括员工的个人职业生涯规划和组织的职业管理。个人职业生涯规划是在自我评估和职业生涯机会的评估的基础上，确定职业发展目标，选择职业生涯发展路线，制定职业生涯行动计划与措施，并在整个实施过程中注重评估与反思；组织的职业生涯管理内容有职业路径管理，帮助员工制定职业计划，帮助员工实现职业计划，对员工进行工作—家庭管理。组织还要确定职业生涯管理有效性标准，并对其评估。

【管理工具包—模板】

1. 职业发展计划的制定

以工作室的方式进行的为期两天的职业发展计划导向培训内容

在项目开始前的两个星期，工作室的参与者们都收到了一封确认他们参与这个项目的信，以及一个在来到这个工作室之前需要完成的“工作包”。这个“工作包”中的练习包括技能的详细目录，价值鉴定，以及一个准备好的描述性的职业导向选择。

第一天 上午

(1) 对职业开发的介绍和总的看法

(2) 目标设置

(3) 致欢迎辞和介绍项目

总经理致欢迎辞

对议程和结果的总的看法

参与者的介绍（对项目期望的陈述）

(4) 对职业发展的总体看法

公司的理念

为什么需要进行职业发展

职业发展计划是与否

职业发展计划模型

(5) 热身操练

回顾过去、展望未来

设定目标—我想要做什么?

创造一个理想的未来

未来技能和成就

期望的生活模式

生活和职业目标

第一天　下午

(6) 个体自我评价：价值观

价值观抽卡操练

协调岗前价值观

介绍职业发展计划总工作清单

(7) 个体自我评价：技能

激励技能操练

生活技能测试

识别技能专长

偏爱的工作技能

填写职业发展计划总的工作清单

(8) 公司内的职业资源

介绍公司的支持服务，提供信息

推销自己—在这里你能做什么

介绍共进午餐的人和将讨论的问题

回顾午餐上的讨论

第二天

(9) 个体自我评价：职业锚

职业锚模型操练

小组讨论

填写职业发展计划总的工作清单

(10) 个体自我评价：偏好

成功对我意味着什么

技能，知识，个人品质

填写职业发展计划总的工作清单

（11）个体自我评价：职业发展路径模型

将岗前的导向选择加以综合

填写职业发展计划总的工作清单

（12）做出职业发展决定

识别长期的选择机会

识别短期的选择机会

改进职业发展决定

决定的模式和提升他们的方式

制定你的职业计划

协调你的目标和选择

下一个职业步骤

开发行动方案

应急计划方案

行动－对下一个目标承诺

（13）环境评价

公司信息

目标，发展领域，期望，产量，工作上的竞争，未来需要的技能

填写职业发展计划总的工作清单

个人职业文档

通过与大家分享观点，检验个体是如何看待自己的

2. 课程设计方案示例

<table>
<tr><th>项　目</th><th colspan="4">内　容</th></tr>
<tr><td>项目名称</td><td colspan="4">ISO9000 中统计技术的应用</td></tr>
<tr><td>课程名称</td><td colspan="4">控制图</td></tr>
<tr><td>课程长度</td><td colspan="4">50 ×7 分钟</td></tr>
<tr><td>学习目的</td><td colspan="4">1. 了解控制图的原理与方法　2. 准确应用控制图解决质量问题</td></tr>
<tr><td>目标学员</td><td colspan="4">质量管理人员</td></tr>
<tr><td>先决条件</td><td colspan="4">具有基本的数理统计知识，了解正态分布的特性</td></tr>
<tr><td>培训教师</td><td colspan="4">熟悉统计技术原理及在工厂质量管理中的运用</td></tr>
<tr><td>所需资料和设备</td><td colspan="4">幻灯片、投影仪、铅笔</td></tr>
<tr><td>备注</td><td colspan="4">在培训前三周发详细资料</td></tr>
<tr><td colspan="2">课程活动介绍</td><td>教师活动</td><td>学员角色</td><td>时间安排</td></tr>
<tr><td colspan="2">1. 课程介绍</td><td>主讲</td><td>倾听</td><td>8：00－8：50am</td></tr>
<tr><td colspan="2">2. 介绍各种控制图的原理和方法及其在生产、质量管理中的应用</td><td>主讲</td><td>倾听</td><td>9：00－9：50am　10：00－10：50
11：00－11：50</td></tr>
<tr><td colspan="2">3. 到生产一线去亲身学习和体会</td><td>辅助</td><td>参与</td><td>2：00－2：50pm　3：00－3：50pm</td></tr>
<tr><td colspan="2">4. 结束</td><td>回答问题</td><td>参与</td><td>19：00－19：50</td></tr>
</table>

【思考题】

1. 如何理解培训与开发的含义？培训与开发的意义是什么？
2. 员工培训的内容有哪些？
3. 组织在员工培训与开发环节应遵循的原则是什么？
4. 组织对员工培训与开发进行管理主要分为哪几个阶段？各阶段的管理重点是什么？
5. 谈谈员工培训的类型及各种培训方法所适应的组织情境。
6. 什么是职业、职业生涯、职业计划和职业生涯管理？
7. 个人在职业生涯规划会经历哪几个阶段？
8. 个人如何进行职业生涯规划？
9. 组织如何对员工进行职业管理？

第八章 员工关系管理

●单元概述

员工关系管理作为人力资源管理实务之一，影响着组织的绩效。本单元将重点介绍员工关系及员工关系管理的基本含义、影响因素及演变过程，说明劳动关系管理的概念和特征，并阐述劳动合同的有关内容，提出劳动争议的处理原则与程序。

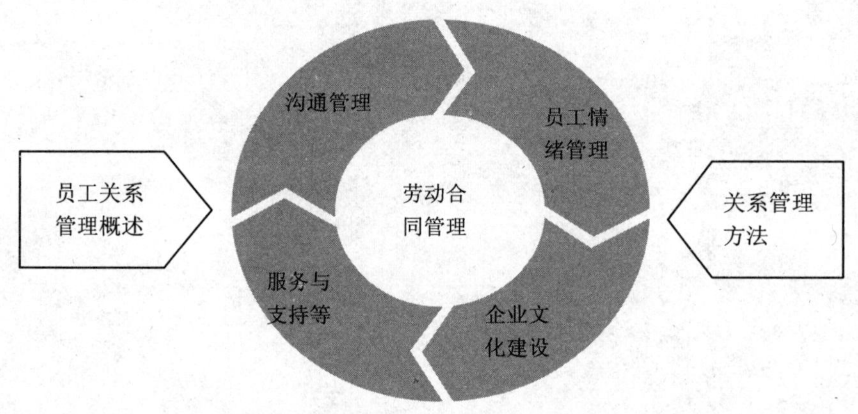

●知识要点及掌握程度

8.1 员工关系管理概述 [记忆]
8.2 劳动关系管理 [运用]
8.3 劳动合同 [分析]
8.4 劳动争议 [分析]

●能力要点及掌握程度

员工关系管理的基本知识 [重要]
分析问题 [重要]
解决方法和建议 [重要]
讨论任务安排的主次 [中等]
设计过程 [中等]
设计实施过程 [中等]

●教学重点与难点

1. 教学重点

(1) 员工关系管理的概念和类型

(2) 劳动合同的签订与管理

(3) 劳动争议处理与解决

(4) 员工沟通的相关方法

2. 教学难点

(1) 劳动合同

(2) 劳动争议

●教学设计与实施方法

1. 教学设计

(1) 激趣：通过管理寓言启动本章的学习，激发学生的学习兴趣。

(2) 引思：结合管理寓言，引发学生思考员工关系管理的概念及有效实施员工关系管理的方法。

(3) 精讲：系统介绍员工关系管理的相关概念、流程、工具与方法。

(4) 实践：要求学生完成实践环节项目，并在“做中学”中巩固和运用所学知识。

(5) 总结：归纳总结知识点及学生在实践中存在的问题。

2. 实施方法

本章建议采用如下教学方法：讲授教学法、讨论教学法、探究教学法和问题教学法。

●实践环节设计

单元项目：设计劳动合同

请各虚拟公司根据贵公司的基本情况，依据劳动法设计适合自己公司的劳动合同范本。

要求：

(1) 说明你的编制思路。

(2) 给出具体的劳动合同。

●目标达成度检验（教学效果评估）

1. 知识要点测评

要求学生完成课后习题，并参考标准答案进行自评。

2. 能力要点测评

要求学生利用课余时间完成实践环节单元项目，并于下次课进行当堂展示，再由各小组进行交叉互评，教师给出专业意见与评分。每个小组再根据本组得分，根据各位组员在完成本次团队项目时的表现确定组内各成员本次实践项目的得分。

●教材具体内容

【引子——管理寓言】

A公司是兔家族经营的一家泵业销售有限公司，销售业绩连续两年明显下滑。为了使得公司度过难关，其总经理花花兔决定减员，以便削减成本，保持企业在市场上的竞争力。经过“精心斟酌”，总经理已经有了一套“满意”的裁员方案：那就是借人力资源部朵朵兔经理之手减掉他已列好的雇员名单，然后再将业绩平平的朵朵兔扫地出门以熄众怒。于是，一天上早班时，总经理花花兔把朵朵兔叫到了总经理办公室并向其秘密下达解雇雇员的任务，命令他在35天之内辞退掉30名雇员。并给他订立两个“硬性指标”：第一要一个一个地解雇，不准“大批轰”；第二是对被解雇的员工，不能发给补偿金。

经过一个月的努力，这位朵朵兔经理“不辱使命”，先后裁掉了21名员工，已经完成解雇任务的70%。眼看到再辞退9人就可以“圆满”完成任务了，但没想到，剩下的9个人个个都是“难啃的骨头”，朵朵兔花了近一个月的时间居然没把一个人裁掉。

总经理对朵朵兔十分不满，并当众宣布，将其与剩下的9名员工一并辞退。朵朵兔被解雇后很委屈：自己在这个行业干了这么多年，一直“忠实”地贯彻领导旨意，这次自己亲自裁掉了21名员工，没让企业付出一分钱的补偿，而总经理居然也这样对自己。想到这里，朵朵兔心里愤愤不平，于是准备联合被辞退的30名员工一起，与公司打劳动官司。但被辞退的30名却拒绝朵朵兔的邀请，另外选出员工代表向劳动争议仲裁委员会提出了集体劳动争议的请求。而朵朵兔也认识到自己辞退这些员工的非法性，损害了这些员工的合法权益。“自己是单独去打这场官司呢，还是忍气吞声无声无息地离开公司?”朵朵兔陷入了深深的思考之中。之后，就在朵朵兔打算向劳动争议仲裁委员会提出劳动争议请求时，劳动争议仲裁委员会裁定A公司必须向被辞退的30名员工支付不低于每个人2个月的实得工资共计66000元。而这时公司里有26名员工离开了公司，其中有12名是掌握着大量长期客户群的核心员工。

从上述的案例中，你得到什么样的启示?

1. 总经理花花兔为什么要裁员？其裁员的目的是什么？他的做法是否合法?
2. 你认为朵朵兔是否恰当地处理了与员工的关系?
3. 你认为总经理花花兔与员工是一种什么样的关系?

人们往往认为，一个公司卖什么产品、销售额是多少、拥有多少员工是成功的关键，但越来越多的研究发现，对一个组织的成功而言，真正起决定性作用的是“人”，具体包括人和人如何交往、人和人如何沟通以及部门和部门之间如何共同解决问题。只有处理好了这些内容，才能确保企业具有生机。所以，进行企业员工关系管理、留住人才成为目前企业管理的重点。越来越多的企业在人力资源管理中专门设置了员工关系管理这一职能，从而从根本上解决企业面临的问题，提高员工满意度，达到企业和员工的共赢。

第一节　员工关系管理概述

员工关系管理（Employment Relationship Management，简称ERM）也叫员工组织关

系（Employee－Organization Relationship，简称 EOR），是由企业管理方和员工之间的利益引起的权利和义务、管理和被管理的关系，具体表现为合作、冲突、沟通、激励等权利和义务关系的总和。它起源于现代管理实践，随着彼得·德鲁克关于"人力资源"概念的提出以及传统人事管理开始向人力资源管理转变，劳资双方从对抗走向更多的合作，"员工关系"取代了劳动关系（或称之为工业关系）这一概念。

（一）员工关系与员工关系管理

1. 员工关系

广义的员工关系是指在企业内部以及与企业经营有密切关联的集体或个人之间的关系，包括企业内的群体间关系、个体间关系、个体与群体间关系，甚至包含与企业特定团体（供应商、会员等）或个体的某种联系。

狭义的员工关系是指企业和员工、员工与员工之间的相互联系和影响。在员工关系这一概念中，员工与管理方之间相互作用的行为，包括了双方间的权利义务及其相关事项。这种关系具有两层涵义：一是从法律方面双方因为签订雇佣契约而产生的权利与义务关系，亦即彼此之间的法律关系；一是社会层面双方彼此间的人际、情感甚至道义等关系，亦即双方权利义务不成文的习惯及默契等伦理关系。

虽然员工关系非常复杂，但其实质可以归结为冲突和合作两个根本方面。合作，指在组织中，管理方与员工要共同生产产品和服务，并在很大程度上遵守一套既定制度和规则的行为，这些制度和规则是经过双方协商一致的，协议内容非常广泛。冲突，指劳资双方的利益、目标和期望不可能总是保持一致，相反经常会出现分歧，甚至背道而驰，因而产生冲突。

2. 员工关系管理（ERM）

员工关系管理是人力资源管理的一个特定领域。从广义的员工关系概念上看，员工关系管理的内容涉及了整个企业文化和人力资源管理体系的构建。从企业目标和价值体系确立，内部沟通渠道的建设和应用，组织的设计和调整，人力资源政策的制定和实施等等，所有涉及到企业与员工、员工与员工之间的联系和影响的方面，都是员工关系管理体系的内容。

狭义上主要指企业与员工之间的沟通管理，这种沟通多采用柔性的、激励的、非强制的手段以提高员工满意度，支持企业目标的实现。员工关系管理贯穿于人力资源管理的方方面面，从选人、用人、育人到留人的全过程，它是个系统工程。尽管大家对员工关系管理的内容众说纷纭，但大部分的管理者认为，它至少应该包括劳动合同管理、沟通管理、企业文化建设、服务与支持、员工情绪管理等。表 8－1 给出了员工关系管理的组成内容。

表 8-1　员工关系管理内容

劳动合同管理	核心部分，包括劳动争议处理，员工人离职面谈及手续办理，员工申诉、人事纠纷和意外事件处理
沟通管理	保证沟通渠道的畅通，引导企业与员工之间、员工和员工之间进行及时双向沟通，完善员工建议制度；引导员工之间建立良好的人际工作关系，创建利于员工发展的正式人际关系的环境

企业文化建设	建设、维护与推广企业文化、引导员工价值观，维护企业良好形象，营造良好的工作氛围
服务与支持	为员工提供有关国家法律、企业政策、个人身心等方面的咨询服务，协助员工平衡工作与生活的关系
员工情绪管理	组织员工心态、满意度调查，谣言、怠工的预防、监测及处理，解决员工关心的问题
其他	员工关系管理还包括工作场所的安全和健康、员工援助计划（EAP）、危机处理等

3. 员工关系管理的意义

实践表明，企业的经济效益与企业的员工关系近似地表现为正相关。员工关系的改善或恶化会导致经济效益的提高或下滑。反过来，经济效益的提高或下滑也会导致员工关系的改善或恶化。员工关系管理作为人力资源管理实务之一，影响着企业业绩。

（二）员工关系管理环境分析与影响因素

员工关系管理环境是指影响员工关系管理的各种力量和因素的集合，它包括外部环境和内部环境两个方面。

（1）外部环境。包括：经济环境、技术环境、政策环境、法律与制度环境、以及社会文化环境。

经济环境。经济环境一般包括宏观经济状况，如经济增长速度和失业率，也包括更多的微观经济状况，如在某一特定产品市场上雇主所要面对的竞争程度。经济环境影响员工关系的例子很多。如，失业率如果很高，就会减弱劳动者的劳动力市场力量，从而影响其工作的预期。再比如，在同行业工资普遍上升的情况下，企业可能就会面临员工要求加工资的压力。一般来说，经济处于繁荣阶段，员工的力量就会强些，管理方会做更多的让步；而经济处于低落阶段，管理方让步的空间很小，员工在谈判和冲突中处于更不利的地位。

技术环境。其内容包括产品生产的工序和方式，以及采用这些工序和方式所必需的资本密集（人均资本投资量）的程度、产品和工序是否容易受到新技术的影响、工作是否需要高水平的知识和技能。如果企业的产品易受新技术影响（如IT产业）或者企业是资本密集型的（如轿车生产商），那么员工不服从管理会给组织带来更多的不利，员工岗位的力量就会增强。相反，那些不易受新技术影响（如民族手工编织业）或者低资本密集度的行业（比如餐饮业），员工岗位的力量就弱些。同样，技术环境变化也会改变劳动力市场上不同技术种类工人的供求状况。

政策环境。政策环境是指政府的各种方针，包括货币政策和财政政策、关于就业的政策、教育和培训的政策以及其他的政策。在诸多政策环境中，就业政策对于劳动力市场以及组织中的员工关系的影响最为直接。它往往通过对供求状况的调整来改变双方劳动力市场的力量。

法律和制度环境。法律和制度环境是指规范雇佣关系双方行为的法律和其他力量的机制。比如，我国《劳动法》规定了集体谈判中双方的权利和义务、雇员的最低工资、健康和安全保护等。

社会文化环境。社会文化环境由各国、各地区甚至各工种的主流传统习惯、价值观、信仰等组成。文化的影响是潜在的、不易察觉的，它通过社会舆论和媒介来产生影响，对于违反社会文化规则的个人和组织，虽然惩罚不像法律那样具有强制性，但其作用却不可低估。

(2) 内部环境。包括企业文化因素、“客观”的工作环境、组织内部管理政策与实践、沟通、管理者的管理理念、冲突、管理者对员工的期望和公平性。

文化因素的影响。如果雇员来自一种比较保守、提倡服从和尊敬权威的文化氛围，并且如果工作岗位的文化氛围是员工对组织高度认同，敌视雇主和怠工会遭到其他员工的反对，那么员工系管理中管理方与员工之间冲突的程度会比较低。但如果雇员来自一种“对抗性”的文化，并且如果在工作岗位中的文化氛围是雇员与雇主对立，对权威的服从和尊敬被其员工所藐视的，那么，在员工关系管理中，容易引起管理方与雇员之间的冲突与对立。

“客观”的工作环境。不同的工作环境、工作性质和条件，也会影响到员工关系。比如，与其他类型相比，在大型机器工业企业中的工人更多地感受到来自管理方的异化压力，更容易产生冲突的行为。

组织内部管理政策与实践。如果管理政策和实践是进步的，员工工作的满意度就会高些，员工的信任和认同也会上升，有助于员工关系管理。

沟通。如果企业沟通渠道不畅，缺乏必要的反馈，将会引起很多矛盾，进而导致员工工作热情和积极性下降，影响工作效率。不断进行的双向沟通将会增进员工关系，减少冲突，增加员工对企业的信任。

管理者的管理理念。如果员工不支持或不理解管理者的道德理念与管理理念，他们将间接地对管理者动机产生疑问。这将使员工产生压力，进而影响员工的工作绩效，同时也影响员工对企业的信念。良好的沟通将确保员工的信念与企业的现实相互关联。

冲突。冲突是产生负向员工关系的直接起因。企业内冲突表现为由于双方的观点、需要、欲望、利益和要求的不相容而引起的激烈争斗。企业内部的冲突可发生在个人之间或群体之间。企业必须解决冲突从而避免适当的压力对员工或绩效产生负面影响。

管理者对员工的期望。管理者对员工的期望不明确将增加员工的压力，进而影响员工关系。员工需要知道管理者对他们的期望是什么。知道管理者的期望将极大地减少员工工作压力。

公平性。企业是否公平地对待所有员工是影响员工关系的关键因素。公平可以简单地认为在相同的情况下，对所有的员工一视同仁。这并不意味较高绩效不应当得到较高的报酬。对员工来说，公平也意味着获得公平的工资和福利。

（三）员工关系管理思想的演变与发展

1. 国外员工关系管理的主要思想及其发展历程

国外员工关系管理理论经过一百多年的发展，由原理到具体、由重物质激励到重精神激励、由强调制度的作用到强调文化的价值，形成了一个体系较为完整的理论。

(1) 从劳资关系到员工关系。劳资关系是资本主义制度的产物，马克思和恩格斯在对 19 世纪中期英国、法国、德国等西方主要资本主义国家劳资冲突的实际进行概括和抽象的基础上，提出了劳资关系的理论。经过一百多年的发展，随着科学技术的进步、生产力水平的迅速提高及社会结构的深刻变化，劳资关系呈现出了新的时代特征，仅仅用马克思的劳资关系理论难以概括新的劳资冲突与协调的实践，员工关系理论就是在这种背景下应运而生。

(2) 泰勒的员工关系管理思想。19 世纪末 20 世纪初垄断资本主义形成和确立时期，科学技术的发展使不少工业部开始出现大型垄断企业，但是由于管理者仍然采用传统的经验管理方法，缺乏科学管理论的指导，工人在恶劣的生产环境下从事着繁重的劳动，企业的生产效率十分低，劳资矛盾异常尖锐。在这种背景下，泰勒从实验出发总结概括出了科学管理原理。泰勒多次强调，科学管理的实质是劳资合作。泰勒认为，企业中劳资双方之间矛盾或纠纷都是由“盈余分配”问题所导致的。因此，科学管理情况下，劳资双方所进行的思想革命是，不把注意力再放在盈余分配上，而应将注意力转移到盈余数量增加上，而一旦盈余数量增加到一定的水平，则盈余分配所产生的争论就成为多余的。

泰勒第一次把管理问题发展为一种系统性的方法，也第一次将企业的员工关系管理纳入一整套制度框架之中，这种制度化的企业员工关系管理框架大大超越了老式的简单手段管理，使得企业员工关系管理的发展出现了一次质的飞跃。然而，遗憾的是，由于他的这套制度框架是极力使人去适应机器甚至机器化，违背了人性解放的要求和企业民主的基本精神，所以除了他的某些技术方面和管理思想被继承下来之外，泰勒制科学管理运动很快就被其他的管理理论所取代。

(3) 康芒斯的员工关系管理思想。康芒斯关于人事管理的第一本著作是他于 1919 年出版的《工业友善》，第一次提出了战略性人力资源管理和参与式管理的观点，并且认为：“友善是一种竞争优势”。该书是美国第一本在以下三个方面具有开创性贡献的学术著作：第一，确立了员工是组织一种价值极高的资源的思想，其中包括明确使用“人力资源”这一概念；第二，制订在各种一揽子的人力资源管理实践当中去进行选择的一种战略选择框架；第三，形成参与式管理的概念，并且阐明了为什么参与管理可能会改善组织的绩效，同时还说明参与式管理与什么样的人力资源管理模式能够实现最优的匹配。康芒斯在 1925 年以后，注意力转移到了企业如何能够稳定雇佣关系从而为工人提供更大的工作保障方面，他认为，这是改善生产效率以及改善雇主和雇员之间关系的最为重要的一个先决条件。康芒斯在 20 世纪 20 年代成为当时在人事管理研究领域的领头人。其合作型员工关系管理思想和泰罗的科学管理原理一样对当时的企业管理实践起着重要的指导作用。

(4) 西方行为科学关于员工关系管理思想的研究。20 世纪 20 年代末至 30 年代初，世界经济陷入了空前的大萧条之中。尽管西方主要资本主义国家普遍采取了泰勒的科学管理方法，但劳资纠纷和罢工仍然此起彼伏，这就使得西方管理学家再次从企业这一微观层面来探讨造成工人劳动效率低下的原因。哈佛大学的两位研究人员，埃尔顿．梅奥和弗雷兹．罗特利斯伯格，于 1924－1933 年在位于芝加哥郊外的西方电气公司的霍桑工厂中进行了一系列研究。这些研究的最初目的是根据科学管理原理，探讨工作环境对劳动生产率的影响，试验结果却出乎研究者预料，不论照明程度提高还是降低，产量都增加了。梅奥和罗特利斯伯格由此认为，工作环境并不是影响工人劳动过程与劳动效率的最主要因素，并开始研究心理和社会因素对工人劳动过程的影响。通过一系列的实验与研究，梅奥和罗特利斯伯格提出了工人不是纯追求金钱和物质收入的“经济人”，他们还有心理上和社会方面的感情需要，是“社会人”以及企业中存在非正式组织的观点。继梅奥的开创性研究之后，有很多学者从心理学、社会学角度致力于这方面的研究和探索。其中著名的成果如马斯洛的“需求五论”，麦格雷戈的“X理论－Y理论”，赫茨伯格的“双因素理论”，利克特的“领式”理论等。这些理论从挖掘人的潜能、激发人的动机、重视人的多层次需要、强调“内在激励”和“外在激励”、公平的激励作用以及士气和凝聚力的调动等方面探讨员工关系、调动员工积极性的方法与措施，开辟了员工关系管理的新领域。梅奥和罗特利斯伯格的理论通常被称作人际关系学说，1949年起，该领域的研究成果改称为行为科学，60年代以后，更多地使用组织行为学一词。行为科学的研究成为西方员工关系理论发展的一个重要侧面。主要涉及个人需要、行为的研究、团体行为研究、组织研究，激励方式研究和领导行为研究等大的方面。

(5) 人力资源管理理论下的员工关系管理思想。20世纪50年代以来，随着“人力资本理论”的正式提出，行为科学的不断发展，“人力资源管理”这一名词逐渐流行起来。人力资源管理的概念产生于20世纪60年代，然而，它在80年代以后才受到企业的普遍重视。人力资源管理的出现标志着人事管理职能发展到了一个新的阶段。现代人力资源管理与传统人事管理的最大区别就在于：过去的人事管理是以工作为中心的，即让人去适应工作，而现代人力资源管理则是以人为中心的，它总是力图根据人的特点和特征来组织工作，从而使得人力资源的能量得到最大发挥。

20世纪80年代以后，战略性人力资源管理理论开始盛行。战略性人力资源管理是有计划的使用人力资源的模式以及旨在使组织能够实现其目标的各种活动。战略性人力资源管理通常需要满足两个方面的基本要求：其一是能够推动组织总体经营战略，其二是包括一整套相互补充并且具有内部一致性的各种人力资源管理实践，包括工作分析与工作设计、招募与甄选、雇员培训与开发、绩效管理、薪资结构、奖金与福利、员工关系等。

(6) 企业文化理论与员工关系管理思想。企业文化是与企业相伴而生的客观现象。人们对这一文化现象的认识和研究，始于20世纪80年代初期。首先提出并倡导企业文化理论的是美国的管理学者。从“二战”后开始，随着信息论、控制论、系统论的产生，电子计算机及通讯设备的飞速发展，人类社会进入了信息时代，在行为科学理论和管理科学理论的指导下，我国的企业取得了令人瞩目的发展，劳动生产率大大提高，新的技术发明不断涌现，企业的规模越来越大，成为名副其实的世界头号经济强国。在20世纪70年代初石油危机冲击下，美国企业的竞争力大大削弱，而日本的经济却得到了长足的发展，速度十分惊人。到80年代初，日本在很多方面都超过了美国，对其经济活动形成了强大的威胁，这引起了美国各界人士的普遍关注。为此，在整个20世纪80年代，许多美国专家到日本企业考察，探寻日本企业成功的秘密。经过研究，一个重要的谜底揭开。原来在日本的企业管理中，不是单纯的就管理理论管理，而是从企业经营哲学的高度来研究企业管理，将企业作为一个文化实体来实施管理。这些专家、学者把日本的成功经验与美国的管理现象做了深刻的比较，认为其根本差异表现在，美国企业更多注重管理的硬件方面，强调理论的科学管理，而日本企业则重视全体职工共有的价值观念，注重强化职工对本企业的向心力，注重企业中的人际关系。比较的结果使美国学者认识到，文化是企业管理中不忽视的重要因素，对于企业的成功与否具有深刻的影响作用。为此，一批管理学家提出要向日本学习，许多学者著书立说，探索企业文化的有关理论与模式。美国关于企业化的研究引起日本企业界和理论界的强烈反响，并相继波及其他国家，由此兴起一股研究企业文化的热潮。其中影响较大的著作有沃格尔的

《日本队第一》，帕斯卡尔和艾索斯的《日本的管理艺术》，彼德斯和沃特曼的《追求卓越》，迪尔和肯尼的《公司文化》等。这些著作对企业文化理论作了系统的概括和总结，从而使管理理论揭开了新的一页，即过渡到“企业文化”阶段。20世纪80年代，企业管理哲学和管理艺术的研究，是企业文化发展的主要部分。由此诞生了一个崭新的员工关系管理理论—企业文化管理理论，并迅速风靡世界。

(7) 新经济环境下的心理契约理论。心理契约的概念最早出现在20世纪60年代c. 阿奇利斯的《管理组织行为》一书中，书中强调了在组织和员工的相互关系中，除了正式的经济契约的内容外，还存在着隐含的、非正式的相互理解和预期。随后，施恩将心理契约定义为“在组织中，每个成员和管理者，及其他人之间，在任何时候，一系列未书面化的期望”。所谓新经济，主要是以美国经济为代表的发达国家经济为基础所产生的概念，即持续高增长、低通胀、科技进步快、经济效率高、全球化支配资源的一种经济状态。新经济环境下的心理契约存在广义和狭义两种理解。广义的心理契约是雇佣双方基于各种形式的（书面的、口头的、组织制度和组织惯例约定的）承诺交换关系中彼此义务的主观理解；狭义的心理契约是雇员出于对组织政策、实践的理解和各级组织管理者做出的各种承诺的感知而产生的，对其与组织之间的、并不一定被组织各级管理者所感知到的相互义务的一系列信念。最早，麦柯涅尔提出关系——交易型联合体的概念。其中关系型指时间长，责任不明确的雇佣关系，其特征为雇佣双方相互支持，员工信任与忠诚度高；交易型则与之相反，任务明确，雇佣时间短。卢梭依据雇佣期限与任务需求两大相关因素，两两相配得出了心理契约的四种类型，即过渡型、平稳型、交易型、关系型。其中过渡型心理契约经常出现在组织发生重大变化时，如兼并重组员工信任度低，不确定性高，忠诚度差，流动率高；而平稳型则实际介于传统的交易型及关系型之间。按照心理契约的归类，组织都希望员工处于平稳型，对组织忠诚度高并具有强烈的归属感，长期为组织服务并创造价值，当然这同时对组织也提出了较高的要求，雇主方必须提供明确而具体的雇佣条件，这些条件对员工必须具有足够的吸引力，有雇用期限，才能起到留住人才的作用。平稳型是理想化的心理契约，在实际操作中往往很难达成。

(8) “以人为本”的现代员工关系管理理念。人本管理是以人为本的管理思想。在历史上，人本管理思想的发展大致经历了X理论、社会人理论、Y理论、Z理论、复杂人理论以及职工持股等若干演变过程。现代人本管理倡导人既是管理的主体又是管理的客体，认为组织不仅要关心其成员的物质利益，更要关心其自我价值的实现。现代人本管理以尊重人、关心人和热爱人为出发点强调弘扬人性，给人以尊严，提倡开发人的潜能、体现人的价值，最终达到自我实现的目的。总之，人本管理的核心思想是要促使人的全面发展与成长。

2. 员工关系管理范围新变化

(1) 超组织员工管理。20世纪80年代以来，在技术进步、经济全球化以及顾客需求多样化、个性化等因素的驱动下，企业经营环境日趋复杂、动荡，迫使企业纷纷进行组织变革和管理创新企业正面临着一种新的竞争环境—不间断的变革和高度的不确定性。伴随经营环境不断变化，企业经营管理理念也发生了明显的变化。企业不断寻求自身的灵敏性与竞争优势，主动建立、改进与客户或供应商之间的战略联盟、虚拟企业等超组织关系，超组织的经营理念便应运而生。超组织的经营理念激发企业最大限度地利用外部资源以赢得竞争优势，然而企业竞争优势的发挥需要企业外的机构或人员参与，于是导致超组织人力资源管理模式的出现。

在超组织经营环境下，员工关系管理的范围不仅包括企业内部员工，还扩展到企业外部合作伙伴（销售商、供应商）的员工，反映了一种新的思维方式。

（2）跨国公司的跨文化员工管理。近年来，伴随着世界经济一体化和区域经济集团化的不断深化，企业经济的国际化已成为不可逆转的时代潮流。企业在全球范围内利用资源，与自身所拥有的资金、技术管理等方面的优势结合，从事跨国的生产经营活动，跨国公司的数量日益增长。由于跨国公司的人员来自不同文化背景，他们的价值观、语言、工作习惯可能存在很大的差异导致员工之间、合作伙伴、公司与客户之间的冲突时有发生。例如 2001 年华立公司收购了菲利普在美国的 CDMA 研发中心后，就受到了美国文化的强烈冲击；戴姆勒·克莱勒的并购案让我们看到欧洲文化和美洲文化的差异所产生的在文化理念和管理方式上的冲突。基于以上原因，跨国公司越来越多地认识到跨文化管理的重要性与必要性。如何在一个公司内部管理好多元文化成为目前学术界和企业界关注的热点问题之一。进行跨文化管理是利用跨文化优势，消除跨文化冲突，是企业成功跨国经营的战略选择。一个跨国经营的企业，必须通过跨文化理解、参与和融合，建立合适的跨文化理模式，巩固和强化自己的竞争地位，确保企业战略目标的实现。

第二节 劳动关系管理

（一）劳动关系的概念和特征

1. 劳动关系的概念

劳动关系是一个内涵十分丰富的概念。在不同的国家和不同的体制下，劳动关系又被称为劳资关系、劳使关系、雇佣关系等。不同的称谓，反映了不同国家或不同体制下劳动关系的性质和特点。

劳动关系有两种含义：一种是广义的劳动关系，一种是狭义的劳动关系。广义的劳动关系是指人们在社会劳动过程中发生的一切关系，包括劳动力的使用关系、劳动管理关系、劳动服务关系等。狭义的劳动关系是指，劳动者与用人单位之间在劳动过程中发生的关系，如工作任务、工作条件、工作时间、工作期限、劳动报酬、社会保险、生活福利、劳动纪律及其他权利和义务等。

劳动关系是社会生产过程中生产资料与劳动者结合具体表现形式。我国《劳动法》对劳动关系双方构成的具体规定为，是用人单位和劳动者的关系。

2. 劳动关系的特征

在现代市场经济条件下，劳动关系呈现出下述特征。

第一，劳动关系是实现劳动过程中发生的关系，与劳动者有着直接的联系。劳动关系以劳动为目的，以劳动力与生产资料相结合为方式，在人们运用劳动能力作用于劳动对象，实现劳动过程中发生。如果劳动力不投入使用，不和生产资料结合，不进入劳动过程，便不会产生劳动关系。

第二，劳动关系的双方当事人，一方是劳动者，另一方是提供生产资料的劳动者所在单位，如企业、事业单位、政府部门等。劳动者是劳动力的所有者和支出者，用人单位为生产资料的占有者和劳动力使用者。

第三，劳动关系兼有平等性和隶属性的特点。在劳动关系建立前，即在劳动力市场中，劳动者和用人单位是平等的主体，双方是否建立劳动关系及建立劳动关系的条件由双方按照平等自愿、协商一致的原则依法确立。在劳动关系建立后，劳动者成为用人单位的员工，是劳动力的提供者，处于被管理者地位，双方形成管理与被管理的隶属关系。

劳动关系管理在企业管理中具有关键的作用。管理者深刻理解劳动关系并能够正确地处理劳动关系问题，可以获得以下几个好处。

第一，能提高企业的盈利能力。罢工、劳动生产率低、关键员工跳槽等都是对企业赢利优势的明显破坏；而这些问题的避免有赖于良好的处理劳动关系。

第二，有利于管理者的晋升。若某个管理者所管辖的范围内经常出现劳资关系纠纷，或者某一起纠纷引起了极为严重的后果，显然，这个管理者的业绩就受到了不良的影响。因此，学习如何解决好劳动关系问题，对于一个管理者的职业发展是必不可少的。

第三，能够帮助避免纠纷。建立并保持良好的劳动关系，可以使员工在一个心情愉快的环境中工作，即使出现一些问题也能较好的解决，避免事态扩大。

第四，有利于处理日常管理中的许多问题。经理人员具备这样的观念和技能，在面临很多现实管理问题时 就能够有正确的认识，以恰当的思路来解决它们。

第五，发展专业化的管理，促进劳动者及其代表以合作的姿态解决问题，提高管理水平。

（二）劳动者的地位和权益

1. 劳动者的地位

劳动者是企业生产经营活动的主体，是企业财富的创造者，也是社会财富的创造者。任何一个企业或事业单位，没有全体劳动者的辛勤劳动，是无法达成组织目标，实现其经济效益和社会效益的。因此，劳动者在企业内处于主体地位，而经营管理者则处于主导地位，两者相辅相成，缺一不可。

2. 劳动者的权利

劳动者权利，也称劳工权益，是指处于社会劳动关系中的劳动者在履行劳动义务的同时所享有的与劳动有关的权利。劳动力个人所有，不仅是劳动力自由流动、劳动者自主让渡劳动力使用权、自主择业权的权利依据，而且是劳动者在履行劳动义务的同时所享有的与劳动有关的权利的依据。

我国的劳动法规定了劳动者在劳动关系中的各项权利，如下所述。

（1）劳动者有平等就业和选择职业的权利。劳动者有平等就业的权利。劳动就业是建立劳动关系的前提，是劳动者的一项基本权利，也是公民享有其他权利的基础。

劳动者有选择职业的权利。自由选择职业的权利有利于劳动者充分发挥个人的特长，促进劳动生产率的提高。

为了体现劳动者的就业权，国家运用经济、法律和行政等手段，扩大就业机会，提供就业服务，并确保公平就业，以达到促进劳动者充分就业的目的。

（2）劳动者有取得劳动报酬的权利。劳动报酬是指用人单位按照法律法规的规定和劳动合同约定的标准支付的货币报酬。取得劳动报酬是劳动者的一项重要权利。劳动者有权要求用人单位按照自己提供劳动的数量和质量支付劳动报酬，有权获得最低工资保障、工资支付保障和实际工资保障。随着劳动用工制度的改革，劳动报酬成为劳动合同的必备条款，用人单位的义务是及时定额的向劳动者支付劳动报酬，如果用人单位未履行这项义务，劳动者可以依法要求有关部门追究其责任。

（3）劳动者享有休息和休假的权利。休息权，是指劳动者按照法律规定享有休息和修养的权利。休息与劳动是矛盾的，但又是统一的。休息、睡眠虽然占去一定时间，但却能使劳动者消除疲劳、恢复体力、保持旺盛的工作精力，更好的从事生产或工作，提高劳动生产率或工作效率。如果工作时间过长，劳动者得不到充分休息，不仅会影响劳动者的身体健康，而且还容易发生工伤事故，影响生产或工作。有关休息休假的法律规定，既是实现劳动者休息权的重要保障，也是对劳动者进行保护的一个方面。

（4）劳动者有获得劳动安全卫生保护的权利。劳动安全卫生是劳动保护的一项重要内容，它是基于劳动过程中存在的各种不安全、不卫生因素而产生的。劳动安全卫生立法直接关系到劳动者的生命健康，关系到社会生产秩序的正常进行。劳动安全卫生保护是对劳动者生命安全和身体健康的最直接的保护。因此，劳动者有权要求用人单位提供符合劳动安全卫生标准的劳动条件和接受安全卫生知识教育，有权要求用人单位进行健康检查，有权拒绝用人单位违章指挥的劳动等。

（5）劳动者有接受职业技能培训的权利。职业技能培训是对劳动者进行的从事某种职业所必需的专业技术知识、实际操作技能和职业道德等方面的教育和培训。劳动者要实现自己的劳动权，需要掌握一定的职业技能。在现代社会，职业技能的获得，越来越依赖于专门的职业技能培训，因此劳动者有权利用用人单位提供的条件和参加用人单位组织的职业教育及技能培训，提高自己的劳动能力。

（6）劳动者享有社会保险和福利的权利。社会保险是保护劳动者对某些风险的抵御能力。对工资劳动者来说，失业、工伤、疾病、年老、生育、死亡这类风险的发生带有客观性质，不依人们的主观意志为转移。这些风险可能导致劳动者暂时或永久失去劳动能力，以及虽有劳动能力但无工可做，因而遭遇收入损失的风险。因此，劳动者有权要求用人单位按照规定缴纳养老、医疗、工伤、生育、失业等社会保险费，并有权享受社会保险待遇。

（7）劳动者有提请劳动争议处理的权利

劳动关系当事人双方有各自不同的利益，不可避免的会产生争议。劳动争议发生后，劳动者有权申请调解、仲裁、提起诉讼。

（三）劳动关系的调整机制

1. 立法调整

劳动关系在社会关系体系中占有重要地位，各国都制定了一系列法律和规章制度对劳动关系进行调整，这些法律包括劳动关系法和劳动实体法，后者包括《就业法》、《社会保障法》、《职业安全卫生法》、《限制雇佣童工法》、《公平劳动标准法》等。

2. 企业内部调整

企业内部调整劳动关系的机制主要是：集体协商制度；重视劳动协约和就业规则的作用，

建立和完善企业内部规章制度；对劳动关系双方进行“企业共同体”“伙伴关系”等的培训和教育，为劳动关系的稳定奠定良好的基础。

3. 劳动争议处理

通过处理劳动争议和不当劳动行为案件来调整劳动关系，是各国普遍采用的一种比较成熟的调整劳动关系的机制。

4. 三方性机制

劳动关系调整三方机制是指政府、工会、企业三方的代表共同参与劳动关系调整的活动及其方式，其法律依据为《劳动法》、《企业劳动争议处理条例》等国家有关法律法规。政府、用人单位、劳动者代表共同参与决定，相互影响和制衡，这是调整劳动关系的实践中形成的有效机制。

5. 劳动监察

通过劳动监察，可以及时对违反劳动法律、法规的行为进行处罚和矫正，从而保证劳动法律法规的执行，维护劳动关系双方当事人的合法权益。

第三节 劳动合同

（一）劳动合同概述

1. 劳动合同的概念

根据《劳动法》第 16 条的规定，劳动合同是劳动者与用人单位确立劳动关系、明确双方权利和义务的协议。建立劳动力关系应当订立劳动合同。劳动合同是确立劳动关系的凭证，是建立劳动关系的法律形式，是维护双方合法权益的法律保障。根据劳动合同，劳动者加入到企业、事业单位、事业机关、团体等用人组织内，担任一定职务或从事某种工作，并遵守所在单位的内部劳动规则和制度；用人方按照劳动的数量和质量支付劳动报酬，依法提供劳动条件，保障劳动者依法享有劳动保护、社会保险等合法权利。

劳动合同制度是市场经济条件下确认和形成劳动关系的基本制度。在市场经济体制下，劳动关系是通过双向选择得以确定和形成的；在计划经济体制下，中国实行的是固定工制度，企业职工能进不能出，能上不能下。劳动合同制度的实施，从法律上改变了计划经济体制下的用工制度，使用人单位和劳动者真正成为劳动关系的主体，保证了双方的选择权，实现了从身份到契约的变革。

劳动合同制度是企业人力资源管理的重要内容。现代人力资源管理是以法律为基础的人力资源管理。劳动合同制度通过明确劳动者和用人单位的权利和义务，把双方平等地置于法律的监督和保护之下，要求双方要按照合同约定履行各自的义务，享受相应的权利，从而把企业人力资源管理纳入法制化轨道。

劳动合同是处理劳动争议的法律依据。劳动法律法规只能对劳动关系主体双方的权利和义务做出原则性的规范，不可能对每个具体合同条款都作出详细规定，在发生劳动争议时，劳动合同为劳动争议处理提供了法律保障。

2. 劳动合同的法律特征

劳动合同是发生在用人单位与劳动者之间的一种法律事实或法律文件，具有以下法律特征。

(1) 劳动合同的主体是特定的。劳动合同主体一方为雇员，另一方为雇主，具体范围由国家法律确定。如根据《劳动法》第二条的规定，中国境内的各类企业、个体经济组织和与之形成劳动关系的劳动者，国家机关、事业组织、社会团体和与之建立劳动合同关系的劳动者，是签订劳动合同的主体。劳动关系是在拥有生产条件的用人单位与具有劳动权利能力、劳动行为能力的劳动者之间形成的。

(2) 劳动合同当事人法律地位是平等的。劳动合同是双方当事人之间平等自愿、协商一致达成的协议，是双方当事人意愿表示一致的产物，劳动合同的订立，能够充分体现企业的用人自主权和劳动者的择业自主权。劳动合同尽管体现了双方的"合意"，但劳动合同的条款已经相当多的受到国家法律和集体协议的约束，劳动合同主体双方的自由协商，要在国家法律规定的范围之内。

(3) 劳动合同履行中的隶属性。劳动合同签订后，劳动者成为用人单位的一员，用人单位根据劳动法律、法规和劳动合同，有权利组织和管理本单位的职工，劳动者要遵守用人单位的劳动纪律和内部劳动规则，双方在管理上存在着依从、隶属关系。这种责任上的隶属关系，是由社会化生产劳动过程中的分工要求所形成的。

(4) 劳动合同的目的在于劳动过程的完成，而不是劳动成果的实现。劳动过程是相当复杂的，并不是所有的劳动都能直接创造出劳动成果，有些劳动直接创造或实现价值，有些劳动间接创造或实现价值；有些劳动有独立的成果，有些劳动则物化在集体劳动成果中。订立劳动合同，是为了确立劳动关系，实现一定的劳动过程。劳动合作作为确立劳动关系的凭证，它只要求劳动过程的实现，只要求劳动者按照用人单位的要求从事劳动，即有权享有相应的权利。

3. 劳动合同的种类

按照不同的标准来划分，劳动合同有不同的类型。

(1) 按照劳动合同的期限划分。《劳动法》第 20 条规定："劳动合同的期限分为固定期限、无固定期限和以完成一定的工作为期限。"劳动合同期限是指劳动合同起始至终止之间的时间，或者说是劳动合同具有法律约束力的时段。

①有固定期限的劳动合同。是指明确约定合同终止时间的合同。它可以是长期的，如 5 年或 10 年；也可以是短期的，如 1 年或 3 年。期限届满，劳动关系即行终止。如果双方协商同意，还可以续订期限。

②无固定期限的劳动合同。是指没有明确规定合同终止日期的劳动合同。《劳动法》第 20 条第 2 款规定："劳动者在同一用人单位连续工作满十年以上，当事人双方同意续延劳动合同的，如果劳动者提出订立无固定期限的劳动合同，应当订立无固定期限的劳动合同。"签订这种合同的职工，可以长期在一个单位工作，用人单位不得随意辞退职工，无固定期限劳动合同，是为了保护劳动者职业的稳定与安全，防止企业只在劳动者"黄金年龄"阶段进行雇佣。但无固定期限的劳动合同不等于终身合同，只要符合法律、法规或者双方约定的条件，任何一方均可提出终止劳动关系。

2001年4月《最高人民法院关于审理劳动争议案件使用法律若干问题的解释》规定，根据《劳动法》第20条之规定，用人单位应当与劳动者签订无固定期限劳动合同而未签订的，人民法院可以视为双方之间存在无固定期限劳动合同关系，并以原劳动合同确立双方的权利、义务关系。

③以完成一定工作为期限的劳动合同。是指以完成某项工程的日期作为合同终止日期的劳动合同。

(2) 按照劳动合同产生的方式划分。可以将劳动合同划分为录用合同、聘用合同和借调合同。

①录用合同。指用人方通过面向社会，公开招收，择优录用的方式所签订的劳动合同。录用合同是劳动合同的基本形式，普遍适用于正式工和临时工的招收和录用。

②聘用合同。指聘用方与被聘用的劳动者之间签订的明确双方责、权、利的协议。一般用于聘请专家、顾问和其他专门人才

③借调合同。指借调单位、被借调单位与借调人员之间，确立借调关系，明确相互责任、权利和义务的协议。借调合同到期后，劳动者还得回原单位工作。借调合同应明确约定借调人员借调期间的工资、社会保险（包括工伤保险）及其他福利待遇，以避免产生争议。

(3) 按照用工形式划分。劳动合同可分为以下几种。

①全日制劳动合同和非全日制劳动合同。全日制劳动合同，指从事全时工作的合同；非全日制劳动合同，指从事部分时间工作的合同。

②兼职劳动合同和非兼职劳动合同。兼职劳动合同，指可以从事第二职业的合同；非兼职劳动合同，指对兼职加以严格限制的合同。

③农民轮换工劳动合同，学徒劳动合同。农民轮换工，指从农村招用的不转户口、粮食关系，不改变农民身份，定期轮换做工务农的工人，他们与用人方签订的合同称农民轮换工劳动合同。学徒劳动合同，是青年工人在就业培训期间与企业签订的劳动合同，具有工作和培训双重特性。

4. 劳动合同的法律约束力

劳动合同是调整具体劳动关系的法律手段，一经依法订立立即具有法律约束力，当事人必须履行劳动合同所规定的义务。劳动合同所具有的法律约束力主要表现在以下几方面。

第一，劳动合同一经依法订立，用人单位与劳动者之间的劳动关系得以确立，即当事人之间产生了法律意义上的劳动权利和义务关系。如果当事人一方不履行劳动合同，就要承担法律责任，其中主要是赔偿对方经济损失的责任，必要时还应承担法律规定的其他责任。

第二，当事人必须严格履行劳动合同所规定的义务，一方当事人也有权要求对方当事人全面履行劳动合同所确定的义务。一方违反合同，不履行义务，对方有权要求赔偿由此而造成的经济损失；必要时，可以请求调解、仲裁或诉诸人民法院保护自己的合法权益。

第三，未经协商，当事人不得任意变更、增减合同内容或终止合同，否则视为违反劳动合同而应承担法律责任。

第四，用人单位法人代表的更换，不影响劳动合同的法律约束力。法人代表所签订的劳动合同并不是以个人名义签订的，劳动合同所确定的权利、义务应由法人直接承担。因此，不论出于何种原因，只要劳动合同是依法签订的，就不能因法人代表的更换而影响劳动合同

的法律效力，后任法人代表必须履行原订劳动合同所确立的义务。

第五，任何单位和个人不得非法干预当事人履行劳动合同所确定的义务。由于第三人的非法干预造成一方违约而使另一方遭受经济损失的，应由违约一方先承担赔偿责任，然后由违约方向第三人追偿。

第六，双方当事人因劳动合同的订立、履行、变更、解除和终止发生争议，经协商不能解决的，均可向当地劳动争议仲裁机构申请仲裁，对仲裁裁决不服的，还可以在规定期限内向人民法院提起诉讼。

5. 劳动合同的形式

从世界各国劳动合同的立法实践来看，大多数国家采用书面合同的形式。我国《劳动法》第 19 条规定："劳动合同应当以书面形式订立"。《劳动法》将书面劳动合同视为劳动者与用人单位建立劳动关系的唯一合法形式，排除了以口头形式订立劳动合同确立劳动关系的情况。以书面形式订立的劳动合同，能够明确记载当事人的权利和义务，便于管理机关进行监督检查，一旦发生劳动争议，是劳动争议调解委员会、仲裁委员会及人民法院处理劳动争议的依据。

6. 劳动合同的内容

劳动合同的内容，是指劳动者与用人单位依照法律规定和双方协商约定的关于劳动权利、义务的条款，它是双方合意的对象和结果，是劳动关系的具体体现。劳动合同的条款根据《劳动法》第 19 条的规定，包括必备条款和协商条款。

（1）法定条款。法定条款是由法律法规直接规定的劳动合同必须具备的条款。我国《劳动法》第 19 条规定，劳动合同应当具备以下条款："劳动合同期限；工作内容；劳动保护和劳动条件；劳动报酬；劳动纪律；劳动合同终止的条件；违反劳动合同的责任"。

①劳动合同期限。劳动合同期限，是指劳动合同的有效时间，即劳动权利义务关系的存续期限，始于劳动合同的生效之日，延续到劳动合同的终止之时。除了依法允许订立不定期合同的情况外，都应当规定有效期限，其中包括合同的生效日期和终止日期，或者决定合同有限期限的工作（工程）项目。根据《劳动法》第 20 条规定："劳动合同的期限分为有固定期限、无固定期限和以完成一定工作为期限"。具体采取哪种合同期限，由双方当事人协商选择。

有固定期限的劳动合同期满后，因用人单位方面的原因未办理终止或续订手续而形成事实劳动关系的，视为续订劳动合同。用人单位应及时与劳动者协商合同期限，办理续订手续。由此给劳动者造成损失的，该用人单位应当依法承担赔偿责任。

无固定期限劳动合同的签订，一方面，由双方当事人协商选择；另一方面，在一定条件下成为用人单位的一项法定义务。《劳动法》第 20 条第 2 款从维护劳动者的切身利益出发把劳动者对用人单位的劳动贡献与其职业保障联系起来，并加以特别规定，即"劳动者在同一用人单位连续工作满十年以上，当事人双方同意续延劳动合同的，如果劳动者提出订立无固定期限的劳动合同，应当订立无固定期限的劳动合同。"对于在本企业连续工作已满 10 年的临时工，续订劳动合同时，也应当按照《劳动法》的规定，如果本人要求，应当订立无固定期限的劳动合同，并在劳动合同中明确其工资、保险待遇。用人单位及其本人应当按照国家规定缴纳社会保险费用，并享受有关的保险福利待遇。

以完成一定工作为期限的劳动合同，是一种特殊的定期劳动合同，约定任务完成，劳动合同即自行终止。

劳动合同期限包括试用期。

②工作内容。工作内容是对劳动者设立的义务条款。工作内容包括劳动者在劳动合同有效期内所从事的工作岗位（工种），工作时间、地点或场所，劳动者在生产上或工作岗位上应当达到的数量指标和质量指标。

③劳动保护和劳动条件。劳动保护，是指用人单位为了保障劳动者在劳动过程中身体健康与生命安全，预防伤亡事故和职业病的发生采取的各项措施。国家有规定的，用人单位必须严格执行国家规定的劳动保护标准，劳动合同中约定劳动保护只能高于国家标准，而不得低于国家标准；国家没有规定标准的，劳动合同中约定的标准以不使劳动者的生命安全受到威胁、身体健康受到侵害为前提条件；劳动者有特别要求的，经与用人单位协商同意，亦应在合同中写明。

劳动条件是指用人单位对劳动者从事某项劳动提供的必要条件。劳动条件是劳动合同中不可缺少的内容，用人单位只有在保证提供必要的劳动条件下，才能要求劳动者完成所给付的劳动任务。特别是劳动过程需要对劳动条件有特别要求的，双方当事人应在合同中明确具体的加以规定，以避免劳动纠纷的发生。

详细的劳动保护和劳动条件应当包括：加班加点、工作班制；劳动工作条件和劳动工具；生产工艺流程、安全操作规程、安全卫生制度及其标准；健康检查；女职工及未成年工特殊保护和伤亡事故的处理等。

④劳动报酬。劳动报酬是指劳动者直接基于劳动关系而获得的各种形式的物质补偿，即用人单位依据劳动法律、行政法律及劳动合同的约定支付给雇佣的工资、奖金、津贴等。劳动者的劳动报酬主要以货币的形式实现，其中工资是劳动报酬的基本形式，奖金与津贴也是劳动报酬的组成部分。获得劳动报酬是劳动者履行劳动义务后必须享受的劳动权利，支付劳动报酬是用人单位的一项基本义务。劳动合同中劳动报酬的条款必须符合国家的有关法律、法规和政策的规定，工资的约定标准不得低于最低工资标准，也不得低于本单位集体合同中规定的最低工资标准。

⑤劳动纪律。劳动纪律是指劳动者在用人单位必须遵守的工资秩序和劳动规则。劳动纪律是用人单位进行生产经营活动、规范劳动行为、完成工作任务的保障条件，因而是劳动者必须履行的一项义务。劳动纪律包括上下班纪律、安全技术、生产卫生规程、设备保养纪律、防火和预防其他事故的日常纪律等。为保证集体劳动的顺利进行，单位内部劳动规章制度，以合同附件的形式成为劳动合同的重要内容，要求劳动者严格遵守，因此用人单位的劳动纪律要注意内容合法、经过民主程序，并向劳动者公示。

⑥劳动合同终止的条件。劳动合同终止的条件，是指引起劳动合同关系消灭的原因，包括法定终止条件和约定终止条件两种。法定终止条件是指法律直接规定劳动合同终止的情形，一旦这种情形出现，劳动合同即告终止。约定终止条件是指双方在法律规定的基础上，就劳动合同的终止进行约定。在法律没有明确规定劳动合同终止条件的情形下，劳动合同当事人双方可以协商终止条件，但必须遵循平等自愿、协商一致的原则，而且不能违反法律规定。约定条件具备时，劳动关系终止。

⑦违反劳动合同的责任。违反劳动合同的责任，是指由于劳动合同一方当事人不履行或不完全履行劳动合同，以及违反《劳动法》规定的条件解除劳动合同给对方当事人造成损失时，应当在法律上承担的后果，即应承担的行政责任、经济责任和司法责任。《劳动法》对当事人违反劳动合同的法律责任作出了原则性规定，即用人单位因违反和解除劳动合同给劳动者造成损失的，要承担赔偿责任；劳动者因解除劳动合同或违反约定保密事项给用人单位造成损失的，要承担赔偿责任。劳动部于 1994 年 12 月 3 日发布的《违反和解除劳动合同的经济补偿办法》，规定了用人单位因违反和解除劳动合同给劳动者的经济补偿标准。在劳动合同中明确规定违约责任，有助于督促双方当事人自觉履行合同所规定的各项条款，维护当事人双方的合法权益。

劳动合同的必备条款中没有规定“社会保险”，因为社会保险在全社会范围内依法执行，并不是订立合同的双方当事人所能协商解决的。

(2) 约定条款。约定条款，是指劳动合同双方当事人在劳动合同中协商约定的具体内容。除法定条款之外，劳动合同的双方当事人可以根据实际需要，在协商一致的基础上规定其他补充条款。约定条款的内容只要不违反法律、法规的规定，同法定条款一样，对当事人具有法律约束力。一般常见的约定条款有以下几种。

①试用期。所谓试用期，又叫适应期，是指用人单位和劳动者为相互了解、选择而在劳动合同中约定的不超过 6 个月的考察期，目的是让劳动者和用人单位相互考察，以决定是否维持劳动关系。《劳动法》规定，劳动合同可以约定试用期，“可以”是指劳动合同中的约定试用期，不是必备条款，而是协商条款，是否约定由劳动者和用人单位协商决定。但是，只要协商约定试用期，就必须遵守有关试用期的规定。由于试用期限既关系到当事人解除劳动合同的条件，又关系到劳动者的劳动待遇标准，因此必须明确具体。《劳动法》第 21 条规定：“劳动合同可以约定试用期，但最长不得超过 6 个月。”

按照规定，劳动合同中可以约定不超过 6 个月的试用期。劳动合同在 6 个月以下的，试用期不得超过 15 日；劳动合同在 6 月以上 1 年以下的，试用期不得超过 30 日；劳动合同期限在 1 年以上 2 年以下的，试用期不得超过 60 日。试用期适用于初次就业或再次就业后改变工作岗位或工种的劳动者，对工作岗位没有发生变化的劳动者只能试用一次。试用期不得延长。

②保守商业秘密。《劳动法》第 22 条规定：“劳动合同当事人可以在劳动合同中约定用人单位商业秘密的有关事项。”商业秘密，是指不为公众所熟悉、能给用人单位带来经济利益、被用人单位采取保密措施的技术、经济和管理信息。劳动者保守用人单位的商业秘密，是职业道德的基本要求。在市场经济条件下，由于竞争的需要，商业秘密的保护显得尤为重要。商业秘密不仅直接关系到用人单位的经济利益，而且可能直接关系到用人单位的生存问题。劳动过程涉及商业秘密的，当事人应当对有关保密事项在劳动合同中加以明确规定，对因违反约定保密事项，披露、使用或者允许他人使用其所掌握的商业秘密，给用人单位造成损失的，要承担赔偿责任。

③补充保险和福利的待遇。用人单位和劳动者除依法参加社会保险外，可以协商约定补充养老保险、补充医疗保险和其他福利待遇条款。

④其他事项。劳动合同当事人具体需要的多样性，使得许多事项如住房、带薪休假、子女就学、人身意外伤害保险问题等，都可能成为劳动合同的内容，在不违反国家法律和行政

法规的条件下，只要双方协商一致，这些内容均可成为合法、有效并对当事人产生法律约束力的约定条款。

（二）劳动合同的订立与履行

劳动合同的订立，是指劳动者与用人单位之间为建立劳动关系，依法就双方的权利义务协商一致，设立劳动合同关系的法律行为。

1. 劳动合同订立的原则

我国《劳动法》第 17 条规定："订立和变更劳动合同，应遵循平等自愿、协商一致的原则，不得违反法律、行政法规的规定"，明确了劳动者与用人单位签订劳动合同必须遵循的三项基本原则。

（1）平等自愿的原则。平等，是指订立劳动合同的双方当事人具有相同的法律地位。在订立劳动合同的过程中，双方当事人都以平等的身份出现，不存在任何依附关系，都有权选择对方并就合同内容表达各自独立的意志。

自愿，是指订立劳动合同完全是出自双方当事人自己的意志，劳动合同当事人在主张自己的权益时，任何一方不得将自己的意志强加给对方，也不允许第三者进行非法干预。凡采取欺诈、胁迫等手段，把自己的意愿强加给对方，均不符合自愿原则。

对于双方当事人来讲，平等是自愿的前提和基础，自愿是平等的表现，两者相辅相成，才能真正体现平等自愿的原则。

（2）协商一致的原则。协商一致，是指劳动合同双方当事人在充分表达自己意思的基础上，经过平等协商，达成一致意见，再签订劳动合同。协商一致是平等自愿的最好体现。在订立合同的过程中，劳动者与用人单位双方如果不能就劳动合同的期限、内容、劳动条件等条款，在进行充分协商的基础上，达成双方对劳动权利、义务意思表示的一致，劳动合同就不能成立。协商一致的原则，是维护劳动关系主体双方合法权益的基础。

（3）不得违反法律、行政法规的原则。不得违反法律、行政法规的规则，即劳动合同的合法原则，是劳动合同有效并受国家法律保护的前提条件。合法原则的基本要求有以下几个方面。

①订立劳动合同的主体必须合法。订立劳动合同的双方当事人必须具备法律、法规规定的主体资格。作为劳动者，必须达到法定就业年龄（年满 16 周岁），具有劳动权利能力和劳动行为能力；作为用人单位，必须具有法人资格，个体工商户必须具备民事主体的权利能力和行为能力。用人单位招收未成年人，应当符合国家的有关规定。

②订立劳动合同的目的必须合法。当事人不得以订立劳动合同的合法形式掩盖非法意图和违法行为。对于劳动者来说，是为了实现劳动就业，获得劳动报酬，以维持生活和发展；对用人单位来说，是为了使用劳动力来组织社会生产劳动，发展经济。

③订立劳动合同的内容必须合法。双方当事人在劳动合同中所设定的权利义务条款必须符合国家法律、法规和政策规定。如果劳动合同中约定"发生工伤事故，单位概不负责"或"单位不负责缴纳社会保险"等，都属于劳动合同内容违法的条款。

④订立劳动合同的程序必须合法。即劳动合同的订立要按照国家法律、行政法规规定的步骤和方式进行，要约和承诺要符合法律规定的要求。

⑤订立劳动合同的行为必须合法。即双方当事人在订立劳动合同时，必须以自己的实际行动来体现劳动合同的合法性，如果在订立劳动合同的过程中存在合谋、欺诈等违法行为，

尽管是自愿、平等的，也属于违法合同。

2. 劳动合同的订立程序

劳动合同的订立程序，是指劳动者和用人单位在订立劳动合同的过程中应履行的手续和必须遵循的步骤。根据《劳动法》的有关规定及订立劳动合同的实践，签订劳动合同的程序一般如下所陈述。

(1) 提议。在签订劳动合同前，劳动者和用人方提出签订合同建议，成为要约，如用人方通过招工简章、广告、电台等渠道提出招聘要求，另一方接受建议并表示完全同意，成为承诺。一般由用人方提出劳动合同草案。所谓草案，是由用人单位单方面提出的、供用人单位和劳动者协商使用的合同文书草本。用人单位向劳动者提出合同草案的条款进行修改，并提出自己的意见。

(2) 协商。在用人单位提供劳动合同草案和向劳动者介绍内部劳动规章制度的基础上，当事人双方对将要签订的劳动合同草案进行认真磋商，也可就需要补充的条款进行协商。经过讨论、研究，互相让步，最后达成一致意见。要约双方的要约经过双方反复提出不同意见，最后在新要约的基础上表示新的承诺。在双方协商一致后，协商即告结束。

(3) 签约。在认真审阅合同文书，确认没有分歧后，用人单位的法定代表人（负责人）或者其书面委托的代理人代表用人单位与劳动者签订劳动合同。劳动合同由双方分别签订或者盖章，并加盖用人单位印章，劳动者一方不得由他人代签。订立劳动合同可以约定生效时间。没有约定的，以当事人签字或者盖章的时间为生效时间。当事人签字或者盖章时间不一致的，以最后一方签字或者盖章的时间为准。劳动合同书未经劳动者签字不发生法律效力。

3. 劳动合同的履行

劳动合同的履行，是指劳动合同当事人双方按照劳动合同规定的条件，履行自己所应承担义务的行为。《劳动法》第 17 条第 2 款规定："劳动合同依法订立即具有法律处约束力，当事人必须履行劳动合同规定的义务。"劳动合同的履行，并不是当事人一方所能完成的，必须由当事人双方共同完成。只有当事人双方各自履行自己所应该承担的义务，才能保证劳动合同的履行。

根据《劳动法》第 17 条第 2 款规定，履行劳动合同应遵循的原则有以下两个方面。

(1) 全面履行原则。劳动合同规定的各项条款有其内在联系，当事人任何一方不得分隔履行某些条款约定的义务或者不按合同约定履行。当事人双方必须按合同约定的时间、地点和方式，全面履行劳动合同规定的各项义务。只有当事人双方按约定全面履行自己的义务，才能保证劳动合同得以全面履行。

(2) 实际履行原则。实际履行的原则意味着劳动关系以特定的法人（包括非法人实体经济组织）和劳动者为主体，双方均不得由他人顶替，其权利必须亲自享受，不得转让；义务必须亲自履行，不得代替或转移。由于劳动合同中所确定的当事人一方的义务即是对方当事人的权利，因此劳动合同当事人应全面、实际履行劳动合同所规定的义务来获取自身权利的实现。

（三）劳动合同的变更、解除与终止

1. 劳动合同的变更

(1) 劳动合同变更的含义。劳动合同的变更，是指劳动合同双方当事人就一已订立的劳动合同条款达成修改、补充协议的法律行为。劳动合同的变更，其实质是双方的权利、义务发生改变。合同变更的前提是双方已存在着合法的合同关系，变更的原因主要是客观情况发生变化，变更的目的是为了继续履行合同。劳动合同的变更一般限于内容的变更，不包括主体的变更。

劳动合同一经签订，即产生相应的法律效力，双方当事人应当按照约定履行自己的义务，不得擅自变更合同。但是，由于用人单位生产经营和工作条件及劳动者自身情况的变化，往往需要对原来订立的劳动合同进行一些调整。因此劳动法律、法规对合同的变更、解除和终止做出了一些规范要求，劳动合同的当事人必须依照这些规范要求认真履行。

劳动合同的变更，要遵循平等自愿、协商一致的原则，任何一方不得将自己的意志强加给对方。

(2) 劳动合同变更的条件。

①订立劳动合同时所依据的法律、法规、规章发生变化，应当依法变更劳动合同的相关内容。

②订立劳动合同时所依据的客观情况发生重大变化，致使劳动合同无法履行，当事人一方要求变更其相关内容，如企业破产、调整生产任务；劳动者部分丧失劳动能力或身体健康情况发生变化而引起的合同变更等。

③用人单位发生合并或者分立等情况，原劳动合同继续有效，劳动合同由继承权利义务的用人单位继续履行。用人单位变更名称的，应当变更劳动合同的用人单位名称。

(3) 劳动合同变更的程序。劳动合同变更的程序，一般要经过提议、协商、签订三个阶段，即先由要求变更劳动合同的一方向对方提出变更建议，说明变更劳动合同的理由及修改内容；对方收到变更建议以后，双方进入协商阶段。如果一方同意接受另一方提出的变更建议，双方就可以签订新的协议；如果变更建议不能或不能全部被对方接受，双方需要继续协商，直到意见一致，或维持或变更原劳动合同的相关条款。如果协商过程中发生争执，任何一方都可以向当地劳动争议仲裁机构申请仲裁。

2. 劳动合同的解除

劳动合同解除，是劳动合同在期限届满之前，双方或单方提前终止劳动合同关系的法律行为。劳动合同解除分为法定解除和协商解除。法定解除，是指因发生法律、法规或劳动合同规定的情况，提前终止劳动合同的法律效力。协商解除，是指当事人双方经协商一致，提前终止劳动合同的法律效力。

(1) 经双方协商同意解除劳动合同。《劳动法》第 24 条规定："经劳动合同当事人协商一致，劳动合同可以解除。"双方协商解除劳动合同，必须坚持平等自愿、协商一致的原则

(2) 用人单位可以解除劳动合同的条件。《劳动法》第 25 条规定，劳动者有下列情形之一的，用人单位可以解除劳动合同：

①在试用期间被证明不符合录用条件的；

②严重违反劳动纪律或者用人单位规章制度的；

③严重失职，营私舞弊，对用人单位利益造成重大损害的；

④被依法追究刑事责任的。

《劳动法》第 26 条规定，劳动者有下列情况之一的，用人单位可以解除劳动合同，但是

应当提前 30 日以书面形式通知劳动者本人：

①劳动者患病或者非因工负伤，医疗期满后，不能从事原工作也不能从事由用人单位另行安排的工作或者不符合国家和本市从事有关行业、工种岗位规定，用人单位无法另行安排工作的；

②劳动者不能胜任工作，经过培训或者调整岗位，仍不能胜任工作的；

③劳动合同订立时所依据的客观情况发生重大变化，致使原劳动合同无法履行，经当事人协商不能就变更劳动合同达成协议的。

《劳动法》第 27 条规定："用人单位濒临破产进行法定整顿期间或者生产经营发生严重困难，确需裁减人员的，应当提前 30 日向工会或者全体职工说明情况，听取工会或者职工的意见，经向劳动行政部门报告后，可以裁减人员。"该条第 2 款还规定："用人单位依据本条规定裁减人员，在 6 个月内录用人员的，应当优先录用裁剪的人员。"

(3) 用人单位不得解除劳动合同的条件。为了保护劳动者合法权益，防止不公正解雇，《劳动法》除规定用人单位合同的情况外，还规定了用人单位不得解除劳动合同的情形。《劳动合同》第 29 条规定，劳动者有下列情形之一的，用人单位不得依据《劳动法》第 26 条、第 27 条的规定解除劳动合同：

①患职业病或者因公负伤被确认丧失或部分丧失劳动能力的；

②患病或者负伤，在规定的医疗期内的；

③女职工在孕期、产期、哺乳期内的；

④法律、行政法规规定的其他情形。

用人单位解除劳动合同，在不得解除劳动合同的条件与解除劳动合同的条件发生抵触时，应服从不得解除劳动合同的条件。

(4) 劳动者可以解除劳动合同的条件。《劳动法》第 31 条规定："劳动者解除劳动合同，应当提前 30 日以书面形式通知用人单位。"

《劳动法》第 32 条规定，有下列情形之一的，劳动者可以随时通知用人单位解除劳动合同：

①在试用期内的；

②用人单位以暴力、威胁或者非法限制人身自由的手段强迫劳动的；

③用人单位未按照劳动合同约定支付劳动报酬或者提供劳动条件的。

(5) 解除劳动合同的经济补偿。是指因解除劳动合同而由用人单位给予劳动者的一次性的经济补偿金。为了使劳动者在暂时中断劳动过程的一段时间内能够维持生活，《劳动法》第 28 条规定："用人单位依据本法第 24 条、第 26 条、第 27 条的规定解除劳动合同的，应当依照国家有关规定给予经济补偿。"我国现行解除劳动合同的经济补偿金标准，主要依照 1994 年 12 月原劳动部印发的《违反和解除劳动合同的经济补偿办法》执行。对双方协商，劳动者不能胜任工作而由用人单位解除劳动合同的，用人单位应根据劳动者在本单位工作的年限，工作时间满一年，发给相当于 1 个月工资的经济补偿金，最多不超过 12 个月；工作时间不满 1 年的，按 1 年的标准发给经济补偿金。对经济性裁员、因患病解除劳动合同或因客观情况变化不能就变更劳动合同达成协议而解除劳动合同的，用人单位应按照劳动者在本单位的工作年限，每满一年发给相当于 1 个月工资的经济补偿金。对患病解除合同的，还应当发给不低于 6 个月工资的医疗费；患重病和绝症的还应该增加医疗补助，患重病的增加部分不低于医疗补助的 50%，患绝症的增加部分不低于医疗补助费的 100%。对用人单位强迫劳动，劳动者解除劳动合同的，用人单位应当按照劳动者在本单位的连续工作年限，每满 1 年发给劳动者 1 个月工资的经济补偿金，工作年限不满 1 年的按照 1 年计算。

3. 劳动合同的终止

劳动合同的终止，是指劳动合同期限届满、双方当事人约定的终止条件出现，或者一方当事人消失，劳动合同无法继续履行时结束劳动合同关系的行为。

《劳动法》第 23 条规定："劳动合同期或者当事人约定的劳动合同终止条件出现，劳动合同即行终止。"符合下列条件之一的，劳动合同即行终止：

①劳动合同期限届满的；

②劳动合同约定的终止条件出现的；

③劳动者达到法定的退休条件的；

④劳动者死亡或者被人民法院宣告失踪、死亡的；

⑤用人单位依法破产、解散的。

为了保护劳动合同当事人双方的合法权益，终止劳动合同必须依法进行。对职工患病或非因工负伤在规定的医疗期内及女职工在孕期、产期、哺乳期内的，即使劳动合同期满，用人单位也不能终止劳动合同，必须延续到医疗期满或孕期、产期、哺乳期满。

对于劳动合同期满，但未办理手续的情况，《最高人民法院关于审理劳动争议案件适用法律若干问题的解释》规定，劳动合同期满后，劳动者仍在原用人单位工作，原用人单位未表示异议的，视为双方同意以原条件履行劳动合同。

根据劳动法第二十条规定，用人单位应当与劳动者签订无固定期限劳动合同而未签订的，人民法院可以视为双方之间存在无固定期限劳动合同关系，并以原劳动合同确定双方的权利、义务关系。

劳动合同的终止，是否涉及经济补偿金的问题，根据 1995 年 8 月 4 日原劳动部关于贯彻执行《中华人民共和国劳动法》若干问题的意见，劳动合同期满或当事人约定的劳动合同终止条件出现，劳动合同即行终止，用人单位可以不支付劳动者经济补偿金，但国家另有规定，可以从其规定。如《国营企业实行劳动合同制暂行规定》、《全民所有制企业招用农民合同制工人的规定》中有关支付劳动者生活补助费的规定，适用于国有企业终止劳动合同的情况。

（四）违反劳动合同的责任

违反劳动合同的责任，是指当事人违反劳动法关于劳动合同的规定或关于劳动合同的约定并给双方造成一定损失所应承担的相应的法律责任。

1. 用人单位违反劳动合同的责任

用人单位订立无效合同的法律责任。用人单位通过欺诈、威胁、强迫等手段订立的劳动合同及劳动合同内容违反法律规定的，均构成无效劳动合同。《劳动法》第 97 条规定："由于用人单位的原因订立的无效合同，对劳动者造成损害的，应当承担赔偿责任。"

《劳动法》第 98 条规定，用人单位违反本法规定的条件解除劳动合同或者故意拖延不订立劳动合同的，由劳动行政部门责令改正；对劳动者造成损害的，应当承担赔偿责任。

用人单位违反规定或劳动合同的约定侵害女职工或未成年工合法权益的，由劳动行政部门责令其改正，处以罚款；对女职工或者未成年工造成损害的，应当承担赔偿责任。

用人单位解除劳动合同未按照规定支付经济补偿金的责任，并对具体的补偿标准做了规定：用人单位解除劳动合同后，未按规定给予劳动者经济补偿，除全额发给经济补偿金外，还须按该经济补偿金数额的50%支付额外经济补偿金。

用人单位招用尚未解除劳动合同的劳动者，给原用人单位造成经济损失的，该用人单位应承担连带赔偿责任。其连带赔偿的份额不低于对原用人单位造成经济损失总额的70%。法律对连带赔偿的份额作出严格划分，其目的在于保护劳动关系的稳定性。

2. 劳动者违反劳动合同的责任

劳动者违反劳动法律、法规或劳动合同的约定，给用人单位造成经济损失的，应承担赔偿责任。

用人单位招收录用其所支付的费用。

用人单位为其支付的培训费用。

对生产、经营和工作造成的直接经济损失。其中，劳动者违反劳动合同中约定的保密事项，对用人单位造成经济损失的，按《反不正当竞争》第20条给予赔偿；违反约定保密义务给用人单位造成重大损失或者特别严重后果的，即构成侵犯商业隐秘罪，应按刑法的有关规定定罪处罚。

（五）集体合同

集体合同，也称团体协议、集体协议，是集体协商双方代表根据法律、法规规定就劳动报酬、工作时间、劳动安全卫生、保险福利等事项在平等协商一致的基础上签订的书面协议。

我国《劳动法》第33条规定："企业职工一方与企业可以就劳动报酬、工作时间、休息时间、劳动安全卫生、保险福利等事项，签订集体合同。"

1. 集体合同与劳动合同

集体合同与劳动合同联系密切。集体合同与劳动合同都是关于劳动关系方面的协议，规定的都是劳动者与用人单位在劳动关系中相互的权利和义务，均受劳动法的调整；集体合同与劳动合同的共性是都要遵循平等协商、意思表示一致，内容合法等基本原则。但是，两者也有明显的区别。

（1）主体不同。集体合同的主体一方是企业，另一方是工会或者职工代表，所以称为团体协议，或集体协议；《劳动法》第33条规定："集体合同由工会职工与企业签订；没有建立工会的企业，由职工推举的代表与企业签订。"劳动合同的主体一方是用人单位，另一方是劳动者个人，所以劳动合同也称为个体劳动协议。

（2）目的不同。集体合同的直接目的是规定本单位职工的一般劳动条件，改善劳动关系；劳动合同的直接目的是确立劳动关系，明确用人单位与劳动者双方的权利和义务。

（3）内容不同。集体合同所规定的内容具有普遍适用性的特点，包括职工集体的劳动报酬、工作时间、休息时间、劳动安全卫生、保险福利等，规范的是整个企业劳动关系双方的劳动权利和劳动义务；劳动合同所规定的劳动关系是劳动者个人与用人单位之间的权利与义务关系，合同内容只涉及单个劳动者的劳动条件和福利待遇，其适用范围具有特定性。

（4）合同期限不同。集体合同的期限多以一年为限，最长不得超过三年；劳动合同的期限分为有固定期限、无固定期限和以完成一定任务为期限的三种形式，即使有固定期限的劳动合同，我国法律也未作期限上的限制，完全由双方当事人自愿协商订立。

（5）产生的时间不同。集体合同产生于劳动关系运行过程中；劳动合同产生于作为当事人一方的劳动者参加劳动前，是劳动者个人建立劳动关系的法律凭证。

（6）生效要件不同。集体合同的签订，首先要由集体劳动关系主体双方依法产生的代表进行协商，草拟集体合同草案；其次，集体合同草案应当提交职工代表大会或者全体职工讨论通过；然后由双方首席代表签字盖章；最后报送劳动行政部审查，劳动行政部门自收到集体合同文本之日起15日内未提出异议的，集体合同即行生效。《劳动法》第17条第二款规定："劳动合同依法订立即具有法律约束力，当事人必须履行劳动合同规定的义务。"

（7）效力不同。《劳动法》第35条规定："依法签订的集体合同对企业和企业全体职工具有约束力。职工个人与企业订立的劳动合同中劳动条件和劳动报酬等标准不得低于集体合同的规定。可见，集体合同的法律效力高于劳动合同的法律效力。

2. 集体合同的内容

集体合同的内容，是指在集体合同中明确规定的双方当事人的权利义务条款。它是职工集体劳动权益的体现。

集体合同的内容，根据《劳动法》第33条和《集体合同规定》，应该包括以下内容：劳动报酬；工作时间；休息休假；保险福利；劳动安全与卫生；职业培训；合同期限；变更、解除、终止集体合同的协商程序；双方履行集体合同的权利和义务；履行集体合同发生争议时协商处理的约定；违反集体合同的责任；双方认为应当协商约定的其他内容。

集体合同的内容表现为集体合同条款，这些条款可以分为三类。

（1）标准性条款。即规定劳动标准的条款，包括劳动报酬、工作时间、休息休假、劳动安全卫生、保险福利等，是集体合同的核心内容，职工与用人单位订立的劳动合同中有关劳动条件和劳动报酬等标准不得低于集体合同中标准性条款的规定。

（2）目标性条款。即规定在合同期限内应达到的具体目标和实施这些具体目标的措施条款，具体措施分为用人单位采取的措施、工会采取的措施，以及用人单位和工会共同采取的措施。

（3）程序性条款。即规定集体合同自身运行的程序规则的条款，包括集体合同的订立、履行、变更、解除、终止、续订，以及违反集体合同责任的承担和集体合同争议处理等，是维护主体双方合法权益不可缺少的程序保证。

3. 集体合同的效力

集体合同的效力，是指集体合同发生作用的范围，包括时间效力、对人和合同效力。

集体合同的时间效力由双方当事人协商确定，集体合同期限为1～3年，是有限固定期限的，集体合同只在其存续期间有效。

（1）集体合同对人的效力

《劳动法》第35条规定，依法签订的集体合同对企业的全体职工具有约束力。集体合同的效力对于工会会员、非工会会员都适用。集体合同生效以后，被企业录用的职工，也要受集体合同的约束。也不因为企业法人代表的变动而影响集体合同的效力。

（2） 集体合同对企业的约束力

对于签订集体合同的企业来说，集体合同对本企业全部劳动合同都具有约束力。职工个人对企业订立的劳动中劳动条件和劳动报酬等标准不得低于集体合同的规定，也就是说，劳动合同关于劳动者利益的规定，可以高于但不低于集体合同的标准，若低于这些，就有集体合同的相应规定取而代之。同时，在企业合同中有规定而劳动合同未作规定或规定不明确时，可视集体合同的规定为劳动合同内容的当然补充。

4. 集体合同的订立、履行、变更和终止

(1)集体合同的订立。集体合同的订立，是指企事业单位工会或职工代表企事业单位行政或雇主之间，为规定职工集体劳动条件，依法就集体合同条款经过协商一致，设立集体合同关系的法律行为。

《劳动法》第 33 条规定："集体合同由工会代表职工与企业签订；没有建立工会的企业，由职工推举的代表与企业签订。订立集体合同应当遵循合法、协商一致、当事人地位平等的原则。

集体合同的订立，要履行下列程序。

①集体协商。集体协商，是指企业工会或职工代表与企业为签订集体合同草拟合同草案进行的行为。

②审议。将集体合同草案提交职工代表大会或全体职工讨论、审议。

③签字。集体合同草案经职工代表大会或全体职工讨论过后，由双方首席代表签字或盖章。

④报送审查、备案。集体合同签订后应当报送劳动行政部门。劳动行政部门就合同双方的资格是否合法律、法规的规定，集体协商是否按照法律、法规的原则和程序进行，集体合同的各项具体劳动标准是否符合法律、法规规定的最低标准，进行审查。

⑤公布。劳动行政部门自收到集体合同文本之日起 15 日内未提出异议的，集体合同即行生效，集体合同的双方应及时以适当的形式向各自代表的全体成员公布已生效的集体合同。

(2)集体合同的履行。集体合同的履行，是指集体合同依法生效后，双方当事人按照合同约定履行自己应承担义务的行为。

履行集体合同应当坚持实行履行、全面履行和协作履行的原则，应针对不同的合同条款采取不同的履行方式。关于劳动标准的条款，要求当事人在集体合同的有效期内按照集体合同规定的各项标准签订个人劳动合同，以确保个人劳动合同的劳动标准不低于集体合同规定的标准。关于目标性条款，当事人应当按照要求，自觉地履行各自的义务。关于程序性条款，要求当事人对涉及集体合同的订立、履行、变更、解除、终止、续订及违约责任的承担等运行规则时应依程序办理。

(3)集体合同的变更。集体合同的变更，是指已经有效的集体合同在尚未完毕之前，因订立集体合同所依据的主客观情况发生变化，当事人依照法律规定的程序对原合同条款所作的修改或补充。作为集体合同变更的主客观情况主要有：

①订立集体合同所依据的劳动法律、法规和政策被修改或废止；

②企业停产、兼并、转让，使集体合同无法完全履行；

③因发生不可抗力因素，如战争、水灾等，使集体合同无法履行；

④双方约定的变更集体合同的条件出现；

⑤其他需要变更集体合同的情况出现。

(4)集体合同的终止

集体合同的终止,是指因某种法律事实的发生而导致集体合同法律关系消灭。集体合同期限届满、集体合同主体一方资格消灭、集体合同主体约定的终止出现,集体合同即行终止。

5. 集体合同争议处理

根据《劳动法》第 84 条的规定,集体合同争议划分为两类:因签订集体合同发生的争议和因履行集体合同发生的争议。

(1)因签订集体合同发生的争议。因签订集体合同发生争议的情况,《劳动法》第 84 条规定:"因签订集体合同发生争议,当事人协商解决不成的,当地人民政府劳动行政部门可以组织有关各方处理。"明确规定了因签订集体合同发生争议时,可以采取由当事人协商或由劳动行政部门协调解决处理两种方式。劳动部 1994 年制定的《集体合同规定》中,对因签订集体合同发生争议的处理方式做了具体的规定:因签订集体合同发生争议,双方当事人不能自行解决的,当事人一方或双方可向劳动行政部门的劳动争议协调机构书面提出处理申请;未提出申请的,劳动行政部门认为必要时可视情况处理。因此,签订集体合同发生的争议,双方当事人应协商解决;当事人协商解决不成的,当事人一方或双方可以向劳动行政部门的劳动争议协调机构提出协调处理申请;未提出申请的,当地人民政府行政部门认为必要时可以组织有关各方协调处理。

根据劳动部 1994 年制定的《集体合同规定》,劳动行政部门处理因签订集体合同发生的争议,应自受理之日起 30 日内结束。争议复杂或遇影响处理的其他客观原因需要延期的,延期最长不得超过 15 日。劳动争议协调处理机构处理因签订集体合同发生的争议时,应由工会和企业行政双方当事人各选派代表 3～10 名,并指定一名首席代表参加。代表产生的方式与集体协商代表产生的办法相同。

协调处理因签订集体合同发生的争议后,由劳动行政部门制作《协调处理协议书》,双方当事人首席代表和协调处理负责人共同签字盖章。《协议处理书》下达后,双方应当执行。

(2)因履行集体合同发生的争议。因履行集体合同发生的争议,归属于权利争议。权利争议的含义是指劳动关系当事人围绕执行法律条文、履行集体合同或劳动合同发生的争议。我国《劳动法》规定:"因履行集体合同发生争议,当事人协商解决不成的,可以向劳动争议仲裁委员会申请仲裁;对仲裁裁决不服的,可以自收到仲裁裁决书之日起 15 日内向人民法院提起诉讼。"

因履行集体合同发生的争议,有别于因签订集体合同发生的争议。

第一,因签订集体合同发生的争议,发生在集体合同协商过程中;因履行集体合同发生的争议,发生在集体合同生效之后。

第二,因履行集体合同发生的争议,主要表现为企业与工会之间的争议。我国《劳动法》第 33 条规定:"集体合同由工会代表职工与企业签订;没有建立工会的企业,由职工推举的代表与企业签订。"因此,"因履行集体合同发生的争议"和劳动合同争议是有区别的,它不同于一般的劳动合同,个体职工不能成为因履行集体合同发生争议的主体。

第三,因履行集体合同发生争议的内容是共同劳动条件。我国《劳动法》第 35 条规定:"依法签订的集体合同对企业和企业全体职工具有约束力,职工个人与企业签订的劳动合同中劳动条件和劳动报酬等标准不得低于集体合同的规定。"集体合同是规范企业劳动待遇和劳动条件的协议,是国家劳动法律法规的具体化和必要补充,是订立个体劳动合同的依据。根据我国《劳动法》第 33 条规定："企业职工一方与企业可以就劳动报酬、工作时间、休息休假、劳动安全卫生、保险福利等事项，签订集体合同。"因此，集体合同的内容，就成为因履行集体合同发生争议的主要内容。

根据我国《劳动法》第 84 条规定，因履行集体合同发生争议，处理程序是：当事人协商、劳动争议仲裁和人民法院判决。

①当事人协商。是指订立集体合同的双方当事人，主要是企业与工会，基于平等协商的原则，采取自愿的形式，就履行集体合同发生争议的事实、理由与和解条件进行的对话。

②仲裁。因履行集体合同发生争议，当事人协商解决不成的，可以向当地劳动争议仲裁委员会申请仲裁。

③人民法院判决。根据我国《劳动法》的规定，集体合同双方当事人不服劳动争议仲裁委员会裁决的，可以自收到仲裁裁决书之日起 15 日内向人民法院提起诉讼。

6. 集体合同的违约责任

集体合同的违约责任，是指集体合同当事人对于因自身的过失或过错而导致的集体合同不能履行或者不能完全履行的后果，依照法律规定或集体合同的约定，应当承担的法律责任。

集体合同的违约责任一般是指双方当事人，即工会组织和企业的责任，而不是指签约代理人个人的违约责任。

承担集体合同违约所具备的条件包括：一是当事人有违约行为，即有违约的客观事实；二是当事人主观上有过错；三是当事人的过错与违约行为有直接的因果关系。

集体合同违约责任的承担方式与劳动合同不同。对于企业一方而言，违反集体合同承担责任的方式有：赔偿损失，支付违约金，支付罚款，继续履行等。对于工会一方而言，违约后一般不承担物质上的责任，也不承担其他法律责任，仅对上级承担纪律责任，对职工承担道义上的责任。

第四节 劳动争议

(一)劳动争议概述

劳动争议，是指劳动关系当事人之间关于劳动权利和劳动义务发生的争执和纠纷。通常基于劳动合同，具体围绕劳动者与用人单位之间在劳动关系的产生、变更、解除、终止和续订等问题引起的纠纷。

1. 劳动争议的范围

劳动争议的范围，视国家不同而有所区别。《中华人民共和国企业劳动争议处理条例》规定了我国劳动争议的范围：

①因开除、除名、辞退职工和职工辞职、自动离职发生的争议；

②因执行国家有关工资、保险、福利、培训、劳动保护的规定发生的争议；

③因履行劳动合同发生的争议；

④法律、法规规定依照本条例处理的其他劳动争议。

2. 劳动争议的特征

(1)劳动争议的当事人是特定的。劳动争议的主体雇主和雇员,即彼此存在劳动关系的用人单位和劳动者。雇主是具有人权能力和行为能力的经济组织或个人,雇员是依法与企业确立劳动关系的具有劳动权利和行为能力的劳动者。

(2)劳动争议的具体内容是限定的。劳动关系是用人单位与劳动者在劳动过程中发生的社会关系,也就是用人单位实现用人权,劳动者实现就业权的过程。这一过程涉及的问题就是劳动权利和义务。

(3)劳动争议的影响较大。劳动争议具有不同于民事争议和其他争议的表现形式,如罢工等突发事件,不仅给生产造成损害,还会影响社会安定。因此,劳动争议常常被作为社会问题,由专门法律政策和机构加以调整。

(二)劳动争议调整的目的和方法

1. 劳动争议调整的目的

市场经济条件下,劳动关系双方出现纠纷是不可避免的。所以,劳动争议调整的目的主要是:妥善处理劳动争议,保障用人单位和劳动者的合法权益;维护正常的生产经营秩序,发展和谐的劳动关系;促进改革开放的顺利发展。

2. 劳动争议的一般调整方法

(1)协商。协商是劳动争议双方采取自治的方法解决纠纷。

(2)斡旋。斡旋是在劳动争议双方主体自我协商失败的情况下,由第三方或中间人帮助主体双方互递信息和表示,促成其和解。斡旋中间人可以是个人,也可以是机构。斡旋分为自愿斡旋和强制斡旋。斡旋适用于调整个人争议和集团争议,权利争议和利益争议等。有些国家的政府曾使用强制斡旋手段介入劳动纠纷,预防罢工和关闭工厂事件的发生。

(3)调解。调解是第三方介入争议处理过程,并可以提出自己的建议,供双方参考,促使双方达成和解协议。与斡旋相比,调解人的角色更加独立,在处理劳动争议过程中具有独立主张权,在和解协议中也比斡旋人更加重要。

(4)仲裁。仲裁是第三方介入劳动争议处理过程,并可以做出处理争议的决定。仲裁人具有仲裁裁决权,仲裁裁决权具有约束力。实践中有自愿仲裁和强制仲裁两种。自愿仲裁是当事人双方在劳动争议发生后或争议未达成和解协议时,自愿将争议提交仲裁机构处理,并服从仲裁裁决。强制仲裁是根据法律规定,双方必须将争议提交仲裁机构处理,或由仲裁机构主动介入争议处理。从法律、法规的规定看,我国目前实行的是强制仲裁。

(5)审判。审判是指人民法院根据程序对劳动争议进行审理和判决,是劳动争议处理的最终程序。

(三)劳动争议处理的基本原则

劳动争议处理的基本原则,是劳动法律关于劳动争议处理的基本指导思想。我国《劳动法》第 78 条规定:“解决劳动争议,应当根据合法、公正、及时处理的原则,依法维护劳动争议当事人的合法权益。”

1. 合法原则

合法原则,是指劳动争议处理机构应当依法处理劳动争议。依法是指依照宪法、劳动法律、法规的相关规定，劳动合同或集体合同中的有效约定，以及对相关当事人有约束力的合法的企业内部劳动规章制度。劳动争议处理机构应当对劳动争议的起因、发展和现状进行深入仔细的调查，以事实为依据，严格依照法律规定来处理劳动争议。达成的调解协议、做出的裁决和判决不得违反国家现行法律、法规和政策的规定，不得损害国家利益、社会公众利益和其他人的合法权益。

2. 公正原则

公正原则，是指在处理劳动争议时，当事人在适用法律上一律平等的原则。劳动争议机构应站在公正的立场上，秉公执法，不得袒护或歧视任何一方，保证争议双方当事人出于平等的法律地位，具有平等的权利和义务。

3. 及时处理原则

及时处理，是指劳动争议处理机构受理劳动争议案件后，应当在法律、法规规定的时限内迅速结案，防止久拖不决。劳动争议案件具有特殊性，它关系到劳动者的就业、劳动条件、报酬待遇、社会保险福利等切身利益问题，如不及时迅速地进行处理，势必影响到劳动者的生活和企业的生产经营秩序；处理不及时，甚至可能引发突发事件，影响社会稳定和公众利益。

及时处理原则主要体现为以下两个方面。

(1) 迅速调解。劳动争议发生后由用人单位内部设立的劳动争议调解委员会首先调解，及时化解纠纷，以防止事态扩大。

(2) 时效期规定。《劳动法》第 82 条规定："劳动争议的一方当事人应当自劳动争议发生之日起 60 日内向劳动争议仲裁委员会提出书面申请。仲裁裁决一般应在收到仲裁的 60 日内作出。"《劳动法》第 83 条规定："劳动争议调解当事人对仲裁裁决不服的，可以自收到仲裁裁决之日起 15 内向人民法院提起诉讼。"

(四) 劳动争议的处理程序

劳动争议处理的程序包括调解、仲裁和诉讼。我国法律规定，劳动争议发生后，当事人应协商解决；不愿协商或者协商不成的，可以向本企业劳动争议调解委员会申请调解；调解不成的，可以向劳动争议仲裁委员会申请仲裁。当事人也可以直接向劳动争议仲裁委员会申请仲裁。对仲裁不服的，可以向人民法院起诉。我国现行劳动争议处理制度的基本体制是自愿选择企业调解，仲裁是劳动争议诉讼的前置程序。

1. 劳动争议的调解

(1) 劳动争议的调解。劳动争议调解，是指调解委员会对企业与劳动者之间发生的劳动争议，在查明事实、分清是非、明确责任的基础上，依照国家劳动法律、法规，以及依法制定的企业规章和劳动合同，通过民主协商的方式，推动双方互谅互让，达成协议，消除纷争的一种活动。

(2) 劳动争议调解的机构。劳动争议调解委员会是进行调解工作的机构。根据《劳动法》第 80 条及《企业劳动争议处理条例》第 7 条的规定，企业可以设立劳动争议调解委员会，负责调解本企业发生的劳动争议。劳动争议调解委员会是设立在用人单位的，由职工代表、用人单位代表和工会代表组成的调解单位内部劳动争议的群众性组织。

劳动争议调解委员会由职工代表、用人单位代表和工会代表组成。职工代表由职工代表大会或职工大会推举产生；用人单位代表由企业主要负责人指定；工会代表由用人单位工会指定。调解委员会组成人员的具体人数，由职工代表大会提出，与企业领导协商确定，企业代表人数不得超过调解委员会成员总数的 1/3，调解委员会主任由企业工会代表担任。

（3）劳动争议调解的原则。

①自愿原则。劳动争议调解委员会应当依照法律、法规，遵循双方当事人自愿原则进行调解。其使用要求是：申请调解自愿，即根据当事人的请求适时调解，不得强行调解；实施调解自愿，即使用说服教育的方式进行调解，不得以权压人、以势压人；和解自愿，即基于当事人的愿望达成和解协议，制作和解协议书，不得强求当事人接受调解人的意见；履行和解协议自愿，即和解协议书不具有法律约束力，由当事人自觉履行和解协议，不得强制当事人履行和解协议。

②合法、合理、合情原则。劳动争议调解委员会需要处理好法律准绳与情理依据的关系，即调解的受理要以国家法律为依据，调解的过程要坚持对当事人双方陈之以法、动之以情、晓之以理。

③尊重当事人申请仲裁和诉讼的权利。企业内部调解不是劳动争议处理的必经程序，也不是仲裁、诉讼受理的必要条件。如果当事人选择企业调解，应及时调解；不得因未经调解或调解不成而阻止当事人向劳动争议仲裁委员会申请仲裁。

④企业劳动争议调解范围。企业劳动争议调解委员会主要调解的劳动争议，具体有：因职工辞职、自动离职发生的争议；因履行劳动合同发生的争议；因工作时间和休息休假、工资、劳动安全卫生、女职工和未成年工特殊保护、职业培训、社会保险和福利发生的争议；法律法规规定应予调解的其他劳动争议。

⑤调解的程序和期限。劳动争议调解委员会的调解无严格的程序要求，一般包括申请受理、实施调解、制作调解文书。当事人申请调解，应当从知道或应当知道其权利被侵害之日起 30 内，以口头或书面形式向本单位劳动单位争议调解委员会提出申请，请求调解；也可以直接向仲裁委员会申请仲裁。申请调解，当事人应当填写《劳动争议调解申请书》。调解委员会接到当事人申请后，应当对提请调解的事项进行调查，征询当事人的意见，对方当事人不愿调解的，应做好记录，在3日内以书面形式通知申请人。调解委员会应在 4 日内作出受理或不受理申请的决定，对不受理的，应向申请人说明理由。如果调解达成协议，制作调解协议书，反映调解人的意见，供仲裁机构参考。劳动争议调解委员会调解劳动争议，应当自当事人申请调解之日起 30 日内结束；到期未结束的，视为调解不成。

2. 劳动争议的仲裁

（1）劳动争议仲裁的概念。劳动争议仲裁，是指劳动争议仲裁委员就用人单位与劳动者之间发生的劳动争议，依法作出对双方当事人具有约束力的裁决的活动。

（2）劳动争议仲裁的机构。《劳动法》和《企业劳动争议处理条例》规定：“县、市、市辖区应当设立劳动争议仲裁委员会。省、自治区、直辖市是否设立劳动争议仲裁委员会，由省、自治区、直辖市人民政府根据实际情况自行决定。”

根据《劳动法》第 81 条的规定：“劳动争议仲裁委员会由劳动行政部门代表担任。”劳动争议仲裁委员会的组成实行“三方原则”，即劳动行政主管部门代表政府；工会代表劳动者；企业联合会或企业家协会代表用人单位。

（3）劳动争议仲裁的原则。根据劳动法律法规的规定，劳动争议仲裁应当遵循下列原则。

①及时处理原则。《劳动法》第78条规定："解决劳动争议，应当根据合法、公正、及时处理的原则，依法保护劳动争议当事人的合法权益。"及时处理的原则要求劳动争议仲裁委员会在处理案件时，应先调解，调解不成再裁决；仲裁委员会应及时受理案件，及时进行调解、仲裁；按照有关法律、法规规定，仲裁委员会应当自受到起诉日起7日内作出受理或不受理的决定，仲裁裁决一般应在收到仲裁申请的60内作出。

②独立办案原则。《劳动争议仲裁委员会组织规则》第2条规定："仲裁委员会是国家授权，依法保护劳动争议案件的专门机构。"独立办案，即劳动争议仲裁委员会处理劳动争议案件具有独立性，不受任何人和组织的干预。根据这一原则，外国籍劳动者在中国境内就业时发生的劳动争议（法律、法规另有规定的除外），依法接受中国劳动争议仲裁机构裁决；人民政府对仲裁委员会办案不进行行政干预；劳动争议仲裁机构的仲裁行为不受人民法院直接制约。

③一次裁决原则。《劳动法》第83条规定："劳动者当事人对仲裁裁决不服的，可以自收到仲裁裁决书之日起15日内向人民法院提起诉讼。一方当事人在法定期限内不起诉又不履行仲裁裁决的，另一方当事人可以申请人民法院强制执行，"劳动者与仲裁实行一个裁级一次裁决制度。一次裁决制度使劳动争议的仲裁与企业调解和人民法院诉讼有机结合起来，既方便当事人，也有利于迅速结案，使劳动争议得到及时解决。

④回避原则。《企业劳动争议处理条例》规定了回避原则。仲裁委员会组成人员或者仲裁员有下列情形之一的，应当回避，当事人有权以口头或者书面方式申请其回避：劳动争议当事人或者当事人亲属；与劳动争议有利害关系的；与劳动争议当事人有其他关系，可能影响公正裁决的。仲裁委员会组成人员或者仲裁员也可以主动提出回避。回避原则是保证案件客观、公正裁决的重要条件。

（4）仲裁案件的受理范围。根据《劳动法》规定，劳动争议仲裁委员会受理劳动争议案件的情况是：发生争议后，当事人一方直接向仲裁委员会申请仲裁的；发生争议后，当事人向单位劳动争议调解委员会申请调解，调解不成的；发生争议后，本单位没有劳动争议调解委员会的。凡属上述情况，又符合法律规定受案范围的劳动争议，双方当事人都可以向劳动争议仲裁委员会申请仲裁。《中华人民共和国企业劳动争议处理条例》还规定，发生历史争议的企业与职工不在同一个仲裁委员会管辖地区的，由职工当事人工资关系所在地的仲裁委员会处理。

（5）仲裁的程序和期限。根据劳动法律法规，我国劳动争议仲裁的程序有以下几个步骤。

①申请与受理。当事人申请仲裁，应当自劳动争议发生之日起60日内向劳动争议仲裁委员会提出书面申请。当事人向仲裁委员会申请仲裁，应当提交申诉书，并按照被诉人数提交副本。申诉书应当载明下列事项：职工当事人的姓名、职业、住址和工作单位；企业的名称、地址和法定代表人的姓名、职务；仲裁请求和所根据的事实和理由；证据、证人的姓名和住址。

仲裁委员会应当自收到申诉书之日起7日内做出受理或者不予受理的决定。仲裁委员会决定受理的，应当自做出决定之日起7日内将申诉书的副本送达被诉人，并要求其在15日内提交答辩书和证据；决定不予受理的，应当说明理由。因不可抗力或其他正当理由超过规定申请仲裁时效的，仲裁委员会应当受理。

②仲裁准备。仲裁委员会决定立案之日起7日内组成仲裁庭。仲裁庭是在仲裁委员会领导下处理劳动争议案件的组织形式，实行一案一庭制。仲裁庭成立之后，应当认真审阅案卷，

掌握争议焦点，收集证据，弄清事实。对需要勘验或鉴定的问题应交由法定部门勘验或鉴定。仲裁庭成员根据调查的事实和劳动法律法规的规定拟定处理方案。

③开庭仲裁。开庭仲裁的步骤包括通知、调解和裁决。

仲裁委员会应当于开庭的 4 日前，将开庭时间、地点的书面通知送达当事人。当事人接到书面通知，无正当理由拒不到庭的，或者未经仲裁庭同意中途退庭的，对申诉人按照撤诉处理，对被诉人可以作缺席判断。

仲裁庭处理劳动争议应当先行调解，经调解达成协议的，制作仲裁调解书；仲裁委员会对调解不成的劳动争议案件应当及时做出裁决。仲裁庭处理劳动争议，应当自组成仲裁庭之日起 60 日内结束。对仲裁裁决无异议的，当事人必须履行。根据《劳动法》的规定，“劳动争议当事人对仲裁裁决不服的，自收到仲裁书之日起 15 日内，可以向人民法院起诉；期满不起诉的，裁决书即发生法律效力。当事人对发生法律效力的调解书和裁决书，应当依照规定的期限履行。一方当事人逾期不履行的，另一方当事人可以申请人民法院强制执行。”

3. 劳动争议诉讼

（1）劳动争议诉讼的概念。劳动争议诉讼，即劳动争议当事人向人民法院的起诉、上诉，以至人民法院对劳动争议案件的终局审理等全过程。

劳动争议诉讼，是当事人不服从劳动争议仲裁决定后的司法求助，是处理劳动争议的最终程序，它通过司法程序保证了劳动争议的最终彻底解决。由人民法院参与处理劳动争议，从根本上将劳动争议处理工作纳入法制轨道，有利于保障当事人的诉讼权利，也有利于生效的调解协议、仲裁裁决和法院判决的执行。

（2）劳动争议诉讼的原则。人民法院审理劳动争议案件遵循司法审判中的一般诉讼原则。处理劳动争议案件要以劳动法律、法规和政策为依据；劳动争议诉讼当事人有平等的诉讼权利，人民法院对双方当事人在适用法律上一律平等；人民法院审理劳动争议案件，根据自愿和合法的原则进行调解，调解不成的，应及时判决；人民法院审理劳动争议案件，实行合议、回避、公开和两审终审制度。

（3）劳动争议案件的受理。劳动争议案件由用人单位所在地或者劳动合同履行地的基层人民法院管辖。劳动关系双方当事人之间发生的纠纷，属于《劳动法》规定的劳动争议，当事人不服劳动争议仲裁裁决而依法向人民法院起诉的，人民法院应当受理。人民法院受理的劳动争议案件，就其内容而言主要有：因履行劳动合同发生的争议；因企业开除、除名、辞退职工及职工辞职、自动离职发生的争议；因执行有关工资、社会保险、福利待遇、培训、劳动保护方面的法律、法规、政策发生的争议；因女职工劳动保护的权益受到侵害而发生的争议；劳动者退休后，与尚未参加社会保险统筹的原用人单位因追索养老金、医疗费、工伤保险待遇和其他社会保险费而发生的纠纷；法律、法规规定的其他劳动争议。

第五节 员工关系管理方法

（一）建立科学的人力资源管理体系

任何有效的管理必须建立在科学合理的基础与平台上，知识型企业的人力资源管理也同样如此。一套系统的人力资源管理策略和体系，它应该包括一系列的业绩指导、评价体系以及与此相适应的制度，如薪资设计、人事变动考核、人员培训开发、人员的晋级与提升等方面的工作程序与要求。知识型企业必须转变人力资源管理职能，将人力资源管理纳入企业的远景规划，使员工不仅是企业发展战略的执行者，而且是企业制定重大战略的参与者。

1. 注重人力资源发展规划

企业应注重人力资源发展规划，要根据组织目标做好人力供求关系的预测与分析，为组织人员的录用、培训、晋升、调整等提供信息支持。尤其在知识型企业，员工素质较高，自我认同感强，需求层次高，需要人力资源部门充分开发；另外，要重视工作分析，对人力资源工作内容进行具体研究，确定完成某项工作所需要的程序和行为规范，通过工作分析，制定详细的工作说明书，按照任职资格要求甄选人员，把最适当的人才用在最适当的岗位上，同时明确每个人的工作职责，避免工作重叠、重复劳动、人浮于事。

2. 管理过程中要实现柔性管理

柔性管理模式是人本管理的一种实践形式，它强调“以人为中心”，依据企业价值观、企业文化以及精神氛围进行人格化管理，在研究人的心理和行为规律的基础上，采用非强制性的管理方式，在员工心目中产生一种潜在的说服力，从而达到把组织意志转变为个人自觉行为的管理模式，实行分权化管理。它从内心深处激发员工的内在潜力、主动性和创造精神，使每个员工真正做到心情舒畅、不遗余力地为企业的发展不断开拓奋斗，这些特征正好符合知识型企业员工需要，对其产生极大的激励作用。

3. 建立分工明确的人力资源组织结构

在知识型企业中，作为主要资源的人，其重要性越来越高，对人的管理就要更加科学化、专业化。首先，要设立专门的人力资源部门。这样企业的人力资源工作才能系统开展，企业的人力资源才能更好地为企业发展战略服务，成为企业高层领导的战略伙伴。其次，人力资源各职能要分工明确。只有把工作细化才能得到效率的提高，企业应根据人力资源管理职能设立相应的职位，图 8-1。另外，企业要用专业化的人力资源管理者。知识型企业要雇用有专业背景的工作人员为企业服务，这样可以更好地为高素质员工沟通服务，提高企业整体实力。

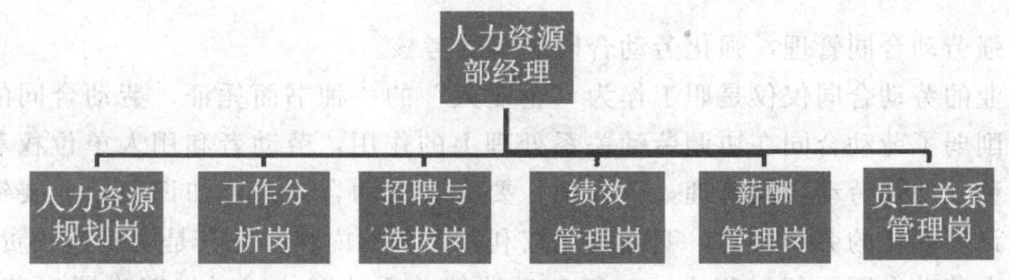

图 8-1　企业人力资源管理部门职能设置图

（二）建立合理、合法的劳动关系体制

2008 年 1 月 1 日起，《中华人民共和国劳动合同法》正式施行。这部法律在 1994 年劳动法的基础上进一步提高了对员工的保护力度，提升了用人单位人力资源的管理成本。新法的规章制度制定愈加严格，对我国实施多年的各地劳动合同条例和已确定的劳动关系立法模式带来重大调整，知识型企业应利用这一契机，提升员工关系管理水平，避免劳资冲突，建立和谐的员工关系。

1. 明确劳动合同法，加强企业劳动合同过程管理

劳动合同是劳动者和用人单位之间确立、变更和终止劳动权利和义务的协议。它是确立劳动关系的凭证，是建立劳动关系的法律形式，是维护双方合法权益的法律保障。

劳动合同是处理劳动争议的法律依据，是维护双方合法权益的基本手段，它直接关系到员工关系的和谐和稳定。在新《劳动合同法》中，第十、十四、八十二条，对企业签订劳动合同的时间以及事实劳动关系的法律责任作了严格的规定。企业不签订劳动合同要受到极大的惩罚。因此，企业要尽快解读新《劳动合同法》，重视劳动合同在企业人力资源管理中的作用，加强劳动合同管理，降低企业的用人危险。

(1) 加强员工新劳动合同法规的宣传和学习。

知识型员工自身素质高，对新事物感兴趣，接受能力强。企业应组织学习有关规定，通过双方学习理解，可以更好地规避风险。对于企业而言，可以聘请专家为员工培训，增强员工的法律意识；也可以派专门的人力资源工作者学习新劳动法规，科学、合理地签订劳动合同，专业地为企业员工关系管理服务。

对于员工而言，通过多渠道学习劳动合同法，增强学法守法和权利、义务意识，减少或者避免因不懂法对制度的执行造成的误解。

(2) 依法建立和完善企业劳动规章制度，明确企业、员工的权利和义务。

企业要依照新《劳动合同法》制定、修改或者完善企业的劳动规章制度。

首先，在修改有关劳动报酬、工作时间、休息休假、保险福利、职工培训、劳动纪律以及劳动定额管理等直接涉及劳动者切身利益的规章制度或者重大事项时，应当经职工代表大会或者全体职工讨论，提出方案和意见，与工会或者职工代表平等协商确定。并将直接涉及劳动者切身利益的规章制度和重大事项决定公示，或者告知劳动者。其次，在与知识型员工签订劳动合同的过程中，企业与应聘者要充分行使自身的知情权。双方在明确各方权利和义务，平等自愿、协商一致的情况下签订劳动合同，其争议的可能性就减小，企业用人风险降低。

(3) 加强劳动合同管理，强化劳动合同履行的考核。

很多企业的劳动合同仅仅是职工作为“企业人”的一种书面凭证，劳动合同的内容千篇一律，大大削弱了劳动合同在协调劳动关系处理上的作用，劳动者和用人单位权利、义务不明确，不相称。加强劳动合同管理，一方面，要完善劳动合同书，知识型企业要针对不同类型的人员签订个性化的劳动合同，明确细化权利和义务的内容，尤其是明确违约责任的处理；另一方面，在劳动合同履行过程中，对于劳动法律关系的客体（对员工为履行劳动的行为，对于企业是劳动管理行为）发生变化的，要及时依法变更、解除、终止劳动合同，或签订相关协议作为劳动合同的补充。强化劳动合同履行的考核，一方面，将职工履行劳动的行为与企业制度对照，对于不良的行为通过处罚措施予以纠正，并将考评结果作为续订、变更、解除劳动合同的主要依据，从而真正解决人员能进能出的问题；另一方面，将企业的管理行为与企业制度化了的劳动管理标准进行对照，通过工会组织劳动关系的协调机制，在管理行为与管理制度发生偏差时，进行提醒、警示，以达到劳动关系和谐发展的目的。

2. 完善劳动争议处理体系

劳动争议，也称劳资争议，是指劳资关系当事人之间因为对薪酬、工作时间、福利、解雇及其他待遇等工作条件的主张不一致而产生的纠纷。在我国，具体指劳动者与用人单位之间，在劳动法调整范围内，应适应国家法律、法规和订立、履行变更、终止和解除劳动合同以及其他与劳动关系直接联系的问题而引起的纠纷。

劳动纠纷是员工关系不协调的反映，只有妥善、合法、公正、及时处理劳动争议，才能维护劳动关系双方当事人的合法权益。

(1) 合理采用多种方法处理劳动争议。劳动争议处理方法，分为一般调整方法和紧急调整方法（如表 8-2）。一般方法又分为协商、斡旋、调解、仲裁和审判。企业一般设立劳动争议调解委员会进行调解工作，但是这一机构并不是劳动争议处理的必经程序。企业要尽量将劳动纠纷在内部解决，这样成本低，消极影响小，利于企业的顺利发展。

表 8-2　劳动争议处理方法

<table>
<tr><th colspan="2">劳动争议处理方法</th><th>含义</th><th>实施机构</th></tr>
<tr><td rowspan="5">一般
调整方法</td><td>协商</td><td>根据双方的合意或团体协议，互相磋商，和平解决纷争</td><td>争议双方</td></tr>
<tr><td>斡旋</td><td>在双方自我协调失败的情况下，由第三者或者中间人介入，互递信息，传达意思，促成其和解</td><td>第三者或者中间人</td></tr>
<tr><td>调解</td><td>第三者或者中间人介入争议处理过程，并提出建议，促使双方参考</td><td>调解委员会</td></tr>
<tr><td>仲裁</td><td>仲裁机构对争议事项做出裁决决定</td><td>仲裁机构</td></tr>
<tr><td>审判</td><td>法院依照司法程序对劳动争议进行审理并做出判决的诉讼活动，是处理劳动争议的最终程序</td><td>法院</td></tr>
<tr><td colspan="2">紧急调整方法</td><td>对公益事业或者紧急情况下的劳动争议采取调整的方法</td><td></td></tr>
</table>

(2) 完善企业内部劳动争议处理制度，为员工申诉提供便利条件，企业要为员工提供便利的申诉条件，才能更有利于劳动争议的处理。

①建立良好的员工申诉渠道。一方面，可以通过工会组织，全面地代表多数员工的利益，为员工提供服务，同时也可以作为员工申诉的渠道；另一方面，建立劳动争议调解委员会，调解委员会由职工代表、企业代表和企业工会代表组成，在职工代表大会领导下，负责调解本企业的劳动争议。

②设立健全的申诉制度。一般情况下，员工的各层管理人员直至集团人力资源部、职工委员会甚至集团总经理或董事长均是员工申诉的对象。申诉方式可以选用面谈和书面两种形式。申诉的程序是：首先，选择合适的申诉渠道。公司鼓励员工逐级反映情况，或向部门负责人或所在公司总经理申诉；如有不便，也可以通过职工委员会申诉，特殊情况无法解决时才向最高集团经理或董事长申诉。其次，对申诉的落实处理。各级责任人或责任部门在接到

职员申诉后，应进行调查，并根据调查结果尽快做出决定，通过书面或电子邮件的形式，通报给申诉者、公司总经理及集团人力资源部，员工如果对处理决定不满意可以向更高一级申诉。最后，监督申诉结果的执行。以工会或人力资源部会同财务部来共同监督申诉处理的执行情况。

③真正将员工申诉的问题落实解决，并监督其执行效果。员工申诉处理的一个关键的环节是申诉处理结果是否能落到实处，是否能真正执行，同时对类似申诉问题进一步的总结，以免出现类似问题，或是针对类似事件能较快较好地处理。在这里劳动调解委员会应该集合职工委员会、人力资源部、财务部的力量对此类事项落实、总结并妥善安排。

（三）重视离职员工，加强离职员工关系管理

企业对离职员工的传统做法是使出各种招数，封堵日益剧烈的人才外流。如扣住房、扣档案、设置违约金等，这些做法的直接后果就是使离职员工和企业的关系势如水火。但随着竞争的加剧和对人力资源的日益重视，员工流动性逐渐加强的趋势是不可避免的。在知识型企业中，若还是固守传统的观念，无疑会制约企业的发展，因此对员工从终身雇佣到终身交往就成为现实的选择。

1. 重视离职员工的价值，引入内部营销观念

离职员工对于公司来说其价值主要体现在下面几个方面：首先，通过了解员工离职原因，改进企业管理；其次，离职员工是企业再招聘的最佳人选；再次，离职员工可能成为公司产品和服务的潜在购买者，以及企业的帮助者；此外，离职员工在树立企业形象，宣扬企业理念上也能发挥积极作用。

引入内部营销的观念。所谓内部营销是指组织（企业）成功地雇佣、训练并尽可能激励员工很好地为顾客服务的工作。表面上看来，内部营销解决的是如何使员工满意、留住人才的问题，但更深层的含义在于，对企业而言，员工也是其所面临的一个市场，必然就有一个如何为“人才市场”中这些特殊顾客提供价值满意的问题。用内部营销的观念，从员工个人发展和成功的角度去看待人才流失，使我们获得崭新的认识和有益的启示：人才的流动与流失是不可避免的，“终生员工”无论对企业还是对员工个人来讲都不大可能，所以我们应坚持“终生交往”的观念；同时采用关系管理的概念，培育和维护与离职员工的关系，使离职员工发挥出最大的价值，实现双赢。麦肯锡咨询公司将离职员工的有关信息编纂成册，称其为“麦肯锡校友录”。他们将员工离职视为“毕业离校”，离职员工就是他们遍布各处的“校友”，其中不乏CEO、高级管理人员、教授和政治家。麦肯锡的管理者深知随着这些离职咨询师职业生涯的发展，他们将会成为其潜在客户。因此麦肯锡一直投巨资用于培育其遍布各行业的“毕业生网络”，事实证明，企业的离职员工不仅成为公司产品和服务的购买者，而且为公司提供了很多帮助，如再雇佣和推荐合适人选的源泉，知识资本的提供者，大使、营销者和说客，以及投资者。麦肯锡从这一独特的投资为公司带来巨大的回报。

2. 完善企业制度，加强离职员工管理

离职管理其实是企业文化的体现，做得好能够在同行业中树立人力资源管理的形象，能为以后吸引高级人才打下基础。

（1）建立离职员工面谈制度，尽量挽留员工。当员工提出辞职时，离职员工关系管理就要进行。一方面，企业要建立离职员工面谈记录卡 CRC（Communication Records Card Of Leaving Employee）。所有的面谈内容用规范化的文件表格保存下来，以便于周期性地统计分析和改善人力资源管理。摩托罗拉公司就建立有规范的离职面谈制度，并有专门的辞职面试表格来填写他们的辞职档案，实行程序化管理。通过这些离职面谈的管理措施，有力保障了摩托罗拉公司人力资源管理的准确性和目的性，从而为其快速发展提供了人力资源保障；另一方面，企业要尽量挽留员工。很多员工辞职是因为受到不合理待遇，如果企业能了解他们离职原因并相应解决，就可以及时留住人才，并能改善企业管理。同时也能够让员工感觉受到尊重和重视，增强员工归属感。在北大纵横管理咨询公司，不管是老员工，还是刚进入公司的新员工，在他们提出离开时，公司一般都会挽留，但同时也会尊重他们的选择。对于离职的原因和对公司的看法，公司都会通过谈话进行了解，同时公司还十分关心他们今后的发展和去向，甚至会帮助他们寻找一些更适合的单位。

（2）建立离职员工数据库，加强离职员工信息交流。在离职员工正式离开公司后，可以不断保持电话、信件等的密切联系，把公司新的信息、新的发展战略及时告知离职员工，而且对离职员工在新公司的发展状况做跟踪记录，形成一个离职员工信息库。这样，通过信息交流，一方面，让离职员工充分了解企业当前情况，如果有意向，可以随时回到企业；另一方面，企业也可以通过员工了解同行业的诸多新信息。这样在企业和离职员工间形成双向的价值交换，达到企业和员工的双赢。世界著名的管理咨询公司——百安（Bain）公司专门设立了旧雇员关系管理主管，其主要职责是跟踪离职员工的职业生涯变化情况。为记录这些变化情况，公司还建有一个前雇员关系数据库，其中存有北美地区 2000 多名前雇员资料，不但包括他们职业生涯的变化信息，甚至还包括结婚生子之类的细节。

（3）定期开展关系维持活动，增强离职员工的受关注感和归属感。如邀请参加公司节庆、定期寄送公司刊物、在离职员工进公司日或生日时送份小礼物等。百安公司也像麦肯锡一样，用“校友”一词来代替“以前的员工”，“校友”经常收到最新的校友录，被邀请参加公司的各种活动，每年收到两次关于公司长期发展、专业成就和校友们的个人业绩的通讯；同时百安公司还尽可能地帮助这些“校友”，让他们能够在职业生涯中获得更大的成就。

（4）建立适合离职员工的“回聘”机制，合理利用资源。离职人员对本公司企业文化、公司业务都比较了解，较之新员工能降低招聘和培养成本，因此企业要特别重视离职员工的回聘，应建立一套非常科学的“回聘”制度。摩托罗拉建有一套完备的制度，为拥有公司需要的工作知识和技能的离职员工提供工作机会。它的适用范围是所有那些主动提出辞职的前任公司常规雇员，而且在雇佣前任员工时，都必须严格遵守所有有关条例和步骤。重新聘用员工必须符合下列条件：符合目前职位要求，工作表现良好，辞职原单位。

同时，由于在摩托罗拉员工的服务年限和个人的福利紧密挂钩，为鼓励“核心人才”的回槽，摩托罗拉制定了有利于离职员工的服务年限计算办法。而且还规定：如果人才离开公司 90 天内能够回到公司来，以前在公司的工龄还可以继续计算。他们认为许多员工都想到外面体验，他们在外面学到新知识，回来后反而会更踏实地工作。离职员工关系管理是一个系统的工程，企业要尽快转变观念，将离职员工作为一种新的资源和财富，更好地经营和利用，促进企业的长期发展。

（四）形成企业畅通无阻的沟通渠道

通用汽车公司前总经理英飞说过：我始终认为人的因素是一个企业成功的关键所在，根据我40年来的管理工作经验，我发觉所有的问题归结到最后都是沟通问题。可见，沟通不仅是正确决策的前提和基础、统一思想行动的工具，而且是建立企业良好员工关系的关键。

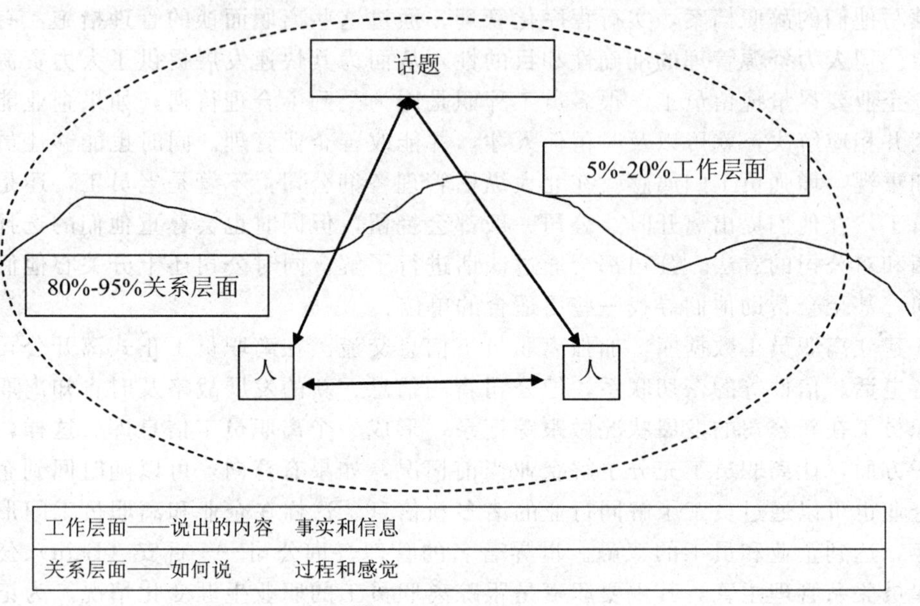

工作层面——说出的内容	事实和信息
关系层面——如何说	过程和感觉

图 8-2 工作层面

即使双方地位平等的情况下，这个人想和对方说出的话题位于海平面以上的只占到5%～10%，也就是说这个人心里真正想说的内容传达给对方的只有5%～10%，其他的内容都隐藏在海平面以下。如果将沟通过程比作一个漏斗，它是一个逐渐将主要内容遗失的过程。假定一个人心里想的是100%，他嘴上说出的可能就是80%，别人听到的就只剩下60%，而别人根据自己的文化背景真正能听懂的可能只有40%，等到别人按照自身的理解将其转换为行动后，只能残留20%了，这就是沟通的漏斗模式（见图8-2），它说明沟通的复杂性和困难性。

所以，在知识型企业中，要建立一套畅通的沟通渠道和健全的沟通体系，才能让企业和员工、员工和员工之间互相了解，各方才能达成多方面的共识，使企业工作不断统一化和协调化。

1. 健全企业沟通渠道，提高沟通效率

沟通渠道通常有正式渠道和非正式渠道两类。正式渠道就是通过组织明文规定的渠道进行信息传递和交流。如组织规定的汇报制度、会议制度，上级的指示按组织系统逐级传达，下级的情况逐级上报等。非正式渠道就是正式沟通渠道之外进行的信息传递与交流。例如企业中员工的私下交换意见，议论某人某事等。这些不同的渠道所起的沟通效果不尽相同，各有长短，不可偏废。在正式渠道中，有一些属于自上而下的沟通渠道，如各种会议、报告、通告、公司手册、公司刊物等。这种沟通可以明确工作任务，给下属反馈信息；为员工介绍企业发展的最新动态，阐明组织目标，增强其任务感和责任心；协调组织各层次之间的活动，进而增大各层次之间的联系。但这种沟通方式通过逐级传递，随着层数的增加而有可能导致信息失真，所以在建立企业正式沟通渠道时，尽量减少传达层次，避免信息失真；沟通过程中尽量采用双向沟通，这样员工主动参与到企业沟通中，使得传达信息更加准确。非正式沟通具有沟通方便、速度快，渠道选择上弹性较大，可以满足员工情感的需要和弥补正式沟通不足的优点，但是非正式沟通也有传达信息不完整，感情偏好容易失真，一般采取口头方式不留证据、不负责任，管理者难以控制的缺点。企业应该做好引导和监督，使非正式沟通成为正式沟通的有益补充，提高组织绩效。

2. 合理利用多种沟通方式，形成企业沟通机制

企业内部的沟通方式可以有多种，例如在一项员工与老板沟通方式的调查中（如图 8-3），显示面对面沟通还是员工的首选方式，其次是电子邮件和制造合适的机会和老板沟通。在图中也可以看出企业沟通方式的多样性。

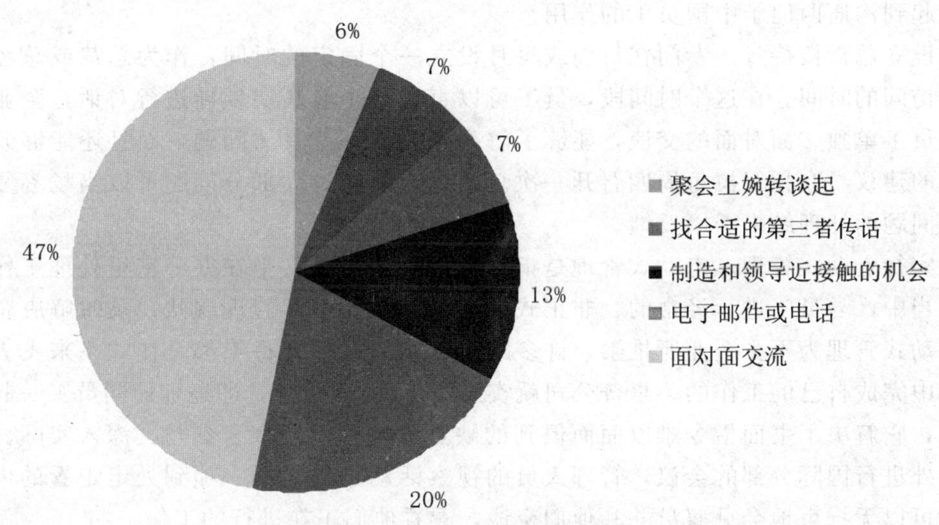

图 8-3　员工愿意和老板沟通的方式

（1）建立员工建议制度。设立正式的员工建议制度。例如设立建议箱、制定合理化建议制度等，同时制定相应的奖励条款，保证员工能够通过稳定的渠道，将自己对企业的建议和意见直接传递给公司高层，而不必按照逐级传递的方式上报信息。这样可以避免信息的损耗和失真，激发员工的工作积极性，提高企业凝聚力。德国西门子公司就鼓励员工为公司提出合理建议和意见，为改善公司业务与管理出谋划策。被采纳的建议将迅速在公司中实施与推广，而提出合理建议且被公司采纳的员工将受到一定的奖励。西门子公司营造了非常活跃的气氛，鼓励大家发挥自己的聪明才智；而且这种沟通为每一位员工提供了“说话、参与”的机会，大大增强了大家的主人翁意识。

（2）利用办公自动化系统。随着企业信息化程度不断提高，知识型企业都建立了自己的办公自动化系统，通过办公自动化，企业可以及时发布各种信息，让员工了解到企业的最新动态。办公自动化系统一般都包括内部电子邮件系统，通过电子邮件，员工可以直接将自己的意见和建议发给公司的任何一个人，包括公司的高层管理者。这样就保证了企业内部信息渠道的畅通。西门子公司内部网站是一个庞大而高效的沟通平台。比如，西门子人力资源部建立有专门的网页，新员工可以登入了解如何融入公司，还分别为外国员工、合作工厂、各地区开辟专门的链接。

公司强大的E－mail系统为员工沟通提供了最便捷的通道。为了让每位西门子员工了解公司最新信息，西门子公司为世界各地的员工建立了“今日西门子”在线平台。这里不仅包括西门子主体新闻故事和广泛的报道，而且开辟了交互式聊天室、论坛和调查等。

(3) 创办企业内部刊物。通过企业的内部刊物，及时将企业的信息传递给员工。这种方式较为传统，但是仍然能够起到上传下达、沟通信息的作用。西门子公司内部办有许多媒体，包括《西门子世界》、《西门子之声》以及各业务集团主办的各种内部沟通杂志。

《西门子世界》是西门子公司面向全球员工的内部沟通刊物，一般设有封面故事、业务、团队、合作伙伴、家庭、趋势等栏目。《西门子之声》是专门面对西门子公司中国员工的内部刊物，它起到沟通西门子中国员工的作用。

(4) 设立总裁接待日。专门在每周或每月设立一个固定的时间，作为总裁或总经理接待员工直接访问的时间。在这个时间段，员工可以直接与企业高层领导进行对话，企业高层领导通过与员工单独、面对面的交谈，能够了解到企业的一些具体问题，而且还能够鼓励员工提出有益的建议。摩托罗拉每周四召开一次总经理座谈会，大部分问题可以当场答复，七日内对有关问题的处理结果予以反馈。

(5) 实行走动式管理。走动式管理是指管理人员不是整日坐在办公室里处理工作，而是走进员工当中，与员工进行经常的、非正式的交流，从而了解管理现状，及时解决企业存在问题。走动式管理为不少企业所推崇，许多跨国公司的管理者每年都是在“飞来飞去”的走动式管理中完成自己的工作的。惠普公司就实施“走动式管理”，即经理们同员工一起解决问题的作法，它解决了书面指令难以面面俱到的缺点，使管理者亲自参与、深入实际。惠普每年都在国外进行国际分部的会议，管理人员的视察活动始终包括一项到处走走看的内容，这样他们就可以无拘束地会见雇员并和他们交谈，看看他们正在进行的工作。

(6) 组织员工交流活动。定期或不定期地组织员工参与茶话会、员工聊天活动等。给员工与员工、员工与管理人员间创造交流的机会，在轻松、融洽的氛围里，达到理解和沟通的目的。西门子公司每年至少进行一次“员工沟通信息会”，在公司政策、员工福利、职业发展等众多问题上听取员工意见，与员工进行双向沟通。此外，要想实现有效沟通，还需要形成良好的沟通环境，如领导的积极态度和企业文化的建立。领导要有积极的态度，良好的工作作风。一方面积极主动地了解员工所需，并及时与员工沟通，共同分享信息。另一方面，领导要心胸开阔，能对员工以礼相待，鼓励员工勇于发表不同意见，这样才能给企业营造一种畅通的、良好的沟通环境，才能使企业领导获得足够的、全面的、真实的信息。同时，营造利于沟通的企业文化也是必不可少的。

(五) 加强民主管理，创建企业员工参与管理的有效体制

在知识型企业中，员工以脑力劳动为主，其个人素质和需求层次都比较高，他们很难满足于一般事务性工作，而是更注重得到社会的认可和自身价值的实现。所以，对人才尤其是脑力劳动者的积极性、主动性和创造性进行有效激励就显得越发重要。员工参与管理作为一项重要的管理方式成为当今国内外理论界和企业界普遍关注的重要理论和现实问题。美国通用电气公司能重新创造出历史上的辉煌，其秘诀主要在于通过让员工参与决策过程，调动他们的积极性，从而激发他们用之不竭的工作干劲。1981 年，杰克·韦尔奇接任总裁后，开始在通用实行了“全员决策”制度，使那些平时没有机会互相交流的职工、中层管理人员都能出席决策讨论会。在这项制度实行后，通用公司在经济不景气的情况下取得了巨大进展，保持了连续的盈利。

1. 建立良好的参与和支持环境，提高参与管理的有效性

美国阿肯萨斯大学教授莫丽·瑞珀特曾作过一个实验。他在美国的一个物流公司总部及其分支机构中将所有员工分为参与组和限制组。实验结果表明，只有当员工参与了公司决策和管理后，才能对企业产生认同感和很高的满意度，才能最大限度地激发工作热情，企业也才能真正实现利润的最大化目标。

（1）培养员工的主人翁意识，增强员工参与的积极性。主人翁意识是员工参与管理的基本前提，员工只有对企业具有主人翁意识才可能积极地关注企业，进而主动地参与到管理的过程中。

①培育企业家庭氛围，增强员工归属感。企业某种程度上就是一个大家庭，每位员工都是其中一员。这样融洽民主的大家庭氛围能增强员工的归属感，从而激发出他们的热情和干劲。日本著名企业家松下幸之助曾说过：领导者再强，但员工冷漠，仍难于推动工作，必须设法使每个人都自认为自己是负责人。

②赋予员工一定的权利，帮助员工建立责任感。作为企业领导，应在明确员工责任的同时，强调他们的工作对整个企业的重要性，帮助他们意识到自己十分重要，而且承担一定责任和义务，从而帮助他们建立起主人翁责任感。对于员工，得到一定的权力就说明要承担更多责任，工作的自主性增强。对于知识型企业员工，这是对他们强烈自我实现需求的满足，因此，员工工作得到了更大的激励，提高了他们的积极性和自主性，实现员工关系的进一步和谐发展。

（2）为员工参与提供必要的支持和引导。员工参与管理意识具有一定的自发性，但要保证员工参与管理的有效性，就必须在日常工作中注重向员工充分、及时、有效地传达企业内外部有关信息，注重对员工进行适当引导，让其明确企业面临的市场形势、自身的工作目标及工作重点，使其增强参与管理的明确感。

①帮助员工全方位地了解企业和竞争对手。企业可通过完善的入职培训，系统地介绍企业发展沿革、组织结构、产品概况、市场构成等；通过企业报等宣传媒介定期地介绍企业内所发生的重大事件；定期、及时地进行企务公开，使员工充分、及时地了解企业。同时，员工也要了解企业竞争对手。“知己知彼，百战不殆”，当员工确定竞争对手时，会有效地激发他们的主人翁意识，同时可促使员工紧密合作，有效发挥其工作热情，从而促进企业的发展进步。

②让员工积极配合企业政策的制定。企业通过政策的制定，明确组织意图，然后以概括的方式将主要思想传递给员工。而员工在彻底了解这些思想后，在政策的大框架内制定具体的程序与实施方案，这样既使员工受到了限制，又充分发挥了他们的创造性才能。

③重视对员工的培训。研究表明企业是否重视培训及培训效果的好坏与员工参与管理的

效果有着直接的联系。为提高员工参与管理的有效性，企业应注重对员工进行与其岗位相关的技能培训和能力锻炼，提高其参与管理的意识和能力，增强其参与管理经验的积累，促使其更有效地参与企业管理。

加强管理层与员工的沟通交流。通过有效的沟通，首先可以从心灵上挖掘员工的内驱力，激发其工作的潜力和积极性；其次也可以及时了解员工问题并帮助解决；此外，通过有效沟通，也可以缩短员工与管理者之间的距离，有利于各项工作的顺利开展。美国通用汽车公司在员工管理上，曾吃了不少苦头，劳动纠纷不断。20 世纪 50 年代以后，公司相继采取了不同措施改善员工关系，其中员工参与管理收到很大成效。公司向全体员工印发一份简明易懂的员工手册，这本手册有条理地讲解了本公司的各项政策和措施，目的是使员工了解公司领导对他们的期望。员工们如果对公司政策不了解，可以向管理当局反映，管理者应利用不同渠道向员工解释。这时的员工感觉管理当局不再是高高在上，而是一个可以协商、反映自己意愿的机构。同时公司还按月召开“员工参与管理会议”。参加会议的代表以抽签方式选出，并且每个月参加会议的人员不能重复。因此一年中每个员工至少有一次机会当面向高级主管畅谈自己对公司工作的意见。通过员工参与式管理，通用汽车公司取得巨大成就。

2. 采用有效的管理方式

目前，在世界范围内兴起了很多员工参与管理的方式，主要有目标管理、质量圈、职工代表大会、工人董事监事制度、沟通、合理化建议等，随着时代的发展，还会不断有新的员工参与方式出现。知识型企业在结合自身实际的情况下，可以采用以下几种。

（1）目标管理。目标管理是在科学管理和行为科学理论基础上建立起来的员工参与制度，它建立在强调自我控制、自我指导的基础之上。目标管理开展的前提是设立清晰的目标，这使得企业的绩效考评工作能够更顺利的开展。它将劳动者的目标与企业的目标联系起来，能够使劳动者产生强烈的工作欲望，最终有助于达成企业目标和个人目标，并实现员工关系的和谐。

（2）质量圈管理。这一员工参与形式强调质量与企业内每一位员工的密切关系，它一般由共同产生某一特定部件或提供某一特定服务的员工自愿组成工作小组，一个小组一般为 8～10 人，这些员工将定期会面讨论问题成因，提出解决建议，实施纠正措施，所有成员共同承担解决问题的责任。质量圈方式的参与对员工的素质提出了比较高的要求，不仅要有熟练的专业技术，还需要有与人沟通、分析问题和进行决策的能力，因此，质量圈的开展必然要求企业培训水平的提高。通过参加质量圈计划，员工不仅能为企业生产质量的改进提供建议，同时在解决问题的过程中能够获得心理满足，有助于增进员工与企业双方了解和沟通。

（3）职工代表大会制度。职工代表大会制度是我国企业实行企业民主的最基本形式。这一制度对于保障员工权益，充分发挥员工的积极性和主动性，提高劳动生产率，建立和谐员工关系有重大的意义。职工代表大会的工作机构是企业工会，具有审议权、同意或否决权、决定权、监督权等职权，具体包括：审议企业生产经营重大决策，审议通过企业重大改革方案，参与决定职工集体福利重大事项以及民主评议和推荐等。通过这些职权的实现，能够加快民主化的进程，密切企业与职工之间的联系，促进员工关系的和谐。

（4）职工董事监事制度。职工董事监事制度是市场经济条件下公司发展的产物，是指由员工民主选举一定数量的员工代表进入公司董事会、监事会，代表员工参与决策、监督的制度。在我国，这一制度可以说是职工代表大会制度的延伸，是在完善我国法人治理结构的新环境下出现的。这两项制度能够使员工代表对公司决策进行监督，甚至直接参与企业决策，从而及时反映员工的意愿和要求；能够把员工利益和企业利益结合在一起，使双方共同承担风险和责任、共享利益，在促进企业发展和协调员工关系方面起到重要作用。除了上述员工参与形式外，还可以采用合理化建议、企业日常支出公开等方式，在积极推广员工参与形式时，要注意根据企业自身的情况选择最合适的形式加以采用，以发挥更大的管理作用。

（六）加强企业文化建设

知识型员工的需求层次比较高、流动性强，企业应建立吸引人才、留住人才的企业文化；同时也可以通过企业文化去衡量员工价值，选拔认同企业的员工，形成和谐的企业氛围。联想集团就有一条规定，以企业文化作为用人标准：认同企业文化，有能力的大胆使用，无能力的培养使用；不认同企业文化，有能力的暂时使用，并早晚不用，无能力的坚决不用。

1. 建立“以人为本”的企业文化

企业应牢固树立“以人为本”的管理理念，注重感情投入与人文关怀，提高员工的自我发展意识，不仅能降低人力资源的成本，而且能够使组织保持长久的竞争力。广泛宣传企业文化。大力宣传企业优良的远景、使命、价值观，使企业的理念深入人心，在潜移默化中逐步影响员工的行为，同时也使员工的行为逐步成为企业文化的一部分。树立民主意识。关心与尊重每一个员工，要具有良好的民主意识，员工的意见和建议应得到及时的处理和反馈，同时将这种尊重建立在对员工充分信任的基础上，不论职务的高低与年龄的长幼，即使是业绩暂时不出色的员工也能得到公平的对待。营造企业与员工之间真挚而温暖的感情。每个人都需要理解、关心、尊重和沟通。通过棋牌、文艺、体育等各类活动以不断提供相互沟通的机会与休闲娱乐的氛围，能和谐员工与员工、员工与企业之间的关系。通过举行生日宴会、传递生日祝福、照顾老弱及生病的员工等方式不断拉近员工与企业的距离。为员工创造良好的成长空间。为员工提供足够的培训与学习机会，使其有足够增长才干的可能，而不是将培训和学习支出以及非正式的学习机会视为不必要的开支。另外，对于有着强烈追求事业发展和取得成就愿望的人才，企业更应多方培养、不断锻炼、委以重任，坚持权责相称，营造企业发展与人才成长的良性互动环境。索尼公司创始人盛田昭夫曾说过，一个公司最重要的使命，是培养它同雇员之间的良好关系，在公司创造一种家庭式的情感，即经理人员和所有雇员共甘苦、共命运的情感。为此，企业要非常重视员工的各种需求，不断创造环境促进员工的成长与发展。

2. 创造以创新为特征的宽松企业文化

企业应注重培育富有特色的创新文化，采用以支持和协调为主的领导方式，给予员工自由发挥的空间，允许员工自主决定、自主创新。具体而言：不扼杀新思想。一个宽松的文化氛围有助于员工的脑袋不断涌现出新思想，而不少看似荒谬的新思想往往是许多重大发明创造的前奏。宽容失败。戴尔曾强调指出：“要鼓励人们更具创新精神，就必须让他们知道，失败了也没关系。”因为只有宽容失败，才会勇于创新，只有犯一些错误，才能不断进步。鼓励员工的冒险精神。人都是愿意接受挑战的，鼓励员工去创造，去冒险，才能使公司拥有强大的前沿技术优势。3M公司，全称明尼苏达矿业及制造公司，成立于1902年，是世界著名的产品多元化跨国企业。它素以勇于创新，产品繁多著称于世。公司每年都会有 15 到 20 个以上行情看好的新产品，突破百万元销售大关。从 3M 要成为“世界上最具有创新力的公司”的正式宣言中可以看出，3M 公司企业文化的最大特色就是鼓励和支持创新，其核心的价值观是：坚持不懈，从失败中学习。

第一，尊重个人的尊严和价值。3M 公司尊重个人权利，经常与员工进行坦率的交流，鼓励员工各施所长，发挥主观能动性，并为他们提供一个公平、有挑战性的、没有偏见的、分工协作式的工作环境。公司规定，主管和经理要对手下员工的表现与发展负责，要在诚实与相互尊重的气氛中为员工提供创新方面的指导与自由。

第二，举办技术论坛，加强知识的交流。技术论坛是 3M 的创新活动的知识共享平台，是一个具有管理框架的大型志愿者组织，成员有数千人，每天都有各种活动。同时，3M 管理人员通过各种会议、跨学科小组、计算机网络和数据库等方式将大家聚集在一起进行交流。

第三，重视创新构想。3M 公司明文规定：“切勿随便扼杀任何新的构想。”只要产品构想合乎该公司财务上的衡量标准，不管它是否属于该公司从事的主要行业范围内，3M 公司都乐于接受。一次，公司的业务人员注意到工人为双色汽车上漆时，因两种漆老是流到一块而感到束手无策。当时实验室一位名叫德鲁的年轻技师，开发出一种可以掩盖不需油漆部分的强力胶带，不但解决了汽车油漆工的问题，同时也为 3M 公司发明了第一个纸带产品。

第四，鼓励失败者。3M 公司的信条之一就是：“你必须接受失败。”因为 3M 公司知道为了获得最大的成功，它必须尝试成千上万种新产品构思，该把错误和失败当作是创造和革新的正常组成部分，否则，就无法从失败中学习新的知识。事实上，许多“大错误”都成为 3M 公司最成功的一些产品。

3. 提倡竞争与合作，个性化和团队精神结合的企业文化

为了调动员工的积极性、主动性、创造性，企业内部始终保持一定的竞争压力，但同时又要打破论资排辈的观念，在“公平、公正、公开”的基础上展开竞争，让优秀人才脱颖而出，形成良好的优胜劣汰机制。提倡既有竞争机制、又有团队协作精神，以发挥知识的协同效应，达到个人价值观与企业价值观的统一。海尔的“赛马机制”就是一个竞合的企业文化典型。海尔集团总裁张瑞敏认为，企业领导者的主要任务不是去发现人才，而是去建立一个可以出人才的机制，并维持它健康持久的运行。这种人才机制应该给每个人相同的竞争机会，把静态变为动态，把相马变为赛马，充分挖掘每个人的潜质；并且每个层次的人才都应接受监督，压力与动力并存，方能适应市场的需要。在这种思路的指导下，海尔建立了一系列的赛马规则，包括三工并存、动态转换制度；在位监控制度；届满轮流制度；海豚式升迁制度；竞争上岗制度和较完善的激励机制等。这样的企业文化，既保障了企业人才选拔的公正性，又充分体现了企业内员工间的合作、竞争关系。

【本章小结】

员工关系：广义的员工关系是指在企业内部以及与企业经营有密切关联的集体或个人之间的关系，包括企业内的群体间关系、个体间关系、个体与群体间关系，甚至包含与企业特定团体（供应商、会员等）或个体的某种联系。狭义的员工关系是指企业和员工、员工与员工之间的相互联系和影响。

员工关系管理：也叫员工组织关系，是由企业管理方和员工之间的利益引起的权利和义务、管理和被管理的关系，具体表现为合作、冲突、沟通、激励等权利和义务关系的总和。

劳动关系：

劳动关系有两种含义：一种是广义的劳动关系，一种是狭义的劳动关系。广义的劳动关系是指人们在社会劳动过程中发生的一切关系，包括劳动力的使用关系、劳动管理关系、劳动服务关系等。狭义的劳动关系是指，劳动者与用人单位之间在劳动过程中发生的关系，如工作任务、工作条件、工作时间、工作期限、劳动报酬、社会保险、生活福利、劳动纪律及其他权利和义务等。

劳动争议：

是指劳动关系当事人之间关于劳动权利和劳动义务发生的争执和纠纷。通常基于劳动合同，具体围绕劳动者与用人单位之间在劳动关系的产生、变更、解除、终止和续订等问题引起的纠纷。

【管理工具包】

（一）劳动合同汇总登记表

合同号	签订人	所属部门	入职日期	转正日期	合同起止日期
					从　年　月　日起到　年　月　日止
					从　年　月　日起到　年　月　日止
					从　年　月　日起到　年　月　日止
					从　年　月　日起到　年　月　日止
					从　年　月　日起到　年　月　日止
					从　年　月　日起到　年　月　日止

（二）解除终止劳动合同申请表

<table>
<tr><td>姓名</td><td></td><td>部门</td><td></td><td>任职岗位</td><td></td></tr>
<tr><td>合同期限</td><td colspan="2"></td><td>解除日期</td><td colspan="2"></td></tr>
<tr><td rowspan="2">申请说明</td><td colspan="5">离开企业后打算：</td></tr>
<tr><td colspan="5">解除劳动合同理由：</td></tr>
<tr><td>直接上司意见</td><td colspan="3">□不同意解除劳动合同□同意解除劳动合同
请说明理由：
从　年　月　日开始办理工作移交手续
签名：
年　月　日</td><td>分管上司意见</td><td>签名：
年　月　日</td></tr>
<tr><td>人力资源部审查</td><td colspan="3">□符合《劳动合同管理制度》，发放《离岗准办通知》
□不符合《劳动合同管理制度》的内容，请重新办理
经办人：
年　月　日</td><td>人力资源总监</td><td>签名：
年　月　日</td></tr>
</table>

（三）劳动合同继续履行审批表

单位名称：

姓名		性别		员工工号	
出生年月		身份证号			
劳动合同期限	年　月　日至　年　月　日				
终止时间	年　月　日至　年　月　日				
继续履行时间	年　月　日				
所属部门意见	（盖章） 年　月　日				
人力资源部意见	（盖章） 年　月　日				
备注					

【思考题】

1. 请谈谈你对员工关系管理的理解。
2. 影响员工关系管理的因素有哪些？
3. 员工关系管理方法可以应用到人力资源管理的哪些领域中？如何应用？
4. 请谈谈你对劳动关系管理的理解。
5. 劳动合同的签订与管理应注意什么？
6. 劳动争议处理与解决的方法有哪些？请列举。

参考文献

[1] 加里·德斯勒．人力资源管理［M］．北京：清华大学出版社，2008.
[2] 叶龙，史振磊．人力资源管理（第四版）［M］．北京：清华大学出版社，2007.
[3] 于桂兰，苗宏慧．人力资源管理（第四版）［M］．北京：清华大学出版社，2009.
[4] 劳埃德·拜厄斯，莱斯利·鲁．人力资源管理(双语教学版)[M]．北京：人民邮电出版社，2008.
[5] 费洛迪（阿根廷）．才经［M］．北京：东方出版社，2008.
[6] 刘昕．薪酬管理［M］．北京：中国人民大学出版社，2007.
[7] 葛玉辉．人力资源管理（第四版）［M］，北京：清华大学出版社，2008.
[8] 方振邦．战略性绩效管理［M］．北京：中国人民大学出版社，2008.
[9] 寇家伦．人才测评［M］．北京：中国发展出版社，2006.
[10] 彭剑锋．人力资源管理概论［M］．上海：复旦大学出版社，2009.
[11] 孙宗虎．人力资源管理职位工作手册［M］．北京：人民邮电出版社，2009.
[12] 韦恩 F·卡肖．人力资源管理［M］．北京：机械工业出版社，2008.
[13] 郑晓明．人力资源管理导论［M］．北京：机械工业出版社，2009.
[14] 曲建国．人力资源管理［M］．北京：清华大学出版社，2009.
[15] 曹振杰．人力资源培训与开发教程［M］．北京：人民邮电出版社，2006.
[16] 林忠，金延平．人力资源管理［M］．大连：东北财经大学出版社，2007.
[17] 石金涛．培训与开发［M］．北京：中国人民大学出版社，2006.
[18] 程延园．员工关系管理［M］．上海：复旦大学出版社，2003.
[19] 赵永强，张大亮．如何管理离职员工［J］．管理现代化，2004（3）：25—27.32
[20] 吴慧青．如何进行员工关系管理［M］．北京：北京大学出版社，2004.
[21] 张晓彤．员工关系管理［M］．北京：北京大学出版社，2009.
[22] 张娴，骆潇．你把我比作什么人哪——老板与员工关系安全指数调查［J］．职业，2005（11）：34—35.37.
[23] http：//baike.baidu.com
[24] http：//wiki.mbalib.com